XVIIIME SIÈCLE

INSTITUTIONS

USAGES ET COSTUMES

Typographie et Chromolithographie de Firmin-Didot Frères, Fils et Cⁱᵉ.

HOTEL DE VILLARS

GALERIE

TIRÉE DE L'HÔTEL DE VILLARS.

L'hôtel de Villars, depuis de Cossé-Brissac, était situé rue Saint-Dominique et avait été bâti en 1732 par Leroux, architecte.

C'est au grand ouvrage de Blondel que nous avons emprunté les détails intérieurs à l'aide desquels a été établie la restauration coloriée que nous donnons ici. La décoration est tout à fait dans le goût de celle de l'hôtel de Soubise; elle en est contemporaine, et peut être attribuée à Boffrand ou à Lassurance. La figure de la dame qui apparaît dans le cadre de la porte est d'Isaïe Nelson. Elle porte une de ces jupes surchargées de fleurs, de fruits, de feuilles, de branchages, de torsades et de ramages qui semblent, comme l'ont dit MM. de Goncourt, versés sur un tapis de soie.

Par Hoffbauer et Durin.
Imp. lith. de Firmin-Didot frères, fils et Cie

PAUL LACROIX

(BIBLIOPHILE JACOB)

XVIIIME SIÈCLE

INSTITUTIONS

USAGES ET COSTUMES

FRANCE

1700 — 1789

OUVRAGE ILLUSTRÉ

DE 21 CHROMOLITHOGRAPHIES ET DE 350 GRAVURES SUR BOIS

D'APRÈS

WATTEAU, VANLOO, RIGAUD, BOUCHER, LANCRET
J. VERNET, CHARDIN, JEAURAT, BOUCHARDON,
SAINT-AUBIN, EISEN, GRAVELOT
MOREAU, COCHIN, WILLE,
DEBUCOURT, ETC.

DEUXIÈME ÉDITION

PARIS

LIBRAIRIE DE FIRMIN-DIDOT FRÈRES, FILS ET CIE

IMPRIMEURS DE L'INSTITUT, RUE JACOB, 56

1875

Reproduction et traduction réservées

L'illustration de ce livre, composée de tableaux,
dessins et gravures du temps, a été exécutée, sous la direction de
M. A. RACINET,
par MM.
Sabatier, Hoffbauer, Goutzwiller, etc.,
Dessinateurs;
*Urrabieta, Durin, Picard, Charpentier,
Bayalos, Dufour, etc.,*
Lithographes;
Huyot père et fils,
Graveurs.
Vien,
Photographe.

PRÉFACE DES ÉDITEURS

Le succès qui a accueilli les études du Bibliophile Jacob sur le Moyen âge et l'époque de la Renaissance nous a inspiré la pensée de demander au même écrivain la continuation de son travail pour les époques plus rapprochées de la nôtre, de manière à offrir un tableau complet de la société française depuis son origine et celle de la Monarchie, jusqu'à cette date de 1789, qui a inauguré en France un ordre de choses nouveau.

Laissant de côté les faits généraux de l'histoire proprement dite et ces innombrables détails de guerre et de politique qui exigent un cadre plus vaste et des couleurs plus sévères, l'auteur s'est borné à l'étude des Mœurs, des Usages publics et privés, du Costume, des Arts, des Sciences et des Lettres, et cette sorte d'histoire descriptive et pittoresque semble répondre au besoin de légitime curiosité, qui est un des caractères de l'époque actuelle, en faisant revivre devant nous un passé qu'on ne saurait trop bien connaître sous toutes ses faces pour éclairer et juger le présent.

Sans nous astreindre, dans nos publications, à un ordre chronologique qui pouvait être une gêne et un retard dans la recherche comme dans la mise en œuvre des matériaux nécessaires, nous présentons aujourd'hui aux lecteurs, sous ce titre : XVIIIe SIÈCLE, INSTITUTIONS, USAGES ET COSTUMES, *la peinture savante et animée* d'une époque peu éloignée de la nôtre mais qui en est séparée par une révolution.

Dans un prochain volume, qui ne sera pas le moins intéressant de la collection, l'auteur devra s'occuper des lettres et des sciences, de l'industrie et des arts du XVIIIe siècle.

Plus tard d'autres volumes, comprenant tout le XVIIe siècle, c'est-à-dire les règnes de Henri IV, de Louis XIII et de Louis XIV, viendront compléter une série d'études, se suffisant assez à elles-mêmes pour pouvoir être isolées l'une de l'autre, mais dont la réunion formerait un ensemble imposant.

Nous n'avons pas à faire ici l'éloge de l'auteur, dont la compétence et le talent sont universellement appréciés; nous nous bornerons à affirmer que ce nouveau travail historique, exécuté avec le même soin et le même tact que les travaux déjà publiés, pourra, comme ces derniers, être placé sans danger entre toutes les mains.

Quant à l'illustration du volume, nous n'avons voulu en demander les éléments qu'aux productions originales les plus estimées des meilleurs artistes du XVIIIe siècle, choisies et reproduites, sous l'habile direction de M. Racinet, avec la scrupuleuse exactitude que permettent les procédés ingénieux perfectionnés de nos jours, à l'exclusion de toute imitation ou composition de fantaisie moderne. Ainsi le lecteur aura sous les yeux, retracée dans toute sa vérité, avec la vivacité des impressions contemporaines, l'image vivante et fidèle de cette époque curieuse et variée, à la fois si voisine et si différente de la nôtre.

FIRMIN-DIDOT FRÈRES ET FILS.

Cartouche, d'après Meissonnier.

CHAPITRE PREMIER

LE ROI ET LA COUR

Introduction historique. — Fin du règne de Louis XIV. — La Régence. — Louis XV. — Louis XVI et Marie-Antoinette. — La cour et les charges de cour.

ES dernières années du règne de Louis XIV jetèrent encore quelque éclat sur les commencements du dix-huitième siècle ; mais le vieux roi, qui, malgré les défaites de ses armées et les désastres de sa marine, malgré la perte d'une partie de ses conquêtes, malgré la ruine de ses finances et la misère de ses peuples, conservait toujours le prestige de sa gloire passée et restait grand au milieu des souverains de l'Europe, put craindre, à son lit de mort, que la monarchie, qu'il avait élevée à un si haut degré de puissance et de prospérité, ne descendît avec lui dans la tombe.

Louis XIV, dont l'immense orgueil avait été si bien servi par les hommes et par les événements, connaissait pourtant les devoirs que lui imposait la royauté et qu'il eut toujours à cœur de remplir pour sa propre satisfaction. Voici en quels termes il appréciait lui-même son rôle, sa mission, sa destinée : « Le métier de roi est grand, noble, flatteur, quand on se rend digne de bien s'acquitter de toutes les choses auxquelles il engage; mais il n'est pas exempt de peines, de fatigues, d'inquiétudes. Quand on a l'État en vue, on travaille pour soi : le bien de l'un fait la gloire de l'autre; quand le premier est heureux, élevé et puissant, celui qui en est cause en est glorieux et, par conséquent, doit plus goûter que ses sujets, par rapport à lui et à eux, tout ce qu'il y a de plus agréable dans la vie; quand on s'est mépris, il faut réparer sa faute le plus tôt qu'il soit possible, et que nulle considération n'en empêche, pas même la bonté. » Ces belles maximes royales, que Louis XIV avait formulées pour son usage, prouvent qu'il ne se faisait pas illusion sur ses fautes et sur ses erreurs, puisqu'il se préoccupait sans cesse de les réparer. S'il n'a pas été toujours et absolument un bon roi, on peut dire qu'il eût désiré l'être et qu'il cherchait à le devenir. » Avouons, a dit Voltaire, qu'un véritablement bon roi est le plus beau présent que le ciel puisse faire à la terre ! »

Le caractère et l'aspect de la cour de France changèrent complétement à la fin de ce règne, qui avait eu d'abord tant de splendeur et qui se termina dans la plus sombre monotonie. L'influence de Mme de Maintenon fut la seule cause de cet étrange changement, qui remontait à 1681 et qui ne fit que s'accuser de plus en plus, à mesure que le roi subissait davantage la domination de la femme adroite et ambitieuse qu'il avait épousée en secret, sans oser jamais déclarer son mariage avec la veuve Scarron. La marquise de Maintenon, qui avait été belle, qui était instruite, intelligente, spirituelle, ne tarda pas à exercer une autorité souveraine, tout en paraissant ne se mêler de rien. Elle s'empara par degrés de l'esprit du roi, après s'être emparée de son cœur, et elle lui inspira une telle confiance que l'impérieuse volonté du monarque s'était soumise aux désirs et aux ordres d'une reine véritable, qui se cachait sous les apparences les plus humbles et les plus timides. La piété de Mme de Maintenon était sincère, quoique trop exclusive; c'est par là qu'elle exerçait le plus d'empire sur le roi, qu'elle avait rendu dévot, minutieux observateur de la règle et du devoir, sévère pour les autres comme pour lui-même, mais chagrin, ennuyé, souvent découragé.

Le grand Trianon, d'après Rigaud.

La cour s'était transformée, à l'exemple du roi : plus de fêtes, plus de spectacles; quelquefois des *appartements*, grandes réceptions du soir, où les assistants se promenaient dans les galeries et se groupaient dans les salons autour des tables, pour jouer à l'hombre, au hoc, et à d'autres jeux de cartes. Le roi jouait avec les princes et les princesses ainsi qu'avec quelques personnes de son entourage. Mme de Maintenon ne paraissait jamais aux *appartements*, où sa personnalité invisible était toujours présente, pour ainsi dire, dans les entretiens et les préoccupations des courtisans. On entendait encore, mais rarement, des concerts de musique instrumentale; et dans certaines circonstances exceptionnelles, à l'occasion des victoires, des traités de paix, des baptêmes et des mariages de la famille royale, on exécuta des divertissements en musique, chantés par des artistes de théâtre ou de chapelle. Le dernier ballet dansé devant le roi (en 1681) avait été *le Triomphe de l'Amour;* la dernière représentation de l'Académie royale de musique, à laquelle assistèrent le roi et la cour, fut donnée à Versailles, en 1685; quant aux représentations des comédiens ordinaires du roi, elles étaient tout à fait supprimées à la cour, et Louis XIV ne daigna plus honorer de sa présence que les représentations de la maison royale de Saint-Cyr, où les demoiselles pensionnaires de l'établissement jouaient parfois, devant lui et Mme de Maintenon, les deux tragédies d'*Esther* et d'*Athalie*, que Racine avait composées exprès pour ces solennités plus religieuses que profanes.

Mme de Maintenon ne sortait presque pas de son appartement, où elle vivait retirée avec deux ou trois dames, pieuses comme elle. Le roi venait la voir plusieurs fois par jour, après son dîner, avant et après le souper; il s'installait alors chez elle jusqu'à minuit, pour travailler avec ses ministres et donner ses soins aux affaires de l'État, pendant que Mme de Maintenon écoutait tout, surveillait tout, dirigeait tout, et ne semblait s'occuper que de sa lecture ou de ses ouvrages d'aiguille, ne parlant pas si le roi ne lui adressait pas la parole, et ne répondant qu'avec une extrême réserve aux questions qu'il voulait bien lui soumettre. Louis XIV l'accompagnait, de temps à autre, à la promenade, surtout à Marly, où elle suivait toujours le roi. « Enfermée dans une chaise pour éviter les moindres impressions de l'air, raconte Duclos, elle voyait le roi marcher à côté, se découvrant chaque fois qu'il se baissait pour lui parler. » (Fig. 1 et 2.) On ne pouvait donc pas méconnaître une reine, d'autant plus exigeante et d'autant plus puissante qu'elle affectait de n'avoir droit à aucune suprématie. Elle ne

Fig. 1. — Promenade royale dans le parc de Versailles. (*Fac-simile*, d'après Rigaud.)

manquait pas non plus de venir à la chapelle du château toutes les fois que le roi y allait seul ou avec sa maison, et elle se tenait toujours cachée dans une tribune fermée de rideaux, derrière lesquels l'œil le plus pénétrant ne distinguait que l'ombre des coiffes de taffetas noir où sa figure fanée et livide était comme ensevelie.

Cette cour, majestueuse encore plutôt que brillante, semblait ne plus se souvenir de ce qu'elle avait été, vingt ans, quarante ans auparavant, quand Louis XIV, à l'apogée de sa gloire, obéissant aux inspirations de la jeunesse et de la galanterie, ne rêvait que plaisirs, fêtes et magnificences, pour célébrer le règne éphémère de la duchesse de la Vallière, ou de la marquise de Montespan, ou de Mlle de Fontange.

On ne saurait mieux se représenter l'étiquette sévère et presque solennelle qui présidait à tous les actes de la vie privée de Louis XIV, qu'en empruntant quelques détails de son lever et de son coucher au cérémonial officiel que le duc de Saint-Simon a recueilli dans ses *Mémoires*. A huit heures du matin, le premier valet de chambre en quartier, qui avait couché dans la chambre du roi, allait l'éveiller. Le premier médecin et le premier chirurgien entraient aussitôt et se livraient à l'examen de la santé. A huit heures et un quart, le grand chambellan, et en son absence le premier gentilhomme de la chambre, était appelé, ainsi que les *grandes entrées*, c'est-à-dire les grandes charges de la cour et de la maison du roi. Le premier gentilhomme ou le grand chambellan ouvrait le rideau et présentait au roi, encore couché, l'eau

Fig. 2. — Chaises à porteurs pour le parc. (*Fac-simile*, d'après Rigaud.)

bénite et le livre de l'office du Saint-Esprit; puis tout le monde se retirait dans la chambre voisine. Le roi, qui s'était levé avec l'aide de son valet de chambre et qui avait fait à la hâte ses ablutions, rappelait le grand chambellan ou le premier gentilhomme, qui lui donnait sa robe de chambre; aussitôt la porte s'ouvrait et l'on faisait entrer successivement ceux qui attendaient au dehors, c'est-à-dire, selon l'expression de Saint-Simon, « les secondes entrées et les brevets d'affaires, ensuite tout ce qui se trouvait de plus distingué, puis tout le monde connu. » Le roi « se faisait presque tout, lui-même, avec grâce et adresse : » il se chaussait, se peignait, se lavait et s'habillait, sans table de toilette devant lui ; on lui tenait seulement un miroir. Dès qu'il était habillé, il priait Dieu dans la ruelle de son lit; les ecclésiastiques présents, même les cardinaux, se mettaient à genoux, les laïques restaient debout, et le capitaine des gardes, l'épée nue à la main, s'appuyait au balustre du lit. Sa prière faite, le roi passait dans son cabinet, où étaient réunis ceux qui avaient cette entrée par le privilége de leurs charges. Là, il donnait l'ordre pour la journée. Tout le monde sortait alors, et le roi, resté avec ses enfants, leurs gouverneurs et les plus familiers de son entourage, recevait les intendants de ses palais, de ses jardins et « d'autres choses d'agrément. » Il y avait quelquefois des audiences *secrètes*, qu'on appelait ainsi pour les distinguer de celles qui avaient lieu dans la ruelle du lit et qu'on qualifiait d'audiences *particulières*. Pendant ces audiences et ces conversations, la cour attendait dans la galerie, et si le roi allait à la messe, elle s'empressait de le suivre. Lorsque le roi quittait la chapelle pour se rendre au conseil, on avait le droit de lui adresser la parole, même sans avertir le capitaine des gardes, si l'on appartenait à la cour.

L'ordre donné et connu pour tous les détails de la journée, le cérémonial s'attachait en quelque sorte à tous les pas du roi, surtout dans des circonstances où Louis XIV tenait à mettre en relief le prestige de la royauté, comme dans la réception des ambassadeurs et ministres étrangers. A la chasse, à la promenade, le roi, sans cesser d'être entouré des mêmes respects, se relâchait un peu des entraves du cérémonial, quand il invitait, par exemple, les assistants à se couvrir, en disant à demi-voix : « Le chapeau, messieurs ! »

Le dîner et le souper étaient également soumis à des usages d'étiquette aussi minutieuse. Après le souper, le roi rentrait dans sa chambre, environné de toute la cour; il se tenait quelques instants debout, le dos au balustre du lit; puis, avec des révérences aux dames, il passait dans son cabinet, où la famille royale était ordinairement rassemblée; il ne restait pas moins d'une heure avec elle; il ne la quittait un moment que pour aller donner à manger à ses chiens; il revenait souhaiter le bonsoir à sa famille et passait dans sa chambre, où se trouvaient les grandes et secondes entrées ou brevets d'affaires. Il parlait aux uns et aux autres pendant qu'il se déshabillait, et dès qu'il s'était mis au lit, tous les assistants se retiraient, excepté le premier valet de chambre de quartier. Le cérémonial du grand coucher se terminait au moment où le roi, rentré dans sa chambre, faisait sa prière au chevet de son lit et congédiait les assistants, en leur don-

Réception d'un Ambassadeur à Versailles, d'après Parrocel.

nant le bonsoir avec une inclinaison de tête. Il n'y eut plus de grand coucher dans les douze dernières années du roi ; mais le petit coucher, auquel assistaient les grandes et les secondes entrées, continua jusqu'à la fin, dans la forme ordinaire et avec la même étiquette. Ces règles sévères trouvaient quelque tempérament au grand Trianon, une des créations favorites de Louis XIV : lorsqu'il s'y rendait en promenade, tout le monde était admis à lui faire sa cour, et les dames avaient l'honneur de manger à sa table.

Au surplus, le cérémonial de cour, que Louis XIV avait réglé lui-même d'une manière si ponctuelle et si minutieuse, subsista dans toute sa rigueur sous le règne de Louis XV, et ne se relâcha peu à peu de ses exigences et de ses formalités qu'à partir de l'avénement de Louis XVI.

Si le genre de vie qu'on menait à la cour était de plus en plus triste et uniforme pendant la vieillesse de Louis XIV, on a lieu de croire que l'existence du roi n'avait rien de moins maussade ni de moins pénible que celle des courtisans. Son éternel tête-à-tête avec Mme de Maintenon commençait à lui peser, quand la mort, une mort foudroyante et terrible, entra dans sa famille avec toutes les horreurs de l'imprévu et du mystère le plus sinistre. La perte de son fils unique, le grand dauphin (1711), ne lui avait pourtant pas fait craindre de ne point laisser d'héritier direct après lui : son petit-fils, le duc de Bourgogne, avait deux fils en bas âge ; quant aux deux autres fils du grand dauphin, l'un était Philippe V, roi d'Espagne, et l'autre, le duc de Berry, n'avait pas d'enfants. Tout à coup, une maladie subite, inconnue, effrayante, enleva en peu de jours, en peu d'heures, la duchesse de Bourgogne et son mari, avec leur fils aîné (1712). Leur second fils, le duc d'Anjou, depuis Louis XV, atteint de la même maladie, ne fut sauvé que grâce à un remède énergique que sa gouvernante lui avait fait prendre à l'insu des médecins. Des bruits d'empoisonnement, accueillis depuis par divers historiens, circulèrent dans le public à propos de cette triple mort.

La cour devint un tombeau : « Tout est mort ici, la vie en est ôtée ! » écrivait Mme de Caylus. « Tout manque, tout paraît vide, il n'y a plus de joie, tous nos plaisirs sont passés ! » écrivait Mme de Maintenon à son amie, à sa confidente, Mme des Ursins. Dans une autre lettre à Mme de

Maisonfort, Mme de Maintenon, qui se plaignait d'être « vieille, triste, retirée du monde, » exprime encore mieux l'immense ennui au milieu duquel elle traînait sa vie enchaînée à celle du roi : « Que ne puis-je vous faire voir l'ennui qui dévore les grands et la peine qu'ils ont à remplir leurs journées ! Ne voyez-vous pas que je meurs de tristesse dans une fortune qu'on aurait peine à imaginer? » Si le roi avait déposé ses confidences dans le sein d'un ami, on peut assurer qu'elles eussent été encore plus lugubres. Mme de Maintenon était parvenue à lui arracher, au profit du duc du Maine, un des princes légitimés, un testament qui éloignait de la régence le duc d'Orléans. Louis XIV, à l'heure de la mort, se repentit de sa faiblesse et fit tout bas des vœux pour que ce testament fût mis à néant. Il mourut en roi et en chrétien : « Vous allez être bientôt roi d'un grand royaume, dit-il au dauphin, qu'il tenait sur son lit entre ses bras, tâchez de conserver la paix avec vos voisins. J'ai trop aimé la guerre, ne m'imitez pas en cela, non plus que dans les trop grandes dépenses que j'ai faites. Prenez conseil en toutes choses et cherchez à connaître le meilleur, pour le suivre toujours. Soulagez vos peuples le plus tôt que vous pourrez, et faites ce que j'ai eu le malheur de ne pouvoir faire moi-même. » Le grand roi n'avait pas encore fermé les yeux, qu'il ne restait auprès de lui que deux ou trois domestiques subalternes. La cour s'était divisée en plusieurs groupes, les uns autour du duc du Maine, les autres autour du duc d'Orléans. Mme de Maintenon n'avait pas attendu le dernier soupir de son époux pour aller s'ensevelir dans la Maison de Saint-Cyr. La cour était dès lors au château de Sceaux et au Palais-Royal, à Paris. Il n'y avait, au Louvre, que quelques vieux courtisans auprès du jeune roi.

Le peuple français avait toujours aimé ses rois. C'était une tradition nationale. Cette tradition sembla s'effacer à la mort de Louis XIV, qui avait été Louis le Grand. « Je ne puis me rappeler encore sans horreur, écrivait le duc de Richelieu longtemps après l'événement, les indécences du peuple de Paris, le jour du convoi de son souverain. La mort du tyran le plus odieux n'aurait point fait plus de plaisir. On l'accusait de tous les malheurs. On regarda sa mort comme un bien que le ciel accordait. Quelques années de disgrâce avaient tout détruit; sa gloire passée n'était plus rien; le peuple maudissait sa mémoire et insulta grossièrement le cercueil d'un roi dont s'honorera éternellement la France, et qu'on ne put déposer sans crainte dans le tombeau de ses pères. »

Fig. 3. — La Remueuse du duc d'Anjou (depuis, Louis XV).

Le souffle des révolutions, qui avait attisé la Ligue et la Fronde, menaçait de renverser la monarchie de Louis XIV, avant que le cadavre du roi eût pris possession de sa sépulture dans l'abbaye de Saint-Denis. Le duc d'Orléans, par bonheur pour la France, n'avait jamais eu la pensée de prêter la main à de grands changements dans l'ordre politique : il avait sans doute à cœur de gouverner le royaume pendant la minorité du jeune roi, mais il ne voulait pas être roi lui-même par le fait d'une odieuse usurpation. Le testament de Louis XIV, qui l'éloignait autant que possible de la régence pour lui substituer le duc du Maine, devait être ouvert en parlement. Philippe d'Orléans, soutenu par les grands, par la cour et par le peuple, qui se prononçait hautement en sa faveur, n'eut d'autre ambition que de bien administrer l'État : « Je consens qu'on me lie les mains pour le mal, avait-il dit dans la séance solennelle du parlement où le testament du feu roi fut discuté et cassé ; mais, pour le bien, je veux être libre. » La nation l'acclamait déjà comme un libérateur, et trois jours avant les funérailles de Louis XIV, quand Louis XV, âgé de cinq ans, conduit par sa gouvernante, Mme de Ventadour, alla tenir son lit de justice aux Tuileries, le même peuple qui, trois années auparavant, avait failli lapider et mettre en pièces le duc d'Orléans, sur le soupçon d'avoir empoisonné les princes, lui fit une ovation, en le ramenant en triomphe au Palais-Royal.

Le duc d'Orléans, qui fut jusqu'à sa mort (1723) le chef absolu et irresponsable du conseil de régence, n'aimait pas plus les courtisans que les flatteurs. Ceux-ci ne l'épargnèrent pas dans leurs calomnies, et il n'a pas tenu à eux que l'histoire ne l'ait mis à son pilori comme un monstre exécrable. Ce fut la cour, surtout la vieille cour, qui prépara le venin des *Philippiques* de la Grange-Chancel. Voici le portrait réel et très-ressemblant qu'on peut opposer aux hideuses caricatures peintes avec du fiel dans ces *Philippiques* : « Le duc d'Orléans était d'une figure agréable, d'une physionomie ouverte, d'une taille médiocre, mais avec une aisance et une grâce qui se faisaient sentir dans toutes ses actions. Doué d'une pénétration et d'une sagacité rares, il s'exprimait avec vivacité et précision. Ses reparties étaient promptes, justes et gaies. Ses premiers jugements étaient les plus sûrs ; la réflexion le rendait indécis. Des lectures rapides, aidées d'une mémoire heureuse, lui tenaient lieu d'une application suivie : il semblait plutôt deviner qu'étudier les matières ; il avait plus que des demi-connaissances en peinture, en musique, en chimie, en mécanique. Avec une valeur brillante, modeste en parlant de lui et peu indulgent pour ceux qui lui étaient suspects sur le courage, il eût été général, si le roi lui eût permis de l'être, mais il fut toujours en sujétion à la cour et en tutelle à l'armée. Une familiarité noble le mettait au niveau de tous ceux qui l'approchaient ; il sentait qu'une supériorité personnelle le dispensait de se prévaloir de son rang. Il ne gardait aucun ressentiment des torts qu'on avait eus avec lui et en tirait avantage pour se comparer à Henri IV. Son insensibilité à cet égard venait de son mépris pour les hommes. » Le philosophe Duclos, qui était contemporain du régent et qui le jugeait ainsi d'après le témoignage des contemporains, ne lui reprochait que d'avoir été quelquefois un fanfaron de vice et d'immoralité.

On s'aperçut bientôt que le duc d'Orléans ne voulait pas avoir affaire à l'ancienne cour, que l'on n'appelait plus que l'*antiquaille* : il lui avait fermé les portes du Palais-Royal, où il entendait rester libre avec ses amis, ses complaisants, qu'on surnomma les *roués*, et tous les compagnons de ses plaisirs. Les soupers se renouvelaient tous les soirs et duraient toute la nuit ; le duc d'Orléans s'en était fait une telle habitude, qu'il ne pouvait plus s'en passer, malgré la fatigue des veilles et des excès en tous genre, quoiqu'il fût naturellement sobre et qu'il eût honte de s'enivrer comme ses convives. « Il y formait, disait-il, son jugement sur la valeur des personnes de distinction, et chacun ayant le droit de tout dire, il y étudiait l'opinion publique ; mais il gardait son secret, ne laissant pas connaître à la compagnie quel profit il pouvait retirer de cette licence. »

On comprend que de pareilles mœurs devaient être antipathiques à la cour de Versailles, telle que Louis XIV l'avait façonnée pendant son long règne, et qui conservait l'empreinte austère de cette servitude d'étiquette, avec sa morgue aristocratique, ses arrogantes prétentions, ses inépuisables ressources d'intrigue. Il fallait donc que cette cour, raide et guindée, prude et revêche, renonçât désormais à jouer son rôle, ou bien attendît, pour le reprendre sur nouveaux frais, que le roi fût, sinon majeur, du moins en âge d'avoir des courtisans. Or, le roi, qui semblait déjà bon pour tenir un lit de justice, n'avait encore que des domestiques, sous l'œil de sa gouvernante, la duchesse de Ventadour ; et, même lorsqu'il passa sous la direction du maréchal de Villeroy, que le testament de

Louis XIV lui avait donné pour gouverneur, le temps était loin encore où la cour aurait pu reprendre position autour du roi et mener son train, comme à l'ordinaire, en reconstituant la vie de palais. Louis XV, environné de précautions excessives et presque ridicules, qui n'étaient qu'injurieuses pour le régent, se trouvait gardé, à l'instar d'un prisonnier, à Vincennes, aux Tuileries (fig. 4), au Louvre, et son gouverneur affectait de craindre sans cesse pour le petit prince, confié à sa garde, mille dangers qui n'existaient pas. La cour se voyait absolument bannie du palais, où elle n'était convoquée que dans des circonstances d'apparat et pour des cérémonies officielles. Ce fut pour elle une sorte d'exil qui lui pesait et qu'elle ne supportait qu'en grondant; elle ne se montrait jamais au Palais-Royal, et rarement au château de Sceaux, chez le duc du Maine. Elle se renfermait dans ses hôtels, à Paris et à Versailles, ou se retirait en province dans ses domaines, donnant carrière à ses regrets et à ses espérances.

Les prédicateurs du temps de Louis XIV, Bossuet, Bourdaloue, Massillon, avaient eu souvent l'occasion de dire de rudes vérités aux courtisans et de représenter la cour avec des couleurs peu flatteuses. On ne leur avait pas su mauvais gré cependant de leur hardiesse, quoiqu'il y eût bien de l'exagération dans les tableaux vagues et incohérents qu'ils se plaisaient à placer, comme des énigmes à deviner, devant les personnes intéressées à s'y reconnaître : « Le sang touche le sang, disait Massillon dans un sermon où le roi seul semblait excepté de la réprobation générale, le père scandalise l'enfant, le frère dresse des piéges au frère, l'époux cherche à se séparer de son épouse. Il n'y a plus entre les hommes d'autres liens que l'intérêt, la passion, l'humeur, le caprice; le crime est respecté chez les grands; la vertu n'est plus que le partage des simples, et la piété que l'apanage du petit peuple. » C'était la cour, la cour seule, que l'orateur sacré osait traduire au tribunal de l'opinion, en présence du vieux roi, qui n'eut jamais la générosité de prendre la défense de ses courtisans, qu'il savait meilleurs et moins criminels que ne les faisait l'orateur sacré, pour avoir un prétexte de flatter le peuple aux dépens des grands.

On croira sans peine que la cour a été mieux étudiée et mieux conune par les moralistes et les philosophes que par les orateurs de la chaire les plus éloquents. Dufresny, un auteur comique, traçait d'une plume vive et légère, en 1705, ce charmant croquis, où le véritable

Fig. 1. — Louis XV enfant, promené dans le jardin des Tuileries.
(Communiqué par M. Bonnardot.)

caractère de la cour est si finement accusé : « La cour, dit-il dans les *Amusements sérieux et comiques*, est un pays très-amusant. On y respire le bon air; les avenues en sont riantes, d'un abord agréable, et aboutissent toutes à un seul point. La fortune de cour paraît nous attendre, au bout d'un grand chemin ouvert à tout le monde; il semble qu'on n'ait qu'à y mettre le pied pour parvenir; cependant on n'arrive à ses fins que par des chemins couverts et de traverse, disposés de manière que la voie la plus droite n'est pas toujours la plus courte. Je ne sais si le terrain de la cour est bien solide : j'ai vu de nouveaux débarqués y marcher avec confiance, et de vieux routiers n'y marcher qu'en tremblant; c'est un terrain haut et bas, où tout le monde cherche l'élévation. Mais, pour y arriver, il n'y a qu'un seul sentier, et ce sentier est si étroit qu'un ambitieux ne saurait y faire son chemin sans renverser l'autre.

« En voyageant dans le pays de la cour, j'ai remarqué que l'oisiveté règne parmi les habitants. Je ne parle que du peuple, car les grands et ceux qui travaillent à le devenir ont des affaires de reste. Le manége des courtisans est un travail plus pénible qu'il ne paraît. A l'égard des subalternes, ramper et demander, c'est tout leur manége, et leurs longs services font tout leur mérite. J'excepte quelques officiers, qui, sans bassesse et sans manége, bornent leur ambition à bien servir le maître, et vivent tranquilles dans cette médiocrité d'état où l'on trouve ordinairement le vrai mérite. Dans cet état médiocre que je mets entre le peuple et les grands seigneurs, on peut être poli sans fourberie et franc sans grossièreté; on peut n'avoir ni la bassesse du peuple ni la hauteur des grands; en un mot, on peut être ce qu'on appelle un galant homme. »

A cette peinture si fine et si ingénieuse il faut ajouter le portrait du courtisan, tracé de main de maître par l'auteur de l'*Esprit des lois*. Montesquieu avait lui-même trop de goût et de politesse pour ne pas constater que ces deux qualités étaient des habitudes ordinaires de la cour. « Dans les monarchies, disait-il, la politesse est naturalisée à la cour. On trouve à la cour une délicatesse de goût, en toutes choses, qui vient d'un usage continuel des superfluités d'une grande fortune, de la variété et surtout de la lassitude des plaisirs, de la multiplicité, de la confusion même des fantaisies, qui, lorsqu'elles sont agréables, y sont toujours reçues. » Mais, tout en appréciant ce qui faisait la distinction et le charme de la cour, il se montrait sévère et impartial pour juger les courtisans : « L'ambition dans l'oisiveté, la bassesse dans l'orgueil, le désir de s'enrichir sans travail, l'aversion pour la vérité, la flatterie, la trahison, la perfidie, l'abandon de tous ses engagements, le mépris des devoirs du citoyen, la crainte de la vertu du prince, l'espérance de ses faiblesses, et, plus que tout cela, le ridicule perpétuel jeté sur la vertu, forment, je crois, le caractère du plus grand nombre des courtisans, marqué dans tous les lieux et dans tous les temps. »

La cour de France se composait d'une immense agglomération de personnes de tout âge, de tout rang, de toute condition, réunies et alliées les unes aux autres par cette espèce de mot d'ordre consistant à se dire *de la cour;* ce que Dufresny a très-bien exprimé, en indiquant les différents degrés qui séparaient les grands et le peuple dans le Pays de la Cour. Ce n'est pas tout : au-dessous des maîtres il y avait les serviteurs et les subalternes, qui avaient l'honneur d'appartenir aussi à la cour et s'en glorifiaient. Une foule de familles nobles ou roturières faisaient partie de la cour depuis cinq ou six cents ans et occupaient, de père en fils, les mêmes charges, les unes effectives, exigeant un service réel, les autres honorifiques, quelques-unes impliquant pour les titulaires une espèce d'anoblissement. Chaque personne attachée à la cour avait ses attributions minutieusement délimitées, ses priviléges exactement fixés, ses droits régulièrement établis. Tout ce qui était de la cour ou dans la cour, jusqu'aux *pousse-fauteuil* du roi, se montrait jaloux de son titre et de son service spécial.

Piganiol de la Force, avant d'énumérer les officiers qui composaient la maison du roi Louis XV, nous fait observer qu'elle était comme « l'image et l'abrégé du royaume, étant composée du clergé, de la noblesse et du tiers. » Piganiol aurait pu ajouter, avec raison, que le petit peuple même y était représenté dans les fonctions les plus infimes.

Le grand aumônier de France, à la table du roi, où il disait le bénédicité et les grâces, à la chapelle, où il donnait la communion et les autres sacrements, pouvait être, en cas d'absence, suppléé par le premier aumônier, souvent remplacé lui-même par un des huit aumôniers de quartier. La chapelle du roi avait, de plus, huit chapelains servant par quartier, huit clercs, un sacristain, un maître de la chapelle ayant sous ses ordres les chantres et les artistes de la musique.

Le grand maître de la maison du roi, dont la charge consistait surtout à régler la dépense de bouche, avait juridiction sur les sept offices qui en dépendaient, et c'était entre ses mains que les officiers, depuis les aumôniers jusqu'aux écuyers, prêtaient serment de fidélité au roi. Il présidait le bureau du roi, lequel tenait séance deux fois par semaine et réunissait, comme assistants, le premier maître d'hôtel et les maîtres d'hôtel de quartier, les maîtres de la chambre aux deniers, le contrôleur général de la bouche et les contrôleurs de quartier, et différents ordres de commis. Chaque membre du bureau du roi remplissait à la cour une fonction particulière. Le premier maître d'hôtel avait sous sa direction personnelle les sept offices, savoir : le gobelet,

Fig. 5. — Grand Pannetier
(duc de Cossé-Brissac, 1782).

Fig. 6. — Grand Bouteiller Échanson
(André de Gironde, 1731).

la cuisine-bouche, la panneterie, l'échansonnerie, la cuisine-commune, la fruiterie et la fourrière. Il faisait les honneurs de la table du grand maître, et si le roi voulait prendre un bouillon à son lever, c'était le premier maître d'hôtel qui conduisait le bouillon. Il pouvait être remplacé par un des maîtres d'hôtel ordinaires. Ceux-ci, au nombre de douze, conduisaient la viande du roi, un bâton garni de vermeil à la main, et présentaient à Sa Majesté la serviette mouillée avec laquelle le roi s'essuyait les mains avant de manger. Les trois maîtres de la chambre aux deniers étaient chargés de régler et de payer toutes les dépenses de bouche et les gages de la petite et de la grande livrée. Quant au contrôleur général de la maison, il tenait la comptabilité des dépenses de bouche et avait la garde de la vaisselle d'or, d'argent et de vermeil.

Le grand chambellan, qui avait eu dans l'ancienne cour une si haute position, n'était plus chargé que du service intérieur de la chambre du roi. Il se trouvait habituellement suppléé par un des quatre pre-

Fig. 7. — Le duc de Gesvres, premier gentilhomme de la chambre, en costume d'apparat; d'après Vanloo fils (1755).

miers gentilshommes de la chambre, qui avaient la direction du nombreux personnel de la chambre du roi. Au-dessous d'eux, les quatre premiers valets de chambre servaient par quartier et exerçaient plusieurs fonctions honorables : ils couchaient au pied du lit du roi et gardaient les clefs des coffres. Dans l'énumération des officiers de la chambre, il suffit de citer seize huissiers, trente-deux valets de chambre, douze porte-manteaux, deux porte-arquebuses, huit barbiers, un chirurgien dentiste, huit tapissiers, trois horlogers, six garçons de chambre, deux porte-chaise d'affaires, etc. Il n'y avait pas d'emploi qui fût jugé indigne ou dégradant, dès qu'il s'agissait de servir le roi à l'ordinaire ou par quartier. Parmi les autres officiers de la chambre du roi, compris sous le titre générique de « valets de chambre hors rang, » qui ne remplissaient pas des fonctions domestiques, on trouvait les peintres, les sculpteurs, les vitriers, etc., les gardes des lévriers et des levrettes de la chambre, les chefs des équipages du vol pour les champs et du vol pour pie, derniers représentants de l'ancienne fauconnerie du roi. Quant aux vingt-six gentilshommes ordinaires, ils servaient par quartiers, et leur charge était essentiellement honorifique. Ces gentilshommes, on le devine, appartenaient tous à la noblesse de race et devaient justifier de l'ancienneté de leur extraction.

Fig. 8. — Grand-Chambellan (prince de Turenne, 1747).

Fig. 9. — Capitaine de la porte (vicomte de Vergennes, 1783).

Le grand maître de la garde-robe, qui était un des plus grands seigneurs du royaume, avait soin des habits, du linge et de la chaussure du roi. Quand le roi s'habillait, le grand maître de la garde-robe devait lui mettre sa camisole, son cordon bleu et son justaucorps; quand le roi se déshabillait, il lui présentait sa camisole de nuit, son bonnet et son mouchoir; mais il avait, d'ordinaire, pour suppléant, un des deux maîtres de la garde-robe, qui étaient toujours là, dans la chambre, pour donner au roi son mouchoir, ses gants, sa canne et son chapeau, ou pour l'aider à vider ses poches, quand le roi rentrait et changeait d'habit, car les poches de Sa Majesté se trouvaient sans cesse remplies de lettres, de mémoires et de placets. Les officiers de la garde-robe comprenaient quatre premiers valets de chambre, seize valets, un porte-malle, quatre garçons ordinaires, trois tailleurs-chaussetiers, un empeseur, et deux *lavandiers* ou blanchisseurs du linge de corps.

Les officiers du cabinet du roi n'avaient aucun rapport avec les officiers de la chambre. Ils n'étaient pas obligés de faire preuve de noblesse, et ils devenaient nobles du fait seul de leur charge. C'étaient les quatre secrétaires du cabinet, prenant la qualité de conseillers ordinaires du roi en ses conseils, les quatre lecteurs ordinaires, et les interprètes pour les langues ; dans un rang inférieur, les deux huissiers du cabinet, prenant la qualité d'écuyers, et les courriers de cabinet. Les charges de cour se maintenaient par ancienneté, lors même qu'elles tombaient en désuétude et n'avaient plus d'utilité. Par exemple, il y avait un capitaine général des fauconneries du cabinet du roi, lequel

Fig. 10. — Grand-Fauconnier
(comte de Vaudreuil, 1780).

ne relevait pas du grand fauconnier, et dont l'emploi se bornait à prendre les ordres du roi pour toutes les chasses au vol ; il devait aussi recevoir les oiseaux dont on faisait présent au roi et qu'on lui envoyait de toutes les parties du monde. Un autre service, devenu une des annexes du cabinet, était celui des bâtiments et des maisons royales, service qui comprenait des charges considérables et qui employait un grand nombre de personnes. L'inspection et la direction des bâtiments, jardins, arts et manufactures du roi, avaient toujours été confiées à des grands seigneurs; ils le furent ensuite à de grands artistes, tels que Mansard, ou à des princes, tels que le duc d'Antin, qui prenaient le titre de surintendant des bâtiments du roi. Ce surintendant avait sous ses ordres un premier architecte, plusieurs architectes ordinaires, trois intendants et ordonnateurs des bâtiments, deux trésoriers, un intendant des eaux, un intendant des devises et inscriptions, un premier commis archiviste, et beaucoup d'autres officiers de tout grade, ayant chacun leur titre, leur emploi et leurs honoraires. Ainsi, dans le service des maisons royales, on trouvait, pour le canal de Versailles, tout un équipage de flotte, capitaine des matelots, maître, mariniers, gondoliers et calfateurs; entre les préposés à l'entretien des jardins, on comptait un nettoyeur de statues et un preneur de taupes.

Il ne faudrait pas s'imaginer que toutes ces charges inférieures, dont beaucoup n'étaient que des sinécures, ne fussent pas ou fussent peu rétribuées : les grandes charges et les charges moyennes avaient une valeur considérable, puisque le brevet de retenue, ou prix de la charge garanti par le roi, était de 500,000 livres pour les premiers gentilshommes de la chambre, et de 400,000 livres pour le premier maître d'hôtel du roi. Ces charges produisaient aux titulaires un gros revenu. Les charges subalternes n'étaient pas relativement moins avantageuses : une quantité d'entre elles donnaient droit au logement, à la nourriture et à l'habillement ou à la *livrée*. Ainsi, le capitaine des levrettes et lévriers de la chambre du roi touchait 2,500 livres par an, sans compter l'extra et les menus bénéfices; le gardien des petits chiens de la chambre avait 1,500 livres de gages et 200 fr. pour sa livrée. Les quatre apothicaires du roi, servant par quartier, recevaient 1,000 livres de gages et 600 livres d'indemnité pour leur *sommier* ou cheval de somme; leurs quatre aides, ceux que Molière avait tant ridiculisés dans ses comédies, n'avaient que 200 livres de gages, mais, outre cela, diverses gratifications qui montaient à plus de 400 livres, avec le droit de tenir boutique à Paris. La domesticité, de même que les premières charges, avait *bouche à cour*, c'est-à-dire était nourrie, hébergée aux frais du roi. Le moindre balayeur, qui n'avait que 350 livres de gages, devait se trouver satisfait de son sort, si l'on considère qu'il ne travaillait que deux ou trois heures par jour, et que la valeur relative de l'argent s'est élevée dans une proportion considérable depuis un siècle : aussi, les fonctions les plus basses en apparence étaient-elles recherchées comme lucratives et honorables par des gens bien nés et qui se piquaient même de noblesse; en 1735, un des deux porte-chaise d'affaires du roi était le sieur Jacques Calabre de Perrault, recevant 600 livres de gages payées sur les Menus et 200 de récompense payées au trésor royal.

Fig. 11. — Grand-Maréchal des Logis
(Chamillart, marquis de la Suze, 1774).

Quiconque appartenait à la cour et y avait une charge, se montrait jaloux d'en remplir les fonctions, si gênantes et si singulières qu'elles fussent. Chacun se faisait, à cet égard, un cas de conscience de servir le roi, sans paraître jamais se lasser ni se dégoûter des attributions que son titre lui imposait. Mais, en revanche, personne ne semblait disposé à dépasser les limites de son devoir, ni à empiéter sur les fonctions inférieures ou supérieures d'autrui. De là une étiquette inflexible, féroce, qui ne connaissait rien que l'usage établi. Le roi, les princes et princesses de la famille royale en auraient souffert en mainte occasion, s'ils n'y avaient pas été accoutumés dès l'enfance. « Ces règles serviles, dit avec beaucoup de bon sens et de dignité Mme Campan, étaient érigées en espèce de code : elles portaient un Richelieu, un la Rochefoucauld, un Duras, à trouver dans l'exercice de leurs fonctions domestiques l'occasion de rapprochements utiles à leur fortune; et, pour ménager leur vanité, ils aimaient des usages qui convertissaient en honorables prérogatives le droit de donner un verre d'eau, de passer une chemise et de retirer un bassin. Des princes accoutumés à être traités en divinités finissaient naturellement par croire qu'ils étaient d'une nature particulière, d'une essence plus pure que le reste des hommes. »

Cette multiplicité de charges et d'offices exigeait une dépense effroyable, et l'on ne s'étonnera pas que le roi ne pût y faire face avec ses ressources ordinaires, si l'on se représente que sa maison militaire coûtait beaucoup plus que sa maison civile. On n'a pas encore établi, par des calculs exacts, à quels frais s'élevait l'état général de la maison

Fig. 12. — Grand-Veneur (duc de Penthièvre, 1737).

Fig. 13. — Grand-Louvetier (comte d'Haussonville, 1780).

du roi. Les ministres les plus économes, le grand Colbert, son neveu, le contrôleur général Desmarets, ne parvinrent jamais à ramener une sorte d'équilibre entre le revenu du roi et ses dépenses. Ce revenu se montait à quarante-neuf millions en 1709, et, au commencement de 1715, les embarras pécuniaires de la trésorerie étaient si pressants qu'il fallut négocier trente-deux millions de billets pour obtenir huit millions en espèces. Louis XIV, peu de mois après cet emprunt ruineux, laissait près de trois milliards de dettes! Cependant les économies ne portèrent jamais sur les charges et les offices de la cour; on ne diminua pas d'un valet de chien le service des chasses, on n'ôta pas aux cuisines du roi un seul tourne-broche, et pas un seul porteur de lits et meubles à la chambre du roi.

Louis XV n'avait encore que cinq ans, que déjà sa maison civile aussi nombreuse, aussi bien organisée que l'était celle de Louis XIV, attendait la majorité du roi pour le servir avec le cérémonial habituel de la cour.

Fig. 14. — Grand-Maître de France (prince de Condé, 1740).

La duchesse de Ventadour, gouvernante du jeune roi, sous la surintendance du duc de Bourbon, avait pris à cœur la charge de haute confiance pour laquelle Louis XIV l'avait désignée : « Elle avait beaucoup de douceur et de l'élévation en même temps, dit Moufle d'Angerville, un des historiens les plus impartiaux de Louis XV; elle aimait passionnément son royal pupille, et ses soins tenaient plus de ceux d'une mère tendre que d'une étrangère ambitieuse. Sa vigilance ne pouvait que s'accroître par tout ce qui se passait; elle n'ignorait pas les affreux soupçons qui agitaient tous les cœurs en défiance... Elle en redoubla de zèle, et n'eut pas un instant de repos pendant près de dix-huit mois qu'elle fût au service du roi. » Le jeune roi fut remis ensuite à son gouverneur, le duc de Villeroy, qui ne veilla pas avec moins de sollicitude sur cet auguste dépôt, mais qui, le premier, gâta par la flatterie les belles qualités naturelles de son élève. C'est lui qui menait continuellement le roi, d'une fenêtre à l'autre du palais des Tuileries, en lui montrant la foule qui se pressait dans la cour du Carrousel pour le voir et l'acclamer : « Voyez, mon maître, voyez le peuple; eh bien! tout cela est à vous, tout vous appartient, vous en êtes le maître! » Ces déplorables enseignements ne pouvaient que développer et enraciner l'égoïsme inné du jeune prince, à qui l'éducation morale fit défaut complétement, malgré les leçons de son précepteur, le cardinal de Fleury. Louis XV était né délicat ; il avait été gravement malade à l'âge de trois ans, et l'on craignait, peut-être avec raison, de le fatiguer en l'astreignant à un travail d'étude et d'application, qu'il eut toujours en horreur.

Il avait, en revanche, des dispositions naturelles pour tous les exercices de corps, et il s'y adonnait avec une sorte de passion, qu'on était souvent forcé de modérer. Dès qu'il fut sorti des mains des femmes, on lui donna un maître d'armes, un maître à chanter, un maître à danser et même un maître à voltiger. Ce dernier, Louis Sciolly, ne touchait que 200 livres ; mais le maître d'armes, dont les leçons intéressaient beaucoup le royal enfant et qui était un habile homme, le sieur Henri Rousseau, maître teneur d'armes de la Grande-Écurie, était appointé à 2,000 livres. Cela n'était rien auprès du maître de danse, qui avait 2,000 livres de gages, 2,000 livres de gratification et 3,600 livres de récompense ! Le roi aimait la danse et s'y perfectionna promptement, au point de devenir le meilleur danseur de la cour.

Il apprit sans peine tout ce qui pouvait augmenter la grâce de ses manières et le charme répandu dans toute sa personne. Il était le plus beau et le plus charmant des enfants, mais il conservait presque toujours l'air distrait, mélancolique et ombrageux. Son intelligence naturelle s'éveilla de bonne heure, mais on ne fit rien pour la cultiver et pour vaincre son indolence d'esprit et sa paresse de mémoire. « Prenez garde à la santé du roi ! » répétaient sans cesse les médecins ; et tout l'entourage de redire, avec des grimaces de terreur : « La santé du roi ! » Ces défiances, ces soupçons s'adressaient insolemment au duc d'Orléans, qui ne daignait pas s'en occuper. On eut pourtant, à plusieurs reprises, des inquiétudes sérieuses pour la vie du prince, qui fut atteint, en 1721, d'un mal de gorge très-menaçant. Aussitôt un cri s'éleva : « Le roi est empoisonné ! » et les regards se tournaient vers le régent, comme pour l'accuser. « Le duc d'Orléans, dit Saint-Simon, se conduisit d'une manière si simple et si sage pendant la maladie du roi, qu'il y gagna beaucoup aux yeux du public ; son inquiétude était raisonnable, mais mesurée, pour ne pas la rendre affectée...

Il avait l'attention surtout de ne jamais croire le roi ni trop bien ni trop mal, ni laisser aucun lieu de dire qu'il le craignît trop bien ou qu'il le souhaitât mal. » La vérité est qu'il ne désira jamais la couronne.

Fig. 15. — Menuet dansé au bal paré donné par le roi, le 24 février 1745, dans le manège couvert de la Grande-Écurie, à Versailles; d'après Cochin.

Le roi guérit, et l'on put se convaincre que les Français avaient toujours la même affection, le même respect pour leurs rois. « On ne saurait peindre, écrit Duclos, les transports de joie que la convalescence du roi fit éclater par toute la France et qui succédèrent à la consternation universelle. Il n'était pas besoin d'échauffer l'amour des peuples. On ne voyait que danses et repas dans les rues. Les bourgeois faisaient servir leur souper à leurs portes et invitaient les passants à y prendre part; tout Paris semblait chaque jour donner un repas de famille. Ce spectacle dura plus de deux mois. Les étrangers partageaient notre joie, et l'empereur disait hautement que Louis XV était l'enfant de l'Europe. »

Le duc d'Orléans ne fut pas le moins réjoui de la convalescence du roi : il avait pour cet auguste enfant, confié à sa garde, une véritable tendresse, et l'enfant la lui rendait bien, quoi qu'on fît, quoi qu'on eût fait pour lui inspirer de la méfiance et de l'aversion contre le régent. Aussi Louis XV, à treize ans accomplis, dans le lit de justice où il déclara lui-même sa majorité, priait-il encore le duc d'Orléans de lui continuer ses soins et de l'aider de ses conseils, de son expérience et de son dévouement. Il le regretta, le pleura comme un père, lorsque ce prince fut enlevé par une mort subite (21 décembre 1723). Louis avait été sacré l'année précédente. « Le roi était d'une charmante figure, raconte le marquis d'Argenson, qui fut un de ses ministres. On se souvient combien il ressemblait à l'Amour, lors de son sacre à Reims, le matin, avec son habit long et sa toque d'argent, en costume de néophyte ou de roi candidat... Je n'ai jamais rien vu de si attendrissant que cette figure. Les yeux en devenaient humides de tendresse pour ce pauvre petit prince, échappé à tant de dangers dans sa jeunesse, seul rejeton d'une famille nombreuse. »

Le règne de Louis XV a commencé. Ce n'est plus le duc d'Orléans qui gouverne, c'est maintenant le duc de Bourbon, premier ministre, ce sera bientôt le cardinal de Fleury; car le roi ne se soucie pas de gouverner et se décharge de tout le fardeau des affaires sur ses ministres, qui obéissent aux influences de la cour.

Le roi n'aimait, dans sa jeunesse, ni les fêtes, ni le grand appareil, ni les cérémonies. Il était silencieux, réservé, distrait; il fuyait le bruit, l'éclat, la foule; il réunissait pourtant, selon l'expression du duc de Richelieu, la politesse et les attentions détaillées aux grandes manières des souverains. Le maréchal de Villeroy, qui passait pour le type accompli de l'homme de cour, l'avait rendu très-minutieux dans la science de l'étiquette, et son précepteur, le cardinal de Fleury, en l'éle-

LES GRANDS DIGNITAIRES DU SACRE.

Suivre les figures sur la planche coloriée :

```
        10      9       6
            3       4       5
        7       2       1       8       11
```

N°s 1. — Le roi revêtu de tous les ornements royaux, ayant la couronne de Charlemagne, tenant le sceptre de la main droite et de la gauche la main de justice.

2. — Le maréchal duc de Villars, représentant le connétable et portant l'épée de Charlemagne.

3. — Costume des six pairs laïques : le duc d'Orléans, le duc de Chartres, le duc de Bourbon, le comte de Charolais, le comte de Clermont, le prince de Conti, représentant le duc de Bourgogne, le duc de Normandie, le duc d'Aquitaine, le comte de Toulouse, le comte de Flandre et le comte de Champagne.

4. — L'archevêque duc de Reims, l'un des six pairs ecclésiastiques, tenant le roi par le bras droit et le conduisant au trône.

5. — D'Armenonville, garde des sceaux, représentant le chancelier.

6. — Le prince Charles de Lorraine, grand écuyer de France, nommé pour porter la queue du manteau royal.

7. — Le marquis de Dreux, grand maître des cérémonies.

8. — Le duc de Villeroy, représentant le capitaine des gardes écossais.

9. — Le duc d'Harcourt, capitaine des gardes.

10. — Un des six gardes écossais.

11. — Un des cent-suisses de la garde.

Tiré du *Sacre de Louis XV, roi de France*, dans l'église de Reims, le 25 octobre 1722 ;
publié par les soins de MM. de Villequier et de Gesvres, premiers gentilshommes de la chambre,
sous la direction du sieur d'Ullin, de l'Académie royale de peinture.

Par Sabatier et Charpentier.
Impr. lith. de Firmin-Didot frères, fils et Cie.

LES GRANDS DIGNITAIRES DU SACRE.

vant dans la croyance et la pratique de la religion, n'avait pas eu de peine à l'enchaîner à ses devoirs par une piété sincère, à laquelle il

Fig. 10. — Louis XV jeune; d'après Vanloo.

ne manquait que d'être plus éclairée. Louis XV dépensa d'abord toute son ardeur et toute son action aux exercices de la chasse : il ne lisait jamais, écrivait peu, et faisait de la tapisserie. Sa beauté était de plus en plus remarquée : « Toutes les formes de son corps étaient si parfaites et si accomplies, à l'âge de dix-sept ans, dit Richelieu, qu'il était réputé le plus bel adolescent de son royaume. La nature n'avait rien oublié, ni dans les détails ni dans l'ensemble. » Il s'éloignait de la société des femmes et il évitait même de les regarder en face. « Le roi ne tourne pas encore ses jeunes et beaux regards sur aucun objet! » écrivait le duc de Villars, dans son journal. L'infante d'Espagne, sa cousine, qu'on élevait auprès de lui, pour en faire une reine de France, avait été renvoyée à Madrid. Les courtisans voyaient donc avec inquiétude que la monarchie n'avait pas encore d'héritier direct. Le duc de Bourbon, qui était premier ministre, employa toute sa politique à préparer le mariage du jeune roi, et celui-ci accepta, sans goût mais sans répugnance, l'épouse que ses ministres lui avaient choisie. C'était Marie Leczinska, fille du roi de Pologne, Stanislas, roi détrôné, errant et ne songeant pas à reprendre sa couronne.

La France, toujours enthousiaste pour ses rois, approuva ce mariage qui promettait d'être heureux (5 sept. 1725). Marie Leczinska ne pouvait passer pour belle; ses traits n'avaient rien de remarquable, mais leur expression était douce et bienveillante; sa taille était élégante et noble. La jeunesse et la grâce suppléaient à tout le reste. Quant à son esprit, il était médiocre, peu brillant et assez mal cultivé; mais elle avait le cœur droit, excellent : sa bonté faisait son plus grand charme. Louis XV la trouva agréable, intéressante et presque jolie, car il répondit plus d'une fois aux corrupteurs qui lui faisaient remarquer la beauté d'une de ses sujettes : « Elle est moins belle que la reine! » Mais néanmoins les rapports du roi avec sa jeune épouse furent peu sympathiques, très-cérémonieux et très-froids. Cette froideur avait son principe dans la défiance exagérée de Marie Leczinska. Le roi n'en vécut pas moins en bonne intelligence avec la reine, qui lui donna deux fils et huit filles. Jusqu'en 1732 Louis XV fut à peu près irréprochable comme mari. C'est dans la société de la comtesse de Toulouse, au château de Rambouillet, qu'il apprenait les usages du grand monde, ces habitudes de bonne compagnie, ces manières décentes et polies, qui ajoutaient encore au prestige de la royauté. Un des plus judicieux historiens du dix-huitième siècle, M. de Lacretelle, représente ainsi la cour à cette époque : « La cour, ce pays où le mouvement n'est jamais plus vif, où les intrigues ne sont jamais plus animées que pendant la jeunesse du monarque, fut gouvernée comme une famille aisée, modeste et paisible... La licence fut écartée sans bruit, le scandale ne fut plus une mode. »

Fig. 17. — Marie Leczinska, reine de France ; d'après Nattier.

La cour reprit, à mesure que le règne s'avançait, l'éclat et l'animation qu'elle avait perdus pendant la vieillesse de Louis XIV et la minorité de Louis XV. On peut citer, entre autres, les magnifiques fêtes données à Versailles pour le premier mariage du Dauphin, fils de Louis XV, avec Marie-Thérèse de Bourbon, infante d'Espagne, en 1745 (l'année même de la bataille de Fontenoy, c'est-à-dire pendant la période la plus brillante du règne). Le talent du graveur Cochin fils (Charles-Nicolas) a conservé le souvenir de ces fêtes, organisées par le duc de Richelieu, alors premier gentilhomme de la chambre, et dont les plus remarquables furent, avec un grand bal masqué dans la galerie des Glaces (voir la planche coloriée), une représentation, dans le manége de la Grande-Écurie converti en salle de spectacle, de *la Princesse de Navarre*, comédie-ballet de Voltaire, mise en musique par Rameau (23 fév. 1745; voir page 31), et le bal paré qui eut lieu le lendemain, dans la même salle (fig. 15 et 18).

Fig. 18. — Billet d'invitation pour le bal de la cour; d'après Cochin.

Tout changea quand Louis XV, refroidi entièrement pour la reine qu'il respectait toujours, fut entraîné, par les mauvais conseils et par des séductions qui ne manquent jamais aux souverains, à lâcher la bride à ses passions. Il ne régnait que par ses ministres, il régna bientôt par ses favorites, et les fâcheux exemples qu'il donnait à sa cour ne furent que trop imités. Ses peuples l'avaient surnommé le *bien-aimé*, lorsqu'ils avaient craint de le perdre; dans le cours de son long règne, il sembla ne plus se préoccuper de laisser après lui des regrets, ni même des souvenirs honorables. Il avait proclamé lui-même son égoïsme, en disant un jour : « Après nous la fin du monde! » Jamais roi de France ne fit un plus triste usage des qualités personnelles que ses ennemis eux-mêmes lui reconnaissaient. Pidansat de Mairobert, qui le qualifie « le plus doux des hom-

Représentation de la princesse de Navarre, à Versailles.

mes, le plus affable des maîtres, le plus honnête homme de son royaume, » explique ainsi, dans *l'Espion anglais*, comment les actes du roi étaient sans cesse en désaccord avec ses idées et ses sentiments : « Il aime les honnêtes gens, et quand il en trouve il les néglige; il voudrait entendre la vérité, et il écarte les seuls corps (les parlements) qui pouvaient la lui dire et en avaient le droit; il est juste, et il n'ignore pas qu'il se commet toutes sortes d'injustices sous son nom. Il est bon, et il ne veut rien prendre sur lui ; il faut que ceux qui l'approchent de plus près, passent par ses ministres, pour quelque grâce que ce soit. Il est homme d'ordre sur ses propres affaires, il est rangé, économe, et il prodigue le bien de l'État en bienfaits mal placés, en dépenses superflues; il sait qu'on le vole de toutes parts, et il n'arrête aucune déprédation. Et le mot de cette énigme, c'est qu'il est facile! » Les désordres de sa vie privée, qui n'avaient plus même l'excuse de l'âge, n'eurent peut-être pas d'autre origine que le besoin de distractions capables de faire diversion à son éternel ennui. « Il est habitué à faire beaucoup d'exercice, disait *l'Espion anglais;* toutes les fois qu'il est plusieurs jours sans chasser, la bile le surmonte. Il a une maladie plus grande, c'est l'ennui qui le poursuit, qui l'oblige d'être toujours en mouvement, et qui lui fait prendre le train de vie errante dans le cercle étroit d'une douzaine de maisons de plaisance qu'il parcourt successivement. » Lorsque le roi ne devait pas aller à la chasse, les courtisans se disaient entre eux : « Le roi ne fait rien aujourd'hui. »

Après les désastres militaires et maritimes de ce règne, après les disettes et les souffrances de la nation, après les querelles irritantes du clergé et des parlements, après les scandales de la domination de Mme de Pompadour et les hontes de la faveur de Mme du Barry, l'attachement du peuple pour Louis le Bien-aimé s'était transformé en haine et en mépris. On ne s'en aperçut que trop pendant la dernière maladie du roi, qui fut abandonné, à son lit de mort, par ses plus dévoués serviteurs. Le grand aumônier, avant de lui administrer les sacrements, avait formulé en ces termes l'amende honorable du moribond : « Quoique le roi ne doive compte de sa conduite qu'à Dieu seul, il est fâché d'avoir causé du scandale à ses sujets, et déclare qu'il ne veut vivre désormais que pour le soutien de la religion et pour le bonheur de ses peuples. » A peine avait-il fermé les yeux (10 mai 1774) que son cadavre infect fut enseveli à la hâte et conduit à Saint-Denis, en poste, dans un carrosse de chasse, avec une escorte de quarante gardes du corps et de quelques pages tenant des flambeaux. Sur tous les chemins par lesquels passait ce misérable convoi, on ne voyait que gens du peuple, maudissant la mémoire du défunt, dansant, chantant, hurlant et buvant.

Le dauphin, son fils aîné, était mort en 1765, à l'âge de trente-six ans. Veuf, après un an de mariage, de Marie-Thérèse de Bourbon, il avait épousé une princesse de Saxe, Marie-Josèphe, qui lui donna beaucoup d'enfants, entre autres ceux qui furent depuis Louis XVI, Louis XVIII et Charles X. Ce prince était digne de regrets, si l'on s'en rapporte au jugement de Louis XV lui-même : « Mon fils, disait-il devant Mme du Hausset, qui a recueilli ses paroles, est paresseux, et son caractère est polonais, vif et changeant; il n'a aucun goût : la chasse, les femmes, la bonne chère, ne lui sont de rien. Il croit peut-être que s'il était à ma place il serait heureux. Dans les premiers temps il changerait tout, aurait l'air de recréer tout, et bientôt il serait ennuyé de l'état de roi, comme il l'est du sien. Il est fait pour vivre en philosophe avec des gens d'esprit; il aime le bien, il est véritablement vertueux et a des lumières. » Le peuple n'avait pas eu l'occasion de le connaître et de l'apprécier, mais il s'était enthousiasmé pour le nouveau dauphin, qui devait succéder à son aïeul, depuis que ce jeune prince avait épousé la fille de Marie-Thérèse, impératrice d'Autriche (1770). Quand la fiancée du dauphin traversa Paris pour se rendre à Versailles, tous les habitants se pressaient sur son passage et entouraient ses équipages, en l'applaudissant avec ivresse. C'étaient ceux-là même qui devaient, quatre ans plus tard, jeter de la boue au cercueil de Louis XV. La dauphine avait feint de supposer que l'enthousiasme qu'elle inspirait ne s'adressait qu'au roi : « Les Français ne voient jamais assez leur roi, disait-elle; ils ne peuvent me traiter avec plus de bonté qu'en me prouvant qu'ils savent aimer celui que j'ai déjà l'habitude de regarder comme un second père. » Cet empressement, ces

BAL MASQUÉ,

DANS LA GALERIE DES GLACES, AU CHATEAU DE VERSAILLES.

FÊTES DONNÉES A L'OCCASION DU MARIAGE DE LOUIS, DAUPHIN DE FRANCE, AVEC MARIE-THÉRÈSE, INFANTE D'ESPAGNE (FÉVRIER 1745);

D'APRÈS COCHIN (MUSÉE DU LOUVRE).

« Le bal en musique commença à minuit. On n'y entrait que par le salon d'Hercule d'un côté, et de l'autre par la salle des gardes et « l'Œil-de-bœuf. Dans chaque compagnie, un se démasquait à la porte ; un huissier écrivait son nom et le nombre de masques qu'il me-« nait avec lui. Le roi ne se démasqua point ; il était masqué en if, lui et sept autres. M. le dauphin et Mme la dauphine étaient en berger « et en bergère. M. le duc de Chartres, Mme de Chartres, étaient du quadrille de M. le dauphin, ainsi que Mme d'Andlau, M. de Ségur, fils « du lieutenant général ; je ne sais pas les autres. La reine se promena longtemps masquée. On dansait dans quatre endroits différents. Le « bal dura jusqu'à sept heures et demie ou huit heures du matin. » (Extrait des *Mémoires du duc de Luynes*; 17 vol. in-8°. Paris, Firmin-Didot.)

Par Sabatier et Urrabieta.
Impr. lith. de Firmin-Didot frères, fils et Cie.

UN BAL MASQUÉ

sympathies populaires étaient pour la dauphine, mais son époux en profitait. La joie publique s'accrut encore à son avénement, et le règne de Louis XVI commença par une acclamation de la France entière.

C'est à Weber, le frère de lait de la reine, qu'il faut emprunter son portrait intime : « La nature, ainsi que l'a dit Mme de Polignac, avait formé Marie-Antoinette pour être assise sur un trône. Une taille majestueuse,

Fig. 19. — Louis XVI, Marie-Antoinette et le Dauphin; d'après Saint-Aubin.

une beauté noble, une manière de porter sa tête difficile à dépeindre, inspiraient le respect. Ses traits, sans être réguliers, avaient, ce qui vaut mieux, un agrément infini; la blancheur de son teint les embellissait et donnait à son visage un éclat éblouissant. Les manières les plus séduisantes ajoutaient encore à tant de charmes, et dans cette première fleur de sa jeunesse, l'élégance et la vivacité de ses mouvements, la franche et naïve expression d'un bon cœur et d'un esprit naturel, avaient de quoi plaire particulièrement aux Français d'alors. Elle charma son époux, le roi et sa famille, la cour et la ville, les grands et le peuple, tous les rangs et tous les âges. »

Maintenant, d'après Mme Campan, le portrait de Louis XVI; portrait fidèle, tracé de souvenir, longtemps après la fatale issue de son règne : « Lous XVI avait des traits assez nobles, empreints d'une teinte mélancolique; sa démarche était lourde et sans noblesse; sa personne plus que négligée; ses cheveux, quel que fût le talent de son coiffeur, étaient promptement en désordre, par le peu de soin qu'il mettait à sa tenue. Son organe, sans être dur, n'avait rien d'agréable. Son précepteur (l'abbé de Radonvilliers), savant aimable et doux, lui avait donné le goût de l'étude. Le roi avait continué à s'instruire : il savait parfaitement la langue anglaise; il était géographe habile, et se plaisait à tracer et à lever des cartes; il savait parfaitement l'histoire, mais peut-être n'en avait-il pas assez étudié l'esprit... Ce prince unissait à tant d'instruction toutes les qualités du meilleur époux, du plus tendre des pères, du maître le plus indulgent... Il montrait malheureusement un goût trop vif pour les arts mécaniques : la maçonnerie, la serrurerie lui plaisaient au point qu'il admettait dans son intérieur un garçon serrurier, avec lequel il forgeait des clefs de serrures... Austère et sévère pour lui seul, le roi remplissait exactement les lois de l'Église, jeûnait et faisait maigre tout le carême... Pieux dans le cœur, les lumières du siècle le portaient à la tolérance; modeste et simple, Turgot, Malesherbes et Necker avaient jugé qu'un prince de ce caractère sacrifierait volontiers les prérogatives royales à la solide grandeur de son peuple. »

Le sentiment profond qui avait si longtemps attaché le peuple français à ses rois subsistait encore sous Louis XVI, et il ne se manifesta jamais avec plus de force qu'à la naissance d'un dauphin. Mais déjà Marie-Antoinette n'était plus l'objet de la même admiration, du même enthousiasme. Le peuple se refroidissait pour elle, et ne la regardait qu'avec des yeux défiants et hostiles. On l'accusait de toutes les fautes et de tous les embarras du gouvernement; on redoutait son influence dans les affaires politiques; on lui reprochait tout bas de ruiner, de sacrifier la France à son orgueil, à ses folies, à ses intrigues. Un parti terrible, dont le duc d'Orléans était le chef caché, se formait pour discréditer la royauté et pour déshonorer le roi, en inventant les plus noires, les plus atroces calomnies contre la reine. Ces ca-

MARIE-ANTOINETTE ET SES ENFANTS.

Louis-Joseph-Xavier-François, né en 1781, mort en 1789.
Louis-Charles de France, né en 1785, depuis Louis XVII.
Marie-Thérèse-Charlotte de France, née en 1778, depuis duchesse d'Angoulême.

Peint par madame Vigée-Lebrun (musée de Versailles).

lomnies prenaient naissance à la cour et grandissaient avec une audace incroyable, en se répandant partout dans le public, où elles éclatèrent bientôt en pamphlets scandaleux, en chansons et en caricatures.

Marie-Antoinette aimait le plaisir, elle l'aimait passionnément, avec la candeur et la simplicité de l'innocence. Suivant l'expression d'un historien impartial, « le roi était au milieu de sa cour comme un père facile qui tolère les plaisirs de sa jeune famille. » De là ces fêtes continuelles dont la reine était l'âme, à Versailles, à Marly, à Trianon, à Saint-Cloud. Il ne trouvait jamais à redire aux caprices de la reine, qui ne songeait qu'à se divertir, en amusant son entourage. Il la laissait puiser à pleines mains dans le trésor pour ses dépenses de luxe comme pour ses prodigalités de bienfaisance. Le jeu, la toilette, les équipages, les voyages de Marly, les bals champêtres de Trianon exigeaient des sommes énormes. Cependant le prince de Ligne, qui était de l'intimité de la reine, s'efforce de la justifier à ce sujet : « Les reproches sur le luxe de la reine étaient mal fondés, dit-il dans ses notes de cour. Elle s'occupait si peu de sa toilette, qu'elle se laissa pendant plusieurs années coiffer on ne peut plus mal, par un nommé Larceneur, qui l'était venue chercher à Vienne, pour ne pas lui faire de la peine. Il est vrai qu'en sortant de ses mains, elle mettait les siennes dans ses cheveux, pour s'arranger à l'air de son visage. Quant au reproche sur son jeu, je ne lui ai pas vu perdre plus de 2,000 louis, et encore était-ce à ces jeux d'étiquette où elle avait peur de gagner à ceux qui étaient obligés de faire sa partie. Souvent, à la vérité, après avoir reçu, le premier jour du mois, 500 louis, qui étaient, à ce que je crois pouvoir me rappeler, l'argent de sa poche, elle n'avait plus le sou. Je me souviens d'avoir quêté un jour, parmi ses valets de pied et dans son antichambre, 25 louis qu'elle voulait donner à une malheureuse qui en avait besoin. Sa prétendue galanterie ne fut jamais qu'un sentiment d'amitié, peut-être distingué, pour deux ou trois personnes, et une coquetterie générale de femme et de reine pour plaire à tout le monde. »

Les calomniateurs, en effet, les ennemis secrets et implacables avaient transformé en actions suspectes ou répréhensibles quelques légèretés, quelques imprudences de Marie-Antoinette. L'abominable procès du Collier, dans lequel son nom et son honneur furent mis au pilori, n'était que la suite de cette machination souterraine qui travaillait à perdre la reine. Mais la confiance de Louis XVI dans la vertu et l'honnêteté de son épouse bien-aimée ne fut pas même ébranlée par ces attaques réitérées, qui prenaient toutes les formes pour faire de Marie-Antoinette une folle dissipatrice de la fortune publique, une femme sans pudeur, sans retenue, sans mœurs, une dangereuse et perfide conseillère. On l'accusait déjà, cette malheureuse princesse, de sacrifier les intérêts de la France à ceux de l'Autriche, d'épuiser le trésor au profit de son frère, l'empereur Joseph II, et de couvrir le roi de honte et de ridicule, en le poussant dans les voies politiques les plus funestes à la couronne et au pays! Louis XVI, disait-on, était aveuglé par sa tendresse pour elle. Il prouva, il est vrai, dans certaines circonstances, qu'il ne savait rien lui refuser. Ainsi, elle s'en allait seule, avec une dame de sa maison ou avec ses beaux-frères, aux bals de l'Opéra : elle se figurait n'être pas reconnue et se livrait, sous le masque, à toute l'expansion de son esprit et de sa gaîté. On en fut scandalisé, on en murmura. Alors elle pria le roi de venir à ce bal avec elle; le roi oublia, ce soir-là, sa gravité et peut-être sa dignité; il parut au bal en domino noir, il s'y amusa peu, ne parla qu'à deux ou trois personnes qui le reconnurent, « et ne trouva d'aimable, raconte Mme Campan, que les pierrots et les arlequins. »

« La cour, dit Lacretelle, n'affectait plus cette aridité de sentiments qui naît trop souvent de l'excès même de la politesse, et qui avait dû devenir une mode ou plutôt une loi sous un monarque égoïste et libertin, tel que Louis XV; elle semblait se conformer aux goûts et aux habitudes de la reine. On respirait, pour ainsi dire, l'air du plaisir, à Versailles et surtout à Trianon et à Saint-Cloud, où la reine ne semblait être que la reine des Grâces. Tout le monde voulait être jeune, parce que la reine l'était. Les mœurs de la cour n'étaient plus gouvernées par l'exemple du roi, mais du moins on n'y voyait plus l'ostentation du dérèglement, comme au temps de la Régence. La vertu n'était plus menacée du ridicule; les faiblesses étaient fréquentes, mais on les couvrait du voile de la décence, ou bien on cherchait à leur donner l'excuse d'un sentiment profond. » Le sentiment devenait la règle des mœurs, qui se relâchaient sans causer des scandales retentissants ; ce sentiment, presque toujours faux, exagéré et désordonné, servait d'ex-

Fig. 20. — La Dame du Palais de la Reine ; d'après Moreau le jeune.

cuse à toutes les imprudences, à toutes les fautes ; il se montrait, il s'étalait en pleine liberté dans les livres, dans les pièces de théâtre, dans les conversations, dans tous les actes de la vie sociale ; et, il faut bien le constater, cette sentimentalité écœurante était venue d'Allemagne avec Marie-Antoinette.

« Depuis longtemps, dit Mme de Genlis dans ses *Mémoires*, la Révolution se préparait, et elle était inévitable ; le respect pour la monarchie était tout à fait détruit, et il était de bon air de braver en tout la cour et de se moquer d'elle........ Un ministre disgracié était sûr de la faveur du public, et s'il était exilé, tout le monde s'empressait de l'aller voir, non par véritable grandeur d'âme, mais pour suivre cette mode de dénigrer et de blâmer tout ce qui se faisait à la cour. » Mercier en vient à dire presque la même chose, mais avec plus de superbe et d'audace : « On ne reçoit plus de la *cour* les opinions régnantes; c'est de la *ville* que part l'approbation ou l'improbation adoptée dans le reste du royaume. » Marie-Antoinette, hélas! était coupable, pour sa part, de cette révolution dans les idées et dans les mœurs, révolution qui en annonçait une autre plus profonde et plus complète, plus douloureuse et plus terrible, dont la reine fut la première victime; la seconde victime fut la monarchie de Louis XIV.

Fig. 21. — Jeton de jeu de Marie-Antoinette.

CHAPITRE DEUXIÈME

LA NOBLESSE

La noblesse. — Les généalogistes. — La noblesse de cour et la noblesse de province. — Les ordres de chevalerie. — Fondation de l'École militaire pour les nobles. — Les états généraux et l'abolition des titres de noblesse.

EPUIS que le savant Charles d'Hozier, généalogiste des ordres du roi, avait été chargé de dresser le Catalogue général de la noblesse du royaume (1683), les commissaires nommés pour faire la recherche des faux nobles et des usurpateurs de titres nobiliaires ne cessèrent pas un seul jour de remplir leur mandat, avec plus ou moins d'exactitude et d'impartialité. Le but de cette recherche était moins d'obtenir des condamnations contre les délinquants, que de leur faire payer des amendes et des droits fiscaux. Ces enquêtes héraldiques et généalogiques produisirent, en effet, des sommes considérables qui entraient directement dans les coffres du roi. Les nobles étaient toujours exempts de payer la taille et la plupart des impôts, mais les faux nobles et les anoblis, ceux du moins de date récente, payaient sans bruit et souvent payaient plus que les roturiers.

Depuis 1700 jusqu'à la mort de Louis XIV, il y eut un grand nombre d'arrêts du conseil, ordonnant de continuer les poursuites contre les usurpateurs de noblesse, et les commissaires ne craignaient pas de s'adresser même en haut lieu, pour demander aux porteurs de titres la preuve de leurs droits. Ainsi, en 1704, le lieutenant de la prévôté générale des monnaies et maréchaussée de France fut assigné devant les commissaires enquêteurs, afin de justifier du titre d'écuyer, qu'il se donnait sans aucun droit. L'amende pour toute usurpation de noblesse était de 2,000 livres; en outre, le coupable devait être taxé à 300 livres pour chacun des titres qu'il aurait pris indûment dans des actes publics : *noble, chevalier, écuyer, messire, baron,* etc. Or, les usurpateurs de noblesse étaient incorrigibles et retombaient sans cesse dans la même faute. Quelquefois, le préposé à la recherche des faux nobles se trouvait autorisé à traiter à forfait avec une ville, avec une province, et, moyennant le paiement d'une somme convenue ou d'une contribution annuelle volontaire, il consentait à s'abstenir, pendant un certain temps, de toute enquête et de toute poursuite contre les usurpateurs de noblesse et contre les anoblis, qui s'entendaient entre eux pour former cette cotisation, au prorata de leurs intérêts personnels.

L'office de juge d'armes de France avait été supprimé par édit du mois de novembre 1696, et le sieur d'Hozier, qui se trouvait pourvu de cet office, fut alors remplacé par Clairambault, dont les fonctions n'étaient plus que celles d'archiviste de la noblesse. Mais un arrêt du conseil (9 mars 1706) rétablit d'Hozier dans ses anciennes attributions, en conservant dans la ville de Paris une grande maîtrise de la noblesse et un armorial général ou dépôt public des armes et blasons du royaume. En conséquence, nul ne pourrait porter des armoiries timbrées, si elles n'avaient pas été réglées par le juge d'armes et enregistrées dans l'armorial général. Ce fut alors un grand trouble parmi ceux qui devaient une noblesse d'emprunt aux offices qu'ils avaient achetés dans la finance; car toutes les armoiries passaient sous les yeux de d'Hozier, et beaucoup ne trouvaient pas grâce devant lui. Des plaintes s'élevèrent de tous côtés, et les réclamations arrivèrent jusqu'au roi, qui ordonna de mettre moins de sévérité dans le règlement des armoiries. Le prévôt des marchands, les échevins et les autres élus de la ville de Paris ne furent pas les derniers à s'émouvoir des rigueurs de la grande maîtrise de la noblesse. Il fallut un édit du roi pour confirmer le prévôt des marchands

Fig. 22. — D'Hozier (Charles-René), Généalogiste de la maison du Roi, Juge général des armes et des blasons de France; d'après Hyacinthe Rigaud.

dans le titre de chevalier, et pour assurer aux échevins et autres gens de la ville la qualité de noble héréditaire, en continuant le négoce à leur sortie de charge, sans faire toutefois le débit des marchandises en détail et en boutique ouverte.

Les anoblissements et la vente des lettres de noblesse au profit du roi n'avaient pas été suspendus néanmoins, malgré les poursuites qu'on exerçait partout contre les usurpateurs de noblesse. En 1702, le roi avait anobli 200 personnes, « choisies parmi ceux qui se sont le plus distingués pour son service, et par leur mérite, vertus et bonnes qualités, à la charge de vivre noblement, sans déroger à ladite qualité, et de payer à Sa Majesté les sommes qui seront fixées par les rôles arrêtés au conseil. » Chaque anobli avait à verser 3,000 livres, outre les menus frais. En 1706, l'anoblissement de 500 personnes donna des résultats pécuniaires plus sérieux, le taux des lettres de noblesse ayant été porté à 6,000 livres, ce qui produisit un total de deux millions et demi, qui représentent peut-être vingt millions au cours actuel de l'argent. Les concessions et les amendes nobiliaires s'élevèrent à plus de cent millions pendant les quinze dernières années du règne de Louis XIV.

Le nombre des vrais nobles en France n'était pas de six cent mille à cette époque, y compris les femmes et les enfants; ce nombre même tendait à diminuer graduellement, au lieu de s'augmenter. Vers 1750, on ne croyait pas pouvoir compter plus de deux maisons nobles par lieue carrée de pays : 48,400 lieues carrées donnaient ainsi 96,800 maisons nobles, chacune composée de trois personnes environ. Mais la condition et la fortune de ces nobles variaient à l'infini. On s'accordait à diviser la noblesse française en deux espèces très-distinctes, la noblesse de cour et la noblesse de province.

« Les provinces différentes du royaume, dit Barbier dans son *Journal historique* (janvier 1751), sont remplies d'une infinité de noblesse pauvre, chargée d'enfants, que les pères et les mères n'ont pas le moyen de faire élever dans une éducation convenable, encore moins de les faire entrer au service. Les enfants de cette noblesse passent leur jeunesse, avec des paysans, dans l'ignorance et la rusticité, servent le plus souvent à l'exploitation de leurs biens, et ne diffèrent, au vrai, des paysans, que parce qu'ils portent une épée et se disent gentilshommes. »

L'abbé Coyer, dans sa *Noblesse commerçante* (1756), fait une peinture saisissante du triste état de la noblesse de province : « Cette noblesse, obscure, qui voit tomber en ruine chaque jour le château de ses pères, sans pouvoir l'étayer, non pas cette noblesse attachée à la cour, tou-

LE JEU DU ROI.

FÊTES DONNÉES AU CHATEAU DE VERSAILLES A L'OCCASION DU MARIAGE DE LOUIS, DAUPHIN DE FRANCE, AVEC MARIE-THÉRÈSE INFANTE D'ESPAGNE (FÉVRIER 1745); D'APRÈS COCHIN.

« Hier il y eut *appartement* à six heures dans la grande galerie. Le roi, M. le dauphin, Mme la dauphine et Madame, jouèrent au « lansquenet; la table était dans le milieu de la galerie. La reine jouait à cavagnole en deçà, du côté de son appartement. Il y avait « beaucoup d'autres tables de jeu et un monde prodigieux. Le coup d'œil de la galerie était admirable. » (Extrait des *Mémoires du duc de Luynes*; 17 vol. in-8°. Paris, Firmin-Didot.)

Par Sabatier et Urrabieta.
Impr. lith. de Firmin-Didot frères, fils et Cie.

LE JEU DU ROI

jours grandement occupée du lever ou du coucher du roi, et faite par là même pour toutes les grâces, exactement des grâces, mais cette noblesse enchaînée par l'indigence, sur qui le soleil ne se lève que pour éclairer sa misère, et qui n'a point d'ailes pour voler aux récompenses... Parcourons ces terres seigneuriales qui ne peuvent nourrir leurs seigneurs. Voyez ces métairies sans bestiaux; ces champs mal cultivés, ou qui restent incultes; ces moissons languissantes, qu'un créancier attend, une sentence à la main; ce château qui menace ses maîtres; une famille sans éducation comme sans habits; un père et une mère qui ne sont unis que pour pleurer. A quoi servent ces marques d'honneur, que l'indigence dégrade; ces armoiries rongées par le temps; ce banc distingué dans la paroisse, où l'on devrait attacher un tronc au profit du seigneur; ces prières nominales, que le curé, s'il osait, convertirait en recommandation à la charité des fidèles; cette chasse, qui ne donne du plaisir qu'à ceux qui ont de l'aisance, et qui devient un métier pour ceux qui n'en ont pas; ce droit de justice, qui s'avilit sous l'infortune et qui s'exerce mal? »

A côté de cette noblesse pauvre et obscure, brillait, régnait en quelque sorte, la haute noblesse, qui avait aussi des châteaux, mais des châteaux superbes, antiques ou modernes, soigneusement entretenus au milieu d'immenses domaines féodaux. La fortune seigneuriale de cette haute noblesse était quelquefois bien compromise par des prodigalités excessives, et surtout par d'avides intendants. Le duc de Saint-Simon avoue, dans ses *Mémoires*, qu'il ne s'était jamais mêlé de l'administration de son bien ni de sa dépense domestique, parce qu'il se sentait incapable de le faire. Mais il ne fallait qu'un mariage opulent pour reconstituer cette fortune patrimoniale. La haute noblesse ne vivait pas dans ses terres ordinairement; elle n'y venait que de loin en loin, pour chasser ou faire des économies. Elle résidait d'habitude à Paris, dans les somptueuses demeures qu'elle y possédait et qui portaient les noms des familles les plus illustres, par exemple, les hôtels d'Aumont, de Beauvilliers, de Biron, de Montmorency, de Luynes, de la Force, de Noailles, de Praslin, de Soubise (Voir page 46). Les nobles propriétaires de ces beaux hôtels, si fastueusement décorés et meublés, avec cour d'honneur et jardin d'agrément, pouvaient y tenir un grand état de maison, avoir un nombreux domestique, donner des fêtes, réceptions, bals et dîners de cérémonie; et le peuple prenait plaisir à voir passer dans la rue leurs carrosses armoriés, que surchargeait un monde de laquais poudrés et que précédaient les coureurs de voiture, tout dorés et tout galonnés, avec leurs longues cannes à pomme d'or.

Fig. 23. — Carrosses avec coureurs (fac-simile; d'après Rignaud).

Cette noblesse de cour, cette noblesse riche, qui habitait Paris et Versailles, accaparait et se partageait les faveurs du roi, les pensions, les places et les fonctions lucratives, les grades à l'armée, les bénéfices ecclésiastiques et les honneurs de la cour. « Un gentilhomme, dit l'abbé Coyer, qui a fait une critique si fine et si mordante des mœurs de son temps, un gentilhomme est très-persuadé qu'on ne sert le roi qu'avec les armes : il veut que son fils aîné joue le beau rôle, et, en l'amusant d'un hochet, il lui montre une épée. L'enfant grandit, et le premier coup d'œil sur sa vocation militaire lui découvre des agréments de toute espèce, des chiens, des chevaux, des habits galants, le jeu, la table : il donne à corps perdu dans le service du roi. »

L'avocat Barbier complète ce croquis dans son *Journal historique*, où la noblesse n'est vue ni peinte par son beau côté : « Les plus en crédit ont, à dix-huit ou vingt ans, un régiment, sans avoir aucune pratique du militaire. Ils passent leur jeunesse dans le luxe et les plaisirs auprès des femmes; ils ont plus de politesse et d'éducation, mais ils n'ont aucune des sciences nécessaires, point de détails, beaucoup de valeur pour se battre, mais peu capables de commander; c'est ce qui fait que nous avons si peu de bons généraux ou même de bons officiers généraux. » Ces libertins, ces efféminés étaient pourtant, à la guerre, des héros : « Nos jeunes gens, si frêles, si chétifs, si amollis par le luxe et le raffinement des plaisirs, disait avec admiration le comte d'Argenson, qui les avait jugés à la bataille de Fontenoy, n'en ont que plus de mérite à s'exposer volontairement aux chances de la guerre, tandis que nos pères, demi-barbares et fortement constitués, ne faisaient que s'abandonner à la fougue d'une impétuosité brutale. »

L'armée française et la marine n'avaient pas besoin de plus de trente mille officiers, et il y avait cent mille nobles, qui demandaient du service! Le gouvernement ne se préoccupait pas de ce que pouvaient devenir tant de jeunes désœuvrés, la plupart indigents, qui ne voulaient servir que comme officiers, et qui sollicitaient en vain l'honneur de se faire tuer ou blesser sous les drapeaux.

La plupart des nobles végétaient misérablement dans leurs provinces. L'aîné de la famille était ordinairement au service, avec un grade d'officier; mais ses frères et ses sœurs avaient bien de la peine à vivre sur la terre de leurs ancêtres; car ils ne pouvaient, sous peine de déroger, s'occuper de commerce et d'industrie. Le père se voyait donc forcé de faire de son second fils un prêtre ou un moine; de ses filles, qu'il ne mariait pas, faute de dot, des religieuses, sans avoir consulté leur vocation. L'état ecclésiastique n'était pas, du moins pour les nobles, une condition incompatible avec la noblesse.

Il y avait aussi un grand nombre de bénéfices, abbayes, prieurés, canonicats, prébendes, qui appartenaient de droit aux jeunes nobles, mais surtout et presque exclusivement à la noblesse de cour. On ne les accordait que bien rarement au mérite; la faveur seule en désignait ordinairement les titulaires. Un seigneur qui avait quelque crédit en cour obtenait, sans trop de peine, qu'un de ses fils, souvent deux et trois, fussent « couchés sur la feuille des bénéfices; » qu'une de ses filles fût chanoinesse; que ses parents et ses proches se trouvassent nantis de bonnes rentes sur les biens de l'Église. Cependant, comme les jeunes nobles à pourvoir étaient dix fois plus nombreux que les bénéfices à donner, on avait eu l'idée d'en faire des *chevaliers* et des *abbés*, lesquels, en général, n'avaient rien de militaire ni d'ecclésiastique que le titre qu'ils s'attribuaient pour chercher fortune dans le monde.

La noblesse de province, néanmoins, restait fière et digne dans sa pauvreté, et ne s'humiliait jamais devant la roture parvenue et enrichie. La noblesse de cour, au contraire, se montrait de plus facile accommodement vis-à-vis des gens en place, et ne se faisait pas scrupule de flagorner quiconque avait du crédit auprès du roi, des princes et des ministres. Ainsi, lorsque le cardinal de Fleury, premier ministre de Louis XV, eut fait de son ancien laquais Barjac le dispensateur des grâces et des faveurs du pouvoir, on vit les plus grands seigneurs de France s'oublier et s'avilir, en devenant les courtisans et les commensaux de Barjac. La noblesse n'avait d'ailleurs jamais cru déroger en servant le roi, quelle que fût la servilité et la bassesse des fonctions. Aussi, comme le disait l'abbé Coyer, « pour être *quelque chose*, une grande partie de la noblesse reste dans le rien. »

Le régent Philippe d'Orléans n'avait jamais eu beaucoup d'estime ni de bienveillance pour la noblesse; toutefois il approuva de nouvelles poursuites contre les faux nobles, parce que les amendes augmentaient les revenus du roi, sans soulever aucun murmure. En conséquence, la recherche des usurpateurs de noblesse fut continuée impitoyablement depuis l'année 1716 jusqu'en 1718, ainsi que le recouvrement des droits de franc-fief sur tous les roturiers possédant des biens nobles, malgré les priviléges et les exemptions attachés à leur anoblissement. Le nombre des anoblis ne s'accrut qu'après la mort du duc d'Orléans, qui, dans deux circonstances éclatantes, avait manifesté son peu de sympathie pour la noblesse de race. Les gentilshommes bretons, impliqués dans la conspiration de Cellamare et complices du duc du Maine, avaient été condamnés à des peines capitales ou infamantes : les efforts de toute la noblesse de France furent impuissants à en empêcher l'exécution. Le 27 mars 1720, quatre de ces gentils-

Hôtel de Rohan-Soubise, d'après Rigaud.

hommes eurent la tête tranchée à Nantes ; seize autres furent pendus en effigie. La veille, à Paris, le jeune comte de Horn avait été roué vif sur la place de Grève, pour avoir assassiné un riche agioteur de la rue Quincampoix, qu'il voulait voler. « Je mérite la roue, aurait dit l'assassin en se résignant à subir la peine de son crime, mais j'espérais qu'en considération de ma famille, on changerait mon supplice en celui d'être décapité. » On prétendit que la commutation de cette peine infamante eût été accordée par le régent, sans l'insistance de l'abbé Dubois et de Law, qui auraient déclaré, suivant Duclos, « que le peuple ne serait nullement satisfait et se trouverait humilié de la distinction du supplice pour un crime si noir et si public. » On n'avait donc pas tenu compte des anciens priviléges de la noblesse, qui en fut indignée.

Après la régence, la noblesse reprit pied dans l'État et ne cessa de gagner du terrain dans le gouvernement, où elle avait été momentanément menacée, attaquée et presque opprimée par les parvenus de la finance et de la politique. Louis XV, obéissant aux conseils et aux influences de son gouverneur, le maréchal de Villeroy, s'était placé à la tête de sa vieille noblesse et lui confiait les destinées de la royauté. Ce fut la mise en pratique du système féodal du savant comte de Boulainvilliers, qui regardait les nobles comme des serviteurs inféodés au roi. Le président de Montesquieu, nonobstant ses attaches à la secte des philosophes qui s'étaient posés en ennemis irréconciliables de toute noblesse héréditaire, se souvint qu'il était noble de robe, et n'hésita point à dire dans l'*Esprit des lois* : « La noblesse entre, en quelque façon, dans l'essence de la monarchie. » Voltaire, qui avait aussi une petite noblesse de robe, comme fils d'un notaire du roi, se rangeait indirectement à l'avis de Montesquieu et reconnaissait la nécessité d'une noblesse dans un état monarchique, tout en blâmant les abus qui découlaient de cette antique institution en décadence : « Dans toute monarchie modérée où les propriétés sont assurées, disait-il, il y aura des familles qui, ayant conservé des richesses, rendu des services pendant plusieurs générations, obtiendront une considération héréditaire; mais il y a loin de là à la noblesse, à ses exigences, à ses prérogatives, aux chapitres nobles, aux tabourets, aux cordons, aux certificats des généalogistes, à toutes ces inventions nuisibles et ridicules dont une monarchie peut sans doute se passer. »

La royauté, le gouvernement, firent pourtant quelques concessions aux idées philosophiques, adoptées par les nobles eux-mêmes. Ainsi, on demandait depuis longtemps que les nobles pussent se livrer au négoce, sans s'exposer à perdre, par dérogeance, leurs priviléges de noblesse. Mais d'excellents esprits, dénués de préjugés, ne persistaient pas moins à tenir le commerce pour incompatible avec la noblesse, malgré l'exemple de l'Angleterre et de la plupart des autres nations. Montesquieu lui-même devait soutenir cette thèse, sans invoquer pourtant le principe de la dérogeance : « Ce serait le moyen, disait-il, de détruire la noblesse, sans aucune utilité pour le commerce. » Cependant, le conseil d'État, dans son arrêt du 27 avril 1727, remit en vigueur celui de décembre 1701, tombé en désuétude, lequel avait fait une distinction formelle entre le marchand et le commerçant, pour déclarer que le grand commerce ne pouvait être un motif de dérogeance. Le commerce en gros, surtout le commerce maritime et colonial, était donc offert à la noblesse comme une carrière honorable et digne d'elle; mais les préjugés, et même la jurisprudence nobiliaire, continuèrent à interdire aux nobles l'exercice de la profession commerciale. Il fallut qu'en 1756 l'abbé Coyer, au nom de tous les économistes, invitât la noblesse à se faire commerçante : « Devenez, disait-il, pour la patrie, les nourriciers des terres, la vie des arts, le soutien de la population, l'appui de notre marine, l'âme de nos colonies, le nerf de l'État, les instruments de la fortune publique. »

Au moment où l'on semblait se relâcher des anciennes exigences de la noblesse, l'étiquette, qui n'avait jamais été plus sévère à la cour, s'établissait en quelque sorte sur des bases fixes et durables, en réglant minutieusement les droits et les priviléges des nobles.

Ce fut sous le règne de Louis XV que des arrêts du conseil d'État réglementèrent, d'une manière définitive, les conditions imposées pour être reçu dans les pages de la chambre du roi, dans les pages de la grande et de la petite écurie, où les jeunes gens de la meilleure noblesse briguaient l'honneur d'être admis, pour y faire, outre leur service auprès du roi, leurs *académies*, c'est-à-dire pour s'y perfectionner dans l'escrime, la danse, l'équitation, en un mot dans tous ces exercices du corps, qui jouaient autrefois un rôle si important dans l'é-

Fig. 24. — Leçon d'équitation; d'après Parrocel. (Communiqué par M. Bonnaffé.)

ducation aristocratique, et servaient de préparation à la vie militaire en même temps qu'à l'existence du courtisan. Ces conditions n'étaient pas pécuniaires; elles consistaient dans les preuves de noblesse, que chaque candidat devait produire et faire vérifier par le juge d'armes de France, avant d'être déclaré admis dans ses prétentions.

Pour se faire une idée du nombre de pièces et de documents qu'on devait fournir en original authentique pour la constatation des preuves de noblesse, il suffira de savoir que, pour entrer dans les pages de la

Fig. 25. — Parade de prime sur un coup de seconde.

Fig. 26. — Désarmement sur le coup de tierce ou quarte sur les armes.
(Tiré d'un traité d'Escrime, publié par Angelo en 1760.)

Grande-Écurie, il fallait appartenir à la noblesse militaire depuis l'an 1550, et que le gentilhomme qui se présentait pour la Petite-Écurie était tenu de prouver les degrés de sa filiation depuis son quatrième aïeul, c'est-à-dire depuis l'an 1560, sans aucun anoblissement. Pas de sous-lieutenant dans les gardes du corps, qui n'eût prouvé une noblesse ancienne de trois siècles et demi.

C'était bien autre chose pour obtenir les honneurs de la cour, as-

Fig. 27. — Position après avoir désarmé sur le coup de tierce.

Fig. 28. — Position après avoir désarmé sur le coup de tierce ou de seconde paré de prime.
(Tiré du même traité.)

sister au jeu du roi (voir la planche coloriée), ou monter dans ses carrosses : quiconque, homme ou femme, voulait être présenté au roi, avait à produire, devant les généalogistes des ordres royaux, trois titres établissant clairement sa filiation depuis le commencement du XVe siècle.

C'est également à des vérifications de noblesse, très-rigoureuses et très-complètes, que se trouvait subordonnée l'admission dans les chapitres nobles d'hommes et de femmes. Les nobles d'extraction étaient seuls admissibles, et l'on rejetait absolument les anoblis, du moins ceux de date récente, à quelques exceptions près, motivées et autorisées par le bon plaisir du roi.

C'est encore la noblesse qui ouvrait l'accès aux ordres de chevalerie, particulièrement au plus élevé des trois ordres proprement dits *ordres du roi*, c'est-à-dire à l'ordre du Saint-Esprit, fondé par Henri III,

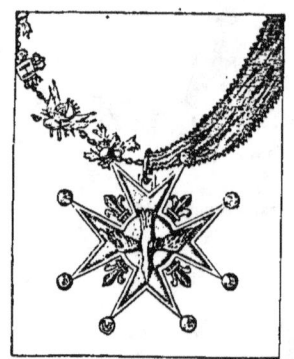

Fig. 29. — Collier de l'ordre du Saint-Esprit, fondé par Henri III.

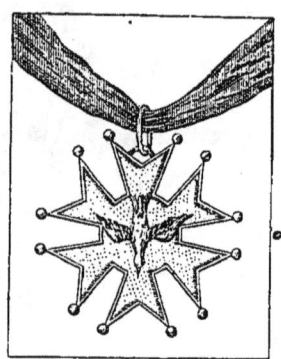

Fig. 30. — Collier de l'ordre du Saint-Esprit d'au delà des monts, établi par les Papes, et confirmé par diverses ordonnances des rois de France.

dont le roi était le chef direct, et qui ne comptait pas plus de cent chevaliers. Des deux autres ordres, l'un, celui de Saint-Louis, fondé par Louis XIV, était purement militaire ; l'autre, celui de Saint-Michel, remontant à Louis XI, n'était pas inaccessible à la bourgeoisie anoblie, et particulièrement à la Robe. Enfin, on exigeait neuf degrés de noblesse sans principe connu ou remontant à une date incertaine, pour l'admission dans l'ordre de Saint-Lazare de Jérusalem, ordre très-ancien, auquel Henri IV, en 1608, joignit celui de Notre-Dame du Mont-Carmel, et qui fut confirmé par Louis XIV en 1664 et par Louis XV en 1722.

Les généalogistes des ordres du roi et les juges d'armes de France n'étaient pas toujours, dit-on, incorruptibles, quelle que fût la probité proverbiale des d'Hozier et des Clairambault. Mais les commissaires généraux, députés pour les recherches de noblesse, ainsi que leurs agents subalternes, se prêtaient à des fraudes et à des accommodements de conscience, à l'égard de certains personnages qui n'auraient pu faire valoir des titres douteux ou mensongers. La fabrication de faux titres

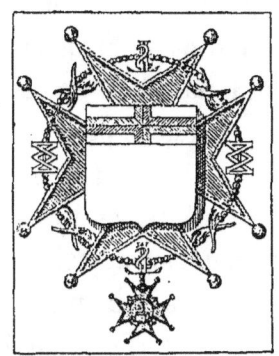 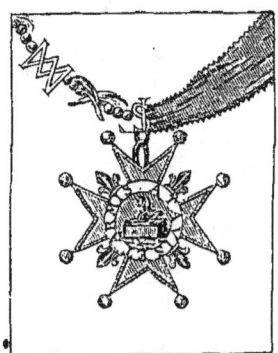

Fig. 31 et 32. — Grand'croix et collier de l'ordre royal et militaire de Saint-Lazare de Jérusalem et hospitalier de Notre-Dame du Mont-Carmel.

Fig. 33. — Ordre de la Sainte-Ampoule, fondé, d'après la tradition, par Clovis, et très-rare.

Fig. 34. — Ordre des Comtes de Lyon, institué par Louis XV, en 1745.

de noblesse était un art qu'on avait poussé fort loin à cette époque, et qu'on exerçait presque impunément sous l'œil sévère des généalogistes les plus respectables. La marquise du Prat dit à ce sujet, dans de charmants *Mémoires* publiés récemment par un de ses descendants, qu'elle aurait voulu voir « condamner au feu bien des procureurs généraux près de certains parlements, et envoyer aux galères dix notaires de leur ressort, pour avoir falsifié, par complaisance, par intérêt ou autrement, des actes qui rendaient nobles des gens qui l'étaient peu, et pour avoir inventé des berceaux à des familles qui n'avaient que des nids et des crèches. »

Louis XV, qui sentait son trône ébranlé sans cesse par les audacieuses atteintes de l'autorité parlementaire, toujours en lutte avec l'autorité royale, devait naturellement s'appuyer sur la noblesse de race, qu'il voyait à regret s'affaiblir et s'éteindre autour de lui. Ce n'était point assez de refaire et de raviver cette noblesse, en greffant de nouvelles branches sur de vieux troncs qui n'avaient plus que des racines nobiliaires, en renouvelant avec des lettres de maintenue et de confirmation la filiation des familles nobles prêtes à disparaître : le roi et ses ministres portèrent les yeux sur les jeunes nobles destinés à prendre du service dans l'armée, et qui n'avaient pas même le moyen d'acquérir une éducation militaire avant de devenir officiers. Telle fut l'origine de l'École royale militaire, créée en 1751, où les enfants nobles, sans fortune, étaient reçus dès l'âge de huit ans, et soigneusement élevés jusqu'à l'âge où ils devaient sortir avec le grade de sous-lieutenants. En même temps, Louis XV eut l'idée d'opposer, en quelque sorte, à la noblesse acquise par les charges et les offices civils, une noblesse militaire conquise avec l'épée sur les champs de bataille. L'édit de novembre 1750 accorda donc les priviléges de la noblesse héréditaire à tous les officiers généraux non nobles alors en activité, et à tout autre officier non noble ayant obtenu, quoique sans preuves de noblesse, un grade inférieur à celui de maréchal de camp, mais seulement après trente ans de services non interrompus, pendant lesquels il serait exempt de la taille et de la capitation.

Le but de ces créations du roi était évidemment de former une nouvelle noblesse militaire, pour contre-balancer les envahissements de la noblesse de robe et d'office, car il fallait pourvoir promptement à la décadence et à la diminution de l'ancienne noblesse de race. « Si nous faisions la revue de notre pauvre noblesse, écrivait l'abbé Coyer en 1756, qu'y verrions-nous? Un aîné, s'il le peut, prend le parti des armes. Se mariera-t-il un jour? Il l'ignore. Les cadets épousent une croix de Malte, un rabat ou un froc. Souvent même, sans embrasser aucun état, ils restent dans un célibat aussi dangereux qu'inutile, et les filles vont immoler leur fécondité dans un cloître. » Les nobles, qui acceptaient certaines mésalliances, ne se piquaient pas de trouver des titres de noblesse dans la dot de l'épouse : ils ne demandaient que des titres de rentes, car ils savaient ne pas déroger en contractant des

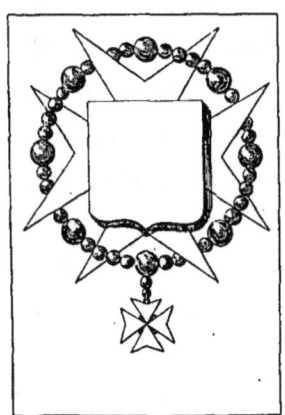 

Fig. 35 et 36. — Grand'croix et Collier de l'ordre des Chevaliers de Saint-Jean de Jérusalem, dit *de Malte*.

mariages roturiers qui les enrichissaient; ils nommaient cela *fumer leurs terres*. On comprend que de pareils mariages n'étaient que rarement consacrés par la sympathie des époux. Aussi, l'habitude des grands nobles et des grands seigneurs répugnait-elle à cette bonne intelligence conjugale, qui semblait être une des conditions ordinaires de la haute bourgeoisie. Il y avait ordinairement, dans la noblesse, séparation presque complète entre le mari et la femme, vivant chacun de son côté, et ne se montrant ensemble que dans des cérémonies d'étiquette et dans des circonstances extraordinaires. Ce dédain, cet abandon des mœurs et des devoirs intimes de la famille, ne contribuèrent pas peu à la déchéance des nobles. Leur genre de vie, d'ailleurs, ne les faisait pas trop respecter de leurs inférieurs : ils se diminuaient eux-mêmes, en raison de l'opinion défavorable et fâcheuse qu'ils donnaient d'eux par leur luxe ruineux, leur orgueil, leur arrogance et leur despotisme. Ce luxe même, qui caractérisait le grand seigneur, accusait trop souvent aussi l'énormité de ses dettes; mais, comme le disait l'auteur des *Bagatelles morales* (le judicieux abbé Coyer), « c'est être bien *peuple* de s'inquiéter sur ses dettes; elles annoncent, elles confirment la grandeur. Il y a à parier qu'un seigneur de deux millions est plus grand seigneur, d'une moitié en sus, que celui qui n'en doit qu'un. »

Le dernier acte de Louis XV relatif à la noblesse, fut considéré comme une grave atteinte aux droits des nobles; il ne s'agissait pourtant que d'une mesure de fiscalité, destinée à remplir les coffres du roi. Une ordonnance royale du 29 juillet 1760, adressée au tribunal des maréchaux de France, imposa une taxe de trente livres à tous ceux qui avaient des armes et étaient autorisés à les porter, à commencer par les princes du sang; une autre taxe de deux cent vingt livres à ceux qui n'auraient pas fait régler leur droit depuis 1700; et une taxe de deux cent cinquante livres à ceux qui, n'ayant pas d'armoiries, voudraient en prendre. Mais le parlement de Paris refusa d'enregistrer cette ordonnance et fit défense de l'exécuter. Le roi n'osa pas persister dans un projet qui lui eût rapporté vingt-cinq ou trente millions, mais qui lui aurait aliéné les sympathies des nobles, en pesant assez lourdement sur la noblesse provinciale, et en multipliant d'une façon déplorable les armoiries, dans un temps où l'usage de mettre les armes sur les carrosses, la vaisselle et les cachets, ne donnait lieu à aucune recherche sur les titres de noblesse.

Louis XVI, en montant sur le trône, ne songea pas à reconstituer la noblesse par un nouveau code nobiliaire, mais il jugea utile de conserver autant que possible les débris de la noblesse ancienne, territoriale et militaire. De là, l'exigence plus rigoureuse des preuves de noblesse qui devaient être produites pour être admis dans les ordres, monter dans les carrosses du roi, entrer dans la Grande-Écurie, ou obtenir les grades de l'armée. Il y avait encore, à cette époque, une fureur de paraître noble, à la cour surtout, et dans l'aristocratie financière. Quant à la situation réelle de la noblesse, elle était bien précaire. « La noblesse, dit le marquis de Bouillé dans ses *Mémoires*, avait éprouvé de grands changements encore; elle avait perdu, non-seulement son ancienne splendeur, mais même jusqu'à son existence, et elle était entièrement décomposée. Il y avait en France à peu près 80,000 familles nobles. Dans

Fig. 37. — Grand Écuyer (Prince de Lorraine, 1718).

Fig. 38. — Carrosse de la maison du roi; *fac-simile*, d'après Rigaud.

cette nombreuse noblesse, il existait environ mille familles dont l'origine se perdait dans les temps reculés de la monarchie. Parmi celles-ci, on en voyait à peine deux ou trois cents qui avaient échappé à la misère et à l'infortune. On remarquait encore quelques grands noms, à la cour, rappelant le souvenir de grands personnages qui les avaient illustrés, mais trop souvent avilis par les vices de ceux qui en avaient hérité. On rencontrait dans les provinces quelques familles dont l'existence et la considération avaient surnagé, en conservant le patrimoine de leurs pères, malgré les bornes qu'on avait mises aux substitutions qui auparavant étaient perpétuelles chez les nobles, ou plutôt en réparant la perte de la fortune de leurs pères par des alliances avec des familles plébéiennes. Le reste de cette ancienne noblesse languissait dans la pauvreté, et ressemblait à ces chênes antiques, mutilés par le temps, dont il ne reste que le tronc dépouillé. »

Quelques scandales publics, tels que la banqueroute du prince de Guéméné en 1782, des actes de violence inqualifiables et restés impunis, avaient achevé d'amoindrir la considération qui s'attachait aux grands noms historiques, ce qui fit dire à Mercier, dans son *Tableau de Paris*, que ces grands noms « méritaient la considération personnelle, mais qu'il était également difficile de les porter et de propager leur lustre. »

Louis XVI, tout partisan qu'il était des principes philosophiques d'égalité devant la loi et devant la société, essaya de redonner un peu d'éclat à la noblesse d'extraction, en ordonnant que tous ceux qui seraient proposés pour être nommés à des sous-lieutenances d'infanterie ou de cavalerie, fussent tenus de faire les mêmes preuves de noblesse que ceux qui étaient présentés pour être admis et élevés à l'École royale militaire (22 mai 1781). Plus tard, il décida que les nobles seuls seraient admissibles dans les colléges de la marine (janvier 1786).

On vit alors, sous l'influence de ce retour aux anciens priviléges, renaître et grandir la prépondérance des juges d'armes. Cependant Henri Chérin, conseiller à la cour des aides et généalogiste des ordres du roi, n'hésitait pas à déclarer, en tête de son *Abrégé chronologique d'édits, etc., concernant la noblesse* (1788), que, « dans cette multitude innombrable de personnes qui composent l'ordre des privilégiés, à peine un vingtième peut-il prétendre véritablement à la noblesse immémoriale et d'ancienne race. »

Ces tentatives étaient condamnées à rester impuissantes, et ne pouvaient que retarder, mais non arrêter la marche des idées nouvelles que les écrits des philosophes avaient partout répandues. Aussi l'or-

Ouverture des États généraux en 1789.

donnance de Louis XVI, qui attribuait aux nobles seuls tous les grades d'officiers dans l'armée, ne servit-elle qu'à exciter des plaintes et des ressentiments. « L'injustice et l'absurdité de cette loi, dit Mme Campan dans ses *Mémoires*, fut sans doute une cause secondaire de la révolution. Il fallait tenir à cette classe honorable du tiers état, pour connaître le désespoir ou plutôt le courroux qu'y porta cette loi.... Une autre décision de la cour, qui ne pouvait être annoncée par un édit, ajoute Mme Campan, fut qu'à l'avenir tous les biens ecclésiastiques, depuis le plus modeste prieuré jusqu'aux plus riches abbayes, seraient l'apanage de la noblesse. »

Ces faveurs exorbitantes accordées à la noblesse de race, aux approches d'une révolution sociale, eurent pour conséquence d'exalter les prétentions des nobles et de fortifier l'opposition du tiers état. Il y avait pourtant, à ce moment-là, une sorte de recrudescence dans la *noblomanie*. On ne parlait que blason, on ne s'occupait que de généalogies, on mettait partout des armoiries. Les comtes, les barons et les chevaliers pullulaient, en dépit des protestations du généalogiste des ordres du roi, qui n'osait poursuivre personne en usurpation de noblesse et de titres nobiliaires. « Ces nobles, disait Mercier, sont bien les plus grands ennemis de nos mœurs nationales : ils s'obstinent à ne vouloir payer qu'en généalogie. C'est aux ligues secrètes des adversaires de tout mérite, que sont dues certaines délibérations intérieures qui tendent à fermer le plus de portes qu'il est possible aux talents personnels. » Mercier n'osait pas désigner plus clairement les édits de Louis XVI en faveur de la noblesse de race.

La suprême manifestation de cette noblesse fut un acte de gouvernement, lors de la nomination des membres de l'Assemblée des Notables (1787), et surtout à l'époque de la formation des États généraux de 1789. Mais ces États généraux, où le tiers état avait autant de députés que le clergé et la noblesse réunis, allaient voir disparaître la noblesse, avec tous ses droits et tous ses priviléges, dans la séance de nuit du 4 août, où les nobles eux-mêmes semblèrent vouloir justifier cette fatale prédiction de Mercier : « Aujourd'hui que la noblesse n'a ni plus de vrai courage, ni plus de vrai génie que la portion éclairée et patriotique de la nation, l'égalité revient insensiblement et de plein droit. Les services rendus au trône, à la nation, aux arts, ne doivent plus se distinguer d'après des syllabes plus ou moins longues : l'homme, plus que jamais, est le noble fils de ses œuvres. »

Fig. 39. — Une dame de qualité ; *fac-simile*, d'après Rigaud.

CHAPITRE TROISIÈME

LA BOURGEOISIE

Rôle de la bourgeoisie. — Affaiblissement de ses caractères primitifs. — La grande, la moyenne, la petite bourgeoisie. — Mœurs bourgeoises. — Les bourgeois de province. — La bourgeoisie à la veille de la révolution. — Le tiers état.

OTRE bourgeoisie n'avait pas cessé de perdre son caractère originel et ses anciennes prérogatives, pendant le règne de Louis XIV, qui se souvenait toujours de la Fronde, et qui considérait les aspirations politiques des bourgeois comme des tendances séditieuses contre son autorité absolue. Aussi, ce vieux levain de l'opposition bourgeoise ne s'était-il conservé que dans les parlements, la dernière et la plus haute expression de l'aristocratie roturière. A vrai dire, le corps de la bourgeoisie, ce corps puissant et jaloux de ses droits, n'existait plus au commencement du dix-huitième siècle, ou du moins n'exerçait plus nominativement aucune influence directe, aucun rôle actif dans l'État. On avait toujours un prévôt des marchands et des échevins à Paris, pour l'administration de la

capitale; les autres villes du royaume étaient également administrées par des municipalités éligibles; mais, nulle part, le bourgeois ne s'attribuait, du fait seul de la bourgeoisie, une ingérence dans les affaires du gouvernement : il se bornait à des critiques plus ou moins réservées, à des épigrammes, à des chansons, quand il sortait par hasard de son indifférence passive.

Montesquieu n'a pas même daigné nommer la bourgeoisie, lorsqu'il l'enveloppait, en quelque sorte, dans la Robe, en disant (*Lettres persanes*) : « Il y a en France trois sortes d'états : l'Église, l'Épée et la Robe. Chacun a un mépris souverain pour les deux autres. Tel, par exemple, que l'on devrait mépriser parce qu'il est un sot, ne l'est souvent que parce qu'il est homme de robe. » A cette époque, on trouvait bien peu de membres de la bonne bourgeoisie qui, soit à Paris, soit dans les provinces, daignassent revendiquer, pour eux et pour leur famille, cette demi-noblesse bourgeoise que les rois de France, depuis Jean Ier jusqu'à Henri II, avaient octroyée aux notables de leurs bonnes villes. Ils s'intitulaient encore *bourgeois de Paris*, sur leurs billets d'enterrement et sur leurs épitaphes, lorsqu'ils venaient à mourir dans l'exercice d'un négoce, mais la plupart, de leur vivant, auraient cru déchoir, en se qualifiant du nom de *bourgeois*.

Cette qualification était devenue presque une injure, du moins dans certaines acceptions. La décadence du titre de *bourgeois* datait surtout du *Bourgeois gentilhomme* de Molière. La Fontaine, dans une de ses fables, avait contribué aussi à le rabaisser par ces vers, qui frappaient juste sur un des travers ordinaires de la riche bourgeoisie :

> Se croire un personnage est fort commun en France;
> On y fait l'homme d'importance,
> Et l'on n'est souvent qu'un *bourgeois*.
> C'est proprement le mal françois.

Le proverbe aidant, on avait attaché à ce nom de *bourgeois*, jadis si respecté et si respectable, un sens peu flatteur et comme une empreinte de ridicule. La comédie s'en était emparée, pour le rendre presque méprisable, en faisant ressortir ce qui devait, au contraire, le rehausser et le mettre en relief. C'était vivre *bourgeoisement*, que de payer ses dettes ou plutôt de n'en pas avoir; c'était penser et agir *en bourgeois*, que de se marier pour faire un bon ménage et devenir ainsi un mari *bourgeois*, et même *très-bourgeois*, comme le dit Léandre dans la co-

Fig. 40. — Le bourgeois, la bourgeoise, leur enfant; d'après les *Costumes français* de Dupin.

médie du *Philosophe marié* de Destouches, en se rappelant sans doute ce vers railleur de la Fontaine :

Laissons les bons bourgeois se plaire en leur ménage.

C'est au théâtre contemporain qu'il faudrait demander une peinture fidèle de la bourgeoisie de robe, dans les quinze dernières années du règne de Louis XIV. Dancourt l'a mise en scène dans plusieurs comédies pleines de naturel et de malice, principalement dans les *Bourgeoises à la mode* et dans les *Bourgeoises de qualité*. Ce sont des femmes, veuves de notaire, de greffier, d'élu, de commissaire, qui professent le dédain le plus profond ou l'indifférence la plus complète pour leurs maris; qui se consument au jeu, qui empruntent à gros intérêts, qui font de folles dépenses de luxe, et qui n'ont pas d'autre ambition que d'avoir pour gendre un homme titré ou de se faire épouser elles-mêmes par de grands seigneurs ruinés. Ici, c'est la femme du notaire Simon, « une des plus grandes dépensières qu'il y ait au monde : il ne lui manque que de l'argent. C'est une femme de fort bon sens, qui aime les plaisirs, le jeu, la compagnie; on lui a persuadé de donner à jouer chez elle. » Le mari, qui n'a pas moins de reproches à se faire sous divers rapports, veut adresser des remontrances à son incorrigible moitié; celle-ci lui répond d'un air superbe : « Il me faut de la musique trois jours de la semaine seulement; trois autres après-dînées, on jouera quelques reprises d'hombre et de lansquenet, qui seront suivies d'un grand souper; de manière que nous n'aurons qu'un jour de reste, qui sera le jour de conversation : nous lirons des ouvrages d'esprit, nous débiterons des nouvelles, nous nous entretiendrons des modes, nous médirons de nos amies, enfin nous emploierons tous les moments de cette journée à des choses purement spirituelles. » Maître Simon, « qui est bourgeois des pieds à la tête, » ne trouve rien à répondre à cela, car les deux époux ne sont pas en plus mauvaise intelligence que beaucoup de bourgeois à la mode. Quand on demande à la soubrette comment ces époux-là vivent ensemble, elle réplique aussitôt : « Comme un mari et une femme. Ils sont toujours fâchés, se querellent souvent, se raccommodent peu, boudent sans cesse, se plaignent fort l'un de l'autre, et peut-être ont tous deux raison. »

Là, c'est M°™ Blandureau, femme d'un procureur au Châtelet, une bourgeoise de qualité, qui explique pourquoi elle ne peut se passer de jouer : « Que voulez-vous qu'on fasse de mieux? et à la campagne surtout! » Le mari ne trouve pas bon qu'une *femme placée*, une *femme en charge*, passe ainsi le jour et la nuit au jeu : « Quelle extravagance, s'écrie-t-il, de rassembler huit ou dix femmes, plus ridicules l'une que l'autre, qui ne sont pas de vos amies, pour leur donner à souper, leur faire manger votre bien! » M°™ Blandureau n'était pas plus folle que sa

Le Bal paré, d'après Augustin de Saint-Aubin.

cousine la greffière, qui, maîtresse d'une belle fortune après la mort de son greffier, ne songeait qu'à lui donner un successeur emprunté à la noblesse : « Je ne veux qu'un nom, moi! s'écriait-elle, c'est ma grande folie! » La bourgeoise qui avait épousé un noble pouvait espérer, du moins, que sa situation n'aurait rien d'humiliant ni d'indigne d'elle, surtout si elle donnait des héritiers à son mari, héritiers d'extraction noble,

Fig. 41. — Le Jeu; tiré des *Occupations des Dames*, par Chodovieski.
(Communiqué par M. Eug. Sauzay.)

malgré l'origine bourgeoise ou roturière de la mère. Mais, au contraire, le bourgeois qui épousait une fille noble n'avait à en attendre que des mépris et des avanies. Dans *l'École des bourgeois*, excellente comédie de d'Allainval, représentée en 1728, M. Mathieu raconte en ces termes ses déceptions conjugales : « Riche banquier, par un fol entêtement de noblesse, j'épousai une fille qui n'avait pour bien que ses aïeux. Quels chagrins, quels mépris ne m'a-t-elle pas fait essuyer, tant qu'elle a vécu! Elle et toute sa famille puisaient à pleines mains dans ma caisse, et elle ne croyait pas que je l'eusse encore assez payée. Je n'étais son mari qu'en peinture : elle craignait de déroger avec moi. En un mot, j'étais le Georges Dandin de la comédie! »

Ce qui distinguait, en effet, des alliances nobles les ménages bourgeois, c'était, généralement, la bonne harmonie qui régnait entre les deux époux, lesquels vivaient ensemble et n'en rougissaient pas, tandis que dans la noblesse le mari et la femme affectaient de vivre séparément, du moins en public. Ces ménages bourgeois ne causaient pas de scandale et pouvaient passer pour heureux, lors même que les époux n'avaient pas l'un pour l'autre une bien vive sympathie. Montesquieu, dans ses *Lettres persanes*, fait ainsi la peinture d'un de ces ménages bourgeois, en excusant les défauts de la compagnie bourgeoise : « Il y a, parmi nous, des mariages heureux et des femmes dont la vertu est un gardien sévère. Les gens dont nous parlons goûtent entre eux une paix qui ne peut être troublée; ils sont aimés et estimés de tout le monde. Il n'y a qu'une chose, c'est que leur bonté naturelle leur fait recevoir chez eux toute sorte de monde : ce qui fait qu'ils ont quelquefois mauvaise compagnie. Ce n'est pas que je les désapprouve : il faut vivre avec les gens tels qu'ils sont. Les gens qu'on dit être de bonne compagnie ne sont souvent que ceux dont le vice est plus raffiné; et peut-être qu'il en est comme des poisons, dont les plus subtils sont aussi les plus dangereux. »

Voici comment Dufresny, prédécesseur de Montesquieu, dépeignait à son tour, en parlant des *cercles bourgeois*, la compagnie bourgeoise, que la noblesse jugeait avec tant de dédain : « Le cercle bourgeois, — dit l'auteur des *Amusements sérieux et comiques* (1705), qui furent attribués à Fontenelle, parce qu'ils semblaient dignes de lui, — le cercle bourgeois est une assemblée familière, un conseil libre, où les affaires du prochain se jugent souverainement, sans entendre les parties. Là, le caprice préside, et c'est proprement là qu'on trouve autant d'opinions différentes qu'il y a de têtes : le même juge y est tantôt sévère et tantôt indulgent, tantôt grave, tantôt badin. On y passe, en un instant, du sérieux au comique, du grand au petit, et quelquefois une réflexion subite sur la coiffure d'une femme empêche la décision d'un point de morale, qui était sur le tapis. On y prononce vingt arrêts tout à la fois : les hommes y opinent quand ils peuvent et les femmes tant qu'elles veulent; elles y ont deux voix pour une. La liberté qui règne dans le cercle bourgeois donne lieu à toutes sortes de personnes de s'y faire connaître et d'y connaître les autres : là, chacun parle selon ses vues, ses inclinations et son génie. » Dufresny passe en revue, avec beaucoup de finesse et de malice,

Fig. 42. — Les Mariés selon la coutume; d'après Schenau.

les principaux types qui composent le cercle bourgeois : l'étourdi et le vieillard, l'indolent, la Lucrèce et la Laïs, le nouveau riche, la femme savante et le poëte, l'héritier en deuil, le jeune magistrat, la joueuse, le joli homme ou l'homme à bonnes fortunes, l'homme doré et le valet, l'esprit de travers, et enfin le grand parleur, qui n'est autre qu'un noble égaré dans cette assemblée de bourgeois et de bourgeoises.

La bourgeoisie, comme la noblesse, se composait d'ailleurs de différentes classes qui restaient distinctes, séparées entre elles, et qui semblaient ne pas appartenir à un même corps, car les économistes et les philosophes n'avaient pas encore songé à grouper toutes les parties de ce corps social, sous le vieux nom de *tiers état*, pour en former une puissance politique. Ce n'est qu'au milieu du règne de Louis XV qu'ils inventèrent cette définition du *bourgeois*, laquelle faisait contraste, dans l'*Encylopédie* de Diderot et d'Alembert, avec les railleries du théâtre sur les ridicules de la classe bourgeoise : « Le *bourgeois* est celui dont la résidence ordinaire est dans une ville; le *citoyen* est un bourgeois, considéré relativement à la société dont il est membre. » Depuis cette définition catégorique du *bourgeois*, le mot ne fut presque plus employé que dans le peuple, pour qualifier les gens riches, et le nom de *citoyen* servit en quelque sorte à l'anoblissement général de la bourgeoisie. Voltaire, qui était né bourgeois, puisque son père était notaire au Châtelet de Paris, semble éviter de nommer les bourgeois dans ses ouvrages et dans ses lettres, mais il ne paraît pas très-empressé de les métamorphoser en citoyens, et quand il vient à parler d'eux, il leur donne dédaigneusement les noms de *Parisiens* et de *financiers*. « Toi, voluptueux Parisien, dit-il en s'adressant à un personnage typique qui ne peut être qu'un bourgeois, toi qui n'as jamais fait d'autre grand voyage que celui de Dieppe pour y manger de la marée fraîche, qui ne connais que ta maison vernie de la ville, ta jolie maison de campagne, et ta loge à cet Opéra où le reste de l'Europe s'obstine à s'ennuyer; qui parles assez agréablement ta langue, parce que tu n'en sais point d'autre, tu aimes tout cela, et tu aimes encore le vin de Champagne qui t'arrive de Reims, tes rentes, que l'hôtel de ville te paie tous les six mois; et tu dis que tu aimes ta patrie! » Voltaire, qui se flattait d'être un patriote et un citoyen, eut toujours quelque chose du bourgeois, flattant et courtisant les grands seigneurs, frondant et malmenant les nobles, aimant le luxe et la bonne chère, prêtant son argent à beaux intérêts, et prisant peu le peuple, tout en le caressant et en le glorifiant.

Il y avait, dans la bourgeoisie, plusieurs classes qui en étaient la plus haute expression et qui ne se montraient nullement jalouses d'en faire partie : c'étaient les anoblis, les membres des parlements et des cours souveraines, les financiers. Ils semblaient vouloir laisser aux gens de négoce et aux petits rentiers cette condition et ce titre de *bourgeois*, qu'on avait longtemps regardés comme si précieux et si honorables. Ils s'étaient eux-mêmes retranchés de la bourgeoisie, quoiqu'ils n'eussent aucune chance de se voir admis au rang des nobles, qui les repoussaient inexorablement en leur opposant la preuve de noblesse. Les lettres d'anoblissement, qui étaient assez fréquentes et qui notamment devaient

Fig. 43. — Ordre de Saint-Michel, l'un des ordres du roi, accessible aux artistes et aux bourgeois anoblis.

précéder toute nomination dans l'ordre de Saint-Michel, ne changeaient pas un bourgeois en noble, à moins qu'elles ne fussent confirmées par trois ou quatre siècles de possession; et, sauf ce cas exceptionnel, qui était assez rare, l'anobli restait bourgeois, même en s'intitulant chevalier, écuyer, baron ou comte, après avoir acquis à prix d'argent le droit de prendre ces titres et qualités. La bourgeoisie n'en était pas moins composée de trois catégories spéciales, que l'usage seul avait fait hiérarchiques : la grande bourgeoisie, comprenant les anoblis par charges ou par lettres patentes, la robe et la finance; la bourgeoisie moyenne, où se trouvaient réunis aux anciens bourgeois de famille tous les titulaires d'offices inférieurs dans la magistrature et dans l'administration municipale, ainsi que tous les négociants enrichis; enfin, la petite bourgeoisie, qui était fort nombreuse, puisqu'elle pullulait partout, dans les villes de province comme à Paris, et qu'elle comptait dans son sein tout ce qui formait la population commerçante et laborieuse, ou vivant de ses revenus dans une honnête médiocrité.

La haute bourgeoisie ne différait presque pas de la haute noblesse : elle avait, comme celle-ci, un grand air, un grand train, une grande richesse; elle était même plus réellement riche, et d'autant plus qu'elle savait mieux gérer sa fortune, sans se permettre le luxe onéreux des intendants; elle dépensait honorablement, noblement, ses revenus, n'avait jamais recours aux emprunts, et réglait ses frais de maison d'après le produit effectif de ses biens meubles et immeubles. Tout était chez elle bien ordonné, bien administré, à la ville comme à la campagne. Elle avait des hôtels somptueux, des châteaux magnifiques, des terres considérables, des équipages superbes, un domestique nombreux, une table excellente, des réceptions agréables et tous les moyens de vivre dans une fière indépendance. Les grands dignitaires des parlements étaient plus honorés que les grands seigneurs; les grands financiers, plus courtisés que les princes. Samuel Bernard donnait 800,000 livres de dot à ses filles et à ses petites-filles, et c'étaient les présidents Molé et Lamoignon qui briguaient l'honneur de devenir ses gendres.

-On ne saurait trop apprécier la grande bourgeoisie dans sa vie privée, aussi bien que dans sa vie publique : là, on rencontrait des mœurs pures et même austères, des ménages unis, sinon retenus dans l'étroite limite des devoirs de famille : le père et la mère offraient à leurs enfants, élevés honnêtement sous leurs yeux dans ces habitudes simples et laborieuses si bien retracées par Chardin, le peintre de la bourgeoisie, l'image et l'exemple du bonheur conjugal. Il en était de même dans la bourgeoisie moyenne, où le souffle empoisonné de la corruption reprochée aux classes élevées pendant le dix-huitième siècle, ne se faisait pas trop sentir. Là, dans un cercle restreint d'amis et de connaissances appartenant à la même condition sociale, on menait une existence honorable et digne, sans rechercher, sans envier les plaisirs tumultueux du beau monde; là, on voyait la mère s'occuper, avec ses filles, des soins de la maison (fig. 44 et 47, pag. 71 et 77), et le père trouver sa distraction quotidienne dans une partie de trictrac ou de piquet (fig. 46, p. 75). La petite bourgeoisie elle-même, loin du faste et du bruit de la société aristocratique, se consacrait à la vie d'intérieur et était, souvent à son insu, le modèle des vertus domestiques.

Fig. 44. — La Mère laborieuse; d'après Chardin (Musée du Louvre).

Cependant les gens du peuple, les petits marchands, avaient toujours, pour les bourgeois en général, une défiance, une antipathie, qui résultaient de préjugés injustes et malveillants. Ils ne songeaient pas à se poser en antagonistes des nobles, qu'ils ne voyaient, qu'ils ne jugeaient que de loin, et qu'ils laissaient avec indifférence s'isoler et s'enfermer dans une sphère placée bien au-dessus d'eux; mais ils étaient toujours en hostilité latente avec les bourgeois, qu'ils côtoyaient sans cesse, car ils vivaient, à certains égards, au milieu de ces bourgeois, qu'ils avaient vus grandir et s'enrichir avec leur concours et parfois à leurs dépens. De là des sentiments de haine et d'envie, que le peuple conserva, jusqu'à l'époque de la révolution, contre les bourgeois, qui n'existaient plus même de nom. Aux yeux du peuple, quiconque avait une fortune assise, un revenu assuré, une vie oisive et facile, était toujours un bourgeois.

La jeune aristocratie bourgeoise, il est vrai, n'était pas moins raffinée dans ses goûts ni moins débordée dans ses mœurs que la jeune noblesse : la richesse établissait une sorte de niveau entre l'une et l'autre. Les jeunes conseillers du parlement, les jeunes maîtres des requêtes rivalisaient entre eux de *galanterie;* c'est ainsi qu'on appelait tout ce qui caractérisait le luxe et l'élégance des petits-maîtres : l'équipage et la livrée, les habits et les bijoux, la cuisine et la table, l'ameublement et la *curiosité*. « J'avais à parler à un juge de vingt-cinq ans, raconte l'abbé Coyer dans son *Année merveilleuse*, je voulais du particulier. On l'habillait (fig. 45). Il me convint d'essuyer tout le spectacle, qui consomma plus de temps qu'il n'en fallait pour rapporter mon affaire : je crus qu'il était assigné chez une duchesse pour faire assaut de frisures et d'odeurs. » L'abbé Coyer ajoute ce pastel finement touché : « Que désormais notre surprise cesse donc, en voyant des individus mâles, en boucles d'oreille, faire de la tapisserie, donner audience dans leur lit à midi, interrompre un discours sérieux pour converser avec un chien, parler à leur propre figure dans une glace, caresser leurs dentelles, être furieux pour un magot brisé, tomber en syncope sur un perroquet malade, dérober enfin à l'autre sexe toutes ses grâces. » Étaient-ce les frivoles occupations de certains riches désœuvrés, qui faisaient dire au maréchal de Richelieu : « Il est bien rare de trouver un bourgeois capable de penser dans le grand! »

Voilà pourquoi le marquis d'Argenson, dans ses *Mémoires*, ne parle qu'avec un singulier dédain des habitudes mesquines de certaines maîtresses de maison dans la bourgeoisie. « Rien ne paraît plus ridicule que de voir la dame du logis s'agiter, se tourmenter, donner ses clefs, pour aller chercher différentes choses qu'elle a sous sa garde particulière et qu'elle ne donne qu'à mesure et pour les grandes occasions; ensuite, de presser à table les gens de manger ce qu'elle croit bon, comme s'ils n'étaient pas tous les jours à portée de faire une aussi bonne chère.

Fig. 45. — La petite Toilette; d'après Moreau.

Ces manières sont si bourgeoises, si provinciales et si campagnardes, qu'elles sont même à présent bannies des bonnes maisons bourgeoises de la capitale, des provinces et des châteaux. Tout doit avoir l'air si bien monté dans une maison, que le maître ou la maîtresse n'aient qu'un signe à faire ou un mot à dire, pour que rien ne manque et que tout le monde soit bien servi. Mais, si dans le courant de la journée on ne paraît s'inquiéter de rien, il faut qu'une maîtresse de maison se réserve des moments où, étant au milieu de ses domestiques seuls, sans aucun témoin étranger, elle compte la dépense de la veille et donne ses ordres pour celle du jour et du lendemain. Elle doit savoir ce que tout coûte et ce que tout devient. Dans les maisons dont les maîtres sont trop grands pour s'occuper de ces soins, un intendant sûr et fidèle en est chargé. » Le marquis d'Argenson cite ensuite, non sans intention maligne, une maison bourgeoise où le mari s'attribuait ce rôle d'intendant : « Je connais une maison assez bourgeoise, dit-il, mais dont les maîtres sont riches et aisés, où l'ordre ordinaire des choses est renversé. Communément, c'est la femme qui se charge de la dépense journalière; là, c'est tout le contraire : la maîtresse de la maison se pique de bel esprit. » Aussi, le soin de régler la dépense était-il dévolu au pauvre mari, qui s'y prêtait de bonne grâce. « Cet homme, ajoute le marquis d'Argenson, cet homme qui ne dit mot ou ne parle que pour servir à table, de la façon la plus honnête mais la plus simple, qui n'a l'air d'être de la maison que comme un complaisant de madame et de n'y rien ordonner, passe toutes les matinées à régler la dépense, à ordonner les repas, à en dresser les menus; il gronde sévèrement les domestiques quand ils ont manqué à quelque chose, leur prescrit des lois précises et exactes pour l'avenir. Ses gens tremblent devant lui : il prend même la liberté de gronder sa femme lorsque, par sa faute, la dépense est trop forte ou que la chère n'est pas assez bonne. » La maison bourgeoise dont le marquis d'Argenson se moquait ainsi, en lui reprochant des airs trop bourgeois, n'était autre que celle de Mme Geoffrin, où les plus grands seigneurs s'honoraient d'être invités à dîner ou à souper avec des gens de lettres et des beaux-esprits.

La bonne bourgeoisie, cependant, tenait beaucoup à montrer qu'elle ne le cédait pas à la noblesse en fait de savoir-vivre et de politesse; elle affectait même de prouver quelquefois que la noblesse lui était inférieure à cet égard. Un des personnages imaginaires, à qui Montesquieu a prêté sa plume dans les *Lettres persanes*, raconte qu'un homme de sa connaissance, qui avait promis de le produire dans les bonnes maisons de Paris, le mène « chez un grand seigneur, qui est un des hommes du royaume qui représentent le mieux. — Que cela veut-il dire, Monsieur? Est-ce qu'il est plus poli, plus affable qu'un autre? — Ce n'est pas cela, me dit-il. — Ah! j'entends : il fait sentir, à tous les instants, la supériorité qu'il a sur tous ceux qui l'approchent.... Je vis

Fig. 46. — Le jeu de Trictrac; d'après Eisen.

un petit homme si fier, il prit une prise de tabac avec tant de hauteur, il se moucha si impitoyablement, il cracha avec tant de flegme, il caressa ses chiens d'une manière si offensante pour les hommes, que je ne pouvais me lasser de l'admirer. Ah! bon Dieu! dis-je en moi-même, si lorsque j'étais à la cour de Perse je représentais ainsi, je représentais un grand sot! » Charles de Secondat, baron de Montesquieu, n'était qu'un bourgeois riche, qui possédait une terre seigneuriale et qui, en sa qualité de président au parlement de Bordeaux, marchait de pair avec les nobles de sa province.

Montesquieu aurait pu faire un tableau exquis de la vie de famille bourgeoise en province; il se borne à laisser entendre que les nobles à Paris n'étaient pas plus considérés que les bourgeois qui méritaient de l'être : « A Paris, règne la liberté et l'égalité. La naissance, la vertu, le mérite même de la guerre, quelque brillant qu'il soit, ne sauve pas un homme de la foule dans laquelle il est confondu. La jalousie des rangs y est inconnue. On dit que le premier de Paris est celui qui a les meilleurs chevaux à son carrosse. » En province, dans les petites villes surtout, la bourgeoisie, la petite bourgeoisie, avait conservé ses mœurs patriarcales. Marmontel, dans les *Mémoires d'un père pour servir à l'instruction de ses enfants*, fait un touchant tableau de la maison paternelle, à Bort, petite ville du Limousin : « Mon père, un peu rigide, mais bon par excellence sous un air de rudesse et de sévérité, aimait sa femme avec idolâtrie : il avait bien raison! La plus digne des femmes, la plus intéressante, la plus aimable dans son état, c'était ma tendre mère..... Mon père avait pour elle autant de vénération que d'amour. Il ne lui reprochait que son faible pour moi, et ce faible avait une excuse : j'étais le seul de ses enfants qu'elle avait nourri de son lait; sa trop frêle santé ne lui avait plus permis de remplir un devoir si doux. Sa mère ne m'aimait pas moins. Je crois la voir encore, cette bonne petite vieille : le charmant naturel! la douce et riante gaieté! Économe de la maison, elle présidait au ménage et nous donnait à tous l'exemple de la piété filiale; car elle avait aussi sa mère, et la mère de son mari, dont elle avait le plus grand soin.... Ajoutez au ménage trois sœurs de mon aïeule et la sœur de ma mère.... C'était au milieu de ces femmes et d'un essaim d'enfants que mon père se trouvait seul : avec très peu de bien, tout cela subsistait. L'ordre, l'économie, le travail, un petit commerce, et surtout la frugalité, nous entretenaient dans l'aisance. » Il faudrait pouvoir citer tout le tableau qui représente si bien un intérieur de la petite bourgeoisie provinciale. La bourgeoisie de Paris n'avait pas gardé des traditions moins respectables, car elle traversa la régence sans se laisser entraîner tout entière à suivre l'exemple déplorable que lui donnait la cour. « Les femmes titrées, rapporte la *Chronique scandaleuse*, attribuée au duc de Richelieu, qui l'aurait écrite en 1721, imitèrent bientôt la cour et les

Fig. 47. — La Servante; d'après Chardin.

princesses. La bourgeoisie seule ne parut pas généralement aussi effrénée. Modeste dans ses habitudes, elle ne brillait pas comme les personnes qualifiées, qui, par leur rang, avaient plus de hardiesse et plus d'effronterie. » Duclos, dans ses *Mémoires secrets sur la Régence*, n'a pas oublié de mettre en relief le caractère honnête de la bourgeoisie, en présence des folies et du dévergondage de ce temps-là : « La classe moyenne des citoyens, dit-il, plus attachée à l'État et aux mœurs, voyait le fruit de son économie perdu, les fortunes patrimoniales renversées, les propriétés incertaines, le vice sans pudeur, la décence méprisée, le scandale en honneur. On était réduit à regretter jusqu'à l'hypocrisie de la vieille cour. » Quand Duclos loue ici les citoyens de la classe moyenne, c'est de la bourgeoisie qu'il entend parler.

La bourgeoisie n'imitait pas les mauvaises mœurs de la cour et de la noblesse, mais elle en imitait les modes, peut-être avec une sorte d'exagération de mauvais goût. La cour et la noblesse se plaignirent et réclamèrent des lois somptuaires, les dernières qui furent édictées, sinon mises en vigueur, malgré l'intérêt que le fisc devait avoir à faire payer des amendes. L'ordonnance du 29 mars 1700 contre le luxe des bourgeois et des bourgeoises avait été révoquée en partie par l'édit du 25 février 1702, qui permit aux femmes des notaires, procureurs, greffiers, marchands, et à leurs filles, de porter des boucles et d'autres ornements au-dessous de 2,000 livres. La fiscalité somptuaire s'abstint désormais d'intervenir dans ces questions de modes et de toilette, nonobstant les critiques qui s'adressaient à l'*inconsidération des petites bourgeoises*, coupables « d'oser imiter les nobles inventions des véritables dames. » (*Satyre contre les cerceaux, paniers, criardes, manteaux, etc.*, par le chevalier de Nizart, 1712.) Le suprême effort de cette guerre fiscale, déclarée à la bourgeoisie plutôt qu'au luxe lui-même, fut une défense de porter des diamants, perles et pierres précieuses et de se servir de vaisselle d'or et d'argent (1720).

Ce ne sont plus dès lors les lois somptuaires qui font la guerre au luxe de la bourgeoisie, ce sont les philosophes et les économistes. Montesquieu avait dit, dans les *Lettres persanes :* « Pour qu'un homme vive délicieusement, il faut que cent autres travaillent sans relâche. Une femme s'est mise dans la tête qu'elle devait paraître à une assemblée avec une certaine parure : il faut que, dès ce moment, cinquante artisans ne dorment plus et n'aient plus le loisir de boire et de manger ; elle commande, et elle est obéie plus promptement que ne serait notre monarque, parce que l'intérêt est le plus grand monarque de la terre. » Soixante ans plus tard, Mercier, qui s'était proclamé l'ennemi des bourgeois, par un fanatisme aveugle pour les citoyens, répétait presque mot à mot la boutade de Montesquieu, en la rendant plus amère et plus injuste : « Un sot bourgeois qui jouit de

UN SALON SOUS LOUIS XVI.

L'ARCHITECTURE EST PRISE D'UNE GRAVURE DE LAWRENCE.

Nous avons emprunté à Lawrence la représentation de cet intérieur, en modifiant les personnages. Notre but est de donner, pour l'architecture intérieure, une suite aux deux décorations que représentent la galerie de l'hôtel de Villars et la chambre à coucher du Palais-Royal. Les différences d'époques sont de cette manière faciles à apprécier; ainsi les pilastres profilés droits à côté du cintre nu des glaces transparentes, les meubles aux bois fins, la cheminée aux lignes tranquilles, tout indique les changements qui s'étaient produits, et les progrès réels qui étaient accomplis alors.

Par Hoffbauer et Durin.
Imp. lith. de Firmin-Didot frères, fils et Cie.

INTÉRIEUR SOUS LOUIS XVI

50,000 livres de rentes peut se regarder comme le centre de plus de trois cent mille hommes, qui agissent et travaillent pour lui nuit et jour. Au moyen de tous les arts enchaînés l'un à l'autre, la condition de ce particulier devient presque égale à celle des rois ; et en effet, il a toutes les commodités réelles et voluptueuses dont peuvent jouir les monarques. » Mercier, comme tous les philosophes, n'aimait pas les bourgeois, surtout à l'aurore d'une révolution qui devait faire sortir de terre un nouveau peuple de citoyens. Il aurait pu se rappeler que les deux plus glorieux ministres de Louis XVI n'étaient que des bourgeois, l'un de Genève, et l'autre de Paris. Quant à la petite bourgeoisie qui, selon Mercier, « touche à ce qu'on appelle le petit peuple, » il essaye de la couvrir de ridicule, parce qu'elle était restée gardienne de la foi de ses pères.

Le marquis de Bouillé, dans ses *Mémoires*, caractérise avec plus de justice et d'impartialité la situation de la bourgeoisie, au moment où le tiers état allait reparaître dans les assemblées politiques : « Toutes les petites villes de province étaient peuplées de petits bourgeois, plus riches et plus industrieux que les nobles, et qui avaient trouvé le moyen, eux ou leurs pères, de s'enrichir, dans les régies ou dans les fermes des fiefs et des terres des grands seigneurs et des nobles, ou même à leur service... Ils avaient reçu, en général, une éducation qui leur devenait plus nécessaire qu'aux gentilshommes. Ainsi, à Paris et dans les grandes villes, la bourgeoisie était supérieure en richesses, en talents et en mérite personnel. Elle avait, dans les villes de province, la même supériorité sur la noblesse des campagnes ; elle sentait cette supériorité, cependant elle était partout humiliée ; elle se voyait exclue, par les règlements militaires, des emplois dans l'armée ; elle l'était, en quelque manière, du haut clergé.... La haute magistrature la rejetait également, et la plupart des cours souveraines n'admettaient que des nobles dans leur compagnie. » Il n'en fallait pas davantage pour constituer un antagonisme permanent et fatal entre la noblesse et la bourgeoisie.

Cette dernière ne demandait plus à ses membres, comme autrefois, une sorte de filiation ancienne, constatée dans la magistrature, la finance ou le commerce : elle avait ouvert son sein à tous les hommes nouveaux qui se glorifiaient d'être fils de leurs œuvres. Beaucoup d'avocats, de procureurs, de médecins, de journalistes, etc., étaient les fils ou les petits-fils des intendants, des valets de chambre et des domestiques d'anciens nobles. Ils n'avaient garde de s'en vanter, et ils affectaient la plus dédaigneuse indifférence pour la recherche de leur origine. Ils savaient bien que leur acte de naissance donnerait un fâcheux démenti à leur vanité.

Cette vanité insatiable n'avait été que trop accrue et fortifiée par la fameuse brochure de l'abbé Sieyès : *Qu'est-ce que le tiers état?* « Tout, répondait l'auteur de cette brochure subversive, tout, mais un tout entravé et opprimé. Que serait-il, sans l'Ordre privilégié? Tout, mais un tout libre et florissant. » Le tiers état renaissait plus fort, plus audacieux que jamais ; la bourgeoisie redevenait un corps politique, mais elle prononçait elle-même sa déchéance en perdant son vieux nom, en abdiquant sa prédominance sociale, en se mêlant à l'élément populaire, qui devait bientôt l'absorber et l'entraîner dans l'abîme des révolutions.

Fig. 48. — Petite croix mobile en diamants taillés à facettes, à porter au cou.

CHAPITRE QUATRIÈME

LE PEUPLE

Condition du peuple. — Les artisans, les domestiques et les cultivateurs. — Le peuple de Paris. — Mœurs populaires. — Le peuple des campagnes. — Mœurs patriarcales. — Le peuple à la veille de la révolution.

ASSILLON, qui prêchait devant Louis XIV dans la chapelle de Versailles, en 1701, eut le courage de prononcer ces belles paroles, que les philosophes du dix-huitième siècle ne firent que commenter depuis, en les défigurant : « Les grands seraient inutiles sur la terre, s'il ne s'y trouvait des pauvres et des malheureux ; ils ne doivent leur élévation qu'aux besoins publics, et loin que les peuples soient faits pour eux, ils ne sont eux-mêmes tout ce qu'ils sont que pour les peuples. Quelle affreuse Providence, si toute la multitude des hommes n'était placée sur la terre que pour servir aux plaisirs d'un petit nombre d'heureux qui l'habitent!... Tout ce qu'il y a de réel dans leur grandeur, c'est l'usage qu'ils en doivent faire pour ceux qui souffrent! » Louis XIV se rappela souvent le sermon sur l'humanité des grands envers le peuple, mais il ne fit rien pour soulager ce pauvre peuple, dont les misères et les souffrances ne cessaient de s'aggraver.

Peu d'années, en effet, après que Massillon eut osé, du haut de la chaire évangélique, conjurer le roi et les grands d'avoir de l'humanité envers le peuple, l'illustre Vauban écrivait, avec douleur, dans sa *Dixme royale :* « J'ai fort remarqué que, dans ces derniers temps, près de la dixième partie du peuple est réduite à la mendicité, et mendie effectivement ; que des neuf autres parties il y en a cinq qui ne sont pas en état de faire l'aumône à celle-ci, parce qu'eux-mêmes sont réduits, à très-peu de chose près, à cette malheureuse condition. » Vauban n'avait donc pas hésité à plaider, auprès du roi et de ses ministres, la cause de « cette partie du peuple, si utile et si méprisée, disait-il, qui a tant souffert et qui souffre tant de l'heure que j'écris ceci. » Voici en quels termes le généreux défenseur de la cause du peuple exposait les droits méconnus de ceux qu'il recommandait à l'humanité royale et seigneuriale : « C'est la partie basse du peuple, qui, par son travail et son commerce, et par ce qu'elle paie au roi, l'enrichit et tout son royaume. C'est elle qui fournit tous les soldats et les matelots de ses armées de terre et de mer, et grand nombre d'officiers ; tous les marchands et les petits officiers de judicature. C'est elle qui exerce et qui remplit tous les arts et métiers ; c'est elle qui fait tout le commerce et les manufactures de ce royaume ; qui fournit tous les laboureurs, vignerons et manœuvriers de la campagne ; qui garde et nourrit les bestiaux ; qui sème les blés et les recueille ; qui façonne les vignes et fait le vin ; et, pour achever de le dire en peu de mots, c'est elle qui fait tous les gros et menus ouvrages de la campagne et des villes. » Vauban faisait ensuite une peinture désolante de la situation des campagnes et de leurs habitants, ruinés par la taille et les impôts ; la plupart de ces malheureux ne vivaient que de pain d'orge et d'avoine, et n'avaient pas chacun « pour un écu d'habits sur le corps ; » beaucoup de maisons étaient à bas et les terres en friche.

Dès cette époque, il est vrai, le peuple avait perdu ses meilleurs appuis, ses appuis naturels : magistrats, négociants, financiers, gens de lettres et artistes se séparaient du peuple plus ou moins ouvertement, pour se glisser dans la bourgeoisie et dans la noblesse. « Le peuple, dit un des écrivains les plus judicieux de son temps, le spirituel abbé Coyer, le peuple fut autrefois la partie la plus utile, la plus vertueuse et, par conséquent, la plus respectable de la nation. Il était composé de cultivateurs, d'artisans, de négociants, de financiers, de gens de lettres et de gens de lois. Les gens de lois ont cru qu'il y avait bien autant de gloire à rendre la justice aux hommes qu'à les tuer, et ils se sont anoblis sans le secours de l'épée. Les gens de lettres, à l'exemple d'Horace, ont regardé le peuple comme profane, et ils lui ont tourné le dos. Les financiers ont pris un vol si élevé, qu'ils se font violence pour n'être qu'au niveau des grands. Il n'y a plus moyen de confondre les négociants avec le peuple, depuis qu'ils rougissent de leur état et qu'ils en sortent, même avant que d'en sortir. Il ne reste donc, dans la masse du peuple, que les cultivateurs, les domestiques et les artisans... Le peuple, ainsi réduit, ne laisse pas d'être encore la partie la plus nombreuse, peut-être même la plus nécessaire de la nation. »

La population avait diminué de plus d'un million d'âmes, depuis la révocation de l'édit de Nantes, et son état misérable ne lui avait pas permis de s'accroître pendant les dernières années de Louis XIV. « Si la France était peuplée d'autant d'habitants qu'elle en pourrait nourrir, de son cru, écrivait en 1709 l'auteur de la *Dixme royale*, elle en contiendrait, sur le pied de 700 par lieue carrée, vingt et un millions, et, sur le pied de 800, vingt-quatre millions; » mais, d'après le dénombrement fait dans quelques provinces, la lieue carrée ne renfermait par plus de 627 personnes des deux sexes et de tout âge. On avait donc calculé que la population, à cette époque, s'élevait au chiffre de 19,094,144 habitants, sur lesquels 300,000 appartenaient à la noblesse et 1,800,000 à la bourgeoisie. Cependant, le peuple, qui était tout, comme ne se lassaient pas de le répéter les économistes et les philosophes, n'était compté pour rien, et n'avait pas d'autre rôle dans l'État que de payer l'impôt, puisque les classes privilégiées se trouvaient exemptes de la plupart des taxes publiques. Ce n'est qu'à partir de l'année 1713 que la population recommence à augmenter progressivement, mais avec lenteur, jusqu'à la fin du règne de Louis XVI, où elle parvint au chiffre de 20,000,000.

Le peuple, comme la bourgeoisie, comme la noblesse, se divisait en plusieurs classes ou catégories bien distinctes : le peuple de

Paris, le peuple des villes de province, et le peuple des campagnes. On pouvait aussi le décomposer en trois espèces d'individus, comme avait fait l'abbé Coyer : les artisans, les domestiques, et les cultivateurs ; ces derniers représentaient les deux tiers de la population totale et en formaient la partie la plus saine, la plus honnête, mais aussi la plus pauvre et la plus souffrante. Il y avait donc, dans le peuple, des mœurs différentes, des besoins différents et des sentiments contradictoires. Aucun lien d'affinité n'existait entre l'artisan et le cultivateur ; l'un et l'autre pourtant méprisaient le domestique ; celui-ci, quoique sorti du peuple, qui le considérait comme un être dégradé, comme un déserteur attaché au service de l'ennemi commun, semblait avoir renié son origine : il n'avait aucun impôt à payer, ni la taille, ni la capitation, et il ne travaillait pas le moins du monde dans l'intérêt de la fortune publique ; il se mariait peu et avait le moins d'enfants possible, comme pour ne pas imiter les cultivateurs et les artisans.

Le peuple de Paris était, à vrai dire, un peuple à part, plus intelligent, plus léger, plus capricieux que le reste de la population ; mais il renfermait, en revanche, une foule d'éléments étrangers et malfaisants. Le nombre des gens dangereux ou nuisibles, mendiants, oisifs, vagabonds, voleurs, escrocs en tout genre, pouvait bien représenter la sixième partie du peuple, qui subissait leur contact sans suivre leur exemple. Duclos, dans ses *Considérations sur les mœurs*, caractérisait bien le mérite distinctif du peuple français : « C'est le seul peuple dont les mœurs peuvent se dépraver sans que le fond du cœur se corrompe ni que le courage s'altère ; il allie les qualités héroïques avec le plaisir, le luxe et la mollesse ; ses vertus ont peu de consistance, ses vices n'ont point de racine. Le déréglement des mœurs et de l'imagination ne donne point atteinte à la franchise, à la bonté naturelle du Français : l'amour-propre contribue à le rendre aimable ; plus il croit plaire, plus il a de penchants à aimer. La frivolité, qui nuit au développement de ses talents et de ses vertus, le préserve en même temps des crimes noirs et réfléchis. La perfidie lui est étrangère, et il est bientôt fatigué de l'intrigue. Le Français est l'enfant de l'Europe. » Duclos, en traçant ce portrait du Français, avait sous les yeux pour modèle le peuple de Paris.

Poullain de Sainte-Foix, le spirituel auteur des *Essais historiques sur Paris*, a fait un tout autre portrait de ce peuple, qu'il voyait peut-être avec des yeux moins bienveillants, en sa qualité de noble : « Le peuple de Paris, dit-il, est une portion d'hommes qu'une égalité de

Types populaires.
Fig. 49. — Le père Tranquille, besacier; d'après Boucher.

bassesse, dans la condition, réunit : ils se querellent, ils se battent, se tendent la main, se rendent service et se desservent tout à la fois : un moment voit mourir et renaître leur amitié; ils se raccommodent et se brouillent, sans s'entendre. Les gens mariés d'entre le peuple se parlent toujours comme s'ils allaient se battre. Cela les accoutume à une rudesse de manières qui ne fait pas un grand effet, même quand elle est sérieuse et qu'il y entre de la colère. Une femme ne s'alarme pas de s'entendre dire les gros mots; elle y est faite, en temps de paix comme en temps de guerre. Le mari, de son côté, n'est point surpris d'une réplique brutale; ses oreilles n'y trouvent rien d'étrange. Le coup de poing avertit seulement que la querelle est sérieuse, et leur façon de parler en est toujours si voisine, que ce coup de poing ne fait pas un grand dérangement. Les dévots d'entre le peuple le sont infiniment dans la forme; la vraie piété est au-dessus de la portée de leur cœur et de leur esprit. »

On devait croire qu'il restait à peine un levain des anciennes agitations politiques du peuple de Paris, lequel était si prompt à *s'émouvoir* au moyen âge, et qui semblait avoir jeté son dernier feu pendant la Fronde. Les émeutes, les troubles de la rue furent à peu près nuls sous Louis XIV, qui n'aimait pas les Parisiens, et qui se serait empressé de les châtier à la moindre sédition. Il n'y eut qu'un seul jour d'effervescence populaire, pendant les dernières années du règne, lorsque Philippe d'Orléans, accusé par l'opinion publique d'avoir fait empoisonner deux personnes de la famille royale, la duchesse et le duc de Bourgogne, morts subitement à quelques jours de distance, se montra en carrosse de deuil dans les rues de Paris, où il fut accueilli par les cris menaçants de la foule indignée : on lui jeta des pierres et de la boue; peu s'en fallut que le peuple n'envahît le Palais-Royal, pour le piller et le dévaster. C'était là, d'ailleurs, une marque de l'amour du peuple pour le roi et sa famille, quelle que fût l'antipathie non dissimulée de Louis XIV contre les gens de Paris. Cet amour du peuple à l'égard du souverain eut plus d'une occasion de se produire, dans la capitale, sous Louis XV et même sous Louis XVI. En 1721, le jeune roi étant tombé gravement malade, « on ne saurait peindre, dit Duclos, les transports de joie que sa convalescence fit éclater par toute la France et qui succédèrent à la consternation universelle. » Les mêmes transports de joie se renouvelèrent, en 1744, à la suite de la maladie qui avait mis en danger les jours du roi, pendant son voyage à Metz. « La guérison obtenue et le roi venant se montrer aux Parisiens, raconte l'auteur des *Mémoires du duc de Richelieu*, l'enthousiasme recommença. Les entrées des empereurs victorieux dans la capitale du monde n'offrent rien de comparable à l'ivresse du peuple, qui jouissait de son roi..... Toute la pompe royale fut offerte aux regards du peuple attendri, qui pleurait de joie ou qui s'extasiait à le contempler. On jetait des pièces d'argent, et on ne les relevait pas. La vue d'un beau roi, d'un roi vainqueur, du libérateur de la France, était plus attrayante que l'appât de l'argent, pour les Parisiens. »

Les émeutes qui troublèrent l'ordre à Paris sous le règne de

Fig. 50. — Bagarre dans la rue; d'après L. Binet.

Louis XV, ne s'attaquaient pas à la personne même du roi; quelques-unes, et les plus sérieuses, étaient nées des causes les moins graves. Dans ces émeutes, le peuple se montrait fort *échauffé* et fort turbulent, mais il s'apaisait aussi vite qu'il s'était ému. En 1721, la foule poussant des cris de mort contre Law, à cause de la rareté de l'argent et du renchérissement des denrées, se porta au Palais-Royal et menaça d'y mettre le feu. Le régent s'y trouvait, presque sans garde et sans moyen de défense; il ne resta pas moins calme;

« Le peuple, dit-il tranquillement, a raison, s'il se soulève; il est bien bon de souffrir tant de choses! » Law, dont le carrosse fut mis en pièces, eut le courage de tenir tête au peuple déchaîné, en disant à ceux qui l'insultaient : « Vous êtes des canailles! » Une autre fois, le peuple prit parti pour un laquais condamné au carcan et aux galères (15 novembre 1721) : il brisa le poteau, délivra le laquais, et ne se dispersa qu'après avoir eu des morts et des blessés. Une émeute, motivée par l'augmentation du prix du pain (14 juillet 1725), se termina non-seulement par des coups de feu qui tuèrent quelques-uns des séditieux, mais par l'exécution de deux des plus coupables, qui furent pendus dans la rue Saint-Antoine.

L'émeute prit un caractère bien plus redoutable, au mois de mai 1750, quand le bruit se répandit dans la ville qu'on enlevait des enfants pour les transporter aux colonies. Le peuple tourna sa fureur contre la police, qu'il accusait d'avoir favorisé ces enlèvements; il ne se borna pas à écharper plusieurs archers et notamment la *mouche* d'un exempt, qu'on assomma sans pitié; il assiégea les commissaires dans leurs maisons, et voulut mettre à sac l'hôtel du lieutenant de police Berrier : tout rentra dans l'ordre, dès que parurent des détachements de gardes françaises. Ce n'était pas encore la sédition politique, avec tous ses excès et toutes ses horreurs.

On comprend que Voltaire, témoin de ces émeutes sauvages qui en annonçaient d'autres plus terribles, se soit déclaré peu sympathique au peuple qui les faisait; il ne voulait pas, tout philosophe qu'il était, voir instruire le peuple : « Je crois, écrivait-il à son ami Damilaville en 1766, que nous ne nous entendons pas sur l'article du *peuple*, que vous croyez digne d'être instruit. J'entends par *peuple* la populace qui n'a que des bras pour vivre. Je doute que cet ordre de citoyens ait jamais le temps et la capacité de s'instruire : ils mourraient de faim avant de devenir philosophes. Il me paraît donc essentiel qu'il y ait des gueux ignorants... Quand le peuple se mêle de raisonner, tout est perdu. » Voltaire n'était pas, comme ses amis et ses élèves, le flatteur du peuple, qui, dans tout le cours du dix-huitième siècle, fut constamment caressé et aveuglé par la secte philosophique, lorsqu'on le poussait à re-

Le marché de la place Maubert, d'après Jeaurat.

vendiquer ses droits, en se soulevant contre ses maîtres et ses tyrans : « Tout n'est pas perdu, disait-il tristement, quand on met le peuple en état de s'apercevoir qu'il a un esprit. Tout est perdu, au contraire, quand on le traite comme une troupe de taureaux, car tôt ou tard ils vous frappent de leurs cornes. » L'abbé Coyer, avant Voltaire, avait dit à peu près la même chose, avec plus de sympathie pour le peuple, dans sa célèbre *Dissertation sur la nature du peuple* : « Nous refusons la raison au peuple, et nos lois le punissent ; les prisons, les tortures, les gibets, les roues sont à son usage : on ne condamne pourtant pas à mort le taureau qui a éventré le bouvier. Je dis plus : à juger de la raison par les punitions, il faut que le peuple soit plus raisonnable que les honnêtes gens. Un malheureux, dont les enfants n'ont pas de pain, fait un petit commerce prohibé : il est pris et puni. Un gentilhomme, dans sa chaise de poste, se trouve garni de la même marchandise : il tue le commis et se tire d'affaire. Grégoire, chaud de vin, jure, s'arme du broc qu'il a vidé et assomme son compagnon de débauche : la corde en fait justice. Deux hommes d'honneur arrangent une rencontre : l'un reste sur le champ de bataille, l'autre continue à s'avancer dans le service. » L'abbé Coyer terminait sa dangereuse dissertation par cette conclusion ironique et perfide : « Le peuple est composé d'hommes, mais il est à propos qu'il l'ignore toujours. »

La physionomie et le caractère du peuple de Paris ne subirent que bien peu de changements, depuis le temps de Louis XIV jusqu'au règne de Louis XVI, où, comme pour répondre aux flatteries et aux excitations des philosophes, il commençait à murmurer hautement contre la noblesse et la bourgeoisie. Il ne faut donc pas s'étonner qu'on n'ait pas recueilli beaucoup de traits nouveaux sur le petit peuple, qui était toujours tel que la Bruyère l'avait dépeint à la fin du dix-septième siècle. Un avocat d'Avignon, qui vint se fixer à Paris pour y vivre dans la société des beaux-esprits et des comédiens, Charles Cotolendi, a supposé une lettre écrite par un Sicilien et datée de 1692, pour se permettre de juger les Parisiens, sans leur ménager la vérité. Il y a seulement quelques détails qui regardent le peuple, dans cette lettre curieuse, ajoutée en 1700 au *Saint-Evremoniana* : « Ce n'est point exagérer de dire que tout Paris est une vaste hôtellerie, dit le prétendu Italien ; on voit partout des cabarets et des hôtes, des tavernes et des taverniers ; les cuisines fument à toute heure, parce qu'on mange à toute heure.... Les tables sont abondantes ; ils ne mangent jamais seuls, ils aiment à boire de petits coups, mais souvent, et ils ne boivent jamais qu'ils n'invitent leurs convives à en faire de même. Le même peuple ne s'enivre que les jours de fête

Fig. 51. — Un Déjeuner au cabaret.

qu'il ne fait rien, mais il travaille les jours ouvriers avec assiduité. Il n'y a pas un peuple au monde plus industrieux et qui gagne moins, parce qu'il donne tout à son ventre, à ses habits, et cependant il est toujours content. »

Cotolendi n'oublie pas l'habitude que le peuple avait prise de se fournir de vêtements chez le fripier, sans avoir jamais affaire au tailleur : « Quand un habit dure plus que la vie d'une fleur, il est décrépit, dit-il ; de là est né un peuple de fripiers, qui font profession d'acheter et de vendre de vieux habits et des habits usés ; ils vivent splendidement, en dépouillant les uns et les autres : commodité dans une ville très-peuplée, où ceux qui s'ennuyent de porter longtemps le même habit trouvent à le changer avec une perte médiocre, et où les autres qui en manquent ont le moyen de s'habiller avec une petite dépense. » Cotolendi reconnaît que le peuple était alors poli, ou du moins essayait de l'être : « La civilité est plus étudiée en France que dans le royaume de Chine ;

LE CABARET DE RAMPONNEAU.

on la pratique, avec beaucoup d'agréments, parmi les personnes de qualité; les bourgeois y mêlent de l'affectation, et le peuple s'en acquitte grossièrement; chacun en fait un art à sa mode. »

Cotolendi constate les progrès que le luxe avait déjà faits dans le peuple, qui cherchait à se modeler sur la bourgeoisie, de manière à se confondre avec elle. « Le luxe démesuré, dit-il, a confondu le maître avec le valet, et les gens de la lie du peuple avec les personnes les plus élevées. Tout le monde porte l'épée, les hommes ne portent point de barbe ni leurs propres cheveux, et ils couvrent avec beaucoup de soin les défauts des années, ce qui leur donne une jeunesse perpétuelle. »

En effet, tant que les hommes conservèrent la mode des perruques, c'est-à-dire jusqu'à la fin du règne de Louis XV, non-seulement les jeunes gens de la petite bourgeoisie, les fils de marchands, les clercs de procureurs (fig. 52), mais même les gens du peuple et surtout les artisans, avaient de petites perruques rondes à cheveux courts, fortement pommadés et légèrement poudrés; quant à porter l'épée, ils ne s'en faisaient pas faute, surtout lorsqu'ils étaient jeunes, et qu'ils s'habillaient pour la promenade ou pour le théâtre.

« Il me vient, le dimanche, raconte le marquis de Mirabeau dans son *Ami des hommes* (1756), un homme en habit de droguet de soie noire et en perruque bien poudrée, et tandis que je me confonds en compliments, il s'annonce pour le premier garçon de mon maréchal ou de mon bourrelier. »

Restif de la Bretonne, dans ses mémoires publiés sous le titre de *Monsieur Nicolas*, raconte qu'après avoir travaillé, en habit d'ouvrier, à l'imprimerie (1770), il endossait un frac de ratine bien ajusté, avec une culotte de droguet noir et des bas de coton blanc, prenait sous son bras un joli chapeau claque à gance de soie, attachait à son côté une petite épée à poignée d'acier, et, les cheveux frisés et parfumés, marchant sur la pointe du pied, pour ne pas salir sa chaussure de cuir verni à boucles de cuivre, il s'en allait chercher aventure dans les rues boueuses, où on le prenait pour un chevalier ou pour un marquis. Restif de la Bretonne nous apprend aussi que la moindre grisette, la plus pauvre ouvrière, avait des toilettes élégantes, quoique peu coûteuses, quand elle s'*endimanchait*, et tenait surtout à *faire petits pieds*, en portant des souliers étroits en peau de couleur éclatante, à talons hauts et à rosettes de ruban. Cotolendi était donc autorisé à dire en 1700 : « La mode est le véritable démon qui tourmente cette nation. »

Fig. 52. — La Toilette du Clerc de Procureur, d'après Carle Vernet.

Il remarque pourtant que le peuple ne manquait pas de remplir ses devoirs religieux : « Pendant le carême, dit-il, le peuple court le matin au sermon avec une grande dévotion, et l'après-dîner à la comédie avec le même empressement... La foule se trouve au théâtre, où l'on rit davantage ; c'est pour cela que les comédiens italiens profitent plus que les comédiens français de la simplicité populaire... Le peuple fréquente les églises avec piété ; les marchands vont demander à Dieu que leur négoce prospère... » Cotolendi insiste encore sur les facultés laborieuses des Parisiens : « Tout le monde, dit-il, a une application au travail si forte, si continuelle, que le diable ne peut tenter personne que les fêtes et les dimanches. » Cette énergie de travail, cette persévérance et cette ardeur à exercer un métier ou une industrie, ne suffisaient malheureusement pas pour conjurer les résultats inévitables du chômage, de la maladie et de la débauche : « Quoiqu'on soit dans une ville si abondante, dit Cotolendi, qui n'a rien n'a rien, c'est-à-dire que l'eau et le feu sont interdits à ceux qui n'ont point d'argent, comme ils l'étaient aux criminels du temps des Romains. Je ne pense pas qu'il y ait au monde un enfer plus terrible que d'être pauvre à Paris, et de servir continuellement, au milieu de tous les plaisirs, sans pouvoir en goûter aucun. Parmi cette grande abondance, on trouve une infinité de misérables qui demandent l'aumône d'un ton qui ferait croire qu'ils chantent. »

Les pauvres, les gueux surtout, formaient donc une espèce à part dans le peuple de Paris, qui vivait de son travail et trouvait moyen d'en vivre aussi heureux que possible. Ses plus grands besoins étaient la distraction, le passe-temps, la promenade, la comédie, l'amour. Il habitait, sans y songer, des rues tortueuses et fétides, des maisons ténébreuses et infectes ; il se contentait de peu pour sa nourriture, pour son ameublement, pour son habillement ; il ne se préoccupait jamais du lendemain et ne se souvenait pas de la veille. Quand il était marié, il laissait à sa femme tous les soins du ménage et de la famille ; quand il ne l'était pas, il devenait encore plus insouciant. Il s'adonnait volontiers à l'ivrognerie, au jeu et à la paresse. Malade, il allait se faire soigner à l'hôpital ; vieux et infirme, il ne répugnait pas à se recommander à la charité publique. Il voyait sans inquiétude arriver la vieillesse et la mort, car il avait appris, en traversant journellement le cimetière des Innocents, que les plus misérables étaient sûrs, au moins, d'y trouver leur dernier lit, entre quatre planches de sapin, au fond d'une fosse profonde, où la terre noire et gluante ne se composait plus que de poussière humaine.

Le peuple de Paris était encore, au dix-huitième siècle, ce qu'il avait été deux ou trois siècles auparavant, brave et sociable, gai et jovial, aimant le plaisir et la bonne chère; il devenait seulement plus fier et plus dédaigneux, sans cesser d'être aussi curieux et aussi avide de voir,

Fig. 53. — Le Charlatan allemand; d'après Duplessis-Bertaux.

d'écouter, de connaître, d'apprendre : le peuple s'abstenait de boire parfois, mais il restait éternellement badaud. « Si on a donné ce nom au peuple de Paris plus volontiers qu'à un autre, dit Voltaire, c'est uniquement parce qu'il y a plus de monde à Paris qu'ailleurs, et par conséquent plus de gens inutiles qui s'attroupent pour voir le premier objet auquel ils ne sont pas accoutumés, pour contempler un charlatan

Fig. 54. — Le Charlatan français sur la place du Louvre; d'après Duplessis-Bertaux.

ou deux femmes du peuple qui se disent des injures, ou un charretier dont la charrette sera renversée et qu'ils ne relèveront pas. Il y a des badauds partout, mais on a donné la préférence à ceux de Paris. »

Ce fut le mauvais génie de la politique qui enleva au peuple de Paris son heureuse insouciance, qui dénatura ses meilleurs sentiments, qui étouffa ses plus honnêtes inspirations. Mercier écrivait, en 1783, dans son *Tableau de Paris* : « Les Parisiens semblent avoir deviné, par instinct, qu'un faible degré de liberté de plus ne valait pas la peine d'être acheté par une continuité de réflexions et d'efforts. Le Parisien oublie promptement les malheurs de la veille, et l'on dirait qu'il a assez de confiance en lui-même pour ne pas redouter un despotisme trop absolu. Il a développé beaucoup de patience, de force et de courage, dans la dernière lutte du trône et des lois : des villes assiégées ont eu moins de courage et de constance. En général, il est doux, honnête, poli, facile à conduire, mais il ne faudrait pas trop prendre sa légèreté pour de la faiblesse ; il est dupe un peu volontairement, et je crois assez le connaître pour affirmer que, si on le poussait à bout, il prendrait une opiniâtreté invincible. Souvenons-nous de la Ligue et de la Fronde ! » Mercier, qui écrivait cela sept années seulement avant la révolution, était prophète de malheur.

Il voyait plus clair et plus juste que le misanthrope Chamfort, qui flagellait en ces termes le peuple de son temps : « Drôle et gambadant comme un singe, et dans le fond très-malfaisant comme lui, il est, comme le chien de chasse, né bas, caressant, léchant son maître qui le frappe, se laissant mettre à la chaîne, puis bondissant de joie quand on le délivre pour aller à la chasse. »

Le peuple des campagnes n'avait pas les défauts ni les qualités du peuple des villes, lequel se recrutait sans cesse parmi les paysans. Ceux-ci, néanmoins, ne gardaient pas les stigmates flétrissants de la dégradation physique et morale que la Bruyère leur avait imprimée, en 1688, dans ce hideux portrait : « L'on voit certains animaux farouches, des mâles et des femelles, répandus dans la campagne, noirs, livides et tout brûlés du soleil, attachés à la terre, qu'ils fouillent et qu'ils remuent avec une opiniâtreté invincible ; ils ont comme une voix articulée, et quand ils se lèvent sur leurs pieds, ils montrent une face humaine : et en effet ils sont des hommes. Ils se retirent la nuit dans des tanières, où ils vivent de pain noir, d'eau et de racines ; ils épargnent aux autres hommes la peine de semer, de labourer et de recueillir pour vivre, et méritent ainsi de ne pas manquer de ce pain qu'ils ont semé. »

Ce sombre tableau, tracé sans doute par la Bruyère d'après les paysans d'un pays misérable, tel que la basse Bretagne ou la haute Auvergne, contraste singulièrement avec les riantes peintures que, par une sorte de fiction convenue, la littérature et les arts du dix-huitième siècle se sont plu à faire de la vie des champs.

Fig. 55. — Une Bergerade; d'après Boucher.

Dans un ordre d'idées plus réel, Mme de Genlis explique, dans ses *Mémoires*, les différences tranchées qu'on signalait alors dans la condition des paysans : « Nous n'avons trouvé, dans un voyage de 620 lieues en France, dit-elle, des paysans doux, honnêtes, obligeants, que dans les villages où les seigneurs étaient bons et aimés; et dans les autres où les seigneurs étaient tyrans et haïs, les paysans sont rustres et revêches. »

Restif de la Bretonne, qui a esquissé les tableaux les plus vrais des mœurs champêtres, dans la *Vie de mon père* et dans *Monsieur Nicolas*, avoue que les paysans pouvaient être souvent aussi corrompus que les habitants des villes : « L'espèce humaine, réunie en grand nombre, disait-il, se corrompt à la campagne presque autant qu'à la ville, sans compter que la corruption de celle-ci s'y communique par les domestiques des deux sexes et par les miliciens qui reviennent au village,

Fig. 56. — Un vrai Berger ; *fac-simile*, d'après une estampe du temps.

après s'être corrompus au loin. » Il indique, d'après ses propres études, les différents degrés de corruption qui existaient dans les diverses classes de paysans : « La charrue, dit-il, donne des mœurs plus innocentes que la culture de la vigne, quoique celle-ci soit très-pénible; les bouviers sont inférieurs, de ce côté-là, aux vignerons, et les bergers ont encore moins de candeur et d'innocence que les bouviers. »

On ne saurait mieux se rendre compte de la vie des gens de campagne, qu'en la voyant telle que nous la représente la *Vie de mon père*, sorte de panégyrique naïf et touchant que Restif a consacré à la mémoire de ses parents. Voici une des pages de ce livre, qui nous fait assister au souper d'un chef de famille au village : « Les travaux d'Edme Restif lui avaient procuré une sorte d'aisance; il jouissait d'une con-

UNE FERME;

D'APRÈS JANINET.

Ce tableau de la vie rurale offre une peinture intéressante des mœurs de nos campagnes.

C'est le temps de la moisson : les hautes échelles sont dressées contre la meule en formation. C'est l'heure du repas : le maître veille lui-même à la distribution de la soupe que portent les servantes de la ferme, tandis qu'on apporte le broc sortant du cellier. Cela est plein de détails charmants. Les cages sont pendues pour échapper à la griffe du chat. Le pot effroadré pour le nid de l'hirondelle est au mur de la maison, les canards barbotent, et la gent ailée tourbillonne dans l'air embrasé, tandis que s'achève le chargement de la haute charretée. Tout respire la vie rustique, ses travaux, ses fatigues, sa sérénité et ses charmes.

Par Sabatier et Urrabieta.
Impr. lith. de Firmin-Didot frères, fils et Cie.

sidération méritée; ses enfants aînés, filles et garçons, se portaient au bien; enfin il était chéri et respecté de son épouse... Tous les soirs, à souper, qui était le repas où la famille pouvait être réunie, il se voyait, comme un patriarche vénérable, à la tête d'une maison nombreuse; car on était ordinairement vingt-deux à table, y compris les garçons de charrue et les vignerons, qui en hiver étaient batteurs, le bouvier, le berger, et deux servantes, dont l'une suivait les vignerons et l'autre avait le gouvernement des vaches et de la laiterie. Le père de famille au bout, à côté du feu; sa femme à côté de lui, à portée des plats à servir, car c'était elle seule qui se mêlait de la cuisine; les servantes qui avaient travaillé tout le jour étaient assises et mangeaient tranquillement; ensuite les enfants de la maison, suivant leur âge, qui seul réglait leur rang; puis, le plus ancien des garçons de charrue et ses camarades; ensuite les vignerons, après lesquels venaient le bouvier et le berger; enfin les deux servantes formaient la clôture : elles étaient au bout de la table, en face de leur maîtresse, à laquelle elles ne pouvaient dérober aucun de leurs mouvements.

« Tout le monde mangeait le même pain : la distinction odieuse du pain blanc et du pain bis n'avait pas lieu dans cette maison... Pour le vin, comme le père de famille en usait peu, et qu'il n'en avait pris l'usage que fort tard, il n'en buvait que de vieux. La mère de famille ne buvait que de l'eau, que son mari n'avait pas eu peu de peine à l'engager à rougir seulement par une idée de vin; les enfants buvaient tous de l'eau, sans exception. Les garçons de charrue et les vignerons buvaient un vin qui leur était beaucoup plus agréable que celui du maître ne leur aurait paru : c'était le vin de pressurage, passé sur un *rapé* de *rales* de raisin... Tout le monde sait que les paysans aiment un vin qui gratte le gosier...

« C'était après le souper que le père de famille faisait une lecture de l'Écriture sainte... Je ne saurais me rappeler sans attendrissement avec quelle attention cette lecture était écoutée; comme elle communiquait à toute la nombreuse famille un ton de bonhomie et de fraternité... Le lendemain, pendant le travail, la lecture du soir faisait le sujet de l'entretien entre les garçons de charrue surtout... Après la lecture, suivait, en été, une courte prière, en commun; on faisait ensuite réciter aux jeunes gens une leçon du catéchisme du diocèse, puis on s'allait coucher en silence, car, après la prière du soir, les ris et la conversation à voix haute étaient sévèrement interdits. En hiver, où

Fig. 57. — Le Père de famille, ou la Lecture de la Bible; d'après Greuze.

les soirées sont plus longues à la campagne (car, à la ville, le temps est toujours le même), après la lecture et la leçon de catéchisme, le père de famille racontait des histoires... C'était la récréation. L'avidité était extrême pour ces récits instructifs; et comme chacun pouvait rire et faire ses observations, c'était un amusement délicieux pour des paysans et pour des enfants, qui n'en avaient jamais connu de plus agréable. »

La mort édifiante de cet homme de bien fut le digne couronnement de sa vie. Quand le curé du village vint lui administrer les derniers sacrements, « il était suivi de toute la paroisse; les vieillards, en larmes, remplissaient la chambre du malade, et tout le reste, dans la cour, formait des vœux pour sa conservation. » Le jeune prêtre adressa cette pieuse exhortation au mourant : « Prenez courage, mon père, vous allez jouir de la bienheureuse vie dans le sein d'Abraham, avec tous les justes, à qui vous avez ressemblé. Mais de tous les justes, j'ose le dire, il n'en est pas qui doive attendre de plus glorieuse récompense que le bon père de famille, qui a fait autant d'heureux et de vertueux

Fig. 58. — Les Récits de la Veillée (scène de la vie rustique); d'après Moreau. « Guillaume raconte comment il a fait un grand voyage dans la Souabe. »

qu'il a eu de familiers; qui a donné à l'Église de dignes ministres, à la patrie de braves défenseurs, à l'État des citoyens de toutes les classes, et surtout des mères de famille exemplaires et fécondes! »

Ce père de famille, ce paysan qui laissait tant de souvenirs vénérés parmi ses descendants et que ses contemporains avaient surnommé l'*honnête homme,* n'avait pu prévoir la transformation générale qui s'opéra dans la nature même du peuple, quelques années plus tard, quand le tocsin de la révolution eut soulevé les villes et les campagnes contre la royauté, les prêtres et les nobles. Le comte de Ségur, qui avait quitté la France depuis plus de dix ans, et qui revint de Russie en ces graves circonstances (octobre 1789), raconte, dans ses *Mémoires*, quel étrange spectacle lui présentèrent les populations urbaines et villageoises

Fig. 59. — L'Assemblée d'hiver (scène de la vie rustique); d'après Gravelot.

qu'il rencontrait sur sa route : « Les bourgeois, les paysans, les ouvriers, les femmes même, me montraient, dans leur maintien, dans leurs gestes et sur tous leurs traits, quelque chose de vif, de fier, d'indépendant et d'animé que je ne leur avais jamais connu. Un mouvement extraordinaire régnait partout; j'apercevais dans les rues, sur les places, des groupes d'hommes qui se parlaient avec vivacité : le bruit du tambour frappait mes oreilles, au milieu des villages, et les bourgs m'étonnaient par le grand nombre d'hommes armés que j'y rencontrais. Si j'interrogeais quelques individus des classes inférieures, ils me

Fig. 60. — La Tireuse de cartes (scène de la vie rustique); d'après Freudeberg.

répondaient avec un regard fier, un ton haut, hardi ; partout je voyais l'empreinte de ces sentiments d'égalité, de liberté, devenus alors des passions violentes ; enfin, à mon départ de France, j'avais quitté un peuple paisible et courbé par l'habitude sous le joug d'un long assujettissement ; à mon retour, je le retrouvais redressé, indépendant, et trop ardent peut-être pour jouir avec sagesse d'une liberté nouvelle. »

« Rien de plus doux que le spectacle d'une nation exaltée par des sentiments généreux, dit Marmontel, qui fut témoin de ce grand spectacle; mais l'enthousiasme dans le peuple est dangereux, lors même qu'il est le plus louable; car le peuple ne connaît point d'intervalle entre les extrêmes, et d'un excès à l'autre il se laisse emporter par la passion du moment. Il sentait alors tout le prix de la liberté, mais cette liberté récente, dont il était comme enivré, allait bientôt le dépraver, en faisant fermenter en lui les éléments de tous les vices. »

Quelques mois encore, et ce peuple libre, affolé, fanatisé, allait se précipiter en furieux à travers les plus grands excès.

Fig. 61. — Le Marchand de Soufflets; d'après Boucher.

CHAPITRE CINQUIÈME

L'ARMÉE ET LA MARINE

L'Armée à la fin du règne de Louis XIV. — Tentatives de réformes par le Régent. — Composition de l'Armée. — La maison du Roi ; l'Infanterie ; la Cavalerie ; les Milices. — La manœuvre, l'armement et l'uniforme. — Le Racolage. — L'Artillerie. — La Marine. — Revers maritimes. — Réformes du duc de Choiseul. — Louis XVI et les Ministres réformateurs : de Muy, de Saint-Germain, de Ségur. — Renaissance de la Marine. — Nouveaux revers. — L'Armée en 1789.

LES quinze dernières années du règne de Louis XIV avaient vu plusieurs fois se renouveler, en grande partie, les armées françaises, qui soutenaient la guerre en Italie, en Espagne, en Flandre et en Allemagne, avec une alternative presque égale de succès et de revers. Ces armées, peu nombreuses et disséminées sur des points de l'Europe plus ou moins éloignés des frontières de la France, étaient ordinairement bonnes et solides, quoique composées d'éléments hétérogènes et souvent incohérents ; le soldat, quelle que fût son origine, devenait brave et dévoué dès qu'il était enrégimenté sous les lois de la discipline. « Je ne connais plus la nation que dans le soldat ; sa valeur est infinie ! » écrivait le maréchal de Villars, en avril 1703, au ministre de la guerre Chamillard.

Mais ce n'était pas sans peine que le général en chef parvenait à discipliner les recrues, qu'on lui envoyait de Paris et des provinces, pour remplir les cadres de ses régiments, décimés par les combats, les maladies et la désertion : parmi ces recrues, il y avait bien des mauvais sujets, bien des fainéants, qui ne se soumettaient pas volontiers à la règle militaire, en temps de guerre, surtout dans un pays ennemi. « Il faut,

Fig. 62. — Types de Soldats; d'après Watteau.

sire, écrivait encore Villars au roi en cette même année 1703, que je discipline une armée, dont le libertinage fait fuir les peuples et nous fait manquer de tout. Grâces à Dieu, je regagne tous les jours quelque chose sur le soldat, et je commence à les apprivoiser avec les paysans ; mais l'officier n'est point accoutumé au service régulier. »

Les mauvais officiers furent, en effet, la cause immédiate de tous les désastres qui compromirent l'armée pendant les campagnes de la fin du règne de Louis XIV. Ces officiers, appartenant la plupart à la noblesse, n'étaient pas moins braves que leurs soldats, mais leur ignorance, leur légèreté et leur orgueil paralysaient sans cesse l'action la plus énergique de leurs troupes. Ils manquaient absolument d'instruction et d'expérience : ils n'étaient bons qu'à payer de leur personne dans une bataille. En 1701 et 1702, on avait créé 157 régiments nouveaux d'infanterie, formés à la hâte avec des miliciens volontaires et des enrôlés à prix d'argent : il fallut donc, pour les nouveaux régiments, trouver sur-le-champ plus de 7,000 officiers. Quant à ces régiments, qui devenaient la propriété mobilière de leurs colonels, moyennant le versement d'une somme fixe dans les caisses de l'Etat, on peut être édifié sur le mode de leur formation, par cet aveu du lieutenant-colonel de l'un d'eux : « Parmi les gens

Fig. 63. — Types de Soldats ; d'après Watteau.

qui ont levé des régiments, il y a eu des aventuriers sans nom et sans expérience, qui se faisaient ainsi une position, qui volaient le roi, et leurs officiers, et leurs soldats ! »

On comprend que Louis XIV se soit empressé de diminuer considérablement son armée, après la signature du traité de Radstadt (6 mars 1714), qui lui donnait la paix, une paix définitive et complète, et qui lui permettait de finir son règne par une année de calme et de repos. Des 274 régiments d'infanterie qu'on avait vu figurer avec des succès divers dans la fatale guerre de la succession d'Espagne, depuis 1701 jusqu'en 1714, on n'en conserva que 121, y compris les deux régiments des gardes. Le roi mourut au moment où il songeait sérieusement à réorganiser ses armées, et déjà il avait fixé à un taux normal la valeur vénale des régiments, qui se vendaient à des prix excessifs, que la concurrence des acquéreurs nobles menaçait de porter encore plus haut, avec la certitude d'une longue paix : « Cette vénalité de l'unique porte par laquelle on puisse arriver aux grades supérieurs, disait alors Saint-Simon, est une grande plaie dans le militaire et arrête bien des gens qui seraient d'excellents sujets. C'est une gangrène qui ronge depuis longtemps tous les ordres et toutes les parties de l'État. »

Les bons généraux n'avaient pourtant pas fait défaut à nos armées durant les dernières guerres du règne de Louis XIV : le duc de Vendôme, le maréchal de Catinat et le maréchal de Villars, qui remportèrent plus d'une victoire, surent tirer parti des forces, toujours insuffisantes et souvent bien faibles, qu'ils avaient à leur disposition ; ils formèrent, à leur école, un assez grand nombre d'officiers, mais ils firent surtout des soldats admirables, en leur donnant l'exemple de la bravoure. Villars, qui faisait à ses soldats l'honneur de les consulter dans certains faits de guerre, n'hésitait pas à mettre pied à terre et à s'élancer, l'épée à la main, en tête des compagnies de grenadiers : « Quoi ! messieurs, disait-il aux officiers généraux qui l'entouraient troublés et indécis, il faut que moi, maréchal de France, pour vous ébranler, je marche le premier ? Marchons donc ! »

Le régent, Philippe d'Orléans, qui n'avait garde de vouloir pousser la France à recommencer les guerres interminables du règne précédent, s'occupa néanmoins d'améliorer l'état matériel des armées de terre et de mer. Il fit décider, par le conseil de régence, que l'habillement et l'armement du soldat seraient fournis, d'une manière uniforme et régulière, par les intendances de l'Extraordinaire des guerres, et ce fut là une sérieuse économie. La solde du soldat avait été régularisée en même temps et taxée à six sous dix deniers par jour, ce qui ferait aujourd'hui plus d'un franc cinquante centimes, selon le cours actuel de la monnaie. On supprima, en outre, beaucoup d'officiers inutiles, en réduisant le nombre des compagnies dans chaque bataillon.

Les deux principales innovations qui témoignaient de la sollicitude de Philippe d'Orléans pour le bien-être du soldat et pour la défense du territoire, furent l'organisation administrative des milices provinciales, réparties en bataillons correspondant aux 121 régiments d'infanterie, et le casernement des troupes dans les villes de garnison. Jusqu'à la ré-

Marche d'Infanterie, d'après Watteau.

gence, les troupes étaient logées chez l'habitant, excepté dans les places fortes, et la population des villes et des campagnes ne supportait pas sans gémir cette charge oppressive, sans cesse réitérée. Louis XIV avait bien fait construire, dans les faubourgs de Paris, des casernes pour les gardes françaises et les gardes suisses, mais à peine étaient-elles achevées au bout de vingt-cinq ans. Le conseil de la guerre prescrivit alors la construction de casernes analogues, dans toutes les villes dont les municipalités voudraient faire les frais de cette construction, qui déchargerait à l'avenir les habitants du logement des troupes, par maison et par feu. On vit aussitôt s'élever, de tous côtés, par les soins de l'État, les casernes régimentaires, dont le soldat était impatient de prendre possession et qui furent nommées, par lui, les *palais de l'armée*.

Le régent n'avait pas réussi, néanmoins, à réaliser ses grands et généreux projets pour la réorganisation de l'armée et de la marine. Son gouvernement, où la faveur et l'intrigue exerçaient tant d'influence, ne recueillit pas le fruit des réformes intelligentes qu'il avait tentées. Saint-Simon fait une triste peinture de la situation morale et matérielle des corps militaires, à la mort du duc d'Orléans, en 1723 : « Le militaire, étouffé sans choix par des gens de tout grade et par la prodigalité des croix de Saint-Louis, jetées à toutes mains et trop souvent achetées des bureaux et des femmes, ainsi que les avancements en grades, était outré de l'économie extrême qui le réduisait à la dernière misère, et de l'exacte sévérité d'une pédanterie qui le tenait en un véritable esclavage. L'augmentation de la solde n'avait pas fait la moindre impression, ni sur le soldat, ni sur le cavalier, par l'extrême cherté de toutes choses les plus communes et les plus indispensables à la vie ; de manière que cette partie de l'État, si importante, si répandue, si nombreuse, plus que jamais tourmentée et réduite sous la servitude des bureaux et de tant d'autres gens ou méprisables ou peu estimables, ne put que se trouver soulagée par l'espérance du changement qui pourrait alléger son joug, et donner plus de lien à l'ordre du service et plus d'égards au mérite et aux services. Le corps de la marine, tombé comme en désuétude et dans l'oubli, ne pouvait qu'être outré de cet anéantissement et se réjouir de tout changement, quel qu'il pût être. »

La composition des troupes de terre était à peu près la même, en ce temps-là, qu'à la fin du règne de Louis XIV. Ces troupes comprenaient la maison du roi, la gendarmerie, la cavalerie, l'infanterie française et étrangère, et les milices du royaume, qui représentaient la réserve ou l'ancien arrière-ban.

On nommait toujours *maison du roi* les belles compagnies d'élite, à cheval et à pied, qui depuis 1671 formaient la garde ordinaire du roi. Outre les cent-suisses, les gardes de la porte, et les gardes de la prévôté de l'hôtel, qualifiés de *gardes du dedans du Louvre* et chargés d'un service spécial dans l'intérieur du palais, il y avait quatre compagnies de gardes du corps : la première compagnie, écossaise, et les trois autres, françaises. Les *gardes du dehors du Louvre*, qui composaient la garde du roi, se divisaient en quatre catégories : la compagnie des gendarmes de la garde, la compagnie des chevau-légers, les deux autres compagnies des mousquetaires, et les deux régiments des gardes françaises et suisses.

Fig. 64. — Colonel général des Gardes Françaises
(duc du Châtelet ; en 1788).

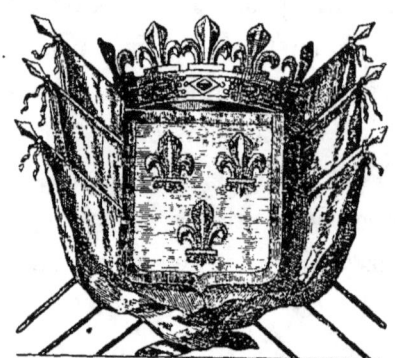

Fig. 65. — Colonel général des Suisses et Grisons
(comte d'Artois ; 1771).

Le roi était nominativement capitaine de chacune de ces compagnies, placées chacune sous les ordres d'un lieutenant-colonel. Il était aussi capitaine des quatre premières compagnies de la gendarmerie de France.

Cette gendarmerie, composée de 32 brigades, de 8 escadrons et de 1,200 gendarmes et chevau-légers, à 75 par compagnie, non compris les officiers supérieurs, avait été créée exclusivement pour le roi et les princes ; elle n'allait à la guerre qu'avec eux.

L'infanterie française et étrangère, qui faisait la véritable force de l'armée de France, fut portée à 122 régiments, en 1737, par ordonnance du roi; mais elle ne présentait pas néanmoins un effectif supérieur à celui qu'elle avait eu avec ses 101 régiments d'ancienne création, portant les noms des gentilshommes auxquels ils appartenaient, ou bien les noms des provinces où ils étaient levés et mis en garnison. Cet effectif s'élevait à 150,000 hommes, divisés en 224 bataillons, à 175 hommes par bataillon des gardes françaises et à 582 hommes par bataillon des gardes suisses, en comptant dans ce nombre tous les officiers, ainsi que les sergents et les tambours.

La cavalerie légère française et étrangère, formant 59 régiments divisés en 165 escadrons de 4 compagnies chacun, à 160 maîtres ou officiers et 200 hussards par escadron, avait comme annexes 15 régiments de dragons, servant à pied et à cheval alternativement et montant à 10,000 hommes, avec 750 officiers. Parmi ces régiments, quelques-uns

Fig. 66. — Colonel général des Dragons (duc de Luynes; 1783).

étaient composés de volontaires allemands, suisses, espagnols, etc. Il y avait, en outre, plusieurs compagnies franches d'infanterie et de dragons partisans, qui avaient été créées depuis la guerre de la succession de Pologne, sur le modèle des pandours de l'armée autrichienne.

Enfin, les milices provinciales, qui devaient, en temps de guerre, contribuer à la défense du royaume et combler les vides de l'armée permanente, avaient été renvoyées dans leurs foyers, après la paix d'Utrecht. On les organisa de nouveau en 1719 et on les répartit, par généralités, en autant de bataillons qu'il y avait de régiments d'infanterie régulière. Le nombre des bataillons de ces milices fut porté plus tard à 123, divisés en 40 régiments, dans lesquels n'étaient pas comprises 60 compagnies d'arquebusiers. Ces milices avaient leurs colonels, leurs officiers, leurs uniformes et leurs drapeaux, mais elles ne faisaient ordinairement aucun service et ne se rassemblaient, par convocation régulière, que pour des revues ou des cérémonies locales.

Le commandement supérieur des divers corps composant l'armée française était exercé par des brigadiers d'infanterie et de cavalerie, par des maréchaux de camp, et, au-dessus de ces derniers, par des lieutenants généraux. Enfin, au sommet de la hiérarchie militaire, se trouvaient les maréchaux de France. Un grand prévôt des maréchaux était chargé de la police des troupes en campagne.

Fig. 67. — Maréchal de France
(duc de Gontaut-Biron; 1757).

Fig. 68. — Grand-Prévôt
(du Bouschet, marquis de Sourches; 1746).

Les premières années du siècle avaient vu s'opérer de notables changements dans les manœuvres, conséquence naturelle des innovations apportées dans l'armement des corps d'infanterie, lorsque le fusil à baïonnette, après l'invention de la douille qui sert à l'adapter (invention attribuée à Vauban) devint l'arme des fantassins et permit de supprimer l'ancienne distinction des piquiers et des mousquetaires. Le tableau ci-contre, emprunté à l'*Art de la guerre* du maréchal de Puységur, qui met en regard d'un bataillon des armées de Condé et de Turenne un bataillon des armées de 1701, aidera mieux à comprendre l'importance de cette transformation.

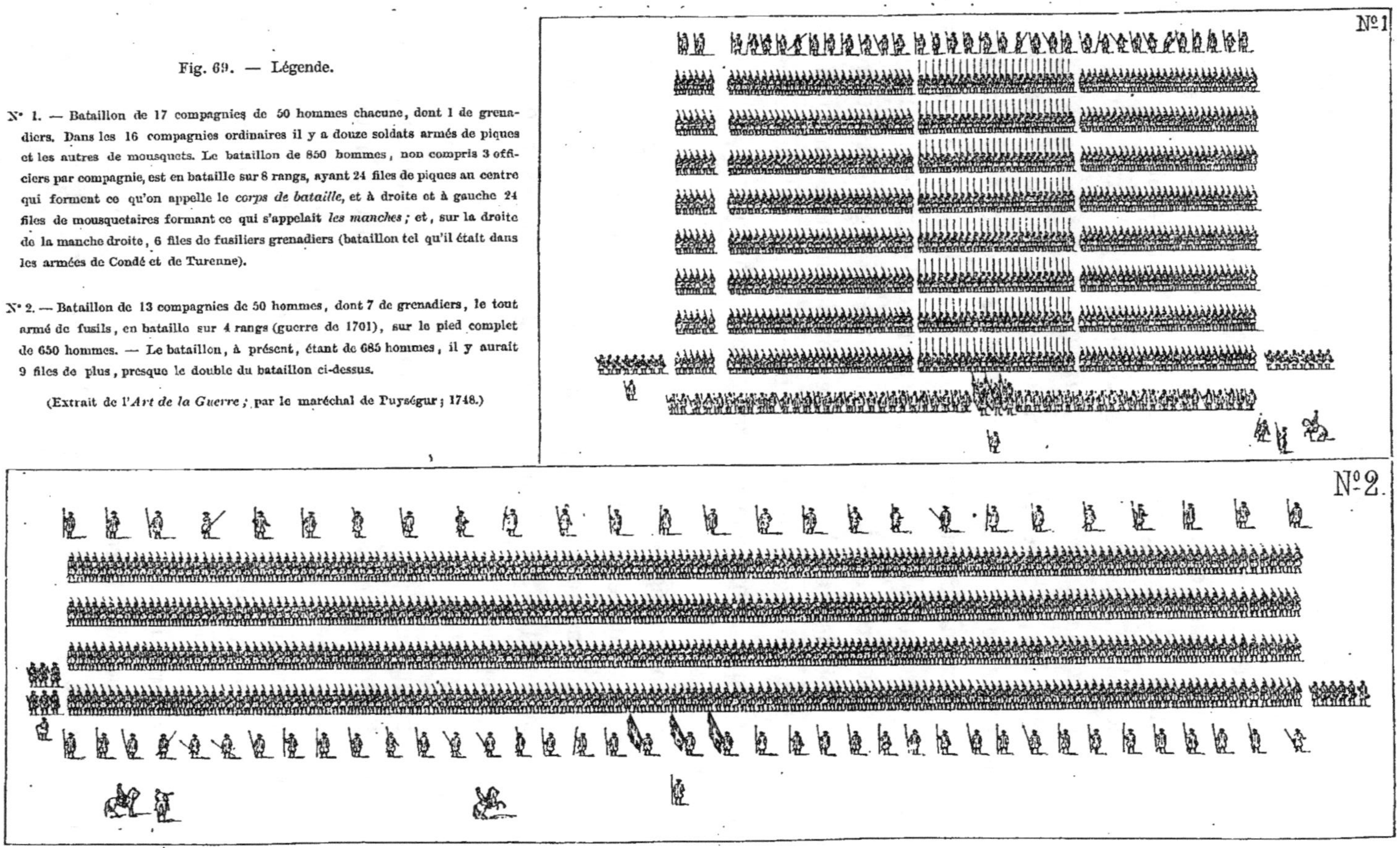

Fig. 69. — Légende.

N° 1. — Bataillon de 17 compagnies de 50 hommes chacune, dont 1 de grenadiers. Dans les 16 compagnies ordinaires il y a douze soldats armés de piques et les autres de mousquets. Le bataillon de 850 hommes, non compris 3 officiers par compagnie, est en bataille sur 8 rangs, ayant 24 files de piques au centre qui forment ce qu'on appelle le *corps de bataille*, et à droite et à gauche 24 files de mousquetaires formant ce qui s'appelait *les manches*; et, sur la droite de la manche droite, 6 files de fusiliers grenadiers (bataillon tel qu'il était dans les armées de Condé et de Turenne).

N° 2. — Bataillon de 13 compagnies de 50 hommes, dont 7 de grenadiers, le tout armé de fusils, en bataille sur 4 rangs (guerre de 1701), sur le pied complet de 650 hommes. — Le bataillon, à présent, étant de 685 hommes, il y aurait 9 files de plus, presque le double du bataillon ci-dessus.

(Extrait de l'*Art de la Guerre*, par le maréchal de Puységur, 1748.)

L'armement des troupes avait donc subi d'importantes améliorations depuis le commencement du siècle; mais leur équipement était resté presque le même, depuis qu'en 1703 l'uniforme avait été complétement remanié et réglé, d'après un système général, pour tous les régiments de l'armée. Cet uniforme, très-compliqué, très-riche et très-soigné pour la maison du roi, était généralement de couleur tranchante. « Les régiments de même espèce, dit le capitaine Suzanne dans son excellente *Histoire de l'ancienne infanterie française*, se distinguaient entre eux par la forme des poches et par la disposition et le métal des boutons, mais surtout par la couleur des doublures, vestes et culottes. Parmi les corps français, ceux qui appartenaient au roi avaient le bleu pour couleur distinctive principale; les régiments des princes portaient le rouge écarlate; les autres régiments de gentilshommes et régiments de provinces, étaient caractérisés par la couleur : le noir, le violet, le cramoisi, le jaune et le vert. » Le régiment de Picardie avait un costume entièrement blanc, et dans l'uniforme des régiments provinciaux le blanc ou le gris dominait.

La description réglementaire de l'uniforme et de l'équipement de la première compagnie écossaise de la garde suffira pour donner une idée de la magnificence des costumes de la maison du roi : « Habit bleu, veste, parements et doublure rouges, agréments et galons d'argent en plein, manches en bottes et poches en travers, garnies d'un double galon bordé d'argent, bandoulières à carreaux de soie blanche et argent galonnés d'argent, les ceinturons garnis d'argent, chapeaux bordés d'argent et cocardes noires, manteaux bleus, brodés d'argent, doublés de rouge; l'équipage du cheval, de drap rouge bordé d'argent. » Cette compagnie écossaise était armée, comme les trois compagnies françaises de la garde, d'épées, de pertuisanes, de mousquetons et de pistolets.

Ces brillants uniformes n'avaient pas une médiocre influence sur la vanité de bien des enrôlés volontaires, qui signaient un engagement de quelques années, avec l'espoir de faire partie d'un des beaux régiments qu'ils avaient admirés sous les armes. Malheureusement, la plupart de ces pauvres enrôlés, éblouis par les promesses mirifiques

COSTUMES DE L'ARMÉE FRANÇAISE.

UNIFORMES.

N°s 1 — Garde du corps du roi, compagnie écossaise. (Voir p. 14.)
2. — Mousquetaire de la 2e compagnie, maison du roi.
3. — Grenadier à cheval de la maison du roi.
4. — Gendarmerie de France.
5. — Gendarme de la maison du roi.
6. — Mestre de camp général.
7. — Colonel d'infanterie sous Louis XVI.
8. — Dragon, 1re légion royale.
9. — Dragon, légion de Condé.
10. — Dragon, légion colonel général.
11. — Dragon, légion corse.
12. — Hussard Chamborant.
14. — Corps royal d'artillerie.
15. — Infanterie 1715, type d'uniforme appartenant encore au règne de Louis XIV.
16. — — 1766, régiment de Condé.
17. — Infanterie 1772, régiment d'Auvergne.
18. — — 1788, régiment royal Deux-Ponts.
19. — Garde-française, 1772.

DRAPEAUX, ÉTENDARDS ET GUIDONS.

N°s 20. — Drapeau et porte-drapeau du Royal-Vaisseau.
21. — — du régiment de Champagne.
22. — — — Poitou.
23. — — — Piémont.
24. — — — Navarre.
25. — — — Normandie.
26. — — — des gardes françaises.
27. — Étendard, Gendarmerie de la garde du roi.
28. — — Colonel général.
29. — — Royal-Lorraine.
30. — Guidon des dragons de la reine.

Cet ensemble de costumes militaires provient principalement de l'ouvrage du sieur Montigny, *Uniformes militaires de la maison du roi et de tous les régiments de France*; Paris, 1772.

Par Sabatier et Urrabieta.
Impr. lith. de Firmin-Didot frères, fils et Cie.

des racoleurs, recevaient, en échange de leur liberté, une chétive indemnité pécuniaire ; puis, au lieu d'être incorporés, comme ils l'espéraient, dans les gardes du corps ou dans les mousquetaires de la maison du roi, ils allaient obscurément *manger le pain du roi*, suivant l'expression populaire, dans quelque régiment de province et « porter l'habit blanc, » qui n'était pas souvent, on le pense bien, d'une blancheur immaculée. Quant au *pain du roi*, il était, avant 1727, si grossier, si noir, si dur, si détestable, que les plus robustes estomacs avaient de la peine à le digérer, car une partie du son était restée dans la farine, et l'on y ajoutait un affreux mélange de châtaigne et d'avoine. Encore ne délivrait-on, par jour, à chaque homme, qu'une livre et demie de ce mauvais pain, outre la ration quotidienne de vin et de viande. Ce fut le ministre de la guerre Voyer d'Argenson, qui, faisant droit aux justes plaintes des troupes, augmenta la quantité de pain accordée à chaque homme ; de plus, il ordonna que la farine serait livrée en nature aux soldats, qui pourraient ainsi faire fabriquer eux-mêmes leur pain de munition.

Les enrôlés, une fois envoyés au corps qui les absorbait dans ses cadres, étaient bien loin d'y trouver la vie d'abondance et de délices que le recruteur ou le racoleur leur avait promise, en leur disant qu'ils mangeraient toujours du pain blanc et qu'ils auraient du vin à discrétion au régiment. Ils apprenaient trop tard que le soldat, en temps de paix, alors qu'il ne pouvait plus se nourrir sur le pays ennemi, trouvait à peine, dans son chétif ordinaire, de quoi satisfaire son appétit. Cet ordinaire était, devait être très-frugal et très-parcimonieux, mais il devenait trop souvent déplorable et insuffisant, par suite de l'indélicatesse des fonctionnaires de l'Intendance, qui s'enrichissaient aux dépens de la nourriture du soldat. De là des murmures presque continuels et quelquefois des séditions, dans les régiments les plus mal partagés à l'égard des subsistances.

C'était là un vice organique de l'armée ; mais les réclamations du soldat n'avaient aucun écho au dehors, car le soldat sous les drapeaux se voyait condamné à la vie de caserne et ne communiquait plus avec le peuple. On s'explique donc comment les racoleurs trouvaient toujours des dupes pour fournir des recrues aux régiments qui manquaient de soldats. Le racoleur était, d'habitude, un lieutenant de fortune ou un bas officier, que le colonel propriétaire d'un régiment envoyait dans les centres de population, et surtout à Paris, pour y faire des enrôlements et acheter des hommes. Tantôt ces marchands de chair humaine avaient une haute paie, pendant leurs congés ; tantôt ils étaient récompensés en raison des produits de leur « chasse à l'homme ». D'autres racoleurs, la plupart anciens soldats ou sous-officiers, travaillaient pour le compte d'un entrepreneur, qui revendait ensuite à différents prix les enrôlés auxquels on avait fait signer un engagement temporaire, moyennant quelques écus. Les *beaux hommes* étaient plus recherchés que les autres ; on les payait aussi plus cher, selon la taille qu'ils avaient : « Un louis par chaque pouce au-dessus de cinq pieds, dit l'auteur du *Tableau de Paris*, était un prix courant. »

On ne peut imaginer quelles inventions, quelles ruses, quels procédés abominables un bon racoleur pouvait employer pour se procurer des hommes aux meilleures conditions possibles. Les quais de Paris, et surtout le quai de la Ferraille, étaient le théâtre habituel du racolage. Il y avait une quantité de cabarets borgnes, de tabagies enfumées et de tripots infâmes, où l'on entraînait, de gré ou de force, les nombreuses et crédules victimes qui devaient en sortir ivres-mortes, mais engagées à servir le roi pendant un laps de temps plus ou moins prolongé. On avait profité de leur ivresse pour les décider, pour les contraindre à mettre leur signature au bas d'un engagement qu'ils n'avaient pas lu (généralement ils ne savaient pas lire) ou bien qu'ils n'avaient pas compris. L'enrôlé, quelles que fussent les circonstances graves de la tromperie qui avait fait de lui un soldat du roi, ne devait point espérer d'obtenir justice contre les auteurs de cette tromperie : on eût dit que les racoleurs exerçaient leur odieux métier sous la garantie du gouvernement. On les voyait, vêtus de splendides uniformes, dresser en plein vent leur bureau d'enrôlement et appeler, au son d'une musique militaire qui attirait la foule des badauds, le gueux famélique, le campagnard naïf, le domestique sans place et tous les batteurs de pavé, qui voulaient s'enrôler pour quelques écus, qu'on faisait briller à leurs yeux éblouis.

On rencontrait des racoleurs sous tous les déguisements; on en voyait aux portes de la capitale, guettant les nouveaux venus, qui arrivaient à Paris pour y chercher fortune. Le racolage usait de toutes sortes de violences, et ceux qui se rendaient coupables de ces violences monstrueuses n'encouraient pas d'autre châtiment que la prison, d'après

Fig. 70. — Un Racoleur; d'après un Recueil de costumes, à la Bibliothèque de l'Arsenal.

l'ordonnance royale de 1716. On comprend donc qu'ils osaient enlever les gens jusque dans les maisons et sur les chemins, pour les enrôler de vive force. Néanmoins, personne n'était admis à s'enrôler avant seize ans d'âge, et l'enrôlement, pour être valable, ne devait pas avoir moins de six années de durée. D'ordinaire, les pauvres diables qui avaient pris, même à leur insu, un engagement irrévocable, et qui ne voyaient aucun moyen de s'y dérober, si ce n'est par la désertion, qu'on punissait de mort, se résignaient à leur sort malheureux, en gémissant tout bas, et une fois au dépôt du régiment, habillés, équipés, armés, ils ne tardaient pas à devenir aussi bons soldats que leurs camarades. On a peine à s'expliquer comment une armée, recrutée ainsi par des moyens factices et incertains, se maintenait à un effectif aussi élevé ; car, en 1735, le nombre total des troupes de terre était de 309,390 hommes, y compris l'état-major composé de 21,878 officiers.

Cet enrôlement perpétuel, qui fonctionnait surtout à Paris sur une grande échelle, expliquerait l'aversion instinctive de la population parisienne pour l'état militaire. La capitale et sa banlieue avaient d'ailleurs le privilége d'être exemptes du service obligatoire dans la milice, dont l'organisation a été exposée plus haut. On essaya cependant, à diverses époques, de faire des levées générales à Paris, mais les résultats en furent peu satisfaisants. En février 1742, par exemple, une ordonnance du roi demanda 1,800 hommes pour la milice, et le tirage au sort eut lieu entre les *garçons* âgés de seize à quarante ans ; mais les catégories d'exemption étaient innombrables, et une foule de jeunes gens, qu'on nomma les *fuyards*, eurent la précaution de s'absenter pendant les opérations du tirage, qui fournit au roi 5,000 soldats, au lieu de 1,800 qu'il avait demandés. Il est vrai, comme on le disait dans le peuple, que « le roi payait le vin, » et les cabarets furent remplis durant plusieurs jours. On tira ainsi des milices provinciales onze régiments d'infanterie, auxquels on donna le titre de grenadiers royaux, et qui ne tardèrent pas à se faire connaître dans les guerres d'Allemagne. « On vit, dit M. d'Espagnac, qui commandait un de ces régiments de nouvelle formation, on vit, dans les grenadiers royaux, ce que peut le point d'honneur chez les hommes : des paysans, sortis de leurs villages, à qui on avait donné le nom de grenadiers, servir, dès leur arrivée à l'armée, avec le même courage et la même distinction que les grenadiers des anciens corps. »

Cependant le soldat ne pouvait être alors attaché au drapeau que par le sentiment du point d'honneur, sinon par patriotisme. Les avantages qu'il avait à retirer du service militaire, en compensation des fatigues et des dangers auxquels il se vouait, étaient à peu près nuls ou insignifiants. Il n'avait pas le moindre espoir de monter au rang d'officier, s'il n'était pas noble, et il devait borner ses plus ambitieuses prétentions à parvenir au grade de brigadier ou d'enseigne. Il n'obtenait la croix de Saint-Louis et la pension qui en dépendait que dans de rares occasions, comme, par exemple, après une action d'éclat à la guerre.

Quand il était vieux et infirme, il avait seulement des droits pour être admis dans les 135 compagnies de soldats invalides, en garnison dans les places d'armes et les forteresses, ou pour entrer, à force de protections, dans le personnel de l'hôtel royal des Invalides. En tout cas, ce qui

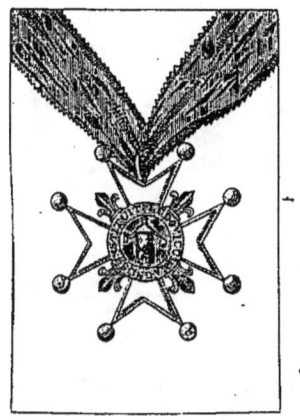

Fig. 71. — Croix de l'ordre de Saint-Louis, fondé par Louis XIV, en 1693.

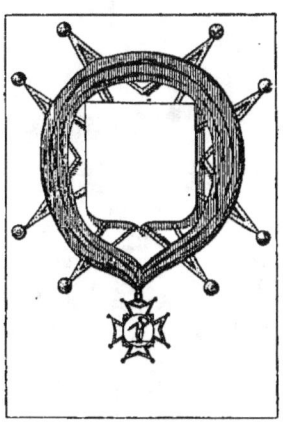

Fig. 72. — Grand'Croix de l'ordre de Saint-Louis.

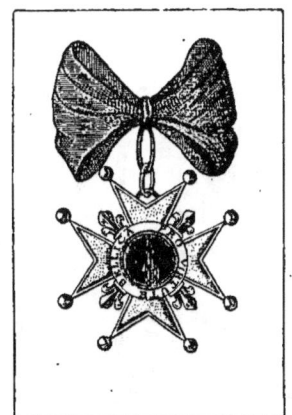

Fig. 73. — Ordre du Mérite militaire, fondé par Louis XV, en 1759, en faveur des officiers nés en pays où la religion protestante est établie.

lui restait de sa demi-solde ne devait pas suffire à payer son tabac.

Quoi qu'il en soit, le soldat était fier de porter l'uniforme, en temps de paix comme en temps de guerre. Il avait un soin particulier de cet uniforme, que l'État renouvelait tous les six ans, et qui, par la nature de ses couleurs éclatantes, par le genre de ses détails d'ornementation, par le nombre de ses poches, de ses galons d'or et d'argent, de ses boutons de métal, exigeait les plus minutieuses recherches d'entretien et de propreté. Plus tard, cet uniforme se simplifia, lorsque l'adop-

Fig. 74. — Casque de Capitaine de Dragons.

Fig. 75. — Bonnet de Sapeur des Gardes Suisses; d'après Wille.

tion des manœuvres à la prussienne fit disparaître tout ce qui faisait saillie dans l'habillement et remplaça par de simples liserés les poches ouvertes, en diminuant aussi le nombre des boutons, de manière à ne gêner en rien les mouvements de l'exercice du fusil. C'est alors seulement qu'on retroussa sur les cuisses, avec des agrafes, les deux pans de l'habit long, qui tombait jusqu'au genou et qui empêchait d'apprécier la régularité mathématique de la marche militaire. Mais on conserva, malgré tout, les bas blancs ou de couleur avec la culotte, et la coiffure poudrée et pommadée avec les cheveux tressés et noués sur la nuque en bourse ou en queue.

Les armes avaient changé et s'étaient transformées à diverses reprises, à partir de 1701. Les piques (fig. 78 et 80) furent absolument supprimées dans l'infanterie, mais les colonels, lieutenants-colonels et capitaines restèrent armés d'un esponton, long de sept à huit pieds (fig. 76, 77, 78, 80), espèce de lance légère qui ne leur était pas inutile

ARMES DIVERSES EN USAGE AU XVIIIe SIÈCLE.

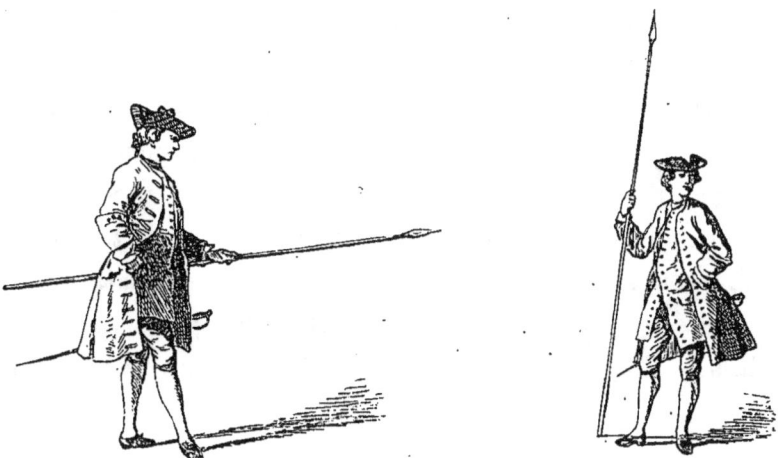

Fig. 76 et 77. — Officiers armés de l'Esponton.

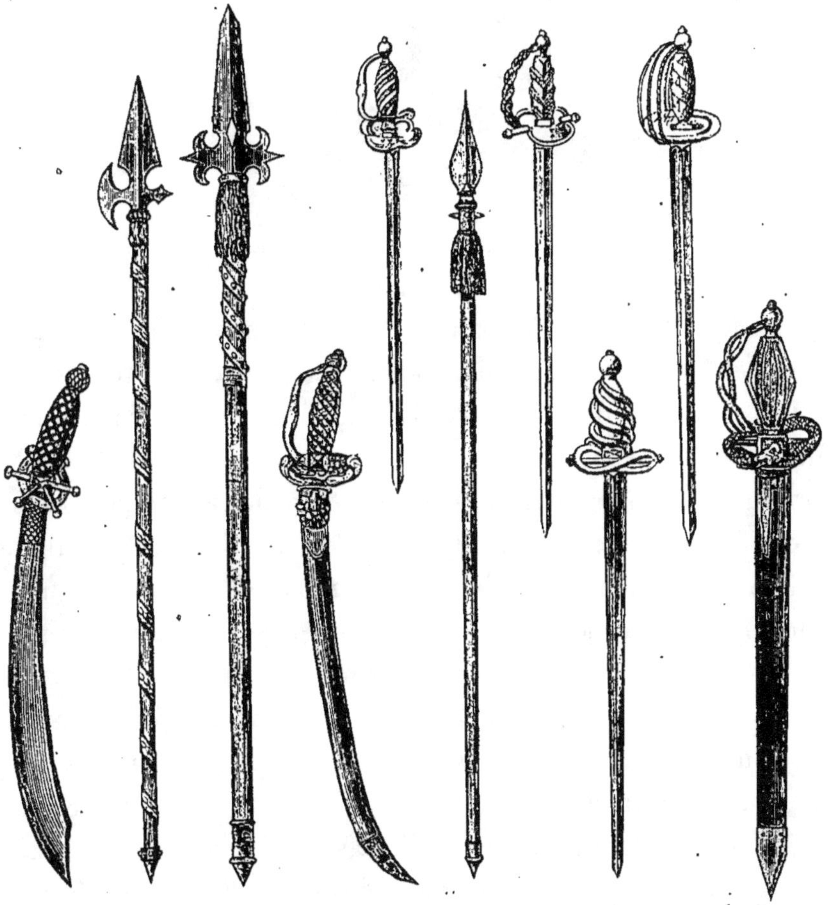

1 2 3 4 5 6 7 8 9 10

Fig. 78. — 1, 4, 10, Sabres. — 2, Hallebarde. — 3, Pertuisane. — 5, 7, 8, 9, Épées. — 6, Esponton.

dans le commandement et qui pouvait servir d'arme défensive dans un combat. Les officiers inférieurs et subalternes, de même que les simples caporaux, avaient un fusil à baïonnette. Les sergents seuls portaient la hallebarde (fig. 78, n° 2), et l'employaient à l'alignement des rangs de leurs hommes. Tous les soldats étaient armés du fusil, avec la baïonnette à douille ajustée, et chacun d'eux avait dans son cartouchier ou giberne vingt coups à tirer. Le modèle de ce fusil, haut de quatre pieds et demi en totalité, très-massif et trop lourd, fut modifié plusieurs fois dans le cours du siècle (fig. 79 et 80). On avait même inventé des carabines,

Fig. 79. — Batterie du fusil de munition à pierre.

de trois pieds de longueur, à canon rayé circulairement ou perpendiculairement, et à balle forcée; mais, comme il fallait faire entrer à coups de maillet cette balle dans le canon, l'arme parut d'un maniement trop difficile et fut abandonnée.

L'artillerie de campagne était encore dans l'enfance avant que l'exemple du roi de Prusse, qui avait augmenté et perfectionné son artillerie de manière à la rendre formidable, eût déterminé le Bureau de la guerre à faire fondre plus de canons, sans changer le modèle du *canon de France*, long de dix pieds sept pouces, pesant six mille deux cents livres et envoyant des boulets de trente-trois livres. Les autres calibres étaient des diminutifs de ce modèle unique. Au reste, le corps de l'artillerie resta longtemps dans un état d'infériorité regrettable, quoiqu'il y eût en France quatre écoles d'artillerie, établies par Louis XIV à la Fère, à Metz, à Strasbourg et à Grenoble. Quant à l'école du génie, elle était à Mézières. Avant que Gribeauval eût organisé l'artillerie française (1775), on avait

ARMES DIVERSES EN USAGE AU XVIIIᵉ SIÈCLE.

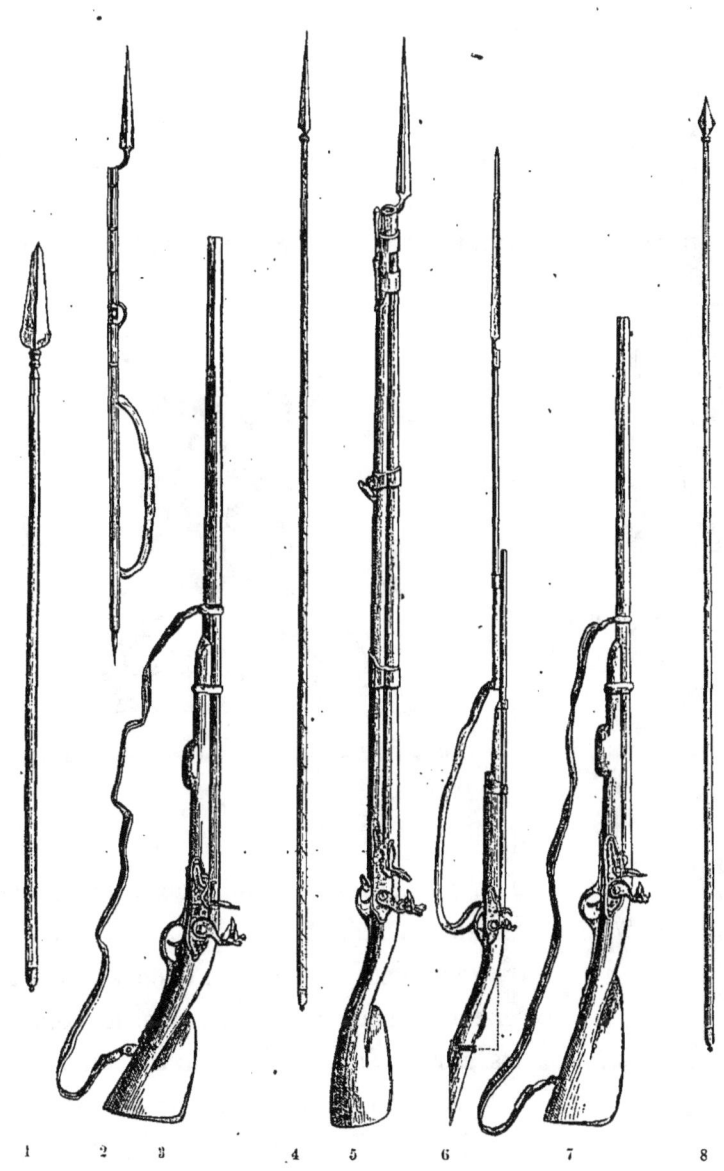

Fig. 80. — 1, Pertuisane du chevalier Folard. — 2, Pique à feu de M. de Maizeroy. — 3, 5, 7, Fusils de munition de divers modèles. — 4, Esponton du maréchal de Saxe. — 6, Fusil-pique, de neuf pieds de long.

les idées les plus routinières et les plus fausses sur l'utilité de cette arme dans les opérations de la guerre en rase campagne, quoique le grand Frédéric eût déjà créé l'artillerie à cheval. Le maréchal de Saxe partageait ces préjugés, puisqu'il prétendait que la grosse artillerie gênait la marche des troupes, en détériorant les chemins; selon lui, une armée de 46,000 hommes n'avait besoin que de cinquante pièces de 16, et de douze mortiers de différentes grandeurs.

La musique militaire, moins importante, il est vrai, que l'artillerie dans une armée, surtout durant la guerre, ne fut adoptée que bien tar-

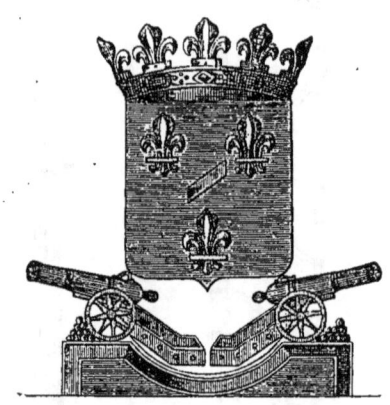

Fig. 82. — Grand-Maître de l'Artillerie (comte d'Eu ; 1710).

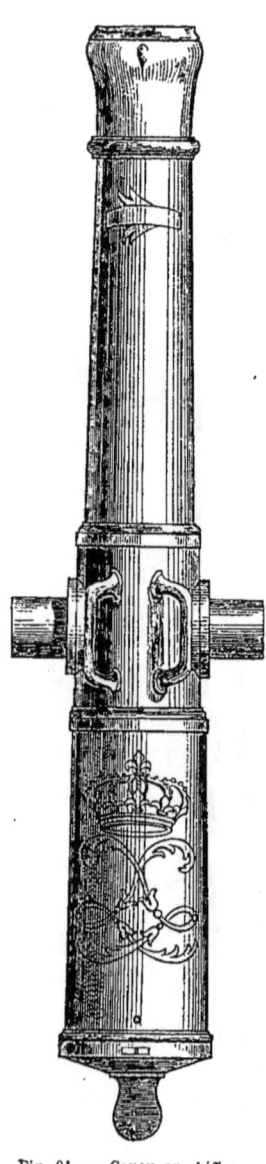

Fig. 81. — Canon au chiffre de Louis XV.

divement dans l'ordonnance des troupes de France, malgré l'exemple des armées allemandes, qui avaient conservé les corps de musique très-complets et très-bien choisis, en usage au seizième siècle. En France, dans les compagnies des gardes de la maison du roi, on se contentait de six trompettes et d'un timbalier par compagnie; dans les régiments d'infanterie, il n'y avait que des tambours, et encore ces tambours n'étaient-ils pas soumis à un règlement uniforme pour les batteries, qui s'exécutaient de la façon la plus capricieuse et la plus indépendante. Ce n'est qu'en 1754 que le tambour-major des gardes françaises fut chargé de régler définitivement ces batteries, et de les apprendre à tous les tambours-majors de l'infanterie. On introduisit, dix années après, dans le régiment des gardes françaises, un corps de musique composé de quatre clarinettes, quatre hautbois, quatre cors et quatre bassons. Cette musique, tout à fait élémentaire, faisait l'admiration de la foule, qui se précipitait pour l'entendre ; mais l'Administration de la guerre la considérait comme un surcroît de dépense, que l'État ne

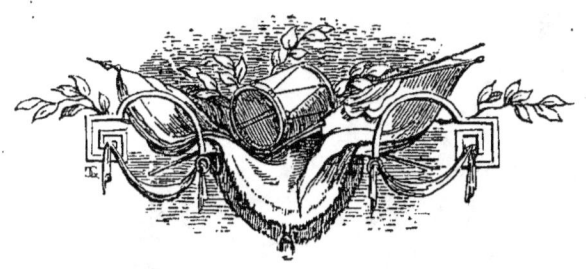

Fig. 83. — Trophée militaire ; d'après Ozenne.

devait pas supporter : aussi, laissa-t-on aux frais des colonels la musique que ceux-ci voulurent adjoindre à leurs régiments, et l'on jugea suffisant d'accorder à chaque régiment deux clarinettes et un fifre pour l'accompagnement des tambours.

On n'épargnait rien, au contraire, pour multiplier les drapeaux et les étendards avec un luxe et une variété extraordinaires. Il n'y avait pas deux corps qui eussent des drapeaux d'ordonnance entièrement semblables. Tous ces drapeaux, de couleurs différentes, étaient chargés d'armoiries, de devises et d'ornements particuliers, dans lesquels on aurait vainement cherché l'intention d'un système uniforme. Au reste, depuis Henri IV, si le drapeau royal était blanc, le drapeau de France n'avait pas cessé d'être bleu-azur à trois fleurs de lis d'or. Le drapeau, dans l'armée, ne représentait donc que l'autorité supérieure militaire, sans offrir encore le caractère unique d'un symbole national. Cependant, dans chaque régiment, l'enseigne colonelle était toujours blanche, comme pour rappeler la couleur du roi. Les autres enseignes, remarquables aussi par leur décoration et leur richesse, ne devaient leurs couleurs et leurs devises qu'à la fantaisie des anciens propriétaires du régiment. Le nombre de ces enseignes était, d'ailleurs, aussi variable que leur physionomie. La première compagnie des gardes du corps du roi avait six étendards, et les deux compagnies des mousquetaires de la garde n'avaient que deux drapeaux et deux étendards; mais la plupart des régiments d'infanterie

Fig. 84. — Le Salut du Drapeau; d'après Gravelot.

française n'avaient que trois drapeaux, tandis qu'on en comptait dix-huit dans le régiment étranger Royal-Bavière, créé en 1709.

Le drapeau national n'exista que pour la marine, au dix-huitième siècle. Louis XIV avait ordonné, depuis 1661, que les vaisseaux et les frégates porteraient le pavillon blanc (fig. 85); ce pavillon fut donc arboré sur tous les bâtiments de guerre, à l'exception des galères, qui conservèrent le dra-

LE PAVILLON ROYAL DE FRANCE.

PAVILLON DES GALÈRES. — PAVILLON MARCHAND.

Le pavillon royal était véritablement le drapeau national au dix-huitième siècle. Chaque régiment de l'armée de terre avait son drapeau particulier; seule la marine royale avait l'unité du drapeau qu'elle portait au loin dans ses expéditions.

Vue du château d'arrière d'un vaisseau de guerre de haut rang portant le *pavillon royal* (blanc, avec les armes de France).

Galère portant le *pavillon rouge des galères de France*.

Poupe de navire portant le *pavillon des vaisseaux marchands français* (bleu, avec la croix blanche).

Les figures sont tirées du *Port neuf ou Arsenal de Toulon*, vu du parc d'artillerie, et peint par Joseph Vernet; les trois principales figures du groupe de premier plan sont l'ingénieur André, reconnaissable à la règle de mesure qu'il tient sous le bras, et les deux frères la Rose, dessinateurs de la marine, recommandés dans l'itinéraire dressé par les soins du marquis de Marigny, pour la représentation des ports de France.

(Voir : Joseph Vernet, par Léon Lagrange; Paris, Didier, 1864.)

Par Sabatier et Urrabieta.
Impr. lith. de Firmin-Didot frères fils et Cie.

peau rouge (fig. 86) jusqu'en 1748, où le corps des galères fut réuni à celui de la marine, pour ne former qu'un corps sous les ordres de l'Amirauté de France. Au reste, la marine française, qui avait joué un rôle si glorieux dans les grandes guerres du règne de Louis XIV, était bien déchue à la mort de ce monarque, qui en fut, en quelque sorte, le créateur.

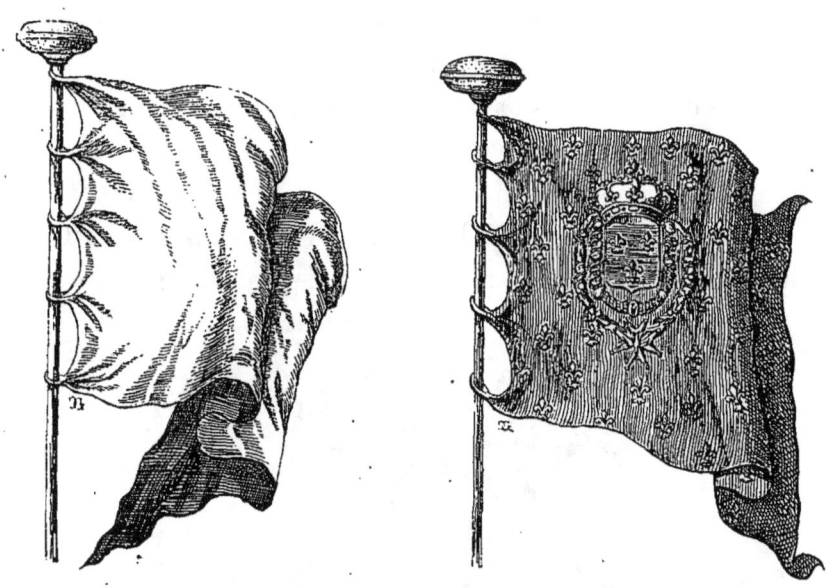

Fig. 85. — Drapeau blanc (Pavillon royal de la marine).   Fig. 86. — Drapeau rouge des galères.

La France, épuisée par ces guerres terribles, n'avait pu subvenir aux dépenses exorbitantes que devait exiger la réparation de ses flottes. En 1715, un grand nombre de navires, en voie d'achèvement, pourrissaient dans les chantiers de construction, et quatre-vingts vaisseaux de ligne, qui n'étaient pas tous équipés et armés, se trouvaient sans emploi dans les ports de l'Océan et de la Méditerranée.

Pendant plus de vingt ans, par indifférence ou plutôt par le plus déplorable préjugé, on oublia que la France avait été une grande puissance maritime et qu'elle avait encore une marine. Le Conseil de Régence, fatalement inspiré par l'abbé Dubois, premier ministre, sembla prendre à tâche d'annihiler les forces navales du royaume. Ce fut bien pis sous le ministère du duc de Bourbon et sous celui du cardinal de Fleury; le cardinal surtout sembla vouloir anéantir la marine, qu'il regardait comme inutile et trop coûteuse : on ne construisit plus un seul navire; on n'entretint pas même ceux qui étaient en état de prendre la mer. Les cadres des officiers de marine furent à peu près maintenus, néanmoins; mais on ne demandait à ces officiers, instruits et expérimentés, aucun service effectif.

Louis XIV, dans son célèbre code de 1681, avait pourtant organisé la marine sur d'excellentes bases; la jeune noblesse était alors entrée dans le service de mer, mais l'avancement se trouvait presque arrêté, et un grand nombre de marins distingués survivaient, en quelque sorte, à leurs bâtiments. Le corps des officiers supérieurs de la marine, nommés la plupart depuis la mort de Louis XIV, se composait, en 1735, d'un amiral, de deux vice-amiraux, de cinq lieutenants généraux, de

Fig. 87. — Amiral de France (duc de Penthièvre; 1737).

douze chefs d'escadre, de quatre-vingt-dix-neuf capitaines de vaisseau, de dix intendants de marine et de neuf commissaires généraux. Lorsque l'Angleterre déclara la guerre à l'Espagne notre alliée, en 1739, on eut bien de la peine à lui opposer vingt-deux vaisseaux, qui n'étaient pas capables de tenir tête aux flottes britanniques; plus tard, en 1743, on trouva encore trente-cinq vaisseaux de ligne dans les ports; mais la moitié seulement pouvait en sortir. Malgré le courage et l'habileté des chefs d'escadre la Bourdonnaye, de Court, la Galissonnière, les échecs et les désastres se succédèrent presque sans interruption pour la marine française, qui n'existait plus que de nom, quand la paix fut signée à Aix-la-Chapelle en 1748.

Fig. 88. — L'*Hercule*, frégate de 58 canons, en ordre de bataille ; d'après un dessin original d'Ozenne.

Les armées de terre avaient également essuyé des revers et perdu des batailles, mais elles en avaient gagné aussi, et nonobstant quelques glorieuses défaites dans les pays étrangers où elles allaient porter une formidable guerre d'invasion, elles se montraient dignes de leur vieille réputation de bravoure et d'intrépidité. Elles n'avaient jamais été assez nombreuses, il est vrai, dans ces expéditions lointaines, où leurs victoires mêmes ne servaient qu'à les affaiblir, en donnant plus d'énergie à leurs ennemis coalisés. Ces campagnes de Bavière et de Bohême, où elles manquaient de vivres, où elles ne recevaient pas de solde, où elles attendaient en vain des renforts, eurent aussi la plus funeste influence sur leur moral et sur leur discipline. Le soldat était forcé de vivre de rapine, aux dépens de l'habitant, et, à l'exemple des pandours et des croates, il se livrait à d'horribles excès. Pendant la retraite de Bohême, le maréchal de Belle-Isle écrivait au ministre de la guerre (2 décembre 1742) : « La désertion augmente, ainsi que les maladies, et le mauvais esprit de l'officier est au delà de toute expression. Je n'oserais vous en mander les particularités, qui font honte à la nation. »

Les officiers n'étaient pas moins braves que les soldats, et ils se faisaient tuer à la tête de leurs régiments ; mais il ne fallait pas leur en demander davantage : ils ne connaissaient rien à l'art de la guerre, et ils ne se préoccupaient pas même d'acquérir l'instruction nécessaire à un commandement de troupes. « L'honneur fait les guerriers, disait alors l'abbé Coyer dans sa *Découverte de l'Isle frivole* (1749) ; c'est la capitale qui fournit les officiers généraux : on y prend un soin tout particulier de leur éducation. Un jeune seigneur que l'on destine au commandement doit avoir le meilleur tailleur, le parfumeur le plus exquis, l'équipage le plus brillant, la livrée la plus leste ; il doit jouer beaucoup, danser souvent, être à tous les spectacles, et imaginer quelque chose sur l'habillement de la première troupe qu'on lui confie. »

L'héroïsme du chevalier d'Assas, capitaine au régiment d'Auvergne, qui fit le sacrifice de sa vie pour empêcher son régiment d'être surpris par l'ennemi (1760), prouverait, au besoin, que ces grands seigneurs, ces officiers généraux, qui se formaient dans les salons et qu'on y avait vus brodant et parfilant, comme des femmes, avant de partir pour l'armée, étaient ou pouvaient être des héros sur le champ de bataille. On cite-

Halte de Cavalerie, d'après Parrocel.

rait d'innombrables exemples du dévouement et de l'intrépidité militaire des officiers français pendant ces guerres, plus malheureuses dans leurs résultats que dans leurs opérations. Ainsi, à la bataille de Lawfeld (1747), le marquis de Ségur, lequel n'était encore que colonel, eut le bras fracassé, en voulant ramener à la charge son régiment qui avait

Fig. 89. — Cavaliers en védette; d'après Parrocel.

été repoussé trois fois ; mais, craignant que son absence ne ralentît l'ardeur de ses soldats, il continua, malgré sa blessure, à marcher en avant, et ne quitta son poste qu'après la victoire. A la bataille de Dettingen, en Bavière (1743), se trouvait, pour faire ses premières armes, un comte de Boufflers, âgé de dix ans et demi : « Un coup de canon lui cassa la jambe, dit Voltaire ; il reçut le coup, se vit couper la jambe, et mourut avec un égal sang-froid. »

Tous les officiers, il est vrai, n'avaient pas cette fermeté d'âme et cette abnégation. Le comte de Saxe, qui prit le commandement de l'armée après la défaite de Dettingen, écrivait au ministre de la guerre, Voyer d'Argenson : « Le désordre et l'indiscipline y sont si grands, que je n'ai pu me dispenser de faire des exemples de sévérité... Les officiers ne se font pas scrupule de mentir comme des laquais... Il se fait tous les jours des assassinats dans l'armée; on y vole des chevaux, et les officiers les gardent tranquillement à leurs piquets... Enfin, il faut une grande sévérité pour y mettre l'ordre, la discipline et l'honneur. » Les soldats, si indisciplinés qu'ils fussent, ne manquaient pas de bien faire leur devoir devant l'ennemi, qui redoutait leur fougue irrésistible. « Les Français en bataille rangée trouvent des égaux, et quelquefois des maîtres dans la discipline militaire, dit Voltaire dans son *Siècle de Louis XV;* ils n'en ont point dans ces coups de main et dans ces entreprises rapides, où l'impétuosité, l'agilité, l'ardeur renversent en un moment les obstacles. »

Le comte d'Argenson, qui avait succédé au marquis de Breteuil comme ministre de la guerre en 1743, se signala par des réformes très-utiles, dans le but de relever la puissance militaire de la France. Il fut admirablement secondé par le comte de Saxe, qui consacra toute la campagne de 1744 à l'éducation morale et à l'instruction militaire de ses troupes, rassemblées au camp de Courtray. Maurice de Saxe, qui venait d'être nommé maréchal de France, s'efforça d'appliquer à l'armée française les principes sévères, mais un peu minutieux, de l'école allemande. L'uniforme, l'armement, l'exercice, tout fut alors modifié d'après le modèle prussien, que le comte de Bombelles avait préconisé théoriquement. L'armée en souffrit, au lieu d'y gagner : « Son administration, sa constitution même, si féconde quoique incohérente, dit l'auteur de l'*Essai sur la vie du marquis de Bouillé,* s'altérait par l'effet d'ordonnances conçues sous une trop vive préoccupation des avantages de la discipline prussienne. Le sentiment des revers subis dans la dernière guerre inspirait l'aveugle imitation du système des vainqueurs. En travaillant à modifier ainsi sans mesure, on dissolvait sans réflexion et sans prévoyance. »

Louis XV n'aimait pas les innovations, et ne s'y prêtait que sous l'empire d'une volonté plus forte ou plus persévérante que la sienne. Le comte d'Argenson se vit donc arrêté, par sa destitution, au milieu des réformes qu'il poursuivait avec tant de zèle et de persévérance. Peu de temps après lui, le duc de Choiseul inaugura aussi son entrée au ministère de la guerre par de nouvelles réformes, qui ne firent pas oublier celles de son prédécesseur. Celui-ci avait fondé l'École militaire en 1751, où cinq cents jeunes gentilshommes sans fortune devaient être élevés gratuitement, pour faire de bons officiers de différentes armes ; en 1750, il avait créé une noblesse militaire, avec exemption d'impôts, pour les officiers qui compteraient trente ans de service.

Fig. 90. — Le Soldat; d'après Leclercq.　　　　Fig. 91. — Le Major; d'après Leclercq.

Après d'Argenson, le duc de Choiseul ne s'était point borné à donner une extension considérable aux armées de terre et de mer, qui ne réussirent pourtant pas à rendre moins désastreuse la paix signée à Paris en 1763. Dans la seule année de 1762, pendant laquelle les dépenses de la guerre s'élevèrent au chiffre effrayant de quatre cents millions (deux milliards environ, au taux de la monnaie actuelle), la France avait perdu trente-sept vaisseaux de ligne et cinquante-six frégates : elle ne possédait plus de marine, et elle s'était vue contrainte d'abandonner aux

Anglais ses belles colonies de l'Inde. Le duc de Choiseul voulait profiter de la paix pour refaire une marine, sans obérer le trésor : les villes et les provinces offrirent au roi dix-sept vaisseaux, qui devaient être le noyau d'une nouvelle flotte.

Le duc de Choiseul arracha, en quelque sorte, à Louis XV les ordonnances de 1762, destinées à reconstituer l'armée : le corps d'artillerie de campagne fut doublé et porté à sept brigades, transformées depuis en sept régiments correspondant aux sept écoles d'artillerie qui existaient alors en France; vingt régiments d'infanterie française et étrangère furent licenciés, de manière à réduire à cent le nombre des régiments; le prix de ces régiments fut régularisé et taxé; l'uniforme subit d'ingénieuses améliorations; l'administration des compagnies passa des mains du capitaine dans celles d'un quartier-maître trésorier; des compagnies de vétérans, composées d'officiers et de soldats invalides, constituèrent une garnison permanente dans les villes de province. Quatre ans plus tard, paraissait l'ordonnance de 1766, qui réglait la tenue et les exercices de l'infanterie et de la cavalerie (fig. 93 à 97).

A cette époque, Louis XV, satisfait de ses lauriers de Fontenoy, ne songeait plus à prendre le commandement d'une armée, malgré la flatterie du docteur Quesnay, qui lui répétait que la présence du roi à la guerre valait 30,000 hommes. Il ne fit donc pas obstacle aux réformes organiques de son ministre, mais il ne le laissa pas créer une marine, avec laquelle le duc de Choiseul se flattait d'anéantir celle de l'Angleterre, et de réparer les malheurs et les hontes de la dernière guerre maritime. Les grands projets du duc de Choiseul restèrent donc abandonnés.

Louis XVI, à son avénement au trône (1774), avait trop à cœur de conserver la paix pour s'occuper de préparatifs de guerre. Le comte de Saint-Germain, qui remplaça le maréchal de Muy en 1775, fut encore un ministre de la guerre réformateur. Il remania ou voulut remanier tout dans le militaire. Il avait fait son apprentissage au service de l'Autriche, il crut pouvoir introduire en France tout ce qui constituait l'école autrichienne. « Les bases de son système, dit le baron de Besenval dans ses *Mémoires*, portaient sur de bons principes. Il voulait une subordination graduelle, exacte, un service ponctuel et suivi. Connaissant combien l'esprit des grands seigneurs en France est contraire à ces principes, il chercha à les éloigner du militaire, et ses premières opérations devaient être la réforme de tous ces corps de faste et à priviléges, de ces charges honoraires, contraires à la discipline, à l'administration. » Le comte de Saint-Germain avait augmenté la solde

Fig. 92. — Port du fusil de l'Officier (ordonnance de 1766); d'après Gravelot.

Fig. 93. — Position du fusil de l'Officier pour le salut (ordonnance de 1766); d'après Gravelot.

et favorisé l'avancement des bons officiers; mais, comme il prétendait établir la discipline allemande dans l'armée française, et soumettre le soldat à l'humiliante punition des coups de plat de sabre, il fut honni et abhorré. Il avait proposé d'admettre, dans une certaine proportion, les sous-officiers aux places d'officiers : la noblesse et la cour protestèrent à grands cris contre une prétention pareille, et le ministre se retira fièrement, en disant au roi qu'il ne voulait pas assister aux funérailles de l'armée.

L'art de la guerre se perfectionnait néanmoins : le comte de Guibert publiait son incomparable *Essai sur la tactique;* le général de Gribeauval renouvelait le matériel de l'artillerie, et maintenait au premier rang ce corps d'élite, qui faisait la principale force de l'armée française. Le prince de Montbarey, ministre de la guerre, s'était arrêté court dans la voie des réformes ; mais cette voie fut rouverte et suivie par son suc-

Fig. 94. — Exercices d'infanterie (ordonnance de 1766); d'après Gravelot.

cesseur, le maréchal de Ségur, qui resta au ministère jusqu'aux approches de la révolution (1780 à 1787). On ne parlait alors que de réformes, de tactique nouvelle, de suppression d'abus, dans le militaire. Le maréchal de Ségur améliora d'abord les conditions matérielles du service. Sous son ministère, le soldat fut mieux vêtu, mieux logé, mieux nourri ; jusqu'alors, dans les chambrées, il y avait trois hommes par lit : on arrêta que chaque lit ne serait plus que pour deux hommes ; les hôpitaux furent agrandis et multipliés; l'épaulette, que le duc de Choiseul avait inventée comme une récompense attribuée aux meilleurs soldats, devint aussi recherchée qu'elle était dédaignée auparavant par ceux qui l'appelaient la *guenille de Choiseul;* il est vrai que le ministre y avait attaché une haute paye. Une caisse de pensions avait été établie, en outre, pour les anciens chevaliers de Saint-Louis, au moyen de sages épargnes, en même temps que s'augmentait le fonds des pensions militaires.

Le maréchal de Ségur eut l'honneur de faire accepter, par Louis XVI, la double création du corps de l'artillerie légère et du corps de l'état-major (1783). « Par ses soins, dit le comte de Ségur, son fils, dans ses

Fig. 95. — La charge du fusil (ordonnance de 1766); d'après Gravelot.

Mémoires, l'instruction des officiers fit de grands progrès. On venait de toutes parts admirer la belle tenue de nos troupes, leur exacte discipline et la régularité de leurs manœuvres. »

Cependant l'armée avait été successivement diminuée par économie et par raison d'État, tandis que la marine prenait un accroissement extraordinaire et renaissait, puissante et redoutée, depuis la guerre d'Amérique (1778).

La France avait une flotte magnifique, et son pavillon pouvait se montrer avec orgueil sur toutes les mers. Le combat d'Ouessant (1778) avait fait oublier celui du Finistère (1747), et l'on ne devait pas croire que les mémorables défaites navales du marquis de la Jonquière (1747) et du capitaine Thurot (1760) pussent jamais se renouveler. Les exploits

Fig. 96. — Le Cavalier, suivant l'ordonnance de 1766; d'après les *Uniformes de la maison du roi et de tous les régiments de France*, par de Monsigny.

de du Quesne et de Tourville étaient presque égalés par ceux de la Motte-Picquet et du bailli de Suffren. Mais la plus grande partie de la flotte française, destinée à s'emparer de la Jamaïque, fut détruite encore une fois par les Anglais. Un cri d'indignation s'éleva contre le comte de Grasse, qui commandait cette malheureuse flotte, et une souscription nationale donna au gouvernement les sommes nécessaires pour construire deux fois autant de vaisseaux qu'il en avait perdu : mais, la paix ayant été faite presque aussitôt, ces nouveaux bâtiments de guerre ne servirent qu'à recomposer une marine, que la révolution allait bientôt désorganiser entièrement.

Fig. 97. — Poupe de l'*Invincible* (tiré des *Monuments érigés en l'honneur de Louis XV*, par Patte).
N. B. L'*Invincible*, de 74 canons, construit sous Louis XV, fut pris par les Anglais, qui, le trouvant de formes excellentes, construisirent sur ce modèle trente-six navires.

La révolution planait déjà sur l'armée, réduite alors à 172,000 hommes. Le premier acte du ministère du comte de Ségur avait été une imprudente concession aux exigences de la noblesse de cour. L'ordonnance du roi (22 mai 1781), qui n'attribuait les grades d'officier qu'aux nobles pouvant prouver quatre quartiers, entretenait un grand mécontentement dans les rangs inférieurs des troupes. Ce fut en vain que le ministre essaya d'accorder quelques droits d'avancement au mérite et à l'ancienneté; l'antagonisme et la haine ne faisaient que s'accroître entre les officiers : le lien de la subordination tendait à se briser, et le soldat n'obéissait plus qu'en aspirant tout bas à devenir libre et citoyen. On sait le triste rôle que les gardes-françaises acceptèrent, aux acclamations du peuple, le 14 juillet 1789 : ce jour-là, il n'y eut plus d'armée royale, et la révolution éclatait.

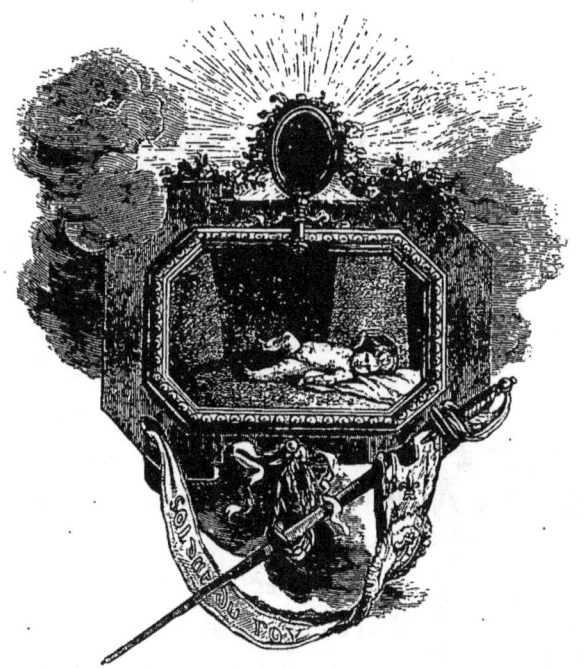

Fig. 98. — Soldat mort pour le roi; composition emblématique d'après Marillier.

CHAPITRE SIXIÈME

LE CLERGÉ

Constitution du clergé en France. — Ses richesses et son influence. — Querelles religieuses. — Le Jansénisme. — Bulle *Unigenitus*. — Expulsion des Jésuites. — Le haut et le bas clergé. — L'assemblée des notables et le clergé à la veille de la révolution.

ARBIER écrivait, en 1752 : « Le corps du clergé est bien fort en fait de religion, dans un pays où il y en a une et où il faut qu'il y en ait une. » Et cependant, lorsque cet honnête sceptique reconnaissait la force du clergé, en présence des attaques violentes que ce corps respectable avait à subir de la part de la royauté, de la noblesse et des parlements, qui auraient dû être ses appuis naturels, la puissance ecclésiastique commençait à déchoir en France et à se sentir poussée, par ses ennemis implacables, vers une ruine imminente; car, depuis le commencement du siècle, tout semblait conspirer à la fois contre l'autorité de l'Église catholique et contre les prérogatives de ses ministres. Le dix-huitième siècle, qui devait mettre en relief avec tant d'éclat les talents et les vertus des principaux membres du clergé français, était destiné à voir s'éclipser, avec la monarchie,

mais pour un moment, cette grande institution, dont l'origine remontait en France au milieu du troisième siècle.

Le clergé, à la fin du règne de Louis XIV, était plus fortement et plus solidement constitué dans l'État qu'il ne l'avait jamais été; il occupait sans contestation le premier rang, que les cardinaux de Richelieu et Mazarin lui avaient fait prendre, au-dessus même de la noblesse de race, qui paraissait peu disposée cependant à reconnaître cette suprématie. La noblesse, il est vrai, comptait, parmi les membres du haut clergé, un grand nombre de cadets de famille que leur élévation aux prélatures avait replacés au niveau de leurs aînés. Mais les prélats et les dignitaires ecclésiastiques sortis de la bourgeoisie, et même du peuple, étaient toujours assez nombreux, et leur origine, quelle qu'elle fût, se cachait sous les insignes de leurs dignités, qui les élevaient au rang des plus illustres représentants de la noblesse. On peut donc dire qu'il y avait une noblesse d'Église, supérieure, en bien des circonstances, à la plus haute et à la plus ancienne noblesse.

Quant aux membres du clergé appartenant à ce qu'on appelait le *second ordre*, c'est-à-dire à tous les degrés de la hiérarchie cléricale, ils n'avaient besoin, dans aucun cas, de faire preuve de noblesse, et ils marchaient de pair avec tous les nobles : aussi bien étaient-ils, comme ceux-ci, exempts de la taille, et ils ne payaient d'autre impôt à l'État que la quote-part proportionnelle qui leur était assignée, par décret des assemblées du clergé, pour parfaire la somme annuelle ou extraordinaire que ces assemblées offraient au roi à titre de don gratuit. La richesse du clergé de France était donc considérable, non-seulement à cause de la dîme ecclésiastique qu'il prélevait sur les terres cultivées en blé, et qui se composait de la onzième gerbe au moment de la moisson, mais encore en raison de ses propriétés territoriales, de ses rentes, de ses bénéfices, de ses revenus en tout genre, et de ses honoraires dans le casuel des paroisses. Dès la fin du dix-septième siècle, une notable partie du sol de la France était dans les mains du clergé, et cette énorme possession d'immeubles, au lieu de diminuer ou de rester stationnaire, tendait toujours à s'accroître, par suite des donations pieuses et des legs testamentaires. Quant à la fortune active et réelle que représentaient les dîmes ecclésiastiques, elle pouvait être évaluée à la moitié des impôts que le pays payait au roi.

Le clergé séculier et régulier, qui jouissait de ces magnifiques revenus sans avoir rien à débattre avec les agents du fisc, et qui se déclarait virtuellement exempt de toute espèce de taille ou redevance fiscale, ne se composait que de 420,000 à 450,000 individus, à la fin du règne de Louis XIV. En 1763, les dix-huit archevêques placés à la tête des provinces ecclésiastiques de France, avaient sous leur dé-

Fig. 99. — Évêque-Prince.

pendance cent neuf évêques ou suffragants, non compris les évêques *in partibus*, qui étaient nommés en dehors des circonscriptions archiépiscopales. Il y avait, pour desservir les paroisses des archevêchés et des évêchés, 40,000 curés, 50,000 vicaires, 27,000 prieurs ou chapelains, 12,000 chanoines, 20,000 clercs et enfants de chœur, outre lesquels on comptait environ 100,000 ecclésiastiques engagés dans les ordres, employés dans les colléges, les séminaires, les missions, les hospices, ou n'exerçant aucune fonction cléricale. Quant au clergé régulier, il comprenait les religieux qui avaient prononcé des vœux et qui vivaient, cloîtrés ou non cloîtrés, sous différentes règles monastiques et conventuelles. Les abbayes d'hommes étaient au nombre de 740, dont 625 en commende, c'est-à-dire gouvernées par des abbés suppléants, au nom des commendataires, les autres en règle, c'est-à-dire conservant le droit d'élire leurs abbés; 16 de ces abbayes étaient maisons chefs d'ordre et de congrégation, comprenant seulement 1,200 religieux. Le personnel des abbayes en commende et en règle ne s'élevait pas à plus de 7,000 à 8,000 moines. On pouvait estimer à environ 80,000 les religieux rentés ou sans revenus, appartenant aux divers ordres, réformés ou non, lesquels formaient la population des couvents et dont quelques-uns vivaient dans le siècle. Mais depuis près d'un siècle avait commencé la décadence monacale, surtout dans les ordres mendiants, qui ne vivaient plus seulement d'aumônes et qui avaient des rentes, sinon certains produits du service clérical; les couvents ne s'appauvrissaient pas, et pourtant il y avait diminution graduelle dans l'effectif des novices, comme dans celui des religieux; tel couvent qui avait nourri cent moines un siècle auparavant, n'en conservait pas vingt-cinq.

En revanche, le nombre des religieuses ne cessa d'augmenter, en même temps que le nombre des congrégations nouvelles et des nouveaux établissements charitables. Les bénéfices attribués à des filles nobles, tous à la nomination du roi et des princes et princesses du sang, étaient, en 1763, compris dans 253 abbayes, 64 prieurés et 24 chapitres de chanoinesses, qui ne renfermaient pas moins de 15,000 personnes. On ne devait pas estimer à plus de 100,000 les religieuses qui avaient prononcé leurs vœux et qui se consacraient à la vie monastique dans les couvents. Les bénédictines, les augustines et les dominicaines étaient les plus nombreuses; les ursulines et les visitandines, ainsi que les religieuses de Sainte-Claire, n'avaient pas diminué, mais les carmélites étaient réduites à quelques centaines. Quant aux religieuses qui vivaient d'aumônes, elles semblaient n'avoir plus de raison d'être dans une société qui se déshabituait des pratiques de la religion et des œuvres de piété, pour s'adonner à la dissipation et au plaisir, et pour qui la charité était devenue moins une vertu chrétienne qu'une protestation philosophique en faveur de l'humanité.

Au début du dix-huitième siècle le clergé se voyait en présence de plusieurs ennemis secrets ou déguisés, qui se liguaient pour lui enlever sa puissance politique, sa force morale et sa fortune matérielle. Les politiques et les économistes, qui n'étaient encore que les apôtres isolés et timides d'un nouvel ordre de choses social et gouvernemental, avaient dès lors commencé leurs attaques et dévoilé leur but. Les philosophes sceptiques ou matérialistes, qui aspiraient à réduire à néant la religion de l'État, étaient déjà sur la brèche, et dressaient sourdement leurs machines de guerre pour renverser les autels. Cette conspiration se tramait dans l'ombre, et les menaces qu'elle faisait entendre dans les écrits imprimés à l'étranger, surtout en Hollande, et distribués en

Fig. 100. — Costumes de ville d'Abbé et d'Abbesse; d'après les *Costumes français* de Dupin.

France sous le manteau des colporteurs protestants, ne laissaient pas de doute sur le plan de campagne des conspirateurs. On s'en prenait d'abord au clergé séculier et régulier, pour s'approcher plus sûrement du dépôt vénéré des dogmes et des enseignements de l'Église catholique. La presse hostile des Provinces-Unies, dirigée par les réfugiés français que la révocation de l'édit de Nantes avait fait sortir du royaume, poursuivait son œuvre de propagande, en insultant les prêtres, en calomniant les moines, en troublant les âmes pieuses.

Le clergé eût été invincible en restant fortement uni avec les fidèles contre l'ennemi commun. Mais, fatalement, cet ennemi allait trouver un secours inattendu dans les circonstances qui, pour le malheur de l'Église et à la grande joie de ses adversaires, ravivèrent la vieille querelle du jansénisme, qu'on pouvait croire ensevelie dans la tombe du plus redoutable défenseur de la doctrine de Jansénius, le fameux Arnauld, mort en exil à Malines le 8 août 1694.

On a peine à bien comprendre aujourd'hui les violentes agitations soulevées au dix-huitième siècle par cette question de dogme, définitivement jugée maintenant.

Condamné solennellement par l'Église, le jansénisme ne peut plus être considéré par les catholiques que comme une dangereuse hérésie, qui, si elle avait pu séduire quelques âmes de bonne foi, attaquait, au fond, dans leurs sources les plus vives, l'unité et la pureté de la croyance chrétienne.

Mais la lumière ne put se faire tout d'abord dans le conflit des passions de cette époque, et il n'est pas sans intérêt de retracer, à un point de vue purement historique, les péripéties d'une querelle religieuse où les défenseurs de la vérité n'eurent pas toujours le dessus, et ne purent toujours échapper eux-mêmes aux entraînements d'une lutte dont leur forte conviction leur faisait apercevoir toute la gravité.

Le livre du P. Quesnel, intitulé *Réflexions morales*, et imprimé en même temps qu'une traduction du Nouveau Testament, fut l'étincelle qui ralluma l'incendie mal éteint. Le cardinal de Noailles, archevêque de Paris, avait donné une approbation solennelle à une édition de cet ouvrage, publiée en 1695; et il en fit préparer une autre, par Bossuet lui-même, laquelle ne vit pas le jour. A Rome, où Clément XI avait succédé à Innocent XII (1700), le livre du P. Quesnel fut signalé au pape comme une audacieuse profession de foi des jansénistes de France. Le bruit qui se fit autour de ce livre, à Versailles ainsi qu'à Rome, pour l'attaquer et pour le défendre, se prolongea et s'accrut pendant plus de huit années. Le confesseur du roi, le P. Letellier, qui avait succédé au P. La Chaise, aurait voulu faire tomber en disgrâce le cardinal de Noailles, qu'on accusait d'avoir approuvé l'ouvrage du P. Quesnel, et peu s'en fallut que Louis XIV ne cédât enfin aux prières de son confesseur; mais il avait aussi lu les *Réflexions morales*, et cette lecture lui avait paru édifiante : il promit toutefois de s'en

Pompe funèbre à Notre-Dame de Paris, pour la mort de la Dauphine,
d'après Cochin, 1746.

référer aux décisions souveraines du saint-père. Clément XI ne voulut pas compromettre, dans cette affaire dont il prévoyait la gravité, le cardinal de Noailles, qu'il considérait comme un des plus dignes prélats de l'épiscopat français, mais il condamna les *Réflexions morales* par un bref du 13 juillet 1708.

Ce n'était pas assez. Le roi n'accepta point le bref, qui resta lettre morte en France : le livre du P. Quesnel continuait à trouver des lecteurs et des admirateurs. On citait, dans le public, les paroles de Nicole, déclarant qu'il ne connaissait pas « de livre plus digne d'un prêtre, de plus utile à l'Église et de plus propre à tout le monde, » et les paroles du P. La Chaise, disant à ceux qui lui reprochaient de lire l'ouvrage du P. Quesnel : « Comment peut-on condamner un si bon livre ? Je vous avouerai franchement que depuis deux ans j'y prends chaque jour le sujet de ma méditation, et que je me sens fort touché de ce qu'il contient. » (Voy. *Lettres à M. Fr. de Morenas*, par dom Clémencet; 1756.) Les avis du clergé restaient donc indécis au sujet d'un livre qui, quoique condamné à Rome, avait trouvé des appuis en France. Les jansénistes jugèrent le moment favorable pour affirmer leurs principes et pour sortir d'une prudente réserve; ils croyaient pouvoir compter sur la protection indirecte et déguisée de l'archevêque de Paris, et ils eurent l'espoir de ramener le roi à des sentiments plus conciliants pour eux. Le jansénisme semblait, d'ailleurs, avoir reconquis son ancien berceau : le monastère de Port-Royal des Champs redevenait le foyer de la doctrine de Jansénius ; les religieuses en avaient repris possession, et c'était de cette maison, rendue célèbre par tant de chaleureux défenseurs de la Grâce et de la Prédestination, que partait le signal d'une sorte de croisade entreprise pour faire triompher les opinions qui avaient été condamnées comme hérétiques, dans le Formulaire décrété en 1665 par le pape Alexandre VII. Il y eut alors en France, dans toutes les classes, et surtout dans le clergé, une immense émotion, qui accusait un effort désespéré du parti janséniste. Le cardinal de Noailles essaya d'arrêter ces dangereuses excitations : il conseilla aux religieuses de Port-Royal et aux ecclésiastiques qui les dirigeaient, de ne pas animer un conflit qui tournerait à leur désavantage. « Ce cardinal, dit Voltaire, ce cardinal plein de vertus et de science, le plus doux des hommes, le plus ami de la paix, protégeait quelques jansénistes, sans l'être, et aimait peu les jésuites, sans leur nuire et sans les craindre. » Il ne fut pas obéi.

Les religieuses de Port-Royal refusèrent de signer le Formulaire qui condamnait les cinq propositions de Jansénius, et le cardinal de Noailles n'osa plus les défendre ni les justifier. Le roi, pressé par le P. Letellier, s'irrita de la résistance, de la rébellion de ces religieuses, et donna ordre de les mettre à la raison. Aussitôt elles furent enlevées de leur monastère et dispersées dans divers couvents (octobre 1709). L'église et les bâtiments conventuels furent rasés; on s'attaqua même aux sépultures et aux monuments funéraires de Port-Royal des Champs, qui furent transportés et dispersés dans les églises et les cimetières des environs (1710).

Cet acte de rigueur ne fut certainement pas étranger à l'antipathie naissante d'une partie du public pour les jésuites, accusés, à tort ou à raison, de l'avoir conseillé; antipathie qui prépara sourdement leur ruine. Mais, en même temps, ce témoignage apparent de leur puissance faisait penser à la cour de Rome qu'ils exerçaient une influence décisive sur Louis XIV, à l'aide de son confesseur, le P. Letellier.

C'est à ce moment que les jésuites supplièrent le pape de profiter de la condamnation du livre du P. Quesnel, pour publier une bulle qui réunirait les propositions condamnées dans ce livre et qui, en les signalant comme des attaques aux dogmes, à la morale et à la discipline de l'Église, offrirait une Constitution générale, destinée à contre-balancer les décisions de l'assemblée du clergé de 1682. Cette Constitution, le roi promettait de l'accepter, de la faire enregistrer au parlement, et de la mettre en vigueur dans tous les diocèses de son royaume. On ne saurait imaginer quelles difficultés rencontra, tant à Rome qu'à Versailles, la publication de cette bulle, connue sous le nom de Constitution *Unigenitus*. Cent et une propositions, extraites des *Réflexions morales* du P. Quesnel, y étaient condamnées, « comme hérétiques et comme renouvelant diverses hérésies, et principalement celles qui sont contenues dans les fameuses propositions de Jansénius. »

Le saint-père annonçait dans cette bulle, datée du 8 septembre 1713, qu'il l'avait accordée aux sollicitations du roi Louis XIV, « ce roi très-chrétien, disait-il, dont nous ne pouvons assez louer le zèle pour la défense et pour la conservation de la pureté de la foi catholique et pour l'extirpation des hérésies. » Cependant, la bulle publiée, tout n'était pas fait encore; il fallait qu'elle fût acceptée par le clergé français et enregistrée par le parlement.

Fig. 101. — Grand-Aumônier de France
(Louis de Montmorency-Laval, évêque de Metz, 1786).

Une partie du clergé de France protesta contre la bulle, présentée par ses adversaires comme la négation de ce qu'on appelait alors les libertés de l'Église gallicane. Ce fut une immense émotion à Paris et dans les provinces. Les plus indifférents aux questions théologiques prenaient parti dans cette protestation contre la Constitution. Ce mouvement se communiquait à toute la société française : « Chaque salon, selon l'expression de Duclos, devint une école de théologie, les conversations furent infectées de la fureur de dogmatiser ; et comme le caractère national ne perd jamais ses droits, une dissertation dogmatique était coupée par un vaudeville. » En un mot, l'indécision ou la division du haut clergé, la résistance du clergé du second ordre, faisaient craindre que la bulle *Unigenitus* ne pût jamais avoir autorité en France.

Cependant le P. Letellier, qui avait la direction de la conscience du roi, se vit appuyé par plusieurs évêques et surtout par le nouvel aumônier de France, le cardinal de Rohan, qui avait succédé au cardinal de Janson, et se montrait l'un des plus zélés défenseurs de la Constitution et l'adversaire déclaré des jansénistes. Louis XIV ordonna au parlement d'enregistrer la bulle du pape, et à la Sorbonne de l'approuver. Le parlement enregistra, en faisant des réserves au sujet des libertés de l'Église gallicane. La Sorbonne hésitait encore, et l'émotion universelle ne cessait pas. Le cardinal de Noailles, que ses ennemis accusaient de servir la cause des jansénistes, s'adressa au roi et lui demanda justice de ce qu'il nommait des *mystères d'iniquité*. Le roi faiblissait et n'osait plus se prononcer. Une assemblée de quarante-huit archevêques et évêques eut ordre d'examiner la Constitution; après quatre mois de controverses ardentes, quarante prélats se prononcèrent pour l'acceptation de la bulle; huit autres, ayant à leur tête le cardinal de Noailles, la rejetèrent, en se retirant de l'assemblée.

La bulle était donc acceptée, approuvée, enregistrée. Les fidèles et les membres du clergé n'avaient plus qu'à se soumettre. Tous ne se soumirent pas au fond du cœur, et le jansénisme, malgré sa condamnation ou à cause d'elle, fit encore des progrès parmi les maîtres ainsi que parmi les disciples. Les évêques opposants étaient renvoyés dans leurs diocèses, comme si c'était là un châtiment; les ecclésiastiques qui parlaient trop haut ou qui se mêlaient d'écrire contre la bulle, furent menacés de lettres de cachet. La Constitution ne s'établissait, toutefois, qu'avec beaucoup de peine, et Letellier pressait le roi de la protéger par le bras du pouvoir séculier. On a prétendu que Louis XIV lui aurait répondu tristement : « Vous savez que jamais je n'ai entendu cette affaire et que je me suis conduit par vos avis. Je m'en remets à votre conscience : vous en répondrez devant Dieu! » Et, peu de jours avant sa fin, le vieux roi, abreuvé d'amertume, aurait dit encore à son confesseur et au cardinal de Bissy, qui avait été le plus actif partisan de la Constitution : « Si vous m'avez trompé, vous êtes bien coupables, car je ne cherche que le bien de l'Église. » (Voy. *Lettres à M. Fr. de Morenas*, par dom Clémencet, citées plus haut.)

Après la mort de Louis XIV, la querelle parut s'apaiser. Le duc d'Orléans était naturellement très-opposé à toute espèce de controverse et de dissension religieuse : il avait à cœur l'apaisement des esprits sur ces matières dogmatiques, qui pouvaient amener un schisme. On put donc croire, pendant les premiers mois de la régence, que la Constitution allait tomber dans l'oubli; les jansénistes, quoique la cour les eût pris en horreur, voulurent profiter de l'opinion publique, qui se déclarait en leur faveur. Au moment où Clément XI se disposait à infliger un blâme au cardinal de Noailles, quatre évêques, amis ou partisans de ce prélat, ceux de Mirepoix, de Montpellier, de Boulogne et de Senez, osèrent appeler de la bulle *Unigenitus* au futur concile général, et un certain nombre de docteurs de la Sorbonne, dans une assemblée mémorable (1er mars 1717), adhérèrent à cet appel formulé par les quatre évêques. Ce fut le signal de nouveaux troubles dans le clergé et parmi les fidèles, qui devinrent *appelants* à leur tour. Le duc d'Orléans fit sortir de Paris les évêques opposants, exila quelques docteurs de Sorbonne, et interdit toute espèce d'assemblée théologique où la bulle serait mise en question. Les mesures d'ordre et de police étaient si bien prises, que la Constitution sembla dès lors abandonnée de part et d'autre. Mais le jansénisme continuait son opposition passive, sans éclat et sans scandale; tandis que, de leur côté, les jésuites travaillaient aussi sans bruit à la cour et dans le haut clergé, pour reprendre l'avantage qu'ils avaient perdu à la mort de Louis XIV. Enfin, à force d'instances, la bulle *Unigenitus* trouva grâce devant Philippe d'Orléans, et son premier ministre, Dubois, parvint à la faire enregistrer au grand conseil. Plus tard, l'évêque de Fréjus, qui l'avait sévèrement jugée au moment où elle venait d'être publiée, la jugea autrement lorsqu'il devint premier ministre à son tour et voulut être cardinal. Il le fut, et il laissa la Constitution s'imposer aux consciences, en aidant, en favorisant la dernière lutte des jésuites contre les jansénistes.

On croyait ceux-ci absolument découragés, sinon vaincus et anéantis; pour se défendre et pour se faire des partisans ils mirent en œuvre de puissants moyens : un journal de doctrine, intitulé : *Nouvelles ecclésiastiques*, et les prétendus *miracles* dus à l'intercession *du bienheureux diacre Pâris*. Ce diacre Pâris, fanatique et inflexible janséniste, avait vécu dans la pratique de la dévotion la plus ascétique; il était mort, vénéré de ses adeptes. Les jansénistes, ne pouvant demander sa canonisation à Rome, imaginèrent de le béatifier par la consécration de ses œuvres de piété. Ce nouveau saint eut bientôt, dans le bas clergé et parmi les pauvres habitués des paroisses de Paris, un crédit qui

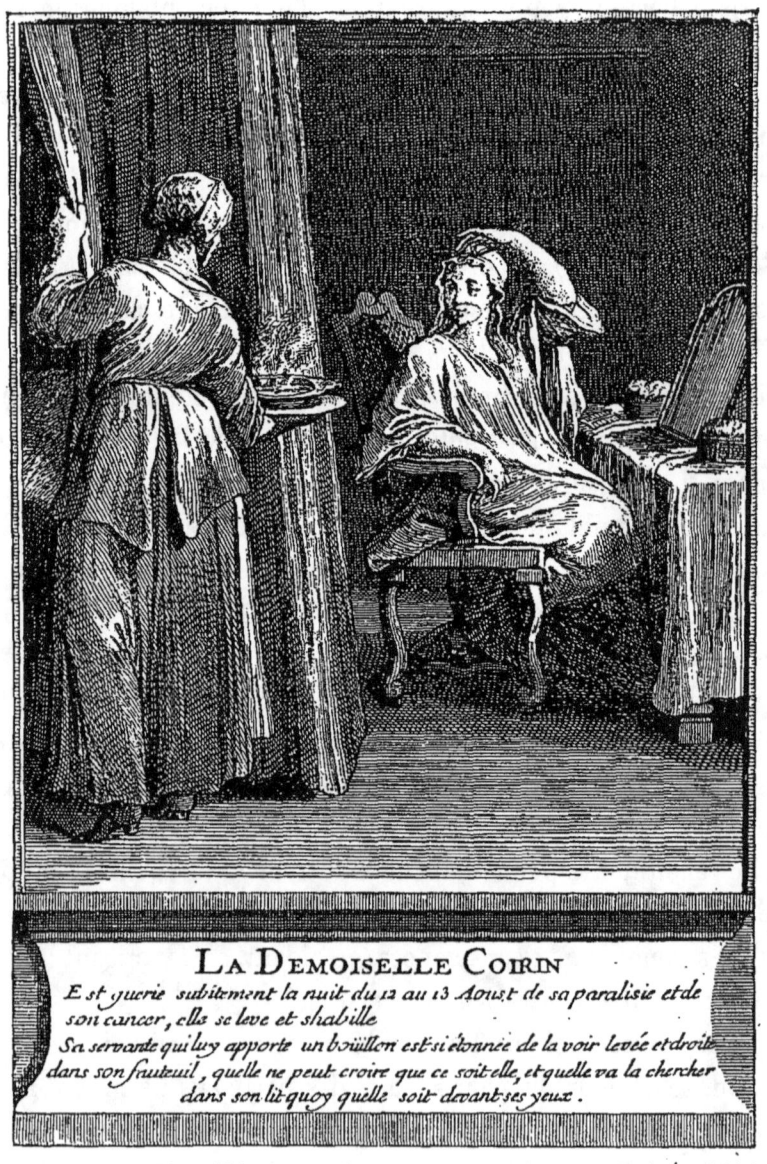

LA DEMOISELLE COIRIN
Est guerie subitement la nuit du 12 au 13 Aoust de sa paralisie et de son cancer, elle se leve et s'habille
Sa servante qui luy apporte un boüillon est si étonnée de la voir levée et droite dans son fauteuil, qu'elle ne peut croire que ce soit-elle, et qu'elle va la chercher dans son lit quoy qu'elle soit devant ses yeux.

Fig. 102. Miracle du Diacre Pâris; *fac-simile* d'après une gravure de l'ouvrage intitulé : *la Vérité des Miracles opérés à l'intercession de M. Pâris et autres appellans*, démontrée contre Mgr l'Archevêque de Sens (Languet), par Carré de Mongeron; 1737, 3 vol. in-4°.

augmenta de jour en jour. Les plus exaltés, les plus crédules composèrent une petite secte, qui ne tarda pas à faire parler d'elle : on s'y livrait à des actes étranges de pénitence et de superstition. Ces fanatiques, appelés *convulsionnaires*, se fustigeaient, se martyrisaient

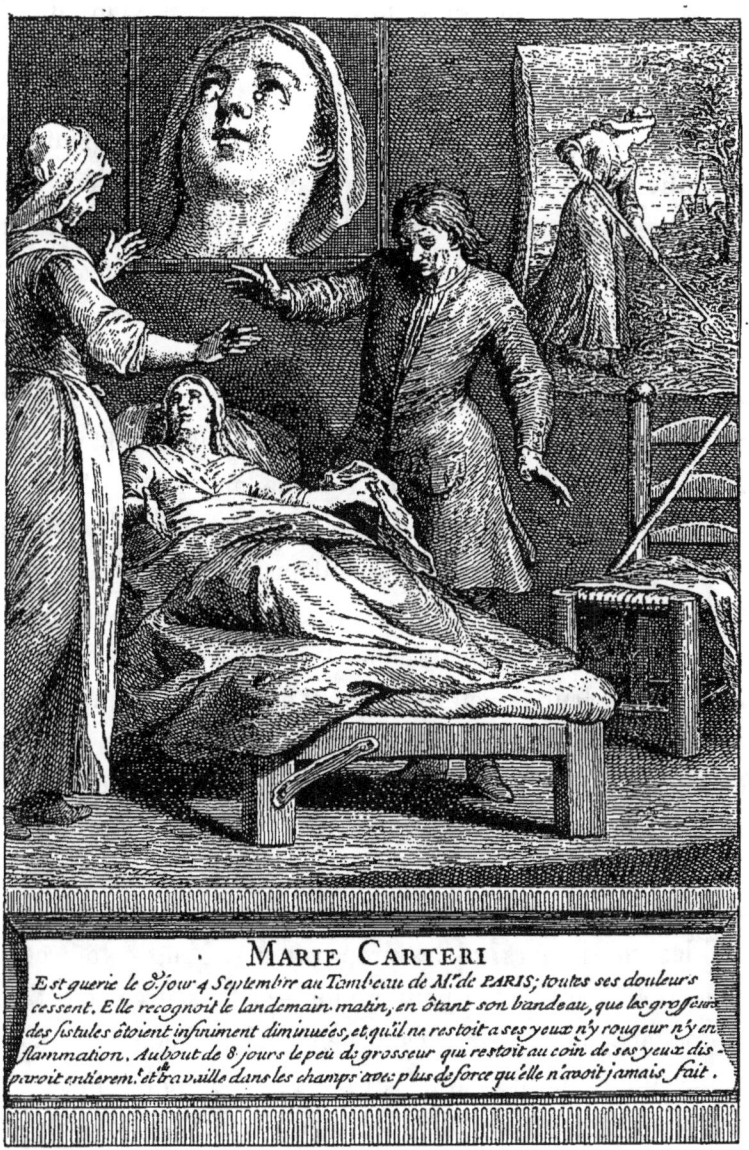

Fig. 103. — Miracle du Diacre Pâris ; *fac-simile* d'après une gravure de l'ouvrage intitulé : *la Vérité des Miracles opérés à l'intercession de M. Pâris et autres appellans, démontrée contre Mgr l'Archevêque de Sens (Languet)*, par Carré de Mongeron; 1737, 3 vol. in-4°.

eux-mêmes : ils arrivèrent, par le jeûne, la prière et l'idée fixe, à l'hallucination et à la catalepsie. On attribua ces phénomènes naturels à l'invocation du *bienheureux* Pâris, et les convulsions horribles qui les accompagnaient furent considérées comme des témoignagnes de son influence salutaire. Quelques guérisons de maladies chroniques, en effet, eurent lieu à la suite de ces accès épileptiques, qui produisirent un plus grand nombre de maladies incurables.

Les guérisons ayant donné lieu à des polémiques, dont peut donner idée le singulier ouvrage cité à la page précédente, un pèlerinage perpétuel s'organisa dans le cimetière de Saint-Médard, où était inhumé le diacre Pâris, et pendant plus de trois ans la tombe du *bienheureux* fut le théâtre des scènes les plus honteuses et les plus ridicules. Des hommes et des femmes de tout âge, de toute condition, se couchaient ou s'agenouillaient sur une grande pierre plate qui couvrait la sépulture, et attendaient, en oraison, que la présence du saint se manifestât par les convulsions qu'il leur envoyait pour les guérir de leurs maux. On ne voyait autour de cette tombe que des infirmes et des moribonds, qui gémissaient, pleuraient, en priant et en psalmodiant. La foule des curieux était plus grande encore que celle des pèlerins. Ce scandale public ne pouvait toujours durer : la police ferma le cimetière, et les convulsions, qui n'avaient pas conservé leur caractère effrayant et leurs vertus miraculeuses, cessèrent aussitôt qu'elles furent réduites à se passer de spectateurs.

La feuille des *Nouvelles ecclésiastiques* résista mieux et plus longtemps aux poursuites et aux sentences de l'autorité judiciaire. Cette feuille, qui était la trompette du jansénisme, était distribuée à Paris comme par des mains invisibles. On ne parvint jamais à saisir ni les auteurs, ni les imprimeurs, ni les propagateurs. Malgré tout ce qu'on employa de ruse et d'adresse pour remonter à la source de cette infatigable propagande janséniste, c'est à peine si la police réussit à découvrir quelques distributeurs qui ne savaient rien, et qu'il fallut relâcher, après les avoir gardés deux ou trois mois en prison. Cependant le nouvel archevêque de Paris, Christophe de Beaumont, avait excommunié tous ceux qui liraient ces *Nouvelles ecclésiastiques;* plus d'une fois condamnées au feu, elles ne faisaient que renaître de leurs cendres et se multiplier. On les trouvait partout, même dans le cabinet des ministres, même dans la chambre du roi.

On s'explique ainsi le mal irréparable que cette espèce de guerre civile religieuse faisait à la religion. Le clergé, qui avait pris la part principale dans ces tristes controverses, s'était compromis et affaibli lui-même par ses divisions. Ce n'était plus seulement une lutte acharnée entre les jansénistes et les jésuites, c'était déjà une menaçante rivalité entre l'Église de France et l'Église de Rome ; c'était aussi un conflit permanent entre le pouvoir temporel et le pouvoir spirituel. La querelle du jansénisme devenait un brandon de discorde qu'on ne pouvait plus éteindre. Les incrédules, les philosophes, les ennemis du catholicisme se réjouissaient de ce qui lui portait un si grand préjudice ; ils se mêlaient à la dispute, pour l'irriter ; ils se raillaient des graves questions doctrinales qui se rattachaient à la Constitution, ils traînaient ces questions dans la rue, pour ainsi dire, en les chansonnant, en les ridiculisant : la nation tout entière avait des oreilles pour entendre, en riant, ces indécences et ces profanations. Le respect, qui sert de base à toute croyance, fut dès lors profondément attaqué dans le cœur du peuple.

Le parlement prononça plusieurs arrêts, pour rendre obligatoires les prescriptions de la bulle *Unigenitus ;* le roi, par une déclaration enregistrée en parlement, essaya de faire adopter la Constitution comme une loi de l'État. On alla plus loin encore : on voulut l'imposer aux consciences, sous la forme des billets de confession qu'on exigeait des malades pour leur accorder les derniers sacrements au lit de mort et la sépulture en terre sainte. Ces billets de confession, devant être accompagnés d'une adhésion écrite à la bulle *Unigenitus*, avaient pour but de démasquer les jansénistes déguisés et de les forcer à l'abjuration publique de leur doctrine. Cette contrainte fut exercée ouvertement pendant plus de vingt ans, mais avec des intermittences de modération et de tempérament, et quelquefois malheureusement contre les personnages les plus considérables et les plus dignes de respect. De là des scandales, des violences intolérables, des divisions et des chagrins dans les familles, des désordres dans la rue, des interventions fâcheuses du pouvoir séculier dans ces questions spirituelles. La porte des églises se fermait devant les cercueils, et les cimetières ne s'ouvraient pas pour les recevoir dans l'enceinte bénite. Cette exigence des billets de confession persista cependant, non-seulement à Paris, mais dans beaucoup de villes, surtout en Picardie, jusqu'à l'attentat de Damiens contre Louis XV.

Le parlement de Paris, inquiet des conséquences de la bulle *Unigenitus*, dans laquelle il croyait voir un instrument de domination redoutable entre les mains des jésuites, s'était décidé, en 1752, à résister aux excès de zèle dont les billets de confession étaient le prétexte : il commença par déclarer que la bulle n'avait jamais été *règle de foi*, et qu'elle offrait un danger réel en provoquant un véritable schisme. Dès ce moment, le parlement fut tout entier acquis au parti janséniste, en faveur duquel il avait toujours incliné. « Dans ces troubles, dit l'auteur du *Siècle de Louis XV*, le roi était comme un père occupé de séparer ses enfants qui se battent. Il défendait les coups et les injures, il réprimandait les uns, il exhortait les autres, il ordonnait le silence, défendant aux parlements de juger du spirituel, recommandant aux évêques la circonspection. » Le misérable Damiens, qui frappa le roi d'un coup de canif et ne lui fit qu'une légère blessure (5 janvier 1757), était un pauvre fou dont l'esprit avait été dérangé par la Constitution. Les ennemis des jésuites crièrent partout qu'il fallait leur demander compte du crime de Damiens. Cette calomnie monstrueuse suffit pour perdre les jésuites, qui n'étaient pas aimés, et qui furent abhorrés quand on les regarda comme les complices du régicide. Dès lors leur perte fut jurée et les dénonciations arrivèrent de tous côtés. Les jésuites ne soupçonnaient pas ce qu'on pouvait faire sortir de l'examen de leurs statuts, de leurs règlements, de leurs doctrines, de leurs écrits ; cet examen se fit dans un profond secret, et tout à coup un arrêt du parlement de Paris (6 août 1761) déclara « meurtrière et abominable » la doctrine enseignée par les jésuites, ordonna que leurs livres seraient lacérés et brûlés par la main du bourreau, et fit fermer provisoirement tous leurs colléges. Cet arrêt était inique, car il n'avait pas été précédé d'un débat contradictoire entre l'accusateur et les accusés. Ce fut un coup de foudre pour ces derniers, qui ne savaient pas même en être menacés.

La suite des événements prouva bientôt que la condamnation des jésuites était le résultat du complot tramé par la secte philosophique, pour enlever à l'Église et à la religion leurs plus fermes soutiens. Les jésuites avaient eu des torts sans doute, mais ils n'en étaient pas moins d'intrépides défenseurs du catholicisme. Ils employèrent vainement tout leur crédit, tous leurs efforts, pour résister à l'injuste arrêt qui les frappait : le roi les avait abandonnés. Le 6 août 1762, un nouvel

Fig. 104. — La Confession;
d'après les *Cérémonies et Coutumes religieuses de tous les peuples du monde*, par Bernard Picart.

arrêt du parlement ordonna leur exclusion du royaume, « irrévocablement et sans retour. » Le clergé n'osa pas protester et resta muet de stupeur ; il sentait que sa plus grande force allait s'éloigner de lui avec les jésuites, et les cris de joie des philosophes ne lui laissèrent pas ignorer que, ces redoutables soldats de Jésus-Christ une fois disparus de France et dispersés dans toute l'Europe, l'incrédulité ne trouverait plus d'obstacle sérieux qui pût l'arrêter dans l'œuvre de destruction sociale et morale que les philosophes de l'Encyclopédie, conjurés en secret, poursuivaient au grand jour, sous l'excitation de cet abominable mot d'ordre : *Écrasons l'infâme*. Le parlement, qui avait frappé la compagnie de Jésus, ne fut pas le dernier à s'apercevoir que son fatal arrêt outre-passait beaucoup ses intentions, et que l'Église de France tout entière se trouvait atteinte par cet arrêt. Les jésuites enveloppèrent, pour ainsi dire, dans leur disgrâce, les jansénistes et tous leurs adversaires catholiques. La constitution *Unigenitus* sembla s'évanouir au milieu du dédain et de l'indifférence universelle ; la Bastille et les maisons de force rendirent à la liberté une foule de prêtres opposants, qui avaient parlé, écrit ou protesté contre les billets de confession ; le peuple cessa de répéter les vaudevilles satiriques et les burlesques poésies en patois parisien, que la muse du jansénisme avait répandus avec tant de verve et de gaieté. On s'étonnait, dans le monde, de s'être agité, de s'être tourmenté si longtemps, pour des questions abstraites et insolubles, qu'on ne comprenait même pas, tout en s'en occupant avec passion ; on s'empressa de les oublier, mais, trop souvent aussi, on laissa tomber avec elles dans l'oubli les croyances les plus saintes et les plus nécessaires. Ce fut là, en quelque sorte, la dernière guerre de religion, moins terrible, moins sanglante que les autres, mais plus funeste peut-être, car elle avait porté atteinte à la foi et au sentiment religieux.

La royauté et les parlements avaient une plus grande responsabilité dans cette décadence, que les jansénistes et les jésuites, qui avaient cru du moins, dans leurs tristes luttes, servir les intérêts de la religion. Les jansénistes, à leur point de vue, ne voyaient que leur petite Église, leur doctrine étroite et inflexible, leurs principes austères et minutieux plutôt qu'élevés et sympathiques : ils avaient combattu, d'ailleurs, pour la liberté de conscience, sans tenir compte de l'état de la société. Les jésuites, plus clairvoyants, avaient cette conviction profonde, que dans un état politique la religion était un lien qu'il ne fallait pas relâcher, sous peine de le voir se briser ; et que la société moderne, menacée, attaquée et battue en brèche par des systèmes philosophiques et économiques, qui n'étaient autres que des hérésies, ne pouvait se maintenir sur une base inébranlable qu'en se soumettant docilement à la direction souveraine de l'autorité religieuse. Les parlements avaient traité d'abord les jansénistes comme des rebelles ; ils traitèrent ensuite les jésuites comme des conspirateurs. Le gouvernement du roi avait incliné tour à tour pour les jésuites, mais sans conviction, sans zèle religieux; il avait constamment subordonné la religion aux intérêts de sa politique, et lors même qu'il paraissait subir l'influence de la cour de Rome, il ne visait qu'à un seul but, qui était d'employer exclusivement à son profit toutes les forces, toutes les influences, toutes les richesses du clergé.

Fig. 105. — Inhumation dans une Église;
d'après les *Cérémonies et Coutumes religieuses de tous les peuples du monde*, par Bernard Picart.

Depuis les guerres désastreuses de la vieillesse de Louis XIV, plus d'un homme d'État s'affligeait de penser que le clergé, qui, loin d'avoir souffert dans sa fortune, ne cessait de l'augmenter tous les jours, contribuait à peine, dans une proportion minime, aux charges de l'État, de plus en plus obéré, de plus en plus appauvri. Le clergé, comme la noblesse, ne payait pas la taille; mais la noblesse du moins payait de son sang et de ses deniers le service militaire qu'elle devait au roi. Le clergé accordait seulement à la couronne, à titre de *don gratuit*, une certaine redevance qu'il fixait lui-même tous les cinq ans dans ses assemblées générales. La somme attribuée au don gratuit variait sans doute selon les circonstances, mais elle ne représentait jamais ce que la royauté pouvait attendre, comme part proportionnelle, de la générosité du premier corps et du plus riche de l'État. Louis XIV, malgré son autocratie, n'avait rien voulu entreprendre contre les anciens priviléges du clergé, qui était allé de lui-même au-devant de ses besoins et ne lui avait pas marchandé un secours efficace dans sa pénurie. Le clergé, d'ailleurs, pouvait faire valoir à l'appui de ses immunités cette raison respectable, que les biens dont il disposait n'étaient qu'un dépôt entre ses mains, et qu'il n'en gardait les revenus que pour les distribuer aux pauvres. Dès la régence, sous l'inspiration du duc d'Orléans, il avait été question de faire entrer ces biens dans le domaine de la couronne.

Cette idée de spoliation, qui se couvrait d'un pompeux attirail de raisons d'État, resta dès lors, comme un projet à étudier, dans le portefeuille de tous les ministres qui se succédèrent jusqu'au comte Voyer d'Argenson. Le clergé trouvait toujours, auprès du roi, des amis dévoués, chargés de défendre officieusement les biens et les revenus ecclésiastiques. Mais, plus la gêne se faisait sentir dans les services publics, et plus les impôts devenaient insuffisants pour subvenir aux charges de l'État, plus il semblait juste et indispensable de recourir, de gré ou de force, aux ressources énormes qu'on pouvait tirer d'une contribution volontaire ou forcée, qui serait imposée au clergé séculier et régulier. Cependant le clergé, qui s'en tenait toujours à l'usage du don gratuit, n'eut à subir, avant 1740, aucune pression directe à l'égard de cette contribution, qu'on avait toujours obtenue de lui à l'amiable et par voie gracieuse. Mais, dans le cours de l'année 1740, par suite des malheurs de la guerre, le trésor se trouva complétement vide, et l'augmentation des impôts était encore au-dessous de l'augmentation des dépenses. Louis XV consentit alors, quoique avec répugnance, à s'adresser au clergé. Au mois de juillet les commissaires du roi se rendirent à l'assemblée du clergé pour demander un secours, en sus du don gratuit. Le secours fut accordé immédiatement, mais comme il ne s'élevait qu'à trois millions et demi, le contrôle des finances refusa de s'en contenter.

Serment de Louis XVI à son Sacre, d'après Moreau.

Depuis 1740 jusqu'en 1761, le clergé défendit les droits de propriété, de mainmorte et de censive, qu'on cherchait à lui disputer; il refusa énergiquement de payer le vingtième de ses biens au roi, parce que c'était là un moyen détourné de connaître quels étaient ces biens et leurs revenus. Il eut à lutter surtout contre deux ministres, Machault d'Arnouville et Voyer d'Argenson, qui demandaient, non la suppression des ordres religieux, mais la sécularisation d'une partie des monastères, avec retour à l'État de leurs priviléges féodaux. On assurait que le clergé possédait, à cette époque, près d'un tiers des biens du royaume; mais il repoussait toute espèce de cadastre et d'enquête domaniale. Aussi le ministère fut-il obligé d'abandonner son projet, et d'accepter ce que le clergé voulait bien offrir au roi, soit comme *don gratuit*, soit comme *libéralité*, soit comme *secours*. Ce secours s'éleva progressivement : il était de seize millions en 1760. Le garde des sceaux eut beau faire agir le parlement pour avoir raison de l'obstination du clergé, il ne put rien obtenir, et le clergé demeura maître de la position, continuant à fournir chaque année un don gratuit, mais refusant de déclarer ses revenus, qui montaient encore à cent soixante millions quand on en fit enfin le relevé approximatif, au début de la révolution.

Ces discussions relatives aux biens et aux revenus ecclésiastiques se renouvelaient à chaque assemblée du clergé, et produisaient un effet déplorable dans le bas peuple, dont l'envie et la haine ne faisaient que s'envenimer. L'occasion était bonne et le prétexte tout trouvé pour accuser l'avarice et la paresse des prêtres et des moines. C'était toujours à cause de leurs richesses qu'on les dénonçait à la réprobation des classes déshéritées. On ne leur reprochait plus, comme au moyen âge, des vices coupables ou honteux; dans aucun temps, la vie cénobitique n'avait été plus digne d'estime et de vénération que durant le dix-huitième siècle. Le nombre des religieux avait considérablement diminué et tendait à diminuer encore de jour en jour, mais ceux qui restaient dans les couvents y vivaient de la manière la plus digne et la plus édifiante, ne s'occupant que de travaux manuels et intellectuels, ne communiquant avec le siècle que par la porte des bonnes œuvres. Il ne pouvait pas en être autrement, car leurs ennemis, leurs envieux, les esprits forts, avaient semé la défiance avec la calomnie : l'œil du peuple était sans cesse ouvert sur la conduite privée des bons religieux, qui supportaient, sans se plaindre, une inquisition parfois tracassière, mais qu'ils faisaient tourner à leur honneur. « Qu'au sortir d'un cercle où l'on croit avoir joui de tous les plaisirs réunis, disait l'abbé de Bonnefoy en 1784 (dans son traité *De l'État religieux*), on se transporte dans un monastère pour y voir un de ces pieux anachorètes : on sera frappé du contraste que forment avec la frivolité, sa simplicité, sa modestie, sa candeur, son aménité, son air serein, qui décèle une âme tranquille et vraiment heureuse, et ce je ne sais quoi de pénitent et de saint, qui, répandu sur toute sa personne, pénètre d'un sentiment religieux dont il est impossible de se défendre. »

Le caractère et la physionomie des ordres monastiques avaient totalement changé : ils conservaient leur habit et leur règle, mais ils semblaient, de leur propre mouvement, arriver à une transformation inévitable. Les capucins, les franciscains ne mendiaient plus; les oratoriens se vouaient à l'éducation; les bénédictins se consacraient exclusivement à de grands travaux littéraires, et jamais l'érudition n'avait eu de plus doctes représentants. L'exemple des Mabillon, des Montfaucon et des Ruinart avait créé dans les cloîtres une nouvelle congrégation de savants qui se consacraient aux lettres humaines autant qu'aux lettres divines, et qui faisaient la gloire de la France littéraire. Les jésuites avaient eu longtemps le privilége de fournir d'excellents prédicateurs, tels que les P. Bretonneau, Ségaud, Neuville, Lenfant, etc., qui n'égalèrent pas Bourdaloue et Massillon (fig. 106), mais qui se firent dans l'éloquence de la chaire une réputation méritée. Les autres ordres produisaient à l'envi de bons prédicateurs : le P. Bridaine, le fougueux orateur populaire, sortait des Missions; le P. Élisée était carme; les abbés Poulle et de Boismont n'étaient que de simples prêtres. Beaucoup de couvents s'étaient déjà transformés en écoles; d'autres en fermes-modèles, où l'on enseignait l'agriculture et l'économie rurale.

Quant aux congrégations de femmes, elles s'efforçaient de se rendre utiles : la plupart des religieuses se vouaient à l'enseignement des filles du peuple et au soulagement de toutes les misères de l'humanité. Voltaire lui-même, malgré ses préjugés et ses antipathies, n'avait pu s'empêcher de reconnaître l'abnégation et le dévouement des sœurs hospitalières : « Peut-être, dit-il dans son *Essai sur les mœurs et l'esprit des nations*, n'est-il rien de plus grand sur la terre, que le sacrifice

Fig. 106. — Portrait de Massillon; d'après un tableau du musée de Versailles.

que fait un sexe délicat, de la beauté et de la jeunesse, souvent de la haute naissance, pour soulager dans les hôpitaux ce ramas de toutes les misères humaines, dont la vue est si humiliante pour l'orgueil humain et si révoltante pour notre délicatesse. » Et cependant les hommes et les femmes voués à la vie régulière et monacale ne trouvaient pas grâce devant les philosophes ni devant leurs aveugles adeptes : on les accusait, ces saintes femmes, ces hommes pieux, d'absorber, au profit du célibat, de l'oisiveté et de la superstition, la fortune publique dont ils s'étaient emparés, au détriment du peuple ! On rappelait sans cesse que l'abbaye de Saint-Germain des Prés rapportait deux cent mille livres à son abbé commendataire, que l'abbaye de Saint-Denis en produisait presque autant, et le chiffre considérable de ces bénéfices ecclésiastiques revenait sans cesse, comme un scandale, dans les écrits de tout genre qu'on ne se lassait pas de publier sur les biens du clergé. Le clergé du second ordre, lui-même, ne se montrait pas trop éloigné d'approuver la réduction, sinon l'abandon total de ces biens, dans lesquels il avait pourtant sa quote-part. Ce fut sans doute pour se faire des appuis dans le haut clergé, que la noblesse de cour fit décider par Louis XVI (Voy. l'édit du roi, dans l'*Abrégé chronologique* de Chérin) que les bénéfices ne seraient plus accordés qu'à des nobles de race ; ce qui est critiqué en ces termes dans le *Tableau de Paris* de Mercier : « A qui donne-t-on les évêchés ? aux nobles ; les grosses abbayes ? aux nobles ; les gros bénéfices ? aux nobles. Quoi ! il faut être gentilhomme pour servir Dieu ! Non, mais la cour s'attache ainsi la noblesse, et l'on paie les services militaires, de même que d'autres moins importants, avec les biens de l'Église. » Le philosophe Mercier ne comprenait pas que la noblesse et le haut clergé avaient fait ainsi une sorte d'alliance secrète, en prévision des envahissements de la bourgeoisie, qui restait bourgeoisie, même après avoir demandé et obtenu des lettres de noblesse.

Le haut clergé, qui était le pouvoir dirigeant du clergé tout entier, conserva son rôle politique jusqu'au dernier soupir de la royauté, résistant, avec une prodigieuse énergie, aux ministres, aux favoris et aux favorites, aux parlements, aux rois eux-mêmes. L'avocat Barbier, qui avait vu de près ce que pouvait le clergé dans la lutte qu'il soutint contre le garde des sceaux et le parlement, en refusant de donner une déclaration de ses biens, écrivait en décembre 1752 : « Le clergé de France est un corps bien puissant, à cause des principes de religion. » Ces principes existaient, persistaient dans la nation, surtout dans les classes inférieures, en dépit des efforts persévérants de la conspiration philosophique. Le peuple n'était pas dévot, mais il était religieux ; il ne manquait jamais de s'incliner avec respect, et même de faire le signe de la croix, lorsqu'un prêtre passait dans la rue portant le viatique à un malade ; il assistait avec plaisir aux cérémonies de l'Église, les jours de fête, et il s'empressait d'accourir au passage des processions, où les corporations de métiers jouaient souvent elles-mêmes un rôle, avec leurs insignes et leurs bannières (fig. 107). C'était au curé ou

Fig. 107. — Le Frère de Saint-Crépin (membre de la communauté des frères chrétiens Cordonniers), en costume de cérémonie.

au vicaire de la paroisse qu'il s'adressait de préférence, pour avoir des conseils dans les cas difficiles. Il se montrait toujours très-exact à se rendre aux convocations de l'Église pour les mariages, les baptêmes et les enterrements. Les ministres du culte, qu'on cherchait à lui faire prendre en haine, ne lui inspiraient que de la sympathie et de la confiance, car il était sûr de trouver auprès d'eux, dans les épreuves pénibles de la vie, des consolations et des secours.

Le peuple ne connaissait du clergé que ce qu'on appelait alors le *bas clergé*, qui se distinguait souvent des grands dignitaires de l'Église par ses lumières et par ses vertus. « Les curés des villes et des campagnes, dit un historien des mœurs de la fin du dix-huitième siècle, Ant. Caillot, formaient, en général, une classe d'hommes dignes du respect et de l'attachement des peuples. Pères des pauvres, quoique pauvres pour la plupart, consolateurs des malheureux, ils partageaient leur temps entre les fonctions de leur ministère et les œuvres de miséricorde. Ils prêchaient la morale dans la chaire évangélique : ils ne la démentaient pas par leurs actions. » Rétif de la Bretonne, dans la *Vie de mon père*, a fait un touchant tableau de la vie d'un de ces curés de campagne qui étaient l'honneur du clergé français : « Il est consolant, dit-il, pour notre siècle, qu'il se trouve de temps en temps, d'espace en espace, de ces dignes ecclésiastiques qui rappellent au clergé, par leur exemple, le véritable emploi des biens consacrés à Dieu. A la vérité, ils ne se trouvent guère que parmi les curés, ordre aussi respectable qu'utile et mal partagé des biens temporels. »

On aurait pu citer aussi, comme de dignes émules des Fénelon et des Belzunce (fig. 108), plusieurs évêques, tels que ceux de Verdun (Hippolyte de Béthune), de Mirepoix (Pierre de la Broue), de Boulogne (Pierre de Langle), qui donnaient l'exemple de la charité chrétienne et qui se ruinaient en aumônes ; mais, il faut l'avouer, les prélats de cour, cardinaux, évêques, abbés commendataires, qui résidaient à Versailles ou à Paris, se préoccupaient moins de leurs devoirs ecclésiastiques, et ne portaient pas même à la cour l'habit de leur ministère.

C'étaient des courtisans ou, si l'on veut, des hommes d'État ; ce n'étaient pas toujours de bons prêtres, de vrais ministres de l'Évangile. Au reste, pendant le dix-huitième siècle, les évêques ne résidaient qu'asez rarement dans leurs diocèses : ce qui autorisait Mercier à faire cette remarque malicieuse et certainement très-exagérée, « que les évêques qui accomplissent inviolablement la loi de la résidence (ce qui forme le petit nombre) avaient une piété minutieuse, inquiète, turbulente, toujours prête à dégénérer en fanatisme ; qu'ils vexaient les habitants de leur diocèse par un zèle aveugle et inconsidéré ; tandis que les autres, non résidents, avaient des lumières, de la tolérance, aimaient la paix et ne persécutaient personne, de sorte que tout le mal peut-être qui résulte de leur éloignement, c'est que l'argent qui vient des provinces ne se consomme pas dans le sein des provinces mêmes ». Les abbés de Boismont et Maury n'étaient pas beaucoup plus indulgents que le philosophe Mercier, pour le haut clergé, lorsqu'ils osaient en parler ainsi, en 1781, dans les *Lettres secrètes sur l'état de la religion et du clergé de France* : « Ce n'est pas que le scandale y domine, mais la faiblesse, la lâcheté, l'insouciance, et par-dessus tout la maladie d'être homme d'État, a gâté les meilleures têtes. Il semble que les sources de l'Évangile soient devenues étrangères à nos prélats. »

Fig. 108. — Belzunce, évêque de Marseille, pendant la peste de 1720 ; *fac-simile* d'après Rigaud.

Le haut clergé avait rompu lui-même l'harmonie et l'union qui avaient fait la force de ce grand corps, lorsqu'il eut l'imprudence d'admettre, sinon de provoquer, une démarcation entre les ecclésiastiques nobles et les roturiers. Tous les membres du bas clergé se révoltèrent de cet ostracisme et demandèrent eux-mêmes à grands cris les réformes qu'on voulait leur imposer. Ils se séparerent de leurs évêques et de leurs abbés, ou du moins ils eurent l'air de les abandonner, en s'associant dans une certaine mesure aux espérances de l'école philosophique. La révolution existait depuis longtemps en germe au sein même du clergé, lorsqu'elle jeta dans le cœur du tiers état un désir immodéré d'égalité et de liberté. L'assemblée des notables trouva que le clergé du premier ordre appartenait à la noblesse, mais que celui du second ordre, sorti de la bourgeoisie et du peuple, se rappelait son origine et se proposait d'y rester fidèle. La même scission, plus tranchée, plus définitive, devait se produire aux états généraux de 1789. Le haut clergé y défendit encore ses priviléges avec une invincible fermeté. S'il eût fait alors le généreux sacrifice des biens de l'Église, aurait-il sauvé le roi, la monarchie, et lui-même? On l'a prétendu, mais il est permis de douter que cette concession tardive, dans l'état où se trouvaient alors les esprits, fût parvenue à calmer la fièvre révolutionnaire.

Fig. 109. — Saint ciboire en orfévrerie; d'après Germain.

CHAPITRE SEPTIÈME

LES PARLEMENTS

Le parlement de Paris. — Les parlements des provinces. — Mœurs de la magistrature parlementaire. — Démêlés du parlement avec l'autorité royale. — Résistance aux édits financiers. — Affaires religieuses. — Lits de justice et exils. — Le chancelier Maupeou et la réforme de 1771. — Retour du parlement sous Louis XVI. — Nouveaux conflits à la veille de la révolution.

'est Montesquieu, président au parlement de Bordeaux, qui appréciait en ces termes, vers 1720, la grandeur et la décadence des parlements de France, en prévoyant sans doute que leur chute entraînerait celle de la monarchie : « Les parlements ressemblent à ces ruines que l'on foule aux pieds, mais qui rappellent toujours l'idée de quelque temple fameux par l'ancienne religion ; ils ne se mêlent plus que de rendre la justice, à moins que quelque conjoncture imprévue ne vienne leur rendre la force et la vie. Ces grands corps ont suivi le destin des choses humaines : ils ont cédé au temps qui détruit tout, à la corruption des mœurs qui a tout affaibli, à l'autorité suprême qui a tout abattu. » Au moment où Montesquieu écrivait ces lignes, le parlement de Paris, il est vrai, était en disgrâce et en exil, pour avoir protesté contre les actes financiers de la régence.

Sous le règne de Louis XIV, les parlements semblaient avoir renoncé à toute espèce de rôle politique : ils se bornaient à rendre la justice dans les limites de leurs diverses juridictions, et, s'ils adressaient encore des remontrances au roi, ces remontrances, nonobstant le titre imposant qu'elles conservaient, n'étaient que d'humbles représentations. Le parlement de Paris, chez qui l'esprit de révolte et l'obstination de la résistance n'osaient plus se manifester depuis les derniers troubles de la Fronde, évitait avec soin de se compromettre en essayant de s'immiscer dans les affaires d'État. Il avait cédé, il avait reconnu son impuissance, lorsqu'en 1655 le jeune roi, au retour de la chasse, en grosses bottes et un fouet à la main, était venu au parlement, pour défendre les assemblées des chambres. C'était la punition des excès auxquels le parlement de Paris s'était porté durant la minorité du roi. On put croire que ce parlement, naguère si rebelle et si turbulent, ne songerait pas à relever la tête ni à reprendre ses anciennes prérogatives ; il avait accepté, sans élever la moindre prétention contraire, le nouveau code, qui fut rédigé, en dehors de lui, dans les conseils du roi, et imposé à toutes les cours de judicature, pour fixer la manière de procéder, soit au civil, soit au criminel, et pour régler les épices des juges. Louis XIV n'eut à se plaindre, pendant son long règne, ni d'aucun parlement, ni d'aucun corps dépendant de ce qu'on appelait alors les *cours souveraines*, quoiqu'elles fussent soumises absolument aux décisions de la couronne. Le parlement de Paris était même réduit alors à une telle obéissance passive, que, malgré ses sympathies connues pour les jansénistes, il enregistra la bulle *Unigenitus* (1713) sans user de son droit de remontrance.

Les cours souveraines n'avaient eu à subir que des modifications insignifiantes, dans le nombre et les attributions des charges qui en dépendaient. Ces cours souveraines étaient toujours, hiérarchiquement, les parlements, les cours des comptes, les cours des aides et les cours des monnaies ; mais les parlements, qui tenaient le premier rang, ne perdaient aucune occasion de constater et d'affirmer leur suprématie ; ils s'efforçaient même, dans leur perpétuelle rivalité contre le grand conseil, auquel ressortissaient non-seulement toutes les cours souveraines, mais encore tous les tribunaux civils et ecclésiastiques, de faire prévaloir leurs anciens priviléges et de maintenir leur prédominance politique.

Le parlement de Paris était le premier des parlements de France, comme le plus ancien et le plus illustre : il se considérait comme ayant en mains la délégation d'une partie du pouvoir souverain, et il se persuadait que la royauté ne pouvait exister sans lui, quoique, depuis bien des années, le roi eût cessé de le consulter dans les questions de gouvernement. Ce parlement, dans lequel les princes du sang et

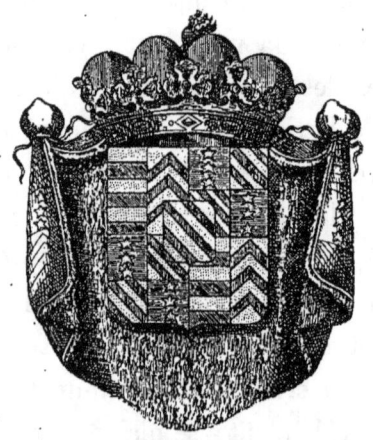

Fig. 110. — Duc et Pair
(Duc d'Uzès, Ier Pair héréditaire de France).

Fig. 111. — Évêque Duc et Pair
(Duc de Sabran, Évêque de Laon, 1778).

les pairs ecclésiastiques et laïques avaient droit d'entrée, avec voix délibérative, était composé d'un premier président, de neuf présidents à mortier, de quelques conseillers d'honneur, de quatre maîtres des requêtes ordinaires de l'hôtel du roi ; de vingt présidents, tant aux chambres des enquêtes qu'aux chambres des requêtes ; de deux cent trente-deux conseillers, d'un procureur général et de trois avocats généraux. Ces officiers d'un ordre supérieur se trouvaient distribués dans huit chambres, savoir : la grand'chambre, qui primait et dirigeait toutes les autres, les cinq chambres des enquêtes et les deux chambres des requêtes du palais.

Outre ces huit chambres, qui connaissaient des affaires civiles, il y avait une chambre criminelle, nommée la Tournelle, où venaient siéger à tour de rôle cinq présidents du parlement, les derniers nommés et par conséquent les plus jeunes, dix conseillers de la grand'chambre et quatre appartenant aux chambres des enquêtes. La grand'chambre retenait seulement, pour *en connaître*, les procès criminels où étaient impliqués des gentilshommes et des personnes d'État, ministres ou autres grands fonctionnaires du gouvernement. Le service de la grand'chambre, des sept chambres civiles et de la chambre criminelle avait exigé, en outre, la création d'un certain nombre d'officiers d'un ordre inférieur, savoir : trois greffiers en chef, quatre notaires et secrétaires du parlement, trois principaux commis au greffe, seize substituts du procureur général, deux premiers huissiers et vingt-neuf huissiers au parlement et aux requêtes du palais, quatre cents procureurs, etc. Tous ces officiers avaient sous leurs ordres une multitude de *suppôts*, de scribes, de clercs et d'agents subalternes ; ce qui représentait plus de trois mille auxiliaires attachés au parlement à divers titres, et remplissant différentes fonctions qui leur donnaient des moyens d'existence.

Telle était l'organisation normale du parlement de Paris, qui, dans le cours du dix-huitième siècle, fut soumis à plusieurs remaniements, destinés à diminuer ou à augmenter le nombre des chambres et celui des offices, lesquels se vendaient à un prix variable selon les circonstances, et qui rapportaient au titulaire un revenu proportionnel compris sous le nom d'*épices* ou de *vacations*. La valeur des charges de conseiller haussait ou baissait, comme la valeur des immeubles ; ainsi, une de ces charges, qui ne s'était payée que 25 à 30,000 livres en 1712, quand le parlement ne s'occupait que d'exercer la justice, valut 60,000 livres en 1747, lorsque le parlement s'obstinait à redevenir un corps politique. Quant au produit des charges, il était essentiellement mobile et capricieux, en raison de la somme de travail que s'attribuait chaque membre du parlement, et aussi d'après ses exigences, qui pouvaient rendre les épices extrêmement onéreuses pour les parties, car les procès, en ce temps-là, étaient surchargés de formalités minutieuses et subordonnés à mille incidents imprévus, qui servaient à les éterniser en multipliant les frais. De là cette quantité d'individus qui vivaient de la basoche et du palais et qui formaient, pour ainsi dire, l'armée féodale du parlement.

Il y avait, en outre, douze parlements distincts de celui de Paris, et rattachés à ce parlement primitif par les mêmes lois organiques et par le même esprit de corps. Ces parlements, qui avaient leurs siéges à

Fig. 112. — L'Innocence reconnue (Arrêt du parlement de Paris, rendu en 1786 sur renvoi, après cassation d'un arrêt du parlement de Rouen, qui déclare Victoire Salmon innocente des crimes de poison et de vol domestique, pour lesquels elle avait été à tort condamnée); d'après Binet.

Toulouse, à Grenoble, à Bordeaux, à Dijon, à Rouen, à Aix, à Rennes, à Pau, à Metz, à Douai, à Besançon et à Nancy, présentaient tous, à quelques différences près, la même composition, ayant chacun quatre ou trois chambres civiles et criminelles, avec un nombre relatif de présidents, de conseillers, tant clercs que laïques, de greffiers, d'huissiers, de substituts du procureur général, de procureurs, et d'officiers inférieurs, sous la direction du premier président de la grand'chambre. Les onze chambres des comptes, les cinq cours des aides, les deux cours des monnaies, celles de Paris et de Lyon, les trois conseils supérieurs d'Alsace, du Roussillon et d'Artois, représentaient aussi une masse énorme de charges et d'offices, qui se trouvaient compris sous la dénomination collective de cours souveraines et de juridictions provinciales. On peut estimer que plus de quarante mille personnes étaient pourvues de charges ou d'offices de judicature, à divers degrés, depuis les hautes fonctions de président à mortier jusqu'aux dernières d'appariteur. Il faut ajouter à cette population, à cette race spéciale, qui suivait le palais et qui composait ce qu'on nommait la *robe*, une multitude de *suppôts* subalternes et de satellites infimes de la magistrature, depuis le sergent à verge jusqu'au crieur et à l'afficheur d'arrêts. C'était là, en quelque sorte, un peuple à part au milieu de la nation, et ce peuple, inquiet, turbulent, infatué de son importance, s'imaginait avoir en mains une attribution quelconque du pouvoir légal, et obéissait, par conséquent, avec la soumission la plus aveugle, non-seulement aux ordres directs de ses chefs, mais encore à toutes les excitations, à toutes les influences des parlements et surtout du parlement de Paris.

Les parlements, qui disposaient ainsi de tant de monde, de tant d'opinions, de tant de volontés, eurent toujours une autorité prédominante, même sous Louis XIV, qui les avait renfermés dans les limites de leur rôle judiciaire : ils devaient retrouver leur ancienne prépondérance, quand ils saisirent la première occasion de reprendre leur rôle politique, et ils s'obstinèrent à ne pas en avoir d'autre dans tout le cours du dix-huitième siècle. Un antagonisme permanent, une constante rivalité existaient, de longue date, entre les gens de cour et les gens de robe, entre les nobles et les parlementaires. Ceux-ci acquéraient sans doute, dans l'exercice de leurs charges, une noblesse d'office qui leur apportait certaines prérogatives honorifiques, mais qui, dans aucun cas, ne s'élevait au niveau de la noblesse d'extraction. Cette demi-noblesse n'était donc souvent qu'une cause de dépit et d'irritation pour des caractères orgueilleux et hautains.

La noblesse de robe ne se montrait jamais à la cour, parce qu'elle n'y aurait eu qu'un rang indigne d'elle, quoiqu'elle fût rattachée par de nombreuses alliances à cette noblesse de cour qui la dédaignait. En revanche, elle se tenait à distance de la haute bourgeoisie et du commerce, lors même qu'elle s'en était rapprochée par des mariages d'argent. Elle n'avait pas beaucoup plus de rapport avec la finance, bien que la finance eût des affinités naturelles avec la robe, puisque toutes les charges de la magistrature étaient vénales. « Avant la régence, dit Duclos, l'ambition d'un fermier général était de faire son fils conseiller au parlement; encore fallait-il, pour y réussir, que le père eût quelque considération personnelle. »

Les familles parlementaires ou familles de robe formaient donc, au sein de la société française, une société isolée et renfermée, qui n'avait presque pas de relations avec les autres classes. Cette société, qui était une véritable corporation, se composait de groupes différents s'élevant par degrés, en raison de l'origine, de la fortune et de la position, depuis les emplois les plus modestes jusqu'aux plus hautes charges de la judicature. Tout nouveau venu qui avait acheté un office et qui, par conséquent, avait été jugé digne de le remplir, devenait aussitôt partie intégrante de l'association et se trouvait dès lors accepté, naturalisé dans la robe : il se détachait, pour ainsi dire, de tous les liens de famille et d'alliance pour ne plus appartenir qu'à la robe, au parlement. La société parlementaire avait toujours été grave, sévère, cérémonieuse, très-fière et très-hautaine. Là, ni fêtes, ni bals, ni concerts, ni comédies; mais des dîners, d'excellents et magnifiques dîners une conversation polie et réservée sur des matières de jurisprudence ou de politique, un jeu sobre et silencieux; jamais de veilles, car tout magistrat était levé avant le jour et aussitôt à l'œuvre. Du reste, partout, un intérieur imposant et même solennel, dans de beaux hôtels aux grands escaliers de pierre, aux larges vestibules, aux nombreux salons richement décorés, mais d'un luxe austère et sombre, un peu triste et glacial. Le concierge, les valets eux-mêmes ressemblaient à des gens de loi. Quant aux maîtres de la maison, ils ne riaient jamais, ils avaient tous la démarche grave et compassée, l'abord maussade et souvent répulsif, l'air majestueux et superbe, le ton sec et bref. « Les femmes de robe, qui ne vivent qu'avec celles de leur état, dit Duclos, n'ont aucun usage du monde, ou le peu qu'elles en ont est faux. Le cérémonial fait leur occupation unique; la haine et l'envie leur seule occupation. » Les femmes de robe, il est vrai, ne paraissaient guère en public que dans les cérémonies des parlements et des cours souveraines : c'était là qu'elles prenaient le goût de ce cérémonial minutieux et inflexible qui établissait entre tous les *robins* (c'est ainsi que la noblesse qualifiait dédaigneusement tous les hommes de robe) toute une série de degrés pour la prééminence et la préséance. Le nombre des saluts et leur espèce, depuis la révérence *en dame* jusqu'à la simple inclinaison de tête, étaient réglés par une loi d'étiquette aussi compliquée et aussi exigeante que l'étiquette de la cour.

La jeunesse cependant ne pouvait s'empêcher d'être jeune, *même en s'asseyant sur les fleurs de lis*, suivant le terme usité au parlement. Rien ne ressemblait moins à un vieux juge qu'un jeune conseiller. Celui-ci ne se piquait pas d'être assidu au travail, quoiqu'il dût se rendre de très-bonne heure au palais, à six heures en hiver, à sept en été; il dormait peut-être moins que ses collègues à l'audience; mais, au prononcé des jugements, il s'effaçait toujours devant les anciens, dont il reconnaissait le savoir et l'expérience. Il ne commençait à se bien pénétrer des devoirs de son état que quand sa barbe avait blanchi. En attendant, il prononçait aussi des arrêts d'un autre genre dans les salons, où il brillait surtout par ses airs de petit-maître et par sa *galanterie*. On entendait par là un goût raffiné pour tout ce qu'il y avait de plus *galant* ou d'élégant, en fait d'habits, de modes, d'équipages, d'ameublement, de langage et de manières. « On dirait, à voir la plupart de nos jeunes magistrats, remarque Nolivos de Saint-Cyr dans son *Tableau du siècle* (1761), qu'ils ont honte de leur profession. L'un affecte un air d'étourderie et de légèreté qui le ferait aisément prendre pour un page. L'autre affiche la coquetterie, et, toujours musqué comme une femme, donne des vapeurs à nos petites-maîtresses. Presque tous semblent se faire une loi de renoncer à cette bienséance qui, sans rien tenir du pédant, doit distinguer un mousquetaire d'avec un juge. »

Le vrai juge, le vrai parlementaire était, à bien des égards, tout l'opposé de ces jeunes étourdis. C'est dans la bouche d'un antique représentant de la justice française, que l'auteur du *Voyage de la Raison en Europe*, le marquis de Caraccioli (1772), a mis ces nobles paroles, qui sont comme la confession publique de toute une vie de labeur et de dévouement : « Il y a bientôt soixante ans que je consacre mes jours

Fig. 113. — Le Juge dans sa famille et ses Solliciteurs; d'après une estampe du temps.

et mes nuits au service de mes concitoyens. Je m'occupe le jour de leurs intérêts ; je vole dès le matin pour y donner mon attention, sans autre ambition que de faire mon devoir..... L'étude me rendit un squelette dès l'âge de trente-six ans. Mon corps, que je méprise, s'accommode à ma manière de penser, et mon âme, que je mets au-dessus de tout, me sert heureusement. La gloire de secourir la veuve et l'orphelin dédommage de toutes les peines et de tous les dégoûts... On n'est grand que lorsqu'on est utile. »

On s'explique ainsi le respect presque religieux que le parlement en corps inspirait autour de lui, malgré les inconséquences de quelques-uns de ses membres. Ce respect ne se manifestait jamais mieux que dans les circonstances solennelles, où l'on voyait défiler processionnellement les cours souveraines avec leurs habits de cérémonie, présidents, conseillers, avocats généraux et procureurs généraux, greffiers et secrétaires de la cour portant la robe d'écarlate, les uns coiffés du mortier de velours noir, les autres du chaperon rouge fourré d'hermine; les officiers de la chambre des comptes, en robes noires, de velours, de satin, de damas ou de taffetas; les officiers de la cour des aides, en robes de velours noir, avec le chaperon noir; les gens de la cour des monnaies, en robes rouges avec le chaperon d'hermine; et ensuite toutes les juridictions ressortissant au parlement, ayant chacune leur costume et leurs insignes, et tenant leur rang selon l'ordre hiérarchique. Cette pompe auguste frappait d'admiration tous les spectateurs, qui s'inclinaient humblement devant cette représentation vivante de la justice humaine.

« Le peuple, dit Duclos, qui avait pourtant été témoin de ces majestueuses cérémonies, le peuple a pour les magistrats une sorte de respect dont le principe n'est pas bien éclairci dans sa tête; il les regarde comme ses protecteurs, quoiqu'ils ne soient que ses juges. »

A la mort de Louis XIV, il y eut un compromis, un pacte secret entre le parlement de Paris et le duc d'Orléans, qui voulait maintenir son droit de régence en faisant casser le testament du feu roi. Le procureur général d'Aguesseau (fig. 114) et le premier avocat général Joly de Fleury, tous deux pleins de lumières, de connaissances et de probité, furent les intermédiaires de cette transaction. Des engagements réciproques avaient été pris envers le prince, au nom de la grand'chambre, qui dictait la loi à toutes les chambres du parlement. Le duc d'Orléans, de son côté, s'était montré tout disposé à gouverner de concert avec le parlement, en lui rendant son ancien droit de remontrances, à l'occasion des édits à enregistrer; mais il n'entendait point diminuer par là le pouvoir royal, ni donner au parlement une autorité qui pût jamais balancer celle du souverain. Il ne tenait pas compte de l'opinion traditionnelle du parlement sur le rôle politique qui lui était dévolu dans l'État. « Cette compagnie, disait Saint-Simon, se prétend, quoique très-absurdement, la modératrice de l'autorité des rois

Fig. 114. — Le chancelier d'Aguesseau ; d'après Vivien.

mineurs, même majeurs... Elle prétend que l'enregistrement est, dans les lois et les ordonnances, l'addition nécessaire qui peut faire les lois, les ordonnances, etc., mais qui, en les faisant, ne peut les faire valoir ni les faire exécuter sans le concours de la seconde autorité, qui est celle que le parlement ajoute, par son enregistrement, à l'autorité du roi, laquelle par son concours, rend celle-ci exécutoire, sans laquelle l'autorité du roi ne le serait pas. » Cette doctrine, empreinte d'un esprit d'opposition et de révolte déguisé, fut le principal mobile de la conduite du parlement et la cause des luttes incessantes qui troublèrent les règnes de Louis XV et de Louis XVI.

Le duc d'Orléans, devenu régent avec l'aide du parlement, ne tarda pas à s'apercevoir qu'il s'était donné, sinon des maîtres, du moins des conseillers exigeants, volontaires, et bientôt des antagonistes. La première difficulté naquit d'une question d'étiquette. Le parlement voulut affirmer son hostilité contre la noblesse, en décidant que les présidents de chambre refuseraient le salut aux pairs de France, qui assistaient aux audiences le chapeau sur la tête. Le régent s'abstint de se prononcer, et la querelle continua en s'envenimant. Le jeune duc de Richelieu s'étant battu en duel (27 février 1716), la grand'chambre lui fit signifier de se constituer prisonnier dans les prisons du palais, quoique le duc, comme pair, s'en référât à ses juges naturels, les pairs de France. Ceux-ci présentèrent une requête au roi, dans laquelle ils disaient : « Ce n'est plus aux honneurs extérieurs attachés à la pairie, à la décence d'un salut, à l'ordre des séances ni au droit d'opiner, que se bornent les entreprises du parlement; il attaque jusqu'à l'essence de la pairie, en voulant juger un pair. » Le régent, pour terminer le conflit, ordonna au duc de Richelieu de se rendre à la Bastille, mais il n'avait pas tranché le différend qui existait entre les pairs et le parlement; ce différend ne fit que s'aggraver, et le parlement s'attaqua de la manière la plus violente à l'origine nobiliaire des pairs, pour s'attribuer le privilége de s'élever au-dessus d'eux. Le régent temporisa encore, et renvoya cette contestation intempestive à l'époque de la majorité du roi.

Le duc d'Orléans patientait, louvoyait, pour ne pas entrer en lutte avec le parlement, envers lequel il se sentait engagé, ne fût-ce que par reconnaissance. Le parlement avait eu l'audace de prétendre disputer le pas au régent lui-même, dans une procession publique, et celui-ci, sans vouloir contester la préséance que le parlement osait s'arroger, se mit à la tête de la maison militaire du roi, et garda son rang, en qualité de représentant de la royauté. Le parlement tenta bientôt de se servir de l'arme des remontrances, pour regagner le terrain qu'il avait perdu depuis la Fronde; il ne faisait qu'user d'un ancien droit que le duc d'Orléans lui avait spontanément restitué ; mais ces remontrances n'allaient à rien moins qu'à mettre en échec l'autorité du roi. Le régent dut enfin se déclarer contre le parlement, et annoncer « qu'il ne souffrirait pas qu'on donnât atteinte à l'autorité du roi, pendant la régence. » Le parlement continua ses remontrances au sujet des édits sur les monnaies, et s'efforça de combattre le nouveau système de finances, inventé par l'Écossais Law et soutenu par le régent. L'indignation et la haine du parlement contre cet étranger étaient telles qu'il y eut un projet de le faire enlever par les sergents à verge, qui l'auraient conduit au tribunal de la Tournelle, où il eût été jugé, condamné à mort, et pendu séance tenante. La résistance du parlement aux édits du roi produisit dans le pays une agitation, une effervescence, qui menaçaient d'amener la guerre civile, excitée, provoquée par les satires et les chansons. Le régent n'était pas homme à s'intimider et à reculer, bien que le peuple presque tout entier eût pris parti, avec le parlement, contre Law ; cependant il avait encore besoin de l'appui apparent, sinon effectif, du premier corps de l'État, pour réduire à l'impuissance les intrigues de ses ennemis auprès du roi. Un arrêt du grand conseil, en date du 12 août 1718, avait interdit au parlement de s'immiscer dans les affaires d'État, et le parlement refusait d'enregistrer cet arrêt, ainsi que les édits relatifs aux finances. Les chambres s'assemblaient tous les jours pour en délibérer ; une grande émotion régnait dans Paris, et l'on pouvait tout craindre de l'irritation générale.

C'est sous ces auspices inquiétants qu'un lit de justice fut préparé au Louvre dans la nuit du 25 au 26 août, et le matin seulement l'ordre de s'y rendre fut transmis au parlement, qui était déjà rassemblé à huis clos. On avait rempli de troupes les places et les rues de Paris : toute tentative d'émeute devait être réprimée sur-le-champ. Le parlement ne pouvait qu'obéir à l'ordre du roi : à onze heures du matin on vit sortir du palais une double file de magistrats en robes rouges, au nombre de cent cinquante-trois, qui se rendaient, à pied, par la rue Saint-Honoré, au Louvre. Le peuple se tut et ne bougea pas. Le premier président essaya, le lit de justice assemblé, de prendre la parole ; le garde des sceaux lui ferma la bouche, en se tournant du côté du roi et en déclarant que le roi voulait être obéi sur-le-champ. L'enregistrement de tous les édits eut lieu, sans aucun débat, et le parlement retourna au palais pour y cacher sa honte et sa colère. Les délibérations secrètes recommencèrent, et durèrent consécutivement pendant quatre jours et quatre nuits. Le régent était bien déterminé à en finir avec cette petite Fronde. Dans la nuit du 29, le président de Blamont et deux conseillers, les plus turbulents, furent arrêtés, par ordre du roi, et emmenés dans des carrosses à six chevaux, qui les transportèrent, sous bonne escorte, dans des prisons d'État. Le parlement s'assembla de nouveau et résolut de suspendre le cours de la justice ; les avocats obéirent à son invitation, et annoncèrent qu'ils cesseraient de plaider jusqu'à ce qu'il fût fait droit à ses justes plaintes ; mais le parlement jugea prudent de ne pas pousser les choses plus loin, et il envoya solennellement à Versailles une députation, qui ne fut pas reçue par le roi ; le garde des sceaux, qui était le président de Mesmes, se contenta de répondre aux envoyés : « Les affaires qui attirent aujourd'hui la députation du parlement sont matières d'État qui demandent le secret et le silence. Le roi a voulu faire respecter son autorité. »

Le parlement était averti ; il se garda bien d'en venir à de plus dangereuses extrémités, sans abandonner pourtant ses principes, ses idées et ses desseins. Il attendit seulement, pour les reproduire, une occasion plus favorable. Elle parut s'offrir d'elle-même, en juillet 1720, lorsqu'on lui demanda l'enregistrement des édits concernant l'établissement de la banque de Law et de la Compagnie des Indes. L'argent avait disparu, et les billets, dont l'agiotage avait fait tant de fortunes subites, n'étaient plus acceptés qu'à moité de leur valeur nominale, le prix des denrées de première nécessité s'accroissait dans une proportion effroyable, et les murmures du peuple semblaient le prélude d'un soulèvement terrible. Ce fut alors que le parlement, sommé d'enregistrer les édits, fit répondre au régent qu'il ne se mêlerait pas de ces tripotages de papier, qui ruinaient la France. Dans la journée du dimanche 21 juillet, des lettres de cachet furent remises, par des mousquetaires, chez tous les membres du parlement, pour leur ordonner de se rendre à Pontoise et d'y rester en exil jusqu'à ce qu'ils fussent rappelés. Les membres du parlement subirent avec dignité leur exil à Pontoise, où ils ne délibéraient plus. Toutes les chambres se trouvaient fermées au palais de Paris, excepté une chambre de vacations pour les affaires courantes et les petits procès. Le cours de la justice n'était donc pas tout à fait suspendu. Peu s'en fallut que le parlement de Paris ne fût alors congédié pour toujours : le duc d'Orléans, poussé à bout, l'accusait de tous les embarras des finances et faillit l'en punir. Law lui avait donné l'idée de rembourser, avec des billets de sa banque, qui auraient eu cours forcé, le prix de toutes les charges et de tous les offices du parlement, et de remettre ainsi ces charges et ces offices à la disposition du roi, qui eût nommé les nouveaux titulaires et donné à ses sujets la justice gratuite. Ce projet audacieux ne s'exécuta pas, grâce à la chute du système de Law.

« Le parlement, disait Barbier, à propos de ces continuelles résistances, est un corps respectable en particulier, mais fort impuissant dans une minorité, et, dans les affaires d'État, incapable de prendre un parti. C'est une compagnie nombreuse, composée d'un nombre de gens âgés, fort savants pour les contestations, mais qui n'ont plus la légèreté d'esprit nécessaire en matière délicate, accoutumés à la manière ancienne de penser et qui n'ont pas suivi le changement de gouvernement. Il y a un grand nombre d'ignorants et de jeunesse, gens riches, qui passent à d'autres charges et qui négligent la cause de la compagnie ; gens de rien en quantité, qui tiennent par leur famille à la finance et au ministère, qui craignent, qui n'osent ni ouvrir un avis ni le soutenir, qui sont quelquefois espions du prince et du ministère, et qui trahissent le secret. » Cette situation fut la même dans toutes les circonstances où le parlement voulut se mettre en travers de l'autorité royale. Il était toujours forcé de céder, ou du moins d'accepter une transaction qui sauvegardait son honneur. Exilé à Pontoise, on l'avait menacé de le transférer à Blois ; mais enfin, Law étant en fuite et sa banque ne laissant que des ruines irréparables, l'enregistrement des édits qui créaient cette banque n'avait plus de raison d'être. Le ressentiment du duc d'Orléans était tombé de lui-même, et il avait besoin, par raison politique, de l'enregistrement de la constitution *Unigenitus*. Cet enregistrement répugnait aux secrets sentiments des parlementaires, mais le parlement était las d'être à Pontoise et ne voulait pas aller à Blois : il enregistra la bulle, pour se réconcilier avec le régent et ses ministres.

Mais le parlement n'avait pas renoncé à son droit de remontrances, et il l'exerça coup sur coup avec plus d'audace que jamais quand le roi régna ou parut régner par lui-même (fig. 115), sous le ministère du duc de Bourbon et sous celui du cardinal de Fleury. Un formidable conflit

Fig. 115. — Louis XV tenant le sceau en personne pour la première fois, le 4 mars 1737.
(Tiré du *Nouveau traité de diplomatique* des Bénédictins.)

s'était élevé entre le parlement et le grand conseil; celui-ci n'avait jamais été en bonne intelligence avec les cours souveraines, mais quand il devint l'exécuteur docile des ordres du premier ministre dans l'examen suprême de tous les actes émanés du parlement et empreints d'un caractère politique, la guerre fut allumée et ne cessa plus. La bulle *Unigenitus*, que le parlement de Paris avait enregistrée dans un moment de lassitude, était toujours la cause apparente ou cachée de ces débats et de ces contradictions. Le parlement restait janséniste : il avait contre lui tout le haut clergé ; il tenait tête aussi au parti de la cour et au ministère, mais son opposition n'allait jamais au delà des remontrances au roi. Tout était prétexte à ces remontrances, qui, si respectueuses qu'elles fussent, visaient à contrecarrer les actes du gouvernement. Le chancelier y répondait quelquefois, et tâchait d'amener les parlementaires à des voies de conciliation. Mais, si le parlement rendait quelque arrêt faisant échec à l'autorité du roi, l'arrêt était aussitôt cassé par le grand conseil et biffé sur les registres du parlement, par ordre du roi. Les querelles de 1731, de 1737, de 1738, de 1744, de 1747, eurent des causes diverses, mais suivirent la même marche et se terminèrent de la même façon. Les remontrances n'avaient pas d'effet, les arrêts contraires à la volonté du gouvernement étaient mis à néant, et le chancelier imposait silence au parlement, en lui faisant savoir que le roi entendait être maître absolu de ses décisions. Les parlementaires les plus rebelles, les plus bruyants, l'abbé Pucelle, conseiller clerc, par exemple, étaient mis à la Bastille ou exilés dans leurs terres; mais le parlement ne sortait d'un pas difficile que pour s'engager dans un autre plus périlleux encore. La bulle *Unigenitus*, qu'il n'avait enregistrée que contraint et forcé, était toujours la pierre d'achoppement où se heurtaient sans cesse le clergé et la magistrature. Les controverses devinrent plus vives, les conflits plus fréquents et plus opiniâtres sur des questions religieuses. Pendant plus de vingt ans, le parlement fut en guerre ouverte contre les évêques et les curés qui croyaient devoir refuser les sacrements à l'article de la mort et la sépulture en terre sainte aux jansénistes, lorsque ceux-ci ne voulaient pas abjurer leur erreur.

Le roi, qui, pour faire cesser ces divisions, avait interdit au parlement de se mêler des affaires ecclésiastiques, ne pouvait souffrir la désobéissance obstinée des cours souveraines et ne daignait plus répondre à leurs remontrances. « Plus le roi s'est avancé d'un côté et le parlement de l'autre, disait avec beaucoup de bon sens l'avocat Barbier, plus les choses sont extrêmes et plus il est dangereux de compromettre l'autorité du roi. »

L'archevêque de Paris, Christophe de Beaumont, était le grand adversaire du parlement; il avait l'appui du grand conseil, et il se fiait sur son crédit auprès du roi, qui le soutenait volontiers dans ses querelles avec les parlementaires. Mais, un jour, l'archevêque en vient à destituer la supérieure et l'économe de l'hôpital général, soupçonnées de jansénisme; le parlement prend aussitôt la défense de ces deux femmes et fulmine contre l'archevêque : l'un revendique le spirituel, l'autre le temporel dans l'administration de l'hôpital général; tout est en confusion, la ville entière s'émeut, et les remontrances arrivent au roi. Louis XV s'impatiente, et ordonne au parlement de ne plus s'occuper de cette affaire. Le parlement ne tient compte des ordres du roi : « Puisque le roi nous défend de délibérer, dit le vieux conseiller Pinon, et qu'il nous interdit par là nos fonctions, la compagnie doit déclarer qu'elle ne peut ni n'entend continuer aucun service. » Aussitôt le palais ferme ses portes : il n'y a plus de tribunaux à Paris. Le roi envoie alors, par ses mousquetaires, à tous les membres du parlement l'ordre de reprendre leurs séances. Les magistrats obéirent, mais les avocats, qui s'associaient avec une ardeur constante à tous les actes de résistance et de rébellion du parlement, ne parurent pas aux audiences. Le cours de la justice se trouva donc interrompu par la malice des avocats, qui, n'ayant pas de charges vénales, exerçaient une profession libre.

Ce fut seulement à partir de cette coalition que les avocats, réunis en corps, acquirent et conservèrent une importance politique qu'ils n'avaient jamais eue ni recherchée. Jusqu'alors un avocat n'était qu'un homme de loi et ne s'occupait que de ses causes; il visa plus haut : il épousa les intérêts, les passions du parlement; il se crut l'égal du président et du conseiller, qu'il aidait de toutes ses forces à lutter contre l'autorité royale. Les avocats, déjà bouffis d'orgueil par suite de leurs succès oratoires, se firent tout à coup intrigants et ambitieux : ils étaient de *robe*, et, à cette époque, ils pouvaient comme tels aspirer à jouer un rôle dans l'État.

En 1753 l'agitation redouble, les querelles entre la juridiction civile et l'autorité ecclésiastique se multiplient par toute la France. Le parlement, qui, l'année précédente, avait fait brûler de la main du bourreau le manifeste des évêques, ose adresser au roi des remontrances plus hardies encore que les précédentes. Louis XV ne veut rien entendre, et ordonne au parlement de se borner à rendre la justice, en ne se mêlant plus d'affaires ecclésiastiques. Le parlement s'indigne, résiste, déclare qu'il ne peut *obtempérer* aux ordres du roi. Le roi assemble le grand conseil, et fait expédier des lettres de cachet qui exilent tous les présidents et conseillers des requêtes et des enquêtes. La grand'chambre avait été seule exceptée, dans cette mesure rigoureuse mais nécessaire ; elle proteste à son tour (10 mai), et délibère en audience solennelle sur les questions qui lui sont interdites. Le lendemain, au point du jour, les membres de la grand'chambre reçoivent une lettre de cachet, qui leur enjoint d'aller s'établir à Pontoise et d'y continuer leurs fonctions, sous peine de perdre leurs charges. La grand'chambre obéit, mais ne cède pas ; une fois à Pontoise, elle ne s'occupe que des affaires religieuses. La France entière encourageait la résistance des *sénateurs*, et tous les parlements provinciaux se prononcèrent dans le même sens que celui de Paris. Les tribunaux étaient fermés et tous les intérêts se trouvaient en souffrance. Le gouvernement créa une chambre, composée de six conseillers d'État et de vingt et un maîtres des requêtes, pour rendre la justice et remplacer le parlement. Ce tribunal provisoire, qui tenait ses séances dans le couvent des Grands-Augustins, ne rencontra que dédain, opposition ou indifférence, quoique son siége eût été transporté au Louvre et qu'on lui eût donné le titre de *chambre royale*. La magistrature était avilie, et le parlement, absent de Paris, y maintenait son omnipotence. Il fallut mettre fin à cette anarchie. La grand'chambre avait été transférée de Pontoise à Soissons, mais son action se faisait toujours sentir dans la capitale. Le roi eut bien la pensée de casser le parlement, mais il ne l'osa pas ; il attendait une occasion qui lui permît de faire grâce. La naissance du duc de Berry, fils de la dauphine (23 août 1753), fournit cette occasion, après une année et demie de haute lutte. Louis XV fit acte de clémence : il rappela son parlement et supprima la chambre royale.

L'antagonisme du parlement et du clergé ne tarda pas à renaître avec toutes ses violences. On pouvait croire réellement, d'après les maximes répétées dans les remontrances du parlement, que ce grand corps voulait en venir à partager avec le roi l'autorité souveraine. Louis XV, à plusieurs reprises, condamna, déchira ces remontrances : « Je connais tous les droits de l'autorité que je tiens de Dieu, dit Louis XV à une députation de parlementaires (avril 1755). Il n'appartient à aucun de mes sujets d'en limiter ou décider l'étendue. Que mon parlement se conforme à mes véritables intentions de modération et de clémence! » Le parlement, dans ses nouvelles remontrances, s'obstine à déclarer « qu'il ne fait qu'un tout et un seul corps avec le souverain. » Le roi avait pourtant donné une sorte de satisfaction au parlement en exilant l'archevêque de Paris, qui était son adversaire le plus déclaré; mais les entreprises du parlement contre la royauté elle-même n'étaient que trop visibles. Sous prétexte de réunir ses forces contre le grand conseil, il avait imaginé une association de tous les parlements du royaume, sous le nom de *classes*, de manière à ne plus former qu'un seul corps agissant avec ensemble et obéissant aux mêmes impulsions. Louis XV avait bien pressenti les dangers de cette coalition parlementaire, quand il dit un jour au duc de Gontaut-Biron : « Vous ne savez pas ce qu'ils font, ce qu'ils pensent : c'est une assemblée de républicains!... En voilà, au reste, assez! Les choses comme elles sont dureront autant que moi. »

Le lit de justice du 13 décembre 1756 n'était pas fait pour amener un apaisement. Deux édits du roi circonscrivent dans d'étroites limites les droits et les pouvoirs du parlement de Paris, et deux chambres de ce parlement étaient supprimées par un troisième édit. Le roi sortit de la séance à travers les flots d'un peuple consterné. Presque tous les membres du parlement signèrent, le jour même, la démission de leurs charges. « Ce corps ne fut que tranquille et ferme, dit Voltaire, mais les discours de Paris étaient violents et emportés. »

C'est dans ces circonstances que l'attentat de Damiens (5 janvier 1757) vint jeter une nouvelle émotion dans les esprits. Nous avons raconté, dans le chapitre précédent, comment ce crime d'un fou fanatique fut exploité par les passions des divers partis, qui tour à tour cherchèrent à Damiens des complices chez les jansénistes, chez les parlementaires, et plus tard chez les jésuites; comment enfin cette dernière calomnie, jointe au scandale causé par la banqueroute des PP. la Valette et Savy (supérieur et procureur des Missions), fut une des causes du terrible procès qui fut intenté à la compagnie de Jésus, et qui se termina par son expulsion du royaume (édit du 9 mai 1767).

Cette victoire du parlement allait lui coûter cher; car, au moment où il se croyait maître de la situation, il reconnut que rien n'était fait contre le parti de la cour, qu'il avait toujours trouvé entre lui et le trône. Dès lors recommencent les refus d'enregistrement, les re-

Fig. 116. — Chancelier de France
(René-Nicolas-Charles-Augustin de Maupeou; 1768).

montrances, les députations au roi, les menaces réciproques. Le parlement ose encore déclarer en principe que : « Il n'y a de loi que celle enregistrée. » On ne peut plus méconnaître que le parlement, qui se sent très-populaire, veut gouverner : ce qui faisait dire avec bon sens à l'avocat Barbier : « Si on parvient à diminuer l'autorité des parlements et leurs prétendus droits, il n'y aura plus d'obstacle à un despotisme assuré. Si, au contraire, les parlements s'unissent pour s'y opposer par de fortes démarches, cela ne peut être suivi que d'une révolution générale dans l'État, qui serait un événement très-dangereux. » Ces tiraillements, ces conflits, ces émotions se renouvelèrent sans cesse jusqu'en 1770 : les parlements étaient devenus une puissance, qui balançait celle du roi. Mais, le 7 décembre 1770, un nouveau lit de justice provoqué par le chancelier Maupeou, le plus rude adversaire des parlements, mit fin à un état de choses intolérable : le roi somma le parlement de se soumettre; les parlemen-

PLAN D'UN LIT DE JUSTICE DANS LA GRANDE SALLE DES GARDES
AU CHATEAU DE VERSAILLES.

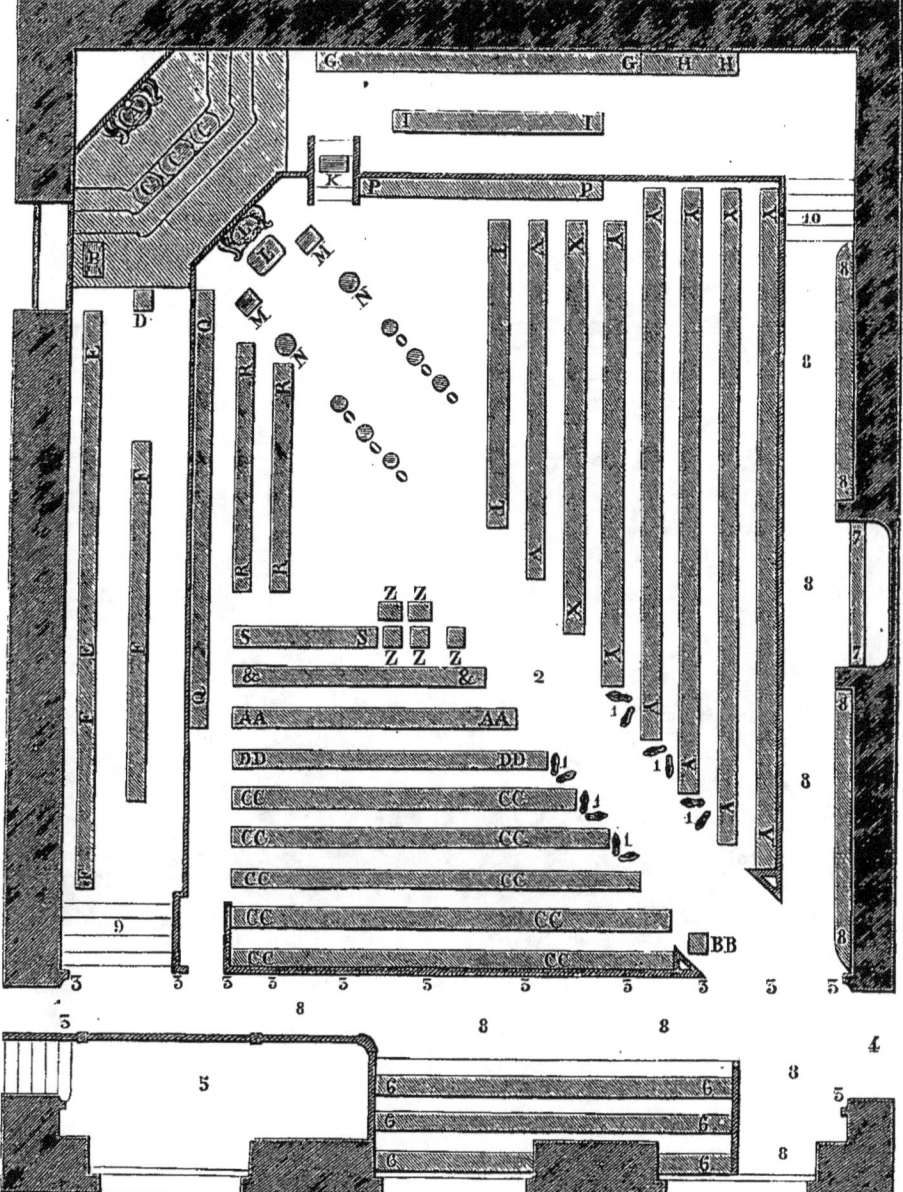

A. Le roi. — B. Le dauphin. — C. Le grand chambellan. — D. Le grand écuyer. — E. Les princes du sang. — F. Les ducs et pairs laïques. — G. Les pairs ecclésiastiques. — H. Les maréchaux de France. — I. Les quatre capitaines des gardes du corps du roi, et le commandant des cent-suisses de la garde du roi. — K. Le prévôt de Paris, tenant un bâton blanc, sur le petit degré qui monte au trône du roi. — L. Le chancelier de France sur un siége à bras. — M. Le grand maître et le maître des cérémonies. — N. Les deux huissiers massiers du roi, à genoux. — O. Les six hérauts d'armes, à genoux. — P. Le premier président et les présidents à mortiers. — Q. Les présidents des enquêtes et requêtes. — R. Les conseillers d'État et les maîtres de requêtes. — S. Messieurs les secrétaires d'État. — T. Les chevaliers de l'ordre. — V. Les gouverneurs des provinces. — X. Les lieutenants des provinces. — Y. Les conseillers de la grand'chambre. — Z. Le greffier en chef et les principaux commis de la grand'chambre avec deux petits bureaux devant eux.
&. Les secrétaires de la cour et les conseillers d'honneur. — AA. Le grand prévôt de l'hôtel et les officiers du roi. — BB. Le premier huissier de la grand'chambre. — CC. Les conseillers des enquêtes et requêtes. — DD. Les gens du roi. — 1. Les six gardes de la manche avec leur cotte d'armes et pertuisano. — 2. Le grand major des gardes du roi. — 3. Les gardes du roi le mousqueton sur l'épaule. — 4. Porte d'entrée du roi. — 5. Lanterne pour la reine, madame la dauphine et mesdames. — 6. Gradins pour le public. — 7. Banc pour les inspecteurs des menus et pour les garçons du garde-meuble du roi, de service. — 8. Pour le public. — 9. Degré qui conduit à la place des pairs laïques. — 10. Degré qui conduit à la place des pairs ecclésiastiques.

Lit de justice tenu à Versailles en 1776, d'après Girardet.

taires répondirent en cessant leur service. Dans la nuit du 19 au 20 janvier 1771 ils furent invités, par des mousquetaires, à signer *oui* ou *non* sur les lettres de jussion qui les mettaient en demeure de reprendre leurs séances. Tous signèrent *non*; ils furent exilés et leurs charges confisquées. La justice fut encore administrée par des conseillers d'État et des maîtres des requêtes; elle devait être désormais gratuite pour les plaideurs, qui n'auraient plus à supporter que des frais de procédure. Par édit du 22 février 1771, six nouveaux parlements furent établis sous le nom de *conseils supérieurs*, et tous les parlements de France eurent à subir une réforme radicale, qui supprimait la vénalité des charges et les *épices* ou frais de justice arbitraires. La consternation fut générale, mais l'ordre matériel ne fut troublé nulle part : tout se passa en plaintes, en satires, en chansons.

Il fallait un nouveau règne et surtout un nouveau chancelier pour faire revivre l'ancien parlement. Louis XVI ayant succédé à Louis XV, le comte de Maurepas remplaçant le chancelier Maupeou, rien ne s'opposait plus à la reconstitution du parlement de Paris, qui semblait inséparable de la monarchie. Ce parlement fut rappelé et réintégré dans ses charges et prérogatives, après le lit de justice du 12 novembre 1774. Louis XVI rendit même au parlement ce droit de remontrances qui avait été la source des agitations et des embarras du règne précédent. Les remontrances ne furent pas moins fatales au règne de Louis XVI. Le parlement devait encore, pour conserver la popularité dont il était si jaloux, refuser l'enregistrement des édits de finance et faire opposition au ministère, à la cour, au roi. Il eut l'audace de déclarer nul tout ce qui s'était fait, dans un lit de justice tenu par le roi, pour l'établissement de l'impôt territorial. Il fut exilé à Troyes (août 1787), mais le gouvernement eut la faiblesse d'abandonner l'impôt qu'il avait voulu établir et de rappeler le parlement. La rentrée solennelle du parlement à Paris donna lieu à de scandaleuses réjouissances. C'en est fait : le parlement est dirigé, dans la campagne audacieuse qu'il entreprend contre le roi et ses ministres, par des meneurs politiques, par des tacticiens révolutionnaires. Les remontrances respectueuses au roi ne suffisent plus : le parlement, sous l'inspiration du fougueux d'Espréménil, simple conseiller, rédige une protestation insolente contre la royauté, et s'engage à lui résister par toutes les voies de droit et de fait (mai 1788).

Peu s'en fallut que le palais ne devînt le théâtre d'une émeute populaire, lorsque d'Espréménil et plusieurs conseillers furent arrêtés, pendant la nuit, au milieu de la grand'chambre assemblée. A peu de temps de là, le parlement, après s'être opposé si énergiquement à la création des grands bailliages et de la cour plénière qui étaient appelés à le remplacer, se vit encore une fois exilé, puis rappelé avec la même mollesse de la part du pouvoir royal. Cette fois, son retour et sa réintégration furent le prétexte d'une journée de révolte et d'anarchie (29 juillet 1788). La révolution avait ainsi commencé, sous les auspices du parlement de Paris, une année avant la prise de la Bastille.

Fig. 118. — Premier Président du Parlement de Paris
(Louis Lefèvre d'Ormesson; 1788).

CHAPITRE HUITIÈME

LA FINANCE

Les finances à la fin du règne de Louis XIV. — Embarras financiers. — Les traitants. — Samuel Bernard. — Law et sa banque. — Les agioteurs dans la rue Quincampoix. — Chute et fuite de Law. — Les frères Pâris. — Les fermiers généraux. — Les contrôleurs généraux : Machault, Silhouette, Terray ; Turgot. — Necker et le compte rendu. — Calonne et le *déficit*.

URANT les quinze dernières années du règne de Louis XIV, les finances de l'État se trouvèrent dans la plus déplorable situation, et, comme le disait Voltaire, en exposant toutes les phases de cette longue décadence de la fortune publique : « Il faut qu'un pays soit bien bon par lui-même pour subsister encore avec force, après avoir essuyé si souvent de pareilles secousses. » Parmi les successeurs de Colbert, il ne se rencontra pas un homme de génie qui sût tirer parti des ressources inépuisables de la France, sans l'appauvrir et sans fouler le peuple. Quand, à la mort de Colbert, Louis XIV voulut confier à le Peletier le maniement des finances : « Il n'est pas propre à cet emploi ! objecta le garde des sceaux Michel le Tellier. — Pourquoi ? demanda le roi. — Il n'a pas l'âme assez dure ! répondit le Tellier. — Mais vraiment, reprit

le roi avec tristesse, je ne veux pas qu'on traite durement mon peuple! » Le nouveau ministre passait, en effet, pour être bon et juste, mais il n'entendait rien à la finance, qui était alors une science de vaines conjectures, et qui ne reposait pas encore sur de vrais principes économiques.

Dans tous les embarras du trésor, qui se vidait plus vite qu'il ne se remplissait, on ne savait que recourir à des expédients provisoires : augmenter les impôts, altérer les monnaies, emprunter et créer des rentes. « Il est impossible, disait le clairvoyant auteur de l'*Esprit des lois*, que nous ayons jamais de règle dans nos finances, parce que nous savons toujours que nous ferons quelque chose et jamais ce que nous ferons. On n'appelle plus, parmi nous, un grand ministre celui qui est le sage dispensateur des revenus publics, mais celui qui est homme d'industrie et qui trouve ce qu'on appelle des expédients. » Le ministre Chamillart, qui remplaça Pontchartrain, le contrôleur général Desmarets, qui succéda ensuite à Chamillart, furent seulement des hommes d'industrie, suivant l'expression de Montesquieu, et ne purent guérir un mal qui était déjà incurable. Cependant Chamillart avait imaginé, en 1706, de payer les dépenses de l'État, et surtout celles de la guerre, en billets de monnaie, en bons de subsistance, d'ustensiles, etc.; mais, comme ce papier n'était pas reçu dans les coffres du roi pour le paiemet des impôts, il fut décrié, presque au moment de son émission. On fut donc forcé de revenir au système des emprunts, système ruineux, qui enrichissait les traitants, en grevant la dette publique de charges énormes. Tous les moyens parurent bons pour ramasser de l'argent, et les maltôtiers étaient toujours prêts à faire des avances au gouvernement qui leur concédait le privilége de se rembourser eux-mêmes et de bénéficier scandaleusement sur les impôts, qu'ils se chargeaient de recouvrer à leurs risques et périls. Le roi, tout absolu qu'il fût de droit et de fait, ne se prêtait pas sans regrets à ces expédients malheureux, qui le soulageaient momentanément pour aggraver ensuite ses embarras. Lorsque Desmarets, neveu de l'illustre Colbert, lui proposa d'établir l'impôt du dixième, à percevoir extraordinairement sur tous les fonds des particuliers, sur les maisons, charges, emplois, commissions, etc., d'épée, de robe et de finance, ainsi que sur les rentes de l'hôtel de ville et sur toutes les autres rentes payables en argent, Louis XIV devint pensif, poussa un soupir et murmura, en se parlant à lui-même : « Je n'en ai pas le droit ! » Mais les événements étaient impérieux, et les traitants attendaient la création de ce terrible impôt, l'argent à la main : le roi signa l'édit du 14 octobre 1710.

D'expédient en expédient, le ministère put subvenir tant bien que mal aux nécessités du moment, et reculer jusqu'à la fin du règne une banqueroute qui semblait imminente et inévitable. Quand Louis XIV mourut (septembre 1715), les capitaux de rentes à payer annuellement s'élevaient à un milliard. Il y avait, en outre, pour 580 millions de dettes mobilières, d'avances faites par les receveurs généraux des finances et par les traitants, enfin de papiers de toute nature, le tout formant plus d'un milliard et demi de dettes. On n'avait, pour gagner du temps, que la ressource précaire des palliatifs et des expédients. Cet épouvantable gouffre de la dette publique avait été creusé par les guerres continuelles que Louis XIV eut à soutenir, pendant la plus grande partie de son règne, contre les puissances de l'Europe. C'est donc bien à tort qu'on a cru pouvoir attribuer le désordre des finances de l'État aux dépenses du grand roi pour les bâtiments, pour les arts, et pour ses plaisirs ; car à l'époque de ces profusions magnifiques, c'est-à-dire sous le ministère de Colbert, les finances étaient encore dans la plus heureuse prospérité. Peu s'en fallut que la régence du duc d'Orléans ne fût inaugurée par cette banqueroute qui menaçait la France depuis le commencement du siècle : on osa déclarer tout haut, dans l'entourage du régent, que le nouveau roi n'était pas responsable des dettes de son prédécesseur, et qu'il devait les laisser au compte du défunt, dans l'intérêt de la nation !

Le déficit était, il est vrai, difficile à combler. Louis XIV, pendant soixante-douze ans de règne, avait levé sur la nation 18 milliards en numéraire, ce qui faisait, année commune, 200 millions 500 mille livres, somme effrayante pour ce temps-là et que Voltaire estimait à 330 millions en 1749. En 1715, les coffres du trésor étaient vides et les sources de la fortune publique taries, les billets royaux discrédités et perdant un cinquième de leur valeur. Philippe d'Orléans, dont la moralité ne reculait pas devant les expédients les plus étranges, fut sur le point d'accepter la banqueroute ; mais le duc de Noailles, qui présidait le comité des finances dans le conseil de régence, s'opposa énergiquement à ce funeste et inutile coup d'État qui eût perdu la royauté et la France. Il proposa d'autres moyens de salut plus légitimes, pour diminuer la dette royale, et il parla pour la première fois, depuis Colbert, de réforme et d'économie. Au mois de décembre 1715, suivant ses avis et ses projets, le fameux édit du *visa*, dans lequel on ne dissimulait pas le misérable état des choses, fut publié : « Dans une situation si violente, faisait-on dire au roi, nous n'avons pas laissé de rejeter la proposition qui nous a été faite de ne point reconnaître des engagements que nous n'avions point contractés ; nous avons aussi évité le dangereux exemple d'emprunter à des usures énormes, et nous avons refusé des offres intéressées, dont l'odieuse condition était d'abandonner nos peuples à de nouvelles vexations. » L'objet du visa était de vérifier et de liquider tous les billets royaux en circulation et de les convertir en une seule espèce de billets, avec réduction de plus d'un tiers, ce qui donnait au roi 237 millions de bénéfice.

« La France, à la mort du feu roi, dit Montesquieu dans ses *Lettres persanes*, était un corps accablé de maux ; Noailles prit le fer à la main, retrancha les chairs inutiles et appliqua quelques remèdes topiques, mais il restait toujours un vice intérieur à guérir. Un étranger est venu qui a entrepris cette cure. Après bien des remèdes violents, il a cru lui avoir rendu son embonpoint et il l'a seulement rendue bouffie. » Cet étranger était l'Écossais Law, une sorte d'aventurier de génie, qui possédait, par intuition plutôt que par étude, la pratique de la finance, et qui fit tant de mal au pays où il vint se faire naturaliser, pour y essayer ses merveilleuses inventions d'économiste empirique. A cette époque, l'économie politique commençait à peine à formuler des systèmes qui ne reposaient que sur des théories incohérentes et vagues ; Boisguillebert, dans un livre intitulé *Détail de la France*, avait, le premier, présenté quelques idées justes et applicables sur la meilleure manière de régler et de gouverner la fortune publique. Le maréchal de Vauban,

La rue Quincampoix, en 1718.

qui partageait ces idées et qui probablement les avait inspirées à son neveu Boisguillebert, constata les abus et les *malfaçons* qui avaient lieu dans l'imposition et la levée des tailles, des aides et des douanes provinciales, dans la capitation et dans ce qu'on nommait les *affaires extraordinaires*, c'est-à-dire les emprunts, les rentes, les billets royaux et les autres moyens de faire arriver l'argent au trésor. Il avait donc imaginé de remplacer tous ces genres d'impôts, plus ou moins tyranniques, arbitraires et incertains, par « l'établissement d'une *dixme royale* imposée sur tous les fruits de la terre, d'une part, et sur tout ce qui fait le revenu aux hommes, de l'autre, » ce moyen lui paraissant « le mieux proportionné de tous, le moins susceptible de corruption. » Le projet de réforme financière, inventé par Vauban, fut rendu public en 1707 et supprimé aussitôt, et l'on peut dire qu'il servit de base à tous les systèmes d'économie politique auxquels le dix-huitième siècle devait donner naissance. Mais, au moment où la *dixme royale* fut offerte comme une planche de salut au gouvernement de Louis XIV, il n'y avait pas encore de financiers en France, il n'y avait que des traitants et des maltôtiers.

Le peuple et la satire comprenaient sous le nom générique de *maltôtiers* tous ceux qui étaient intéressés dans la répartition et la levée des impôts et surtout de la taille, l'impôt le plus onéreux et le plus détesté de tous. Les *traitants* n'étaient autres que les anciens *partisans*, dont le nom abhorré avait comme disparu devant l'exécration universelle. Ces traitants se chargeaient du recouvrement des revenus du roi, à certaines conditions réglées par un traité spécial, mais ils n'avaient jamais à s'occuper de rien qui ressemblât à un système financier. « Ceux qui lèvent les tributs, disait en 1721 l'auteur des *Lettres persanes*, nagent au milieu des trésors ; parmi eux, il y a peu de Tantale. Ils commencent pourtant ce métier par la dernière misère. Ils sont méprisés comme de la boue, pendant qu'ils sont pauvres ; quand ils sont riches, on les estime assez ; aussi ne négligent-ils rien pour acquérir de l'estime. » Un de ces traitants, le plus célèbre et le plus riche, Samuel Bernard, avait acquis ainsi de l'estime pour 33 millions. C'était, au dire de Voltaire, qui l'a connu, « un homme enivré d'une espèce de gloire rarement attachée à sa profession, qui aimait passionnément toutes les choses d'éclat, et qui savait que le ministère de France rendait avec avantage ce qu'on hasardait pour lui. » Samuel Bernard hasarda bien des millions, et il en fut récompensé non-seulement par une fortune prodigieuse, mais encore par les égards dont Louis XIV lui-même daigna l'honorer. Le roi lui fit demander, un jour, des avances considérables : « Quand on a besoin des gens, osa dire Samuel Bernard en s'adressant au ministre Chamillart, qui lui transmettait la demande du roi, c'est bien le moins qu'on en fasse la demande soi-même. » Louis XIV eut une entrevue avec le banquier et l'accueillit avec bienveillance. Il en obtint plus qu'il n'espérait, et il le récompensa en l'anoblissant et en le créant chevalier. « Tout est perdu, dit Montesquieu, qui faisait ainsi une allusion directe aux récompenses honorifiques accordées à certains financiers de son temps, tout est perdu, lorsque la profession lucrative des traitants parvient encore, par ses richesses, à être une profession honorée... Un dégoût saisit tous les autres états, l'honneur y perd toute sa considération, les moyens lents et naturels de se distinguer ne touchent plus, et le gouvernement est frappé dans son principe. »

Law, qui était moins honnête et moins généreux que Samuel Bernard, mais plus entreprenant et plus habile, fut aussi comblé d'honneurs avant de tomber dans le mépris et dans une profonde disgrâce. La faveur aveugle du duc d'Orléans avait fait son crédit et son audace. Le duc d'Orléans était bon juge en fait de mérite, et il apprécia tout d'abord les merveilleuses qualités de cet ingénieux financier, qui n'avait été dans l'origine qu'un joueur heureux et téméraire, mais qui allait devenir un grand innovateur en matière de finances. Le régent lui avait fait accorder, par lettres patentes du 2 mai 1716, le privilége d'une banque, qui ne devait pas tarder à ruiner toutes les banques particulières et à se transformer en établissement royal. Law avait « trouvé le secret, suivant l'expression de l'avocat Barbier, de rendre le régent maître de tout l'argent du royaume. » Bizarre contraste! au moment même où Law obtenait le privilége de sa banque, et mettait en œuvre les procédés miraculeux de cette espèce d'alchimie qui changeait le papier-monnaie en or, on constituait une *chambre ardente* ou *chambre de justice*, pour rechercher tous les gains illicites faits par les trai-

Fig. 119. — Portrait de Samuel Bernard; gravé par Drevet, d'après Hyacinthe Rigaud.

tants. Il s'agissait de leur faire rendre gorge, et l'on se promettait de tirer 160 millions des procès intentés à ces enrichis et à ces parvenus, qui se rachetaient la plupart à beaux deniers comptants, même après avoir été emprisonnés et condamnés. La consternation n'avait duré qu'un instant parmi eux ; ils trouvèrent des protecteurs et surtout des protectrices. Un grand seigneur se rendit chez un de ces financiers, qui avait été taxé à douze cent mille livres, et lui offrit son quitus moyennant trois cent mille : « Ma foi! M. le comte, vous arrivez trop tard, répondit l'impudent personnage ; j'ai fait marché avec Mme la comtesse pour cent cinquante mille livres! » Tous n'en furent pas quittes à si bon marché, et l'on en sacrifia quelques-uns, entre autres Poisson de Bourvalais, à la haine du peuple. En résumé, la chambre ardente nuisit beaucoup au crédit et ne fit pas rentrer plus de 15 millions dans les caisses de l'État.

Les traitants, qu'on poursuivait en restitution de deniers publics, s'étaient désignés eux-mêmes à l'envie et à la vindicte générale. Rien n'égalait leur insolence, leur dureté et leur impudeur : ils avaient des hôtels, des domaines, des équipages splendides. Leur luxe insultait à la misère du peuple. Les dîners, les concerts, les bals, les fêtes qu'ils se donnaient entre eux et dans lesquels on voyait paraître quelques nobles endettés, surpassaient l'ancienne prodigalité de la noblesse et faisaient honte à la vie parcimonieuse et retirée de la bourgeoisie. Le ridicule de ces traitants orgueilleux avait été mis au pilori de la comédie, par le Sage, dans le personnage de Turcaret : « Un bel esprit n'est pas nécessaire pour faire son chemin, disait ce personnage, qui faisait figure parmi les gens d'affaires après avoir été laquais : hors moi et deux ou trois autres, il n'y a parmi nous que des génies assez communs. Il suffit d'un certain usage, d'une routine que l'on ne manque guère d'attraper... Nous voyons tant de gens!... Nous nous étudions à prendre ce qu'il y a de meilleur : voilà toute notre science. » Turcaret et Mondor restèrent au théâtre les types personnifiés de ces traitants, qui disparurent ou s'effacèrent dans le monde des financiers, après les poursuites de la chambre de justice, en se dérobant à la flétrissure que leur avait imprimée un édit de 1716, qui déclarait que « la fortune des traitants était composée des dépouilles des provinces, de la subsistance des peuples et du patrimoine de l'État. » Les traitants appartenaient au règne de Louis XIV; les financiers furent, en quelque sorte, créés par la régence et multipliés par le règne de Louis XV.

Law fut un de ces financiers, un des plus puissants, un des plus inventifs. Sa banque réussissait à merveille; les billets qu'elle avait émis circulaient partout et l'argent ne manquait nulle part. Cette banque était devenue le bureau général des recettes du royaume. Law ne se

Fig. 120. — Le Traitant; d'après une peinture satirique de Dumesnil jeune.

borna pas là; il avait l'espoir de payer toutes les dettes de l'Etat, en peu d'années, avec les profits de ses opérations financières; il fonda, près de sa banque, une Compagnie du Mississipi, destinée à coloniser la Louisiane, à y exploiter des mines et à y concentrer le commerce de l'Amérique. Cette grande entreprise promettait d'immenses avantages à ses actionnaires: les actions haussèrent tout à coup dans une proportion excessive; tout le monde voulait en avoir, chacun apportait son argent aux caisses de la Compagnie. Ce fut une fièvre, un délire, une épidémie. « C'était, dit Voltaire, un jeu nouveau et prodigieux, où tous les citoyens jouaient les uns contre les autres. » Les bureaux de la Compagnie étaient dans la rue Quincampoix; pendant deux ans, cette rue étroite, boueuse, infecte, fut envahie par une foule compacte qui s'y précipitait pour obtenir des actions à tout prix. Le taux de ces actions augmentait de jour en jour, d'heure en heure, et pourtant la Compagnie du Mississipi n'avait encore donné aucun dividende, ni produit aucun résultat. A peine savait-on vaguement ce que c'était que le Mississipi. Il y eut des fortunes rapides, inouïes, exorbitantes; elles allaient être suivies de ruines plus rapides encore.

Montesquieu, impassible témoin de ces étranges métamorphoses sociales, écrivait, avant la catastrophe qu'il avait prévue : « Tous ceux qui étaient riches il y a six mois, sont à présent dans la pauvreté, et ceux qui n'avaient pas de pain regorgent de richesses. Jamais ces deux extrémités ne se sont touchées de si près. L'étranger (Law) a tourné l'État comme un fripier tourne un habit : il fait paraître dessus ce qui était dessous; et ce qui était dessus, il le met à l'envers. Quelles fortunes inespérées, incroyables même à ceux qui les ont faites! Dieu ne tire pas plus rapidement les hommes du néant. Que de valets servis par leurs camarades et peut-être demain par leurs maîtres! Tout ceci produit souvent des choses bizarres : les laquais qui avaient fait fortune sous le règne précédent vantent aujourd'hui leur naissance; ils rendent à ceux qui viennent de quitter leur livrée, dans une certaine rue (la rue Quincampoix), tout le mépris qu'on avait pour eux il y a six mois; ils crient de toutes leurs forces : « La noblesse est ruinée! Quel désordre dans l'État! quelle confusion dans les rangs! On ne voit que des inconnus faire fortune! »

Les grands seigneurs, les princes eux-mêmes donnaient l'exemple de cette frénésie cupide; ils se mêlaient du trafic des actions, et ces actions, Law les leur jetait au visage. Le prince de Conti, le descendant des Condé, avait reçu de la sorte un grand nombre de ces actions, et se montrait aussi fier que joyeux de la générosité de Law : « Toutes ces actions, lui dit un sage de cour, ne valent pas une seule des actions de vos ancêtres! » Law, séduit par le succès de son système, ivre de l'ivresse qu'il avait répandue dans toute la France, ne connaissait plus de limites à ses projets, à ses espérances. Un débauché, un dissipateur, le marquis de Canillac, le força, un jour, de pressentir la fin de cette orgie : « Monsieur, lui dit-il effrontément, je fais des billets, je les passe et je ne les paie pas. Vous m'avez donc volé mon système? » La sagesse du parlement ne put prévaloir contre la folie du jour : il adressa des

Fig. 121. — Bombario, dont la bosse servait de pupitre aux agioteurs et qui, à ce métier, gagna 150,000 livres en peu de jours.
(Tiré d'un recueil satirique publié en Hollande en 1720.)

remontrances sévères au roi, il refusa d'enregistrer des édits qui étaient à ses yeux des désastres pour la fortune publique ; il décréta même d'accusation l'audacieux agioteur qui avait mis le vertige dans les têtes les plus saines, dans les esprits les plus graves : peu s'en fallut que l'auteur du *système* ne fût jugé et pendu, séance tenante. Aussi, Law en avait-il gardé rancune au parlement, qu'il aurait détruit ou supprimé, en remboursant avec ses billets toutes les charges qu'il proposait de remettre ainsi entre les mains du roi. Sa banque devint en 1719 la banque royale ; aux affaires chimériques du Mississipi étaient venues se joindre des affaires plus sérieuses et plus dignes du gouvernement qui les prenait sous sa garantie. La banque royale acquit le privilége de l'ancienne Compagnie des Indes, tombée en décadence depuis Colbert, qui l'avait créée; elle avait accaparé le commerce du Sénégal, les tabacs, les postes, toutes les fermes générales du royaume. Mais alors l'argent commençait à manquer et bientôt il manqua tout à fait. On ne voyait plus que du papier. La valeur des actions de la banque royale représentait, en 1719, quatre-vingts fois tout le numéraire qui pouvait exister dans le royaume. En trois mois ces actions baissèrent et tombèrent à rien. Law fit des prodiges d'industrie pour relever ces actions, pour maintenir la valeur représentative des billets de banque. Le duc d'Orléans l'avait fait nommer contrôleur général des finances, dans l'espoir de lui fournir des moyens plus énergiques de défendre le crédit et de soutenir la banque royale. Il n'était plus possible d'empêcher ni de suspendre la débâcle monétaire. Les édits les plus tyranniques, les plus monstrueux, ne servirent qu'à l'accélérer, à la rendre plus terrible : ordre du roi d'apporter à la banque toutes les espèces d'or et d'argent, pour les échanger contre des billets; défense, sous peine de confiscation, de conserver plus de 500 livres en numéraire. Ce fut le coup de grâce : la panique s'empara de qui n'avait plus que du papier, au lieu d'argent; la foule assiégea la banque royale, pour échanger contre espèces les billets qui avaient cours forcé. On s'écrasait aux guichets, qui restaient ouverts, mais inexorables. Il fallut escompter à des taux usuraires; ce qui raviva l'agiotage, sans relever la valeur des actions ni des billets. La banque royale avait été transportée du palais Mazarin, situé dans la rue Vivienne, à la place Vendôme, qui était encombrée jour et nuit d'une multitude en délire. Déjà presque tout l'argent monnayé qui était venu s'engouffrer dans les caisses de la banque, en avait disparu, comme par enchantement; le prince de Conti en fit enlever trois voitures pleines. La plupart des anciens traitants, ceux-là même que la chambre de justice avait condamnés à restitution, s'en étaient vengés par l'accaparement des espèces métalliques, qui sortirent de France, en n'y laissant que des billets. Law chercha, essaya des moyens héroïques pour redonner à ces billets la valeur qu'ils perdaient de jour en jour : par édit du roi, les remboursements de rentes et les pensions ne devaient plus être fournis qu'en papier, par l'État, et déjà ce papier n'avait plus cours, malgré tous les édits que le parlement avait refusé d'enregistrer. Il y avait encore des gens qui s'enrichissaient au milieu de la misère générale ; c'étaient ceux qui, à l'exemple du gouvernement, payaient leurs dettes avec des billets que personne ne voulait plus recevoir. « On entendait, dit Duclos, parler à la fois d'honnêtes familles ruinées, de misères secrètes, de fortunes odieuses, de nou-

Fig. 122. — Caricature extraite de l'*Arc mémorial dressé au lieu de l'enterrement des actionnistes consumés*.

veaux riches indignes de l'être, de grands seigneurs méprisables, de plaisirs insensés, de luxe scandaleux. »

Le duc d'Orléans ne pouvait plus soutenir l'auteur de pareils désordres sociaux ; il avait tenu tête au parlement, il n'osa pas résister au peuple furieux qui se faisait écraser aux portes du Palais-Royal, en demandant à grands cris qu'on lui livrât Law, qui s'y était réfugié. Il ne livra pas cette victime expiatoire, il la sauva, au contraire, en favorisant la fuite de cet imprudent financier, dans les mains duquel il avait mis la fortune publique. Suivant certains témoignages, Law s'était fait une réserve de 200 millions en Angleterre ; selon d'autres récits, il n'emportait avec lui que 2000 louis, qu'il eut bientôt dépensés à Venise, où il mourut, en 1729, dans la pauvreté et dans l'oubli. Son nom resta exécré en France. « Un mal certain qu'a fait Law et auquel il faut des siècles pour remédier, dit l'auteur anonyme des *Mémoires* attribués à Massillon, c'est d'avoir accoutumé le peuple à la mollesse et au luxe, d'avoir fait sortir chacun de son état, d'avoir renchéri toutes les denrées et la main-d'œuvre pour tous ouvrages, d'avoir habitué tous les marchands à des profits et à des gains excessifs... Le seul avantage que l'on en a tiré, mais qui ne rend pas aux particuliers le bien qu'ils ont perdu, c'est d'avoir démasqué une infinité de gens de la cour et même de la plus haute distinction, que l'on croyait bien incapables de mauvais procédés. » En effet, comme le dit Duclos, « tous les gens de la cour, obérés de dettes, s'en étaient libérés avec du papier, qui ne leur avait coûté que des bassesses. » Les deux grands coupables furent le duc d'Orléans et le duc de Bourbon ; ce dernier seul avait épuisé de billets et d'argent la banque de Law, à ce point que le conseil de régence faillit lui faire restituer deux ou trois cents millions, comme si c'eût été un simple traitant. Quant au duc d'Orléans, qui se laissait trop éblouir par des promesses et par des espérances, il avait montré à l'égard de Law une confiance trop aveugle, une déplorable faiblesse : il fut forcé d'avouer qu'il l'avait autorisé à émettre des billets de banque pour douze cents millions au delà du chiffre fixé par les ordonnances du roi! Le chiffre total des billets émis s'élevait donc à deux milliards sept cents millions, qui n'étaient représentés que par les affaires chimériques du Mississipi et par les ressources insuffisantes de la Compagnie des Indes, à laquelle on devait céder la ferme des tabacs. Voilà tout ce qui restait du superbe édifice que Law avait voulu construire, et qui l'avait écrasé en s'écroulant sous le poids de ses folles opérations.

A Law succèdent des financiers moins audacieux et plus modestes. Ce sont les quatre frères Pâris, qui avaient été ses rivaux et qui n'étaient pas étrangers à sa ruine. La valeur du marc d'argent, qui n'était que de trente-sept à quarante livres sous Louis XIV, s'élevait alors à plus de quatre-vingt-dix; il avait été de cent vingt, à la fin du système, lorsque le numéraire se tenait caché en présence de la chasse incessante que lui faisaient les édits du roi. Les frères Pâris parèrent à la banqueroute imminente de l'État, en faisant exécuter le recensement de toutes les fortunes par un tribunal composé de maîtres de requêtes et autres juges. Plus de cinq cent mille citoyens, la plupart pères de famille,

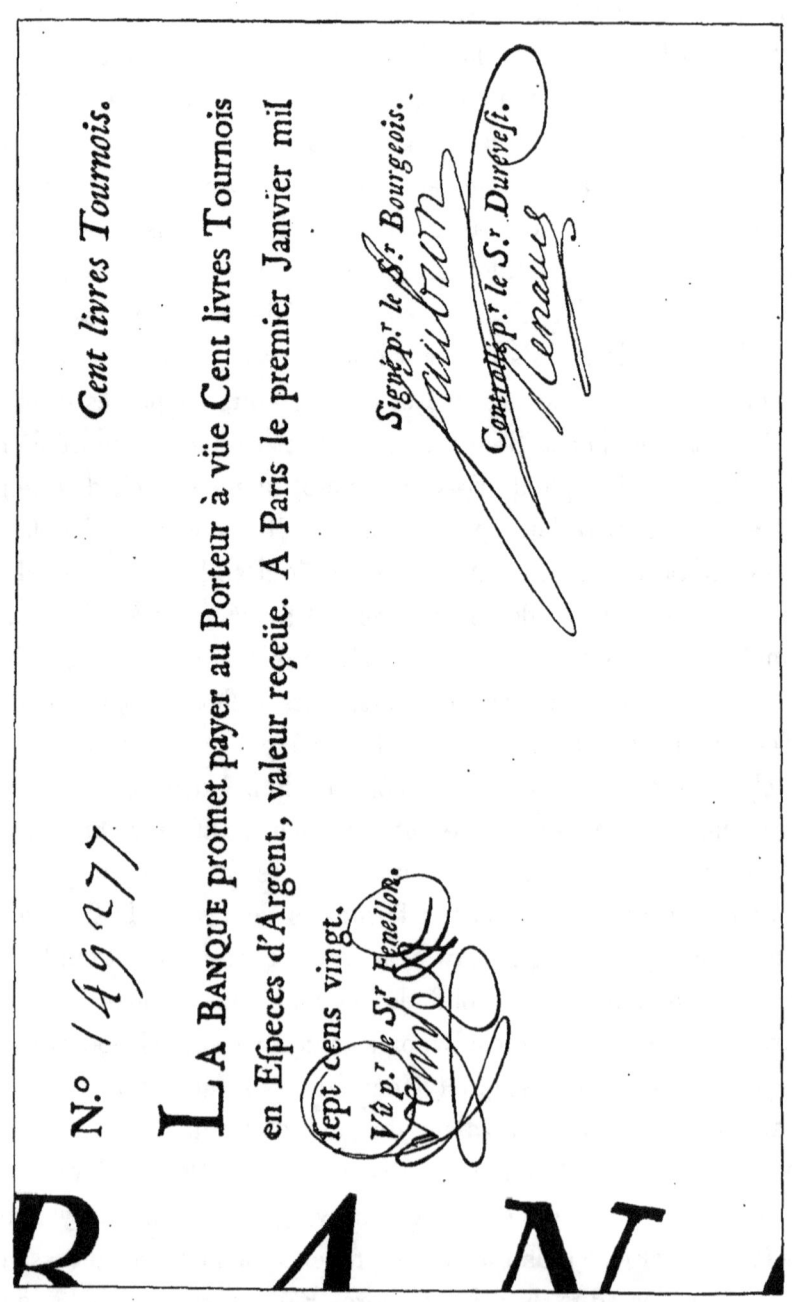

Fig. 123. — Billet de la Banque Royale de Law (1719).

portèrent à ce tribunal tout ce qu'ils possédaient en actions et en billets royaux, et ces dettes innombrables furent liquidées à 1631 millions numéraire effectif en argent, que l'État prit à sa charge. Les pauvres rentiers ne recevaient pas alors un pour cent d'arrérages sur les capitaux qu'ils avaient avancés au roi sous le dernier règne! L'État fit tous les sacrifices nécessaires et supporta toutes les pertes résultant de l'augmentation excessive du taux de l'argent. La confiance commençait à se rétablir, et l'on put espérer sortir de cet affreux cahos, que les Français, toujours légers dans leurs plus graves malheurs, appelaient la *comédie de Law*. « Le dénouement de cette pièce, dit Duclos dans ses *Mémoires*, fut d'avoir enrichi des fripons, grands et petits; ruiné la moyenne classe, la plus honnête et la plus utile de toutes ; confondu les conditions, corrompu les mœurs et altéré le caractère national. »

Cependant l'assiette des impôts n'avait presque pas changé; seulement, la perception en était plus difficile et plus douloureuse, sinon plus vexatoire, car ces impôts devaient être perçus de gré ou de force, quelle que fût la misère du peuple des villes et des campagnes. La taille formait toujours le produit principal des revenus du roi; chaque année, le conseil royal des finances en fixait le chiffre pour l'année suivante, et les dix-neuf généralités taillables du royaume avaient à y pourvoir d'avance. La répartition était faite par les trésoriers et les intendants, sur les élections composant les généralités, et chaque paroisse se chargeait de prélever les sommes que ses habitants étaient tenus de fournir. On comprend que cette taxation arbitraire et trop souvent injuste donnait lieu à d'interminables disputes. On estimait à plus de cent mille le nombre des privilégiés qui se prétendaient exempts de payer la taille et la plupart des autres impôts. Quant aux malheureux taillables qui ne pouvaient ou ne voulaient pas payer, ils étaient en butte à toutes les violences de la part des agents du fisc. « Les tailles, dit l'auteur de la *Dixme royale*, sont exigées avec une extrême rigueur et de si grands frais, qu'il est certain qu'ils vont au moins à un quart du montant de la taille. Il est même assez ordinaire de pousser les exécutions jusqu'à dépendre les portes des maisons, après avoir vendu ce qui était dedans, et on en a vu démolir, pour en tirer les poutres, les solives et les planches, qui ont été vendues cinquante fois moins qu'elles ne valaient en déduction de la taille. » Les paysans portaient des habits en lambeaux et laissaient leurs terres en friche, pour se soustraire aux exigences des répartiteurs. Deux autres impôts, moins onéreux que la taille, mais plus insupportables, qui n'avaient été créés qu'à titre provisoire et qui se perpétuaient d'année en année, la capitation et le dixième, pouvaient cependant disparaître d'un jour à l'autre. Quant aux

De laquais devenu caissier
Il fait tant par le tripotage,
Que l'on appelle agiotage,
Qu'il se voit très-gros financier ;

Mais la Fortune qui se joue
De lui qu'elle a le plus chéri,
Lui fait faire un saut de sa roue
Jusqu'à celle du pilori.

Fig. 124. — L'Agioteur, élevé par la Fortune; fragment d'une estampe satirique du temps.

gabelles, abhorrées par tradition, elles ne produisaient presque plus rien et ne rencontraient plus de résistance dans le peuple. Mais la formidable armée que formaient les employés des aides, des gabelles, des tailles, des douanes et des fermes générales, n'en vivait pas moins sur le travail et sur l'économie des classes inférieures. Noblesse, clergé, magistrature, contribuaient à peine, d'une manière indirecte et mal équilibrée, aux charges de l'État. La direction et l'administration supérieure des finances s'exerçaient par les soins du contrôleur général et sous les yeux d'un conseil ayant voix consultative, sans préjudice de la surveillance indirecte des cours souveraines, la cour des aides, la chambre des comptes et la cour des monnaies.

La ferme générale était une administration particulière, approuvée par l'État en 1720, et agissant de sa pleine autorité en vertu du privilége que l'État lui concédait pour l'exploitation des droits de consommation, tels que ceux du sel, du tabac, des entrées à Paris, etc. Elle contractait avec le gouvernement des baux renouvenables à des époques convenues, et elle offrait en garantie de sa gestion les signatures de quarante fermiers généraux responsables. Pendant les cinq premières années de son existence, la régie de la ferme générale ne rendit au trésor que 55 millions, mais le nouveau bail, conclu en 1726, fut porté à 80 millions, et depuis il ne cessa de s'accroître de telle sorte que le nombre des fermiers généraux fut élevé de quarante à soixante. Ils étaient tous millionnaires, puisque leurs gains, dans l'espace de cinq années, de 1726 à 1730, quand ils n'étaient encore que quarante, dépassèrent 156 millions. On s'explique ainsi la magnificence aristocratique et le luxe extraordinaire que les fermiers généraux déployèrent pendant tout le dix-huitième siècle. C'étaient presque de grands seigneurs, la plupart de bonne naissance, et tous animés d'un patriotisme qui n'était que de la reconnaissance pour le gouvernement auquel ils devaient leur grande fortune. Voltaire, qui avait vécu dans l'intimité des plus fameux d'entre eux, disait : « Il y a de très-grandes âmes parmi ceux qu'on soupçonne de n'avoir que des âmes intéressées. » Les secours pécuniaires qu'ils fournirent à Louis XV, dans la funeste guerre d'Allemagne, témoignèrent de leurs nobles sentiments : ils avaient emprunté pour le roi à cinq pour cent d'intérêt, et ils ne reçurent du roi que ces cinq pour cent. Quand le contrôleur général Orry demanda, en 1743, pour favoriser le commerce extérieur, que l'impôt sur les toiles et la bonneterie fût supprimé à la sortie du royaume, les fermiers généraux adhérèrent spontanément à la suppression de l'impôt et ne voulurent accepter aucune indemnité. Dans la disette de 1740, où l'on accusait la maltôte de ruiner la Normandie et de jeter des bandes de mendiants hors des campagnes, un fermier général nourrit à ses frais toute une province, en lui envoyant du blé. Ce fut seulement après la mort de Samuel Bernard, qu'on apprit les secrets de sa générosité et de sa bienfaisance : « Il n'y a pas longtemps, écrivait Voltaire en 1749, que nous avons vu un homme de finance, qui seul avait secouru l'État plus d'une fois, et qui laissa à sa mort dix millions d'argent prêté à des particuliers, dont cinq ne portaient aucun intérêt. » On comprend que le cardinal de Fleury, en présentant au roi les fermiers généraux qui venaient de signer un bail avec le contrôleur général ait dit à leur éloge : « Voilà, sire, les quarante colonnes de l'État. » Mais on ne comprend pas que le marquis de Souvré se soit permis d'ajouter, en guise de commentaire : « Oui, sire, ils soutiennent l'État, comme la corde soutient le pendu. » Le vieux Samuel Bernard, qui était présent, aurait pu répondre : « Nous soutenons l'État qui nous enrichit, mais nous soutenons aussi la noblesse qui nous appauvrit, en nous empruntant toujours et en ne nous rendant jamais. »

Les financiers, exploités sans cesse par les courtisans, étaient néanmoins le point de mire de leurs sarcasmes et de leurs malices. Ils savaient acquérir et conserver leur fortune ; les nobles, au contraire, dilapidaient la leur et avaient constamment recours à la munificence du roi, sinon à des emprunts ruineux. Le vieux maréchal de Villeroy, gouverneur de Louis XV, avait du moins la franchise de dire tout bas : « Quelque ministre des finances qui vienne en place, je déclare d'avance que je suis son ami et même un peu son parent. » Duclos, qui, comme la plupart des gens de lettres en réputation, vivait dans l'intimité des gens de finance, se plut à les défendre contre les dédains de la noblesse : « Les plaisanteries sur les financiers, en leur absence, écrivait-il dans ses *Considérations sur les mœurs*, marquent plus d'envie contre l'opulence que de mépris pour leurs personnes, puisqu'on leur prodigue en face les égards, les prévenances et les éloges. Les gens de condition se flattent que cette conduite peut être regardée comme la marque d'une supériorité si décidée qu'elle peut s'humaniser sans risque, mais personne ne se trompe sur les véritables motifs. » En effet, les financiers n'avaient qu'à ouvrir leurs salons et à tenir cour plénière, comme disait la Popelinière, le plus fastueux des fermiers généraux, pour attirer chez eux tout ce qu'il y avait de noms illustres et de titres honorifiques dans l'Armorial de France.

Le Sage avait flagellé sans pitié, dans son *Turcaret*, les vices et les ridicules des traitants. Saint-Foix, dans son *Financier*, que les financiers eux-mêmes applaudirent au Théâtre-Français (1761), ne maltraite pas la finance : son financier, qui vient d'acheter une belle terre et un château magnifique, et qui paraît aimer la dépense, n'a pas l'âme trop endurcie par l'opulence; il a d'ailleurs de l'esprit, de la politesse et un très-bon ton. « Ce financier, disait le rédacteur du *Mercure de France*, en rendant compte de la pièce, a, comme la plupart des hommes, le cœur moins gâté que l'esprit; son peu de compassion pour les malheureux n'est point une disposition naturelle de son âme à la dureté, mais un vice, en quelque sorte, de son état, et qu'on acquiert assez ordinairement avec l'opulence. » C'est dans la bouche du valet que l'auteur avait mis cette critique de son temps : « Le luxe et la richesse ont confondu tous les rangs. » Les fermiers généraux étaient alors sur le pied de l'égalité avec les plus grands seigneurs. J.-J. Rousseau, qui avait été introduit chez Mme Dupin, femme du fermier général, se souvient, dans ses *Confessions*, du bon accueil que lui faisait cette dame distinguée, fille naturelle de Samuel Bernard : « Sa maison, aussi brillante alors qu'amusante dans Paris (1742), rassemblait des sociétés auxquelles il ne manquait que d'être un peu moins nombreuses pour être l'élite dans tous les genres. Elle aimait à voir tous les gens qui jetaient de l'éclat, les grands, les gens de lettres, les belles femmes. On ne voyait chez elle que ducs, ambassadeurs, cordons bleus. » Mme Dupin menait encore plus grand train au château de Chenonceaux, bâti par Henri II pour Diane de Poitiers, et devenu la propriété d'un fermier général, philosophe et bel esprit. « On s'y amusait beaucoup, dit Rousseau; on y faisait très-bonne chère. » La fête n'était pas moindre au château de la Chevrette, près de Saint-Denis, appartenant également à un fermier général, la Live de Bellegarde. Son collègue, la Popelinière, passionné, comme lui, pour les beaux-arts, la musique et les lettres, avait aussi une des maisons les plus agréables de Paris. « Chez lui, rapporte Marmontel, se succédaient sans cesse, dans un tableau mouvant, des personnages différents de mœurs, d'esprit, de caractère. » On y voyait fréquemment les ambassadeurs de l'Europe. Ce n'était pas certainement un de ces ambassadeurs, qui, visitant la splendide demeure d'un financier, et après en avoir admiré les richesses et les curiosités,

INTÉRIEUR D'UNE CHAMBRE A COUCHER;

D'APRÈS BLONDEL.

Cette pièce est une chambre de parade exécutée au Palais-Royal, dans les appartements de la duchesse d'Orléans, sur les dessins de Constant, architecte du roi.

Après avoir comparé les décorations du Palais-Bourbon, de l'hôtel Soubise, de l'hôtel de Villars, avec celles de cet appartement, l'Encyclopédie fait ressortir la différence qui les séparent et combien les dernières sont préférables. — Il était nécessaire, ajoute-t-elle, que les artistes les plus célèbres du temps créassent un nouveau genre de décoration qui anéantît pour ainsi dire cette frivolité, qui seule faisait le mérite des appartements du Palais-Bourbon, etc.

Par Hoffbauer et Durin.
Impr. lith. de Firmin-Didot frères, fils et Cie.

répondit à un seigneur qui lui demandait ce qu'il pensait de tant de merveilles : « Il n'y manque qu'une potence au milieu de la cour! »

Nolivos de Saint-Cyr, qui nous a conservé cette sanglante épigramme contre un financier, a encadré, dans son *Tableau du siècle*, comme un précieux et rare contraste, ce portrait d'un autre financier contemporain, le fermier général Joseph de la Borde, banquier de la cour : « *Mont d'or* mérite l'estime et la bienveillance de tous les Français. Au milieu des richesses immenses qu'il possède, son cœur et son esprit ne se sont jamais ressentis de la dureté ni de l'orgueil, qu'on ne reproche que trop justement à la plus grande partie de nos financiers. Toute l'Europe est témoin que son application au travail, l'étendue de son génie et la solidité de son jugement sont les artisans de son élévation. Il est certain que la fortune l'a favorisé. C'est peut-être la première fois qu'elle n'a pas été aveugle. Admis au conseil du souverain, ses avis sont toujours dictés par la droiture qui l'inspire, et ce qu'il y a de fort extraordinaire, c'est que l'envie n'a jamais pu le rendre suspect, quoiqu'il passe, à la cour même, pour le fléau des flatteurs. »

Le mauvais état des finances sous le règne de Louis XV avait peut-être pour origine et pour cause première ces guerres malheureuses où la France perdit ses flottes et ses armées, guerres lointaines, entreprises et soutenues à la fois sur toutes les mers et dans différents pays étrangers. Mais il est plus juste d'attribuer aux prodigalités excessives des dépenses royales les embarras et les désordres successifs qui compromirent la fortune publique. Tous les contrôleurs généraux s'ingéniaient à créer des ressources pour des besoins qui s'accroissaient toujours, et aucun d'eux n'avait recours au remède énergique des économies. Au début du ministère du cardinal de Fleury (1726), la situation financière paraissait satisfaisante; le revenu total de l'État était de 160 millions, « qui présentaient alors, suivant l'opinion du duc de Richelieu, un beau coup d'œil à toute l'Europe. » Vingt ans plus tard, ce revenu avait presque doublé : en 1750, il atteignait le chiffre de 300 millions; mais les dépenses avaient augmenté dans une telle proportion, que le gouvernement, loin de pouvoir supprimer l'impôt du dixième, comme il le promettait depuis longtemps, songeait à établir l'impôt du vingtième sur tous les biens meubles et immeubles. On avait repris le déplorable système des expédients ; on eut recours au plus dangereux de tous, à celui des *acquits de comptant*, que le roi signait sans qu'il y fût fait mention du genre de service auquel ils étaient ou devaient être affectés. Louis XV, naturellement économe dès qu'il s'agissait d'espèces monnayées, ne regardait pas à signer ces acquits de comptant, qui facilitèrent d'effroyables dilapidations. « Les dépenses sont si fortes et le luxe est arrivé à un tel point, écrivait l'avocat Barbier dans ses notes journalières de 1749, que chacun ne sait comment se retourner pour gagner. » Le déficit annuel était alors de 25 à 30 millions.

Les contrôleurs généraux se succédaient l'un à l'autre sans avoir amélioré la situation des finances. Machault (1745), un des plus habiles, avait échoué, en voulant amortir la dette de l'État par l'établissement de l'impôt du vingtième. Le parlement crut nécessaire de s'opposer avec vigueur aux augmentations progressives des impôts. Silhouette débuta par une opération fort applaudie (1759) et qui ne coûta rien à l'État : il créa soixante-douze mille actions de mille livres chacune, donnant droit à la moitié des bénéfices dont jouissaient les fermiers généraux. Il réduisit aussi les pensions et suspendit plusieurs priviléges concernant la taille. Il proposa enfin toute une série de réformes rigoureuses que le roi semblait accepter ; mais les moyens qu'il employa pour retrouver l'argent qui avait disparu achevèrent de ruiner le crédit. Silhouette était un magistrat probe et sévère, mais toutes les caisses s'étaient fermées et l'argent ne se montrait plus. Le contrôleur général fut donc sacrifié à la colère publique. Les soixante-quatre fermiers généraux, qu'on surnomma les *intrépides*, se concertèrent pour faire des avances sur les impôts qui allaient s'accroître encore. Du reste, pas le moindre changement dans les habitudes dépensières de la cour. Les économistes étaient en faveur, parce qu'ils multipliaient les plus beaux projets du monde pour payer les dettes de l'État et pour diminuer ses charges. Louis XV s'obstinait à fermer l'oreille aux remontrances des parlements ; celui de Rouen n'hésita pas, en 1763, à proclamer « que si l'état actuel des finances oblige, en temps de paix, à imposer sur les peuples des fardeaux plus pesants qu'ils n'en ont porté en temps de guerre, les maux sont à leur comble et présagent l'avenir le plus effrayant. » Louis XV répondait à tout, avec la même insouciance : « Cela durera bien autant que nous, et puis après le déluge! » On trouvait toujours de l'argent, que le banquier de la cour fût Paris de Montmartel ou Joseph de la Borde ; mais l'argent coûtait cher et les impôts ne diminuaient pas, malgré les plus audacieuses combinaisons des économistes.

Fig. 125. — Monnaies d'or et d'argent à l'effigie de Louis XV.

Le duc de Choiseul, dans le cours de son ministère, parvint à économiser plus de 250 millions ; mais après lui, cependant, les finances n'étaient pas, en apparence du moins, mieux ordonnées. L'abbé Terray, nommé contrôleur général (1769), eut l'imprudence d'émettre ce principe, que le gouvernement seul devait être juge souverain des engagements onéreux qu'il aurait été forcé de contracter dans des temps difficiles. C'était ériger la banqueroute en raison d'État. L'abbé Terray ne se fit donc aucun scrupule de réduire à deux et demi pour cent les rentes perpétuelles. Il imagina coup sur coup différents expédients du même genre, en déguisant l'impôt le mieux possible, alors même qu'il le grossissait de taxes arbitraires. On essaya de lui représenter qu'une de ces mesures financières était injuste : « Eh! qui vous dit qu'elle est juste? » répliqua-t-il tranquillement. L'indignation publique ne se prononça que par des épigrammes et des chansons : « Tant mieux! disait-il, on me traite comme Mazarin, on chante, mais on paie. » Les pauvres rentiers étaient à demi ruinés : « C'est une banqueroute partielle! s'écriait-on. — Si c'était une banqueroute complète, comme je l'avais conseillé, dit froidement l'abbé Terray, on ne crierait pas davantage. » Quelqu'un, poussé à bout, osa lui dire en face que ses opérations ressemblaient assez à prendre l'argent dans les poches : « Où voulez-vous donc que je le prenne? » répliqua-t-il d'un air étonné. Les économistes calculaient, supputaient, inventaient, et leurs plus riches projets n'amenaient pas un écu au trésor. Il était vide lorsque Louis XVI monta sur le trône. Le roi se piquait d'être à moitié économiste : il appela Turgot à son aide (1774). Le programme de Turgot fut un coup de théâtre : « Je me borne, disait le nouveau contrôleur général, à vous rappeler, sire, ces trois paroles : Point de banqueroute, point d'augmentation d'impôts, point d'emprunts. » Ce programme ne pouvait pas être exécuté sans changer entièrement l'état social, et, dès que Turgot tenta d'affirmer son système par six édits qui n'en étaient que le prélude, il se heurta aux résistances inflexibles du parlement. Ce n'était qu'un honnête homme à projets chimériques ; il avait prévu son sort, en disant dans sa lettre au roi : « J'ai prévu que je serais seul à combattre contre les abus de tous genres, contre les efforts de ceux qui gagnaient à ces abus, contre la foule des préjugés qui s'opposent à toute réforme et qui sont un moyen si puissant dans les mains des gens intéressés à éterniser le désordre. » Necker, qui fut appelé comme un sauveur (1777), n'était qu'un banquier, qui savait compter. Il commença par faire rentrer au trésor 27 millions que les trésoriers retenaient dans leurs coffres-forts le plus longtemps possible, de manière à profiter de l'intérêt de l'argent. Il s'était donné pour le seul homme de France capable de bien administrer les finances. Il les administra, il est vrai, avec habileté, mais il eut l'imprudence de publier son fameux *Compte rendu, présenté au roi au mois de janvier* 1781. « Jusque-là, dit le comte de Ségur dans ses *Mémoires*, la nation, étrangère à ses propres affaires, était restée dans la plus complète ignorance sur ses recettes, sur ses dépenses, sur ses dettes, sur l'étendue de ses besoins et sur celle de ses ressources. » Le crédit public eut à souffrir de ces inquié-

Fig. 126. — Portrait de Turgot; d'après Michel Vanloo.

tantes révélations. Necker n'avait fait qu'alarmer le pays, sans le soulager de ses charges qui tendaient toujours à s'aggraver : il dut se retirer, quoique soutenu par l'opinion, devant une coalition des gens de cour : « L'État fut sacrifié à la cour, ajoute Ségur, l'économie au luxe, la sagesse à la vanité. » Deux contrôleurs généraux, Joly de Fleury et d'Ormesson, ne lui succèdent que pour témoigner de leur impuissance, sinon de leur incapacité. Calonne eut le courage de lès remplacer lorsque le numéraire manquait absolument dans les caisses de l'État, et pourtant Necker avait constaté que les contributions du royaume s'élevaient à près de 600 millions. Calonne se mit à emprunter, à emprunter encore, à emprunter toujours, sans avoir égard aux plaintes continuelles du parlement. Il avait pourtant avoué au roi, dès le début de son administration, que la disproportion entre les recettes et les dépenses exigeait le remaniement du système des impôts. Le remède était pire que le mal, puisque Calonne conseillait de donner une nouvelle constitution à l'État, en changeant le régime des finances. Il avait tant et tant emprunté, qu'il ne trouvait plus d'argent, lorsque le roi, d'après ses avis, convoqua l'assemblée des notables, dans laquelle l'audacieux et imprudent ministre dénonça le terrible *déficit*, qu'il n'avait que trop contribué à augmenter. « Déficit, dit Mercier, mot nouveau dans notre langue et tristement naturalisé : il présente l'image d'un abîme obscur, et il ne fait naître que des agitations vagues et ténébreuses. » Cet abîme obscur, c'était la révolution, qui évoquait le spectre menaçant du déficit et de la banqueroute.

Fig. 127. — Girandole en pierreries de J. B. F.; 1723.

CHAPITRE NEUVIÈME

LE COMMERCE

Le commerce. — Préjugés contre cette profession. — Le commerce d'exportation et la marine marchande. — Le conseil du commerce. — Les compagnies commerciales; la compagnie des Indes; les grands commerçants. — Les marchands de Paris. — Les théories sur le commerce; les économistes et les utopistes. — Souffrance du haut commerce sous Louis XVI. — Développement des industries de luxe. — Symptômes de révolution.

'ÉTAT est un arbre, disait le marquis de Mirabeau, les racines de cet arbre sont l'agriculture, le tronc est la population, les branches sont l'industrie, les feuilles sont le commerce proprement dit et les arts. » Cette image plus ou moins juste de l'état social ne caractérise pas suffisamment le rôle du commerce dans les sociétés modernes. Montesquieu, après avoir reconnu, dans son *Esprit des lois*, que « le commerce guérit des préjugés destructeurs, polit et adoucit les mœurs barbares, et porte à la paix les nations qui négocient ensemble, » fait cruellement ressortir les vices inhérents au commerce : « Dans les pays où l'on n'est affecté que de l'esprit du commerce, dit-il en voulant peut-être parler de la Hollande, mais en faisant aussi la critique de la France au dix-huitième siècle, on trafique de toutes les actions humaines et de toutes

les vertus morales; les plus petites choses, celles que l'humanité demande, s'y font ou s'y donnent pour de l'argent. » Dans une édition anonyme de cet immortel ouvrage (1764), la pensée de Montesquieu se prononce encore davantage contre l'esprit du commerce, que les économistes avaient trop exalté aux dépens des idées morales et politiques : « Le commerce, disaient alors Montesquieu et son éditeur, rend les hommes plus sociables, ou, si l'on veut, moins farouches, plus industrieux, plus actifs; mais il les rend en même temps moins courageux, plus rigides sur le droit parfait, moins sensibles aux sentiments de générosité. Le système du commerce se réduit souvent à ce principe : Que chacun travaille pour soi comme je travaille pour moi ; je ne vous demande rien qu'en vous en offrant la valeur; faites-en autant. » L'esprit du commerce, aux yeux des philosophes du dix-huitième siècle, était donc l'égoïsme dans sa plus naïve expression.

C'était là sans doute ce qui avait motivé le préjugé d'après lequel la cour, la noblesse et la bourgeoisie même, surtout l'armée et la magistrature, regardaient avec un égal mépris le métier de marchand et la profession de négociant. Cette profession, ce métier étaient presque avilis sous le règne de Louis XIV. Négociants et marchands, loin de protester contre cet étrange avilissement, se tenaient à l'écart et se contentaient de s'enrichir sans éclat et sans bruit : « Les artisans et les marchands, que leur obscurité dérobe à la fureur ambitieuse des grands, disait Voltaire, qu'il faut toujours citer quand on veut bien connaître l'esprit et le caractère de son époque, sont des fourmis qui se creusent des habitations en silence, tandis que les aigles et les vautours se déchirent. » Voltaire ne pouvait cependant constater sans indignation le dédain dont le commerce était l'objet : « Le négociant, disait-il, entend parler si souvent avec dédain de sa profession, qu'il est assez sot pour en rougir. Je ne sais pourtant quel est le plus utile à un État, ou le seigneur bien poudré, qui sait précisément à quelle heure le roi se lève, à quelle heure il se couche, et qui se donne des airs de grandeur en jouant le rôle d'esclave dans l'antichambre d'un ministre, ou un négociant qui enrichit son pays, donne de son cabinet des ordres à Surate et au Caire, et contribue au bonheur du monde. »

Depuis la mort de Colbert jusqu'à la fin du règne de Louis XIV, le gouvernement sembla se désintéresser absolument des affaires du commerce, qu'il laissait se développer ou se restreindre selon le libre arbitre du commerçant; mais les mesures sages et intelligentes que Colbert avait prises pour aider aux progrès de l'industrie et du négoce subsistaient toujours, et se perpétuaient par la force des choses et de la routine. Le commerce, livré à lui-même, n'en suivait pas moins les voies de l'expérience et de l'habitude, en vue de ses intérêts particuliers, mais en contribuant aussi à l'accroissement de la fortune publique. Les produits naturels de la France, ses vins surtout et ses eaux-de-vie, ainsi que ses produits manufacturés, ses étoffes de laine et de soie, ses toiles et ses objets de luxe et de mode, étaient cent fois trop abondants pour sa consommation intérieure, et fournissaient à son trafic d'exportation une inépuisable variété de marchandises appréciées et recherchées dans les contrées les plus lointaines. Ce commerce extérieur, dont la prospérité constante n'avait pas même beaucoup souffert des conséquences de la guerre étrangère, aurait pu acquérir, dès le temps de Louis XIV, une importance beaucoup plus considérable, notamment dans la Méditerranée et dans les mers de l'Inde, ce qui faisait dire à un seigneur de la cour, comme le rapporte Piganiol de la Force (*Description de la France*, 1719), que : « Si Dieu faisait un jour connaître aux Turcs ce qu'ils peuvent faire par mer, et aux Français jusqu'où ils peuvent porter le commerce, le reste de l'Europe deviendrait bientôt la conquête des uns et des autres. » Ce fut sans doute sous l'empire de cette idée, peut-être trop orgueilleuse, que le gouvernement de Louis XIV avait favorisé la création de plusieurs compagnies commerciales, qui devaient trafiquer en Asie, en Afrique et en Amérique. Mais ces compagnies, les dernières qui eussent été formées sous Louis XIV, celle de Saint-Domingue, celle du Canada, celle de la baie d'Hudson et celle de l'*Assiente* ou de Guinée, ne prospérèrent pas, du moins au profit de leurs intéressés, malgré les priviléges avantageux que le roi leur avait accordés; elles ne servirent qu'à fonder des colonies françaises sur quelques points de l'Afrique et de l'Amérique du Nord, en donnant plus d'activité et d'extension à la marine marchande et en apportant ainsi à la marine militaire un utile concours; car les meilleurs marins, les plus intrépides et les plus habiles, se formèrent dans la marine marchande, qui fut le berceau de Duguay-Trouin, de Cassart, de Ducasse, de Gardin et de la Villestreux.

On ne s'explique pas comment ces grandes compagnies commerciales, à qui le roi et l'État prêtaient des sommes énormes sans intérêts, et qui étaient exemptes de tous droits sur les marchandises étrangères importées en France, ne tardèrent pas à déchoir, peu d'années après leur création, et renoncèrent bientôt à leurs priviléges, sans avoir indemnisé leurs actionnaires. Faut-il en conclure, comme l'ont prétendu certains économistes du dix-huitième siècle, que le Français n'a pas et n'aura jamais le génie du commerce? Chez les Anglais, au contraire, on voyait grandir et se développer ce génie national, qui portait sur toutes les mers et dans toutes les contrées du globe son antagonisme contre la France commerçante. « C'est uniquement parce que les Anglais sont devenus négociants, disait Voltaire dans ses *Lettres philosophiques*, que Londres l'emporte sur Paris par l'étendue de la ville et le nombre des citoyens. » Les longues guerres que Louis XIV avait eu à soutenir contre l'Angleterre et la Hollande n'étaient, en réalité, de la part de ces deux puissances navales, qu'un moyen de s'opposer aux progrès du commerce français dans les Indes orientales et occidentales. Les compagnies établies en France pour favoriser le commerce extérieur ne réussissaient pas, et à la fin du dix-septième siècle, la compagnie des Indes se voyait forcée de céder, moyennant une simple redevance proportionnelle, à des villes et à des particuliers, le droit de trafiquer avec les Indes et la Chine; elle n'existait plus que de nom lorsque Law, en 1719, lui prépara de glorieuses destinées, en l'absorbant dans une nouvelle compagnie des Indes, qui devait centraliser le commerce du monde maritime.

Si Colbert avait pu vaincre les préjugés et les répugnances que Louis XIV eut toujours contre le commerce et contre ceux qui l'exerçaient, il aurait sans doute donné une base plus solide aux institutions commerciales, en organisant un contrôle général du commerce à côté du contrôle des finances. Le commerce extérieur et intérieur n'était réellement pas représenté dans le conseil du roi, où les questions qui le concernaient, si importantes qu'elles fussent, ressortissaient tantôt au département de la marine et tantôt à la surintendance des finances. Ce n'est qu'en 1710 qu'on reconnut la nécessité d'établir un conseil de commerce, dans lequel seraient traitées exclusivement les matières com-

Fig. — 128. Ancien pavillon marchand de la marine française.
(D'après les Pavillons ou Bannières que la plupart des nations arborent en mer; chez David Mortier, à Amsterdam; 1718.)

merciales, qui devenaient de jour en jour plus complexes et plus multipliées. Ce conseil fut composé de plusieurs conseillers d'État, de six intendants du commerce, choisis parmi les maîtres des requêtes, du syndic de la province du Languedoc, de deux députés de la ville de Paris et de neuf autres députés des principales places de commerce. Le conseil se rassemblait sous la double présidence du secrétaire d'État de la marine et du contrôleur général des finances; ce dernier appelait, au besoin, dans le conseil, deux intéressés au bail des fermes du roi. Les six intendants du commerce, dont la création remontait au mois de mai 1708, étaient chargés du détail des diverses parties du commerce général, divisées en six départements spéciaux; ils devaient donc avoir les connaissances nécessaires pour être rapporteurs des affaires que l'assemblée avait à examiner. Quant aux députés des villes de commerce, on choisissait, sans doute par élection, les principaux négociants de ces différentes villes où le commerce était à la fois le plus considérable et le plus florissant.

Les gens de cour, les nobles, les financiers eux-mêmes, les uns par dédain, les autres par jalousie, n'avaient pas vu de bon œil l'introduction des négociants dans un conseil qu'on pouvait considérer comme une annexe du conseil d'État et des départements ministériels de la marine et des finances. A la mort de Louis XIV, le conseil de commerce fut supprimé, et ses attributions rentrèrent dans celles des deux nouveaux conseils supérieurs, qui auraient à s'occuper de la marine et des finances, et qui soumettraient leurs décisions au conseil de régence. Cependant le duc d'Orléans voulut conserver quelque ombre de l'ancien conseil de commerce : il choisit plusieurs membres des deux conseils des finances et de la marine, et les délégua pour travailler alternativement avec les six intendants du commerce et les députés des villes commerçantes du royaume. Mais, quoique ces derniers n'eussent pas voix délibérative dans les réunions, une hostilité sourde se manifesta contre eux et leur ôta toute espèce d'influence, en ne leur attribuant qu'un droit de présence passive et d'examen consultatif. Les six offices d'intendants du commerce avaient été supprimés par édit du mois d'octobre 1715, et le conseil particulier du commerce ne se composait plus que de trois conseillers d'État et de trois maîtres des requêtes, qui étudiaient et rapportaient les affaires, pour les soumettre soit au président du conseil des finances, soit au président du conseil de la marine. Les négociants députés des villes de commerce et les deux intéressés dans les fermes du roi n'étaient plus que des assistants muets. Un nombre illimité d'inspecteurs du commerce nommés par le chef du conseil des finances, recevaient de lui leurs commissions, à l'exception de l'inspecteur de Marseille, qui ne dépendait que du chef du conseil de la marine.

Telle fut l'organisation administrative du commerce pendant la régence, et ce conseil, aux séances duquel assistaient les commerçants les plus compétents et les plus estimés, approuva pourtant les audacieuses innovations du système de Law. Cet économiste écossais, fécond en ressources, mais trop impatient et toujours téméraire, avait fondé une banque, qui faisait, à l'aide de combinaisons ingénieuses, affluer dans ses caisses tout le numéraire du royaume, en échange de billets auxquels l'agiotage imposait une hausse factice et aléatoire. Law comprit qu'il devait donner à cette banque une base solide, en représentant par des valeurs mobilières et immobilières le papier mis en circulation avec une folle prodigalité. Ce fut au commerce et à l'agriculture qu'il

Fig. 129. — Traite des Nègres (vente d'une esclave); d'après Eisen.

demanda, du moins en apparence, la consolidation de son système financier. La Compagnie de la Louisiane, qui n'avait donné que des résultats nuls ou insignifiants depuis sa création, passa dans les mains de Law, et devint la Compagnie d'Occident, par lettres patentes du roi, en date de septembre 1717. L'objet principal de la nouvelle compagnie était la plantation et la culture des terres arrosées par le grand fleuve du Mississipi : il s'agissait de réussir là où Crozat, un des plus riches et des plus habiles négociants, avait échoué. On avait en vue, pour faire prospérer une colonie en détresse, le développement du commerce maritime et l'exploitation des mines d'or du pays. Ces mines d'or, par malheur, n'existaient qu'en espérance. La Compagnie d'Occident, dont les actions étaient déjà placées, fit beaucoup de bruit de ses projets et de ses efforts. Dès le mois de mai 1718, six navires chargés de colons et d'ouvriers partirent pour le Mississipi, qui allait être bientôt, disait-on, le centre d'une puissante et magnifique colonisation. Le taux des actions de la banque de Law s'élevait sans cesse ; cette banque avait obtenu du roi le privilége du commerce du Canada pour les castors et les autres pelleteries ; elle ajouta encore à ce privilége celui de la traite des nègres au Sénégal (fig. 129 et 130), celui de la navigation et du commerce dans toutes les mers de l'Orient, depuis le cap de Bonne-Espérance jusqu'à la Chine. C'est alors que la Compagnie d'Occident se transforma en Compagnie des deux Indes, par édit de mai 1719, en absorbant les anciennes Compagnies des Indes et de la Chine, qui n'avaient cessé de dépérir et qui succombaient sous le poids de leurs dettes. Le roi concédait à la Compagnie nouvelle, en toute propriété, les terres, îles, forts, habitations, magasins, meubles, immeubles, droits, rentes, vaisseaux, banques, munitions de guerre et de bouche, nègres, bestiaux et marchandises, que possédaient les deux anciennes Compagnies, mais à la charge de payer les dettes de ces compagnies et de fournir au roi une indemnité de 50 millions.

La banque de Law était devenue alors banque de l'État, et dès 1720 la Compagnie des Indes fut chargée de l'administrer. Les gigantesques entreprises que Law avaient annoncées n'eurent qu'un commencement d'exécution. A peine si quelques navires chargés de denrées orientales et appartenant à l'ancienne Compagnie des Indes arrivèrent dans les ports de l'Océan ; à peine si la triste colonie du Mississipi envoya quelques échantillons de ses produits indigènes. Law n'eut pas le temps, d'ailleurs, de s'occuper de colonisation et d'agriculture en Amérique, ni de commerce et de conquêtes en Asie. Ses ennemis, ses rivaux, les gros financiers français, les négociants étrangers, les Anglais et les Hollandais surtout, avaient enlevé de la banque royale toutes les espèces monnayées, en n'y laissant que des billets. La catastrophe était inévitable : elle fut prompte et terrible. L'argent avait disparu, les billets de banque et les actions de la Compagnie des Indes étaient tombés à rien. Il fallut, pour éviter une banqueroute générale, réduire le nombre et la valeur de ces actions et de ces billets. Banque du roi et Compagnie des Indes ne faisaient plus qu'une seule institution financière et commerciale. Les malheureux actionnaires avaient perdu les

Fig. 130. — Traite des Nègres (la Contrainte des noirs au travail); d'après Eisen.

deux tiers de leur capital; ils renoncèrent généreusement aux primes et aux dividendes promis, sans autre dédommagement qu'une faible part dans la ferme des tabacs, et ils se flattèrent de l'espoir d'être indemnisés lorsque la Compagnie des Indes, mieux dirigée et moins obérée, pourrait réaliser les espérances qu'on fondait sur son avenir.

Débarrassée depuis 1725 des opérations de la banque, la Compagnie des Indes, quoiqu'on lui eût retiré une partie de ses privilèges, en conservait assez pour faire de gros bénéfices, puisqu'elle représentait le commerce maritime de la France avec les deux Indes et l'Afrique. Elle avait le monopole du tabac, du café, du thé et des épices, à leur entrée dans les ports du royaume, où elle ne payait que des droits minimes ; elle apportait de la Chine les étoffes, les porcelaines et les curiosités de luxe. Toutes les dettes se trouvèrent liquidées par l'émission de quarante-huit mille actions, dont le dividende fut arrêté à cent livres, et pourtant les actionnaires ne touchèrent pas ce faible dividende. Crozat et Samuel Bernard restaient l'un et l'autre à la tête de la Compagnie, qui avait pour vice-protecteur le duc de Bourbon, premier ministre, et pour directeurs d'honneur le duc d'Antin, les maréchaux de Grammont et d'Estrées, le marquis de Lassay, le duc de Chaulnes, le marquis de Mézières et M. de Vendôme. L'opinion publique ne leur était pas favorable, et l'on disait déjà tout haut que leur avarice et leur mauvaise foi porteraient malheur aux pauvres actionnaires. Les négociants et les gens de commerce n'en paraissaient pas moins flattés de voir des princes et des grands seigneurs se défaire de leurs préjugés de caste, au point de mettre la main dans des affaires commerciales. Il y avait, d'ailleurs, huit autres directeurs réels, choisis entre les plus gros banquiers, pour administrer la Compagnie, qui devînt une puissance formidable en Asie, qui comptait par milliers ses comptoirs, ses commis, ses vaisseaux, qui donnait tous les jours plus d'activité à son commerce d'importation, et qui, néanmoins, en pleine prospérité, ne payait ni ses actionnaires ni ses créanciers. Ceux-ci attendaient, espéraient toujours, et déliaient les cordons de leur bourse à chaque appel de fonds. Le gouvernement seul tirait profit des agrandissements commerciaux et politiques de la Compagnie, qui avait son siége principal à Pondichéry et à Chandernagor.

Le gouvernement, averti par les désastres des entreprises de Law, affectait d'intervenir le moins possible dans les choses de commerce ; il bornait son rôle à une protection sommaire et générale, en garantissant l'exécution des traités conclus avec les nations étrangères ; il négligeait même de faire soutenir par sa marine militaire les intérêts du négoce maritime. Il fallait, suivant un principe égoïste, que le commerçant se sauvegardât lui-même et fît le meilleur usage possible de la liberté qu'on laissait à ses opérations particulières. Le conseil de com-

Port de Rochefort. — Le marché des colonies, d'après Joseph Vernet.

merce, établi par ordonnance du 4 janvier 1717, avait été remplacé, en juin 1721, par un simple bureau composé de huit personnes. Deux ans après (juin 1723), on y adjoignit quatre intendants du commerce, conseillers du roi en ses conseils, pour la surveillance et la protection du commerce intérieur, ainsi que du commerce extérieur par terre. Les douze députés des principales villes commerçantes du royaume avaient toujours voix consultative auprès du bureau du commerce et des quatre intendants, ayant chacun son département spécial; ils étaient appelés, en outre, à donner leur avis dans toutes les questions concernant le commerce extérieur maritime, qui dépendait exclusivement du ministère de la marine.

Les intendants du commerce étaient des conseillers d'État, des maîtres des requêtes, mais on ne cherchait pas cependant à combattre, à détruire le préjugé qui attachait une sorte de dégradation sociale à l'exercice du commerce. L'ordonnance royale, dictée par Colbert (août 1669), qui déclarait la noblesse compatible avec le commerce, était comme frappée de nullité. On ne tenait pas plus de compte des édits qui autorisaient les nobles à faire le commerce en gros, sans déroger. Les magistrats étaient encore plus dédaigneux du commerce que les nobles eux-mêmes, et les négociants, qui voulaient en quelque sorte se laver de la tache originelle, se disaient financiers. Plusieurs grands manufacturiers, tels que van Robais et Cados, avaient obtenu des lettres de noblesse; mais on ne les considérait pas comme des commerçants, bien que contribuant par leur fabrication à l'œuvre du commerce. Louis XIV avait récompensé les services de Samuel Bernard, en érigeant sa terre de Coubert en comté, mais, dans les lettres de création, Samuel Bernard était présenté comme financier et non comme négociant; aussi bien, Samuel Bernard ne prit-il jamais le titre de comte. Aucun préjugé ne fut plus opiniâtre que celui qui éloignait de toute ingérence commerciale les personnes nobles de naissance ou de condition. La noblesse des îles ou des colonies avait seule le privilége de faire le négoce sans dérogeance. Les économistes et les philosophes, qui eurent tant d'action sur toutes les idées comme sur tous les actes du dix-huitième siècle, recommandaient inutilement le commerce à la noblesse et surtout à la noblesse pauvre, qui avait là un moyen honorable d'utiliser ses facultés, en servant sa patrie aussi noblement que par les armes : ils firent peu de prosélytes, et si plus tard l'ordre de Saint-Michel, en dépit de ses statuts, qui exigeaient que ses membres fussent *nobles de deux races*, était décerné à quelques grands commerçants déguisés en financiers, le gouvernement n'en resta pas moins fidèle au principe fondamental posé par Montesquieu dans l'*Esprit des lois* : « Il est contre l'esprit de la monarchie que la noblesse fasse le commerce. L'usage qui a permis en Angleterre le commerce à la noblesse est une des choses qui ont contribué à affaiblir le gouvernement monarchique. »

On distinguait, il est vrai, parmi les gens de commerce, différentes classes qui représentaient, pour ainsi dire, comme dans la noblesse, dans la bourgeoisie, dans la magistrature, tous les degrés de la hiérarchie sociale. Il y avait une aristocratie et une démocratie commerçantes. Les grands négociants étaient des grands seigneurs, en comparaison des petits marchands, et souvent le financier n'était autre qu'un commerçant. Le marquis de Mirabeau, dans son *Ami des hommes*, s'efforçait d'unir, par un lien fraternel, le commerce, la finance et l'industrie : « Dans un État constitué comme la France, disait-il, il faut que le commerçant soit laborieux, entreprenant, franc, indépendant, simple, et en fasse gloire ; que la finance se confonde et se répande dans le commerce, loin de l'opprimer et de le mépriser ; que l'artisan soit industrieux, vigilant, réglé dans ses mœurs, borné dans la consommation. » Duclos, dans ses *Considérations sur les mœurs*, donnait ainsi la préférence au commerçant, en le comparant au financier : « Les commerçants sont le premier ressort de l'abondance ; les financiers ne sont que des canaux propres à la circulation de l'argent et qui trop souvent s'engorgent.... Les commerçants s'honorent par la voie même qui les enrichit ; les financiers s'imaginent tendre au même but par le faste et l'étalage de leurs richesses. » Les financiers étaient partout à cette époque, brillaient, triomphaient partout ; quant aux commerçants, ils ne faisaient pas souvent parler d'eux, ils ne se montraient guère hors de leur bureau et vivaient généralement dans une obscure médiocrité, malgré leur fortune acquise. « Ce sont les commerçants, disait Duclos, qui ne s'enrichissent qu'en procurant l'abondance et dont les richesses prouvent les services. On ne les rencontre pas dans la société aussi communément que les financiers, parce que les affaires les occupent et ne leur permettent pas de perdre un temps, dont ils connaissent le prix, pour des amusements frivoles. » On n'avait garde alors de confondre le commerçant avec le marchand, et l'on établissait aussi une différence marquée entre le commerçant et le négociant. L'abbé Coyer caractérise ainsi le négociant, dans *la Noblesse commerçante :* « Un négociant qui a bien saisi et pratiqué toute la science du commerce, qui en a fouillé tout l'art, connaît la disposition des mers, des côtes et des provinces, la longueur et la brièveté des trajets, les dangers des routes, les besoins et les intérêts nationaux, les mœurs et les coutumes des peuples, les productions locales, les apprêts et les échanges de toutes les matières d'usage, la valeur des monnaies respectives, les variations du change, les ressorts du crédit public et la juste mesure de la circulation de l'or dans les veines de l'État. Cet homme ne respire que pour s'appliquer, méditer, combiner. » Plus tard, vers la fin du règne de Louis XV, quand la profession de négociant fut mise en honneur par l'école philosophique, Joseph de la Borde, le fermier général millionnaire et le banquier de la cour, se glorifiait d'avoir été d'abord exclusivement adonné au commerce : « J'ai toujours conservé, écrivait-il dans ses *Mémoires* encore inédits, l'attachement le plus décidé pour le commerce ; c'est l'état d'un vrai citoyen. Un négociant, qui opère en grand, fait mouvoir tous les différents ordres de l'État, en leur faisant recueillir le fruit de son travail : l'agriculture, les manufactures, les artistes, les ouvriers en tous genres, tout se ressent des opérations d'un négociant. J'ai eu jusqu'à vingt navires à la pêche en Amérique, aux Indes orientales, aux Indes occidentales et en Guinée. Combien de personnes occupées, combien d'argent répandu, qui soulage le peuple et le gentilhomme, en leur procurant un débouché avantageux de leurs produits ! » Ces nobles paroles, ces sentiments généreux et patriotiques donnent un éclatant démenti aux ignorants vaniteux, qui jugeaient un négociant de Marseille ou de Bayonne d'après le type vulgaire du marchand de la rue Saint-Denis.

Les marchands de Paris, qui étaient cependant séparés entre eux par différents degrés sociaux, avaient justifié quelquefois la méchante opinion que la Bruyère nous a laissée de leur probité. « Le marchand, disait-il en 1694, dans la 8ᵉ édition de ses *Caractères*, fait des montres pour donner de sa marchandise ce qu'il y a de pire : il a le catis et le faux jour, afin d'en cacher les défauts, et qu'elle paraisse bonne; il la

Fig. 151. — Adresse illustrée d'un marchand de bimbeloterie. (Communiqué par M. Bonnardot.)

surfait, pour la vendre plus cher qu'elle ne vaut; il a des marques fausses et mystérieuses, afin qu'on croie n'en donner que son prix, un mauvais aunage, pour en livrer le moins qu'il se peut; et il a un trébuchet, pour que celui à qui il l'a livrée la lui paie en or qui soit de poids. » Cinq ou six ans plus tard, Cotolendi, dans sa fameuse lettre d'un Sicilien, ne traite pas mieux les marchands et le petit commerce de Paris : « Si vous venez jamais à Paris, faisait-il dire à son voyageur sicilien, gardez-vous de mettre le pied dans les boutiques où l'on vend des choses inutiles. D'abord que le marchand vous fait la description de ses marchandises avec plusieurs paroles précipitées, il vous flatte et vous invite insensiblement, avec beaucoup de révérences, à acheter quelque chose, et à la fin il parle tant, qu'il vous ennuie et vous étourdit. Quand on entre dans sa boutique, il commence par montrer tout ce qu'on ne veut pas, faisant voir ensuite ce qu'on demande, et alors il dit et il fait si bien que vous dépensez tout votre argent, en prenant la marchandise

Fig. 132. — Boutique de Marchande de poterie d'étain ; d'après Christoph Kilian.

qu'il vous donne pour plus qu'elle ne vaut. C'est par ce moyen qu'il se paie de sa civilité et des peines continuelles qu'il prend à montrer inutilement, et cent fois par jour, ses marchandises à des curieux qui veulent tout voir sans acheter. » C'étaient là sans doute les défauts et les vices de quelques marchands trop avides et trop âpres au gain, mais, en général, le marchand de Paris, comme celui de province, se faisait un point d'honneur d'être honnête, de ne vendre que de bonne marchandise et de ne pas tromper l'acheteur. De là, ces maisons dites *de confiance*, qui existaient en si grand nombre au dix-huitième siècle et qui avaient une clientèle héréditaire, que les possesseurs de ces maisons se transmettaient de père en fils ; car la même famille de marchand occupait souvent depuis deux ou trois siècles la même boutique, où l'on voyait se succéder aussi plusieurs générations de clients, qui n'avaient jamais eu à se plaindre ni à se défier de leurs fournisseurs attitrés. Les marchands, d'ailleurs, faisaient partie de ces corporations et de ces jurandes dans lesquelles ils trouvaient la récompense d'une réputation sans tache, en remplissant des charges honorifiques qui devaient suffire à leur ambition modeste et les conduisaient, sous les auspices des suffrages de leur communauté, au siège de juge du tribunal consulaire, au banc de marguillier dans l'église paroissiale, à la dignité d'échevin dans le conseil des notables de la ville.

Les marchands menaient, d'ordinaire, la vie la plus laborieuse et la plus simple : on les voyait constamment occupés derrière leur comptoir ; ils étaient levés avant l'aube ; ils ne veillaient que pour mettre en ordre leurs écritures de commerce ; ils s'imposaient la plus stricte économie et ne souffraient pas dans le ménage la moindre dépense inutile ; ils se faisaient aider, dans les soins de leur négoce, par leurs femmes et leurs enfants ; on regardait alors les commis étrangers comme des causes de ruine et de gaspillage dans une bonne maison. « Les femmes des petits marchands, dit Mercier dans son *Tableau de Paris*, travaillent de concert avec leurs hommes et s'en trouvent bien, car elles manient toujours un peu d'argent. C'est une parfaite égalité de fonctions ; le ménage en va mieux. La femme est l'âme d'une boutique. » Les fortunes qui s'étaient faites par l'épargne ne se conservaient que par un surcroît d'économie. Il y avait beaucoup de marchands riches, mais ils n'en étaient que plus parcimonieux, ils donnaient à leur famille l'exemple des mœurs patriarcales. La semaine était consacrée au travail, le dimanche au repos et à la promenade, après l'accomplissement des devoirs religieux. La distraction la plus coûteuse que se permettait un marchand aisé, et bien rarement encore, c'était une soirée de spectacle. On célébrait les fêtes de l'Église par des réunions intimes entre voisins, entre confrères. On trouve, dans *l'Ami des hommes*, un tableau naïf de ces réunions : « A Noël, la famille rassemblée, la souche de la veillée et le brasier qui l'entourait, servant à cuire les marrons pour le vin blanc; ensuite le réveillon, etc. Aux Rois, la fève, et les cris *le roi boit!* A Pâques, les œufs, qu'anciennement le père de famille distribuait à toute sa maison, jusqu'au moindre domestique, le jambon, etc. A la Pentecôte, les premiers fruits, etc. Ces sortes d'assemblées, ajoute

Fig. 133. — Adresse illustrée d'un Marchand d'éventails.

le marquis de Mirabeau, réveillent, font oublier les peines passées et futures, réunissent la jeunesse, mais sous les yeux paternels, font naître les unions de convenance, les propositions de mariage, rappellent les souvenirs d'antique fraternité et parenté. »

Les boutiques étaient encore, comme autrefois, basses, étroites, obscures, enfumées, sans aucun ornement et sans autre signe extérieur qu'une enseigne peinte; la plupart à demi ouvertes sur la rue, ou fermées par deux ou trois volets mobiles, avec une porte à vantail et à loquet; quelquefois entièrement closes par un vitrage volant. Deux ou trois objets étalés sur une tablette extérieure annonçaient la nature du commerce auquel servait la boutique ; à l'intérieur, des marchandises entassées dans un espace exigu, privé d'air et de lumière ; des bancs de bois et des tabourets couverts en paille, sur un sol pavé ou planchéié, suivant la nature du négoce. Le marchand habitait ordinairement au-dessus de sa boutique, avec laquelle il se trouvait en communication au moyen d'une ouverture pratiquée au plancher, ou judas, qui lui permettait

Fig. 134. — Boutique d'une Marchande de modes. (Communiqué par M. Bonnardot.)

de voir sans être vu, et de répondre à chacun sans se déranger. Au reste, le même genre de commerce s'attachait encore traditionnellement à certains quartiers et à certaines rues, dont le nom correspondait plus ou moins à ce genre de commerce : les drapiers n'avaient pas quitté la rue de la Vieille-Draperie ; les orfévres, le quai des Orfévres ; les cordonniers, la rue de la Cordonnerie, etc. La solidarité commerçante retenait dans des habitudes de bon voisinage les marchands de la même confrérie. C'est seulement à partir de la régence, que les divers commerces s'éloignèrent peu à peu de leur centre primitif ; c'est alors que la rue Saint-Honoré, aux environs du Palais-Royal, vit s'établir des boutiques élégantes, où de brillants étalages faisaient appel aux convoitises des passants : les orfévres et les bijoutiers, les marchandes de modes (fig. 134) et de chaussures, les fourreurs (fig. 135) et les bimbelotiers, commencèrent à éblouir les yeux, pour forcer les bourses à s'ouvrir. Tout le monde était riche ou se croyait riche, en ce temps-là, et jamais le commerce de luxe ne fit de plus gros bénéfices.

De cette époque date le luxe de quelques marchands enrichis, qui oubliaient les mœurs de leurs ancêtres et qui voulaient imiter les finan-

Fig. 155. — Boutique d'un Fourreur. (Tiré de l'Encyclopédie.)

ciers et les gros bourgeois : « Chaque bourgeois commerçant, artisan même un peu aisé, écrivait le marquis de Mirabeau en 1755, a sa maison de campagne où tout va par écuelles, comme l'on dit. » Toutefois, d'après le témoignage du baron de Besenval, « le luxe était bien éloigné des progrès étonnants qu'il a faits depuis. » Le marchand fut le dernier à se donner les jouissances de ce luxe, qui avait fait sa fortune. Le marquis de Mirabeau, qui ne pardonne pas aux dépenses immodérées que la vanité imposait aux petits comme aux grands, nous représente avec indignation « ce marchand, qui dort aujourd'hui la grasse matinée, et se fait remplacer dans sa boutique par un garçon de surcroît, chèrement loué; dont la femme porte couleurs, rubans, dentelles et diamants, au lieu du noir tout uni, qu'elle ne mettait encore qu'aux bons jours ; qui brûle de la bougie ; qui prend le café et fait journellement sa partie de quadrille ; il s'ensuit que ce marchand, obligé, pour vivre selon son état, de fournir toutes ces choses à sa très-digne moitié, et, de son côté, de figurer comme les autres (c'est le mot), peut, en conscience, prélever cette dépense sur ses fournitures. »

Fig. 136. — Adresse illustrée d'un Ingénieur, fabricant d'instruments ; d'après Eisen.

Ce marchand enrichi à force de petits calculs, de gains accumulés, de lucres opiniâtres et mystérieux, n'était pas, en effet, le négociant armateur, qu'un écrivain économiste (Bedos) nous représente, en 1779, comme l'arbitre des destinées du commerce maritime, « analysant les avis de ses correspondants, ayant sous les yeux ses engagements à payer, vérifiant les sommes en caisse, calculant les effets en portefeuille, inventoriant ses marchandises en magasin, celles qui sont sur les flottes, évaluant ses vaisseaux en charge et en décharge. » Malheureusement, ce *négociant patriote* avait subi, pendant la guerre, des pertes irréparables, et le gouvernement n'avait rien fait, ou presque rien, pour protéger les navires marchands, qui sillonnaient toutes les mers. Un grand nombre de ces navires avaient été capturés par les Anglais, qui augmentaient sans cesse leur marine militaire pour détruire notre commerce et pour nous enlever nos colonies, que le négoce et l'agriculture avaient rendues si florissantes. La Compagnie des Indes, quelle que fût la prospérité de ses établissements au Canada, au Bengale, à Madagascar, à Saint-Domingue, ne se soutenait qu'à force d'emprunts, et employait toutes ses ressources à payer des troupes, à équiper des vaisseaux de guerre, à faire enfin le commerce à main armée. Dupleix, gouverneur de cette Compagnie à Pondichéry, et Mahé de la Bourdonnais, gouverneur des îles de Bourbon et de Maurice, furent jaloux l'un de l'autre et devinrent ennemis irréconciliables : cette haine annihila tous les succès de leurs armes ; les Anglais poursuivirent avec une invincible énergie l'œuvre de destruction qu'ils avaient entreprise contre la Compagnie des Indes : le comte de Lally se vit contraint, par la famine, de leur ouvrir les portes de Pondichéry (15 janvier 1761). La France perdit successivement toutes ses colonies dans les Indes orientales et une partie de celles de l'Amérique. Son commerce extérieur était presque anéanti, malgré la prospérité toujours croissante de l'île de Saint-Domingue, où la production du sucre, du café, du coton, de l'indigo et du cacao donnait des revenus plus certains et plus durables que les mines d'or du Mexique et du Pérou. La Compagnie des Indes, surchargée de dettes qu'elle ne pouvait éteindre, n'était plus même capable de mettre à profit les priviléges sur lesquels reposait son institution ; elle n'avait plus de raison d'exister, en face de la liberté du commerce, qui devenait la base du nouveau code de l'économie politique. Elle se dessaisit alors de tous ses droits et de tous ses biens, entre les mains du roi, qui se chargea de payer les dettes et d'indemniser les actionnaires (17 février 1770). Mais, quinze ans plus tard, on reconnut que le commerce d'importation et d'exportation avait trop à souffrir de cette liberté absolue, tant préconisée par les économistes : ici, une concurrence désordonnée et inintelligente accumulait sur un même point des marchandises de même nature et les frappait d'un rabais général; là, le manque total des marchandises demandées accusait la négligence ou l'ignorance des expéditeurs; l'approvisionnement du royaume se trouvait ainsi tantôt insuffisant et tantôt exagéré. On en revint donc au principe du monopole et de la protection. Le roi institua une nouvelle Compagnie des Indes (14 avril 1785), qui fut investie, pour sept années seulement, du droit exclusif de commercer par terre et par mer depuis le cap de Bonne-Espérance jusque dans les mers des Indes et jusqu'en Chine et au Japon. Le port de Lorient devait être, en France, le centre unique des expéditions et des arrivages maritimes. Les éclatants succès de la marine française dans les mers des Indes pouvaient faire espérer que la nouvelle Compagnie prendrait sa revanche des échecs ruineux que l'Angleterre avait fait subir au commerce maritime de la France; mais déjà la révolution imminente avait formulé son fatal axiome politique : « Périssent les colonies plutôt qu'un principe! » La liberté du commerce fut rétablie, et la Compagnie des Indes supprimée.

Dans le cours du dix-huitième siècle, la balance du commerce avait été, en quelque sorte, paralysée ou dérangée par les théories des économistes, qui traitaient *à priori* les questions commerciales et qui voulaient réformer, à un nouveau point de vue, toutes les lois et tous les règlements organiques. Les négociants, par bonheur, ne lisaient pas ces gros volumes et ces brochures multipliées que la liberté du commerce avait fait sortir de terre; ils s'occupaient exclusivement de leurs opérations, soumises à l'épreuve de l'expérience. C'était surtout le commerce des grains qui servait de texte aux plus étranges controverses de l'économie politique. La question n'était, il est vrai, que trop souvent de circonstance; car l'agiotage, n'ayant plus à tenir compte de l'ancienne réglementation qu'on laissait tomber en désuétude, accaparait les blés et les farines, les faisait disparaître du marché, en haussait le prix selon son caprice, et ne se souciait pas d'affamer ou d'inquiéter les populations. La famine, réelle ou factice, entretenue ou prolongée par des spéculateurs inhumains, prouvait, de temps à autre, que la liberté du commerce, comme l'avait dit Montesquieu, était bien différente de la liberté du commerçant. On prétendit que, dans ces tristes circonstances où le peuple manqua de pain, lorsque les greniers des monopoleurs regorgeaient de blé, Louis XV lui-même avait spéculé sur la subsistance de ses sujets; Louis XV s'était borné à écouter, en bâillant, les argumentations économiques du docteur Quesnay. La liberté du commerce des grains ne fut proclamée qu'en 1774,

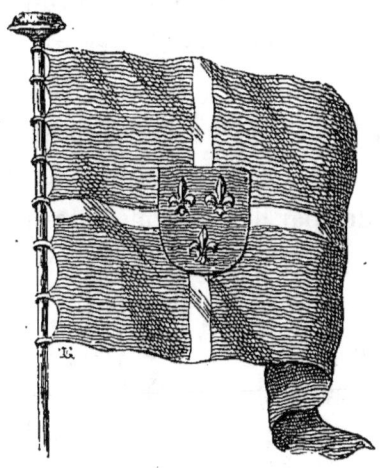

Fig. 137. — Nouveau pavillon fleurdelisé des vaisseaux marchands français.
(D'après *Les Pavillons ou Bannières que la plupart des nations arborent en mer*; chez David Mortier, à Amsterdam; 1718.)

par une ordonnance de Louis XVI et de Turgot. Les économistes et les philosophes applaudirent à cette mesure, qu'ils avaient préconisée d'avance dans leurs écrits; mais la pratique vint encore une fois donner un démenti à la théorie, et l'on reconnut, après un malheureux essai, que le commerce des grains avait besoin, plus que tout autre commerce, d'être surveillé et dirigé par des lois de police. Ce fut seulement en 1787, sous l'inspiration de l'assemblée des notables, qu'on rétablit cette liberté du commerce des grains, praticable et même avantageuse dans les bonnes années, mais funeste et impossible après de mauvaises récoltes, et traînant à sa suite, comme deux compagnes fidèles, la famine et l'émeute.

L'abus, la frénésie des systèmes économiques ne devait pas s'arrêter, le commerce, qui était leur victime inconsciente, dût-il être frappé à mort. Turgot, devenu ministre, lui porta un nouveau coup, en supprimant les jurandes et communautés de commerce (février 1776). Le peuple, toujours partial et toujours aveugle, poussa des cris de joie, en voyant s'écrouler en un jour ces institutions marchandes, qui depuis tant de siècles avaient excité son envie et sa haine. Les économistes applaudirent aussi à cette exécution brutale et imprudente. Six mois après, il fallait reconstituer sur des ruines ces corporations, ces jurandes qui avaient fait la force de l'industrie et du commerce, et dont si longtemps on avait vu les insignes figurer avec honneur dans les cérémonies et les fêtes publiques. (Voir fig. 138.) Le nouvel édifice reconstruit et recrépi à la hâte manquait de base et de solidité : on pouvait prévoir qu'il ne résisterait pas au premier ébranlement de l'état social. Mieux eût valu, par des réformes sages et modérées, améliorer la situation commerciale de la France, en réconciliant l'agriculture avec le commerce, en faisant disparaître la diversité des poids et mesures, en égalisant les taxes douanières, en refondant la monnaie usée et altérée, en adoptant des règlements uniformes dans les différentes provinces du royaume, en modérant les impôts, en limitant les privilèges, en mettant un frein aux emportements de la concurrence et de la spéculation. Le commerce intérieur était toujours, en effet, soumis aux exigences tyranniques des coutumes locales; il trouvait, dans chaque province, une barrière plus ou moins hérissée d'obstacles et de taxes arbitraires. Il y avait lutte, par exemple, entre le Languedoc et la Provence : ici, la production, là, l'exportation. Les draps fabriqués en Languedoc subissaient un escompte de 40 pour 100 en arrivant à Marseille, qui jouissait du privilège de vendre ces draps dans les Échelles du Levant. Le droit de transit, d'une province à l'autre, s'élevait quelquefois à la valeur réelle de la marchandise.

Les utopies de l'économie politique, les merveilleux projets de la science commerciale n'avaient abouti qu'à des essais avortés, à des tentatives impuissantes. Quiconque tenait une plume s'imaginait être appelé à exposer une nouvelle théorie du commerce. Les académies et les sociétés savantes mettaient au concours ces questions spéciales, qui n'étaient jamais traitées par des hommes spéciaux. On entendait les femmes elles-mêmes, à leur toilette, discuter gravement sur la circulation des grains et sur la police des marchés. Mais le commerce proprement dit, le grand commerce surtout, languissait et dépérissait de plus en plus. Le gouvernement, pour donner satisfaction à la mode, au goût

Fig. 138. — Jeux, danses et exercices avec épées, exécutés par les Boulangers dans le défilé des Corporations de Strasbourg, devant le Roi Louis XV, le 9 octobre 1744. (Tiré de la représentation des fêtes données à Strasbourg pour la convalescence du roi et son séjour en cette ville, par J.-M. Weiss.)

du jour, avait conclu avec la plupart des États de l'Europe un grand nombre de traités qui n'étaient pas tous bien favorables aux véritables intérêts de la France. On voulait pourtant que la France devînt riche et puissante par le commerce. Louis XVI avait eu l'intention de nommer un ministre du commerce ; il n'eut pas trop à se louer des plans de Turgot, qui resta contrôleur général des finances et qui tomba bientôt, malgré sa popularité, avant d'avoir consommé son œuvre de réorganisation ou plutôt de désorganisation.

Si le haut commerce était en souffrance, si les grandes opérations d'échange et de transport maritime se ressentaient des inquiétudes de nos colonies, le commerce de luxe avait pris des proportions inouïes, qui contrastaient avec les embarras des finances et que la pénurie d'argent ne semblait pas restreindre. Toutes les industries qui avaient rapport à la toilette, à la table, à l'ameublement, au confortable et au bien-être de la vie, ne faisaient que grandir et prospérer. Le commerce d'exportation n'avait jamais été plus actif ni plus florissant pour ces mille objets de goût et d'élégance, qui étaient le monopole de l'industrie française. L'invention et la fabrication se concentraient sur ces objets, que se disputait le monde entier, tributaire du génie capricieux de la France. Les manufactures de papiers peints, de toiles peintes, de tôles vernissées, d'étoffes de soie, de fleurs artificielles, de tulles et de gazes, de broderies et de dentelles, ne suffisaient plus aux commandes. Paris était naturellement le foyer et le centre de ce commerce des choses à la mode. Les commerçants de Paris, par des excitations de toute espèce, par des crédits illimités, poussaient la société à cette exagération de dépenses. Les boutiques se métamorphosaient en salons splendidement décorés, étincelants de glaces et de dorures, illuminés tous les soirs comme des palais de fées. Le vieux Paris marchand changeait d'aspect et de caractère : l'antique Galerie du Palais (voy. fig. 139), où les étalages des libraires, des chapeliers et des merciers attiraient naguère une foule d'acheteurs et de curieux, était déserte et abandonnée; la foire Saint-Germain et la foire Saint-Laurent ne trouvaient plus de visiteurs que chez les provinciaux et les gens du peuple; les charniers du cimetière des Innocents, où les lingères et les marchandes de modes avaient bravé si longtemps le voisinage de la mort, n'étaient plus même un souvenir, et le Palais-Royal, élevé par le duc d'Orléans, comme d'un coup de baguette, dans le jardin de son habitation princière (1782), avait rassemblé à la fois, dans son immense périmètre, toutes les magnificences, toutes les délicatesses, toutes les curiosités du commerce de luxe et de caprice. « Ce lieu, écrivait le moraliste Mercier au moment

LA GALERIE DE BOIS DU PALAIS-ROYAL;

D'APRÈS LA GRAVURE EN COULEUR DE DEBUCOURT.

Cette gravure est de 1787 et représente le « promenoir en bois, » qui a depuis été remplacé par la Galerie vitrée dite *d'Orléans*. Devant les boutiques, aux arcades cintrées, circule la foule qu'on appelait alors la *bigarrure* du Palais-Royal. Cette peinture, finement satirique, est aujourd'hui très-recherchée par les amateurs. Nul artiste n'a donné une physionomie aussi agréablement chiffonnée des choses du jour que Debucourt dans cette œuvre originale et dans la promenade au jardin qui en est le pendant.

Par Urrabieta.
Impr. lith. de Firmin-Didot frères, fils et Cie

même où les boutiques étaient louées avant d'être construites, ce lieu est une jolie boîte de Pandore; elle est ciselée, travaillée, mais tout le monde sait ce que renfermait la boîte de cette statue animée par Vulcain. » Mercier était prophète lorsqu'il disait : « La cherté des

Fig. 139. — Les Galeries du Palais, à Paris; d'après Gravelot.

locations, que fait monter l'avide concurrence, ruine les marchands. Les banqueroutes y sont fréquentes, on les compte par douzaines. C'est là que l'effronterie de ces boutiquiers est sans exemple dans le reste de la France; ils vous vendent intrépidement du cuivre pour de l'or, du stras pour du diamant; les étoffes ne sont que des imitations brillantes d'autres étoffes vraiment solides. Il semble que le loyer excessif de leurs arcades les autorise à friponner, sans le plus léger remords. » C'était là le prélude de ce qu'on nommait naïvement la liberté du commerce; et bientôt de ce temple du mensonge commercial allaient sortir, comme tous les maux de la boîte de Pandore, les débats et les agitations politiques, les clubs et les émeutes, la bourgeoisie révolutionnaire, et Camille Desmoulins appelant aux armes les oisifs du jardin et des cafés du Palais-Royal, pour aller faire le siége de la Bastille aux applaudissements de Philippe-Égalité.

Fig. 140. — Adresse illustrée de Chirurgien-Dentiste; d'après Marillier.
(Communiqué par M. Bonnardot.)

CHAPITRE DIXIÈME

L'ÉDUCATION

L'Éducation publique. — L'Université. — L'École et le Collége. — Le Collége Louis le Grand. — L'École de Droit et les étudiants. — L'Éducation privée. — L'Éducation des filles. — L'Éducation de l'enfant. — Réformes et Utopies.

Il y aurait lieu de s'étonner si la philosophie du dix-huitième siècle, qui eut la présomption et la manie de tout changer, sous prétexte de réforme, eût laissé subsister l'arche sainte de l'éducation publique, sans y porter la main, une main hardie et quelquefois sacrilége. L'Université, depuis cinq ou six siècles, était la gardienne jalouse et fidèle de cette arche sainte; elle eut donc, pour la défendre, à soutenir ces attaques redoublées des philosophes modernes, acharnés à battre en brèche et à renverser tout ce qui servait de base à l'ancienne société. On ne se bornait pas à signaler et à blâmer les vices de l'éducation, telle que les mœurs et les usages l'avaient organisée; on voulait la remanier et la transformer de fond en comble, et les systèmes les plus bizarres, les plus insensés, les plus monstrueux, étaient soumis tour à tour au public, qui n'en adoptait aucun de toutes pièces, mais qui s'en faisait des armes dangereuses et perfides pour saper et pour détruire ce que nos pères avaient construit avec tant de sagesse et de prévoyance. Déjà, il est vrai, les moralistes du règne de Louis XIV avaient pressenti l'impossibilité d'obtenir de l'éducation un résultat toujours utile et satisfaisant : « C'est un excès de confiance dans les parents, disait avec son inflexible bon sens l'auteur des *Caractères*, d'espérer tout de la bonne éducation des enfants; et une grande erreur de n'en attendre rien et de la négliger. » La Bruyère était bien forcé de reconnaître que l'éducation ne donne point à l'homme un autre cœur ni une autre complexion, et que généralement, « elle ne change rien dans son fond et ne touche qu'aux superficies. »

Des doutes sérieux s'étaient formulés, dès cette époque, sur les avantages et les bons résultats de l'éducation publique. Ces doutes devaient prendre un grand poids en s'appuyant de l'autorité de Montesquieu : « Aujourd'hui, dit-il dans l'*Esprit des lois* (1748), nous recevons trois éducations différentes ou contraires : celle de nos pères, celle de nos maîtres et celle du monde. Ce qu'on nous dit dans la dernière renverse toutes les idées des premières. » Le même philosophe avait encore insisté sur ces défiances en disant : « Ce n'est point dans les maisons publiques où l'on instruit l'enfance, que l'on reçoit, dans les monarchies, la principale éducation ; c'est lorsqu'on entre dans le monde que l'éducation, en quelque façon, commence. Là est l'école de ce qu'on appelle *honneur*, ce maître universel qui doit partout nous conduire. » Duclos, approuvant la critique de Montesquieu contre l'éducation publique de son temps, indiquait ainsi les réformes qu'il aurait désiré d'y apporter : « On trouve parmi nous beaucoup d'instruction et peu d'éducation. On y forme des savants, des artistes de toute espèce : chaque partie des lettres, des sciences et des arts y est cultivée avec succès par des méthodes plus ou moins convenables; mais on ne s'est pas encore avisé de former des hommes, c'est-à-dire de les élever respectivement les uns pour les autres, de faire porter sur une base d'éducation générale toutes les instructions particulières.... Nous avons tous dans le cœur des germes de vertus et de vices, continue-t-il dans ses *Considérations sur les mœurs* : il s'agit d'étouffer les uns et de développer les autres. Toutes les facultés de l'âme se réduisent à sentir et à penser ; nos plaisirs consistent à aimer et connaître ; il ne faudrait donc que régler et exercer ces dispositions, pour rendre les hommes utiles et heureux par le bien qu'ils feraient et qu'ils

Fig. 141. — Portrait de Rollin d'après Balechou.

éprouveraient eux-mêmes. Telle est l'éducation qui devrait être générale, uniforme, et préparer l'instruction, qui doit être différente selon l'état, l'inclination et les dispositions de ceux qu'on veut instruire. »

Duclos ne faisait, d'ailleurs, que répéter d'un ton solennel ce que le bon Rollin avait dit plus simplement dans son admirable livre sur la *Manière d'enseigner et d'étudier les belles-lettres par rapport à l'esprit et au cœur* (1726). Rollin expose que l'instruction a pour but de former les mœurs, et que la fin de toutes les études est de rendre l'homme meilleur : « Voilà, disait-il, ce que se proposent les bons maîtres dans l'éducation de la jeunesse. Ils estiment peu les sciences, si elles ne conduisent à la vertu; ils comptent pour rien la plus vaste érudition, si elle est sans probité; ils préfèrent l'honnête homme à l'homme savant. » Tous les utopistes en fait d'éducation que le dix-huitième siècle allait voir pulluler, comme une nuée de sauterelles malfaisantes, ne connaissaient pas, la plupart, le chef-d'œuvre de Rollin; et l'on peut presque affirmer que J.-J. Rousseau, qui dans son *Émile* le cite une fois en passant, ne l'avait pas lu.

L'éducation, dès ce temps-là, était multiple, très-diverse et très-variée, selon la naissance, la condition, la fortune et le caractère des enfants. Elle ne manquait, à vrai dire, qu'à ceux qui la refusaient ou ne la cherchaient pas; elle pouvait être fort coûteuse, quand la famille voulait la payer; mais aussi elle était gratuite, elle pouvait être absolument gratuite depuis l'instruction primaire jusqu'au terme des études classiques, si les parents n'avaient pas les moyens d'en faire les frais. C'était surtout en matière d'éducation que la générosité des congrégations enseignantes se manifestait avec une sorte d'émulation à laquelle tous les membres du clergé semblaient également intéressés; car, disait Rollin, qui avait exercé la prêtrise avant de devenir recteur de l'université de Paris : « Le but de tous nos travaux, la fin de toutes nos instructions, doit être la religion; quoique nous n'en parlions pas toujours, nous devons l'avoir toujours dans l'esprit et ne la perdre jamais de vue. » On comprend que les philosophes du dix-huitième siècle se soient attaqués à l'éducation ecclésiastique, comme à un ennemi toujours en éveil qui gênait et arrêtait leurs complots de destruction.

L'éducation du peuple se trouvait donc exclusivement entre les mains de l'Église, par le curé et par son coadjuteur le maître d'école, qui était ordinairement chantre ou marguillier de la paroisse. En outre, l'école était partout, dans les couvents d'hommes et de femmes : filles et garçons trouvaient là, dès leur première enfance, un enseignement moral et religieux, qui suffisait aux conditions de leur existence, soit dans les campagnes, soit dans les villes. Marmontel ne rougit pas d'avouer, en écrivant ses *Mémoires*, qu'il apprit à lire dans un couvent de religieuses, amies de sa mère. « Elles n'élevaient que des filles, dit-il, mais, en ma faveur, elles firent une exception à la règle. Une demoiselle bien née, et qui depuis longtemps vivait retirée dans cet hospice, avait eu la bonté d'y prendre soin de moi. Je dois bien chérir sa mémoire et celle des religieuses, qui m'aimaient comme leur enfant! » Il

Fig. 142. — Un Maître d'école ; d'après une eau-forte de Boissieu.

passa ensuite à l'école d'un prêtre de la ville, qui, gratuitement et par goût, s'était voué à l'instruction des enfants. « Fils unique d'un cordonnier, le plus honnête du monde, ajoute Marmontel, cet ecclésiastique était un vrai modèle de la piété filiale. L'abbé Vaissière (c'était son nom), après avoir rempli ses fonctions à l'église, partageait le reste de son temps entre la lecture et les leçons qu'il nous donnait. » Marmontel étudia le latin sous cet excellent maître, et il fit de si rapides progrès, qu'à la fin de sa onzième année il fut en état d'être reçu en quatrième au collége de Mauriac.

Ce digne abbé Vaissière était un prêtre instruit, capable d'enseigner à ses élèves la langue latine ; le respectable Berthier, maître d'école de Nitry, village de Bourgogne, que Restif de la Bretonne a dépeint dans la *Vie de mon père*, n'était qu'un laïque de bonne volonté, qui donnait aux enfants les premiers éléments d'instruction et qui faisait, aux grands garçons et aux grandes filles, des leçons familières sur les devoirs sociaux et moraux. « Comme il était marié et père d'une nombreuse famille, rapporte Restif, ses conseils ne paraissaient que le fruit de son expérience ; cependant on a su depuis que tout était prémédité avec le curé... Notre maître d'école ébauchait l'ouvrage du pasteur et l'achevait. » Ces conférences naïves et touchantes valaient bien les discours du Vicaire savoyard, que l'on a tant admirés dans l'*Émile* de J.-J.-Rousseau. « Que pensez-vous que nous donnions par mois à ce bon maître? dit Restif (car nous n'avons jamais eu ici, comme on en a ailleurs, d'écoles gratuites). Trois sous par mois, quand on n'écrivait pas encore, et cinq sous pour les écrivains. Voilà quel était le prix de ses soins paternels. La communauté y ajoutait quinze bichets de froment et quinze d'orge par année, ce qui pouvait alors valoir de 70 à 72 livres. Ainsi l'honnête homme avait à peine de quoi vivre, et jamais il ne se plaignait. »

L'éducation universitaire, à Paris et dans les grandes villes, était sans doute beaucoup plus coûteuse, mais elle n'avait pas certainement la forme patriarcale de l'éducation campagnarde. Les colléges, les petits colléges surtout, étaient nombreux en France, et l'instruction qu'y recevaient les élèves pouvait passer pour uniforme, quoique ces colléges ne dépendissent pas tous des treize universités, entre lesquelles celle de Paris était la plus ancienne (1200) et celle de Nancy la plus récente (1769). Mais les régents qui dirigeaient les classes appartenaient tous aux universités et à l'Église : ils n'étaient d'ailleurs guère mieux rétribués que les maîtres d'école, quoiqu'ils fussent maîtres ès arts ou gradués, car, ils touchaient seulement, leurs honoraires n'étant pas taxés, ce que l'écolier pouvait leur donner. Ils avaient à payer eux-mêmes, avant 1719, aux *principaux*, ou préfets des colléges, le droit d'enseigner. Ce n'est qu'à cette époque que l'État, écoutant enfin les remontrances des parlements, affecta aux gages du corps enseignant le vingt-huitième du produit brut des postes et des messageries, faible dotation évaluée à 14,000 livres, bien insuffisante pour subvenir aux frais de l'instruction gratuite. L'enfant ne commençait généralement à suivre les cours du collége qu'après sa première communion, c'est-à-dire vers onze ou douze ans ; jusque-là il était élevé, soit dans sa famille, soit dans des pensions où il recevait des instructions élémentaires. Ces pensions, conduites par de vieux ecclésiastiques sous la haute surveillance de l'Université, étaient destinées ordinairement à une catégorie spéciale d'élèves, ou nobles, ou bourgeois, quoique la première éducation des uns et des autres ne fût pas très-différente. Quelques pensions cependant avaient un caractère plus relevé. Le marquis de Dangeau, grand maître de l'ordre de Saint-Lazare, avait fondé une de ces pensions nobles, rue de Charonne, à Paris, où il faisait élever à ses frais vingt jeunes gentilshommes, qui étaient tous chevaliers de l'ordre. Duclos, quoique d'origine plébéienne, obtint la faveur d'être admis dans cette maison, au milieu des petits comtes et des petits marquis, ses campagnons d'études. Le fondateur avait consenti à l'admission d'autres enfants appartenant à la bonne bourgeoisie et dont les parents payaient la pension, ne fût-ce que pour exciter l'émulation des élèves, car ces enfants bourgeois travaillaient mieux que leurs nobles condisciples ; « ceux-ci étant trop jeunes pour les armes et l'équitation, la base des exercices était la lecture, l'écriture, le latin, l'histoire, la géographie et la danse. » La supériorité, dans les exercices d'intelligence, n'était pas toujours du côté des nobles, qui n'avaient pas toujours non plus l'avantage dans les exercices de corps. Duclos fait l'éloge de ces républiques d'enfants : « Le petit bourgeois vigoureux, dit-il, réprime le petit seigneur avantageux et faible, et celui qui prime dans sa classe jouit d'une considération marquée de la part de ses camarades. » Ces pensions, situées la plupart dans les faubourgs de Paris, en bon air et au milieu des jardins, remplaçaient sans trop de désavantage la maison paternelle, et les enfants qu'on y mettait pour commencer leur éducation ne se plaignaient pas d'y rester jusqu'à leur entrée au collège. Bury, dans son *Essai historique et moral sur l'éducation française* (1776), représente les heureux effets de cette éducation préparatoire : « Les maîtres de ces pensions, dit-il, conduisent les enfants avec beaucoup de douceur ; les instructions se donnent poliment, sans rudesse, avec raison et amitié. On fait mener aux enfants une vie fort réglée. Les heures de lever et de coucher, celles de l'étude, celles des repas, celles des récréations sont toujours les mêmes. La nourriture ordinaire, égale et simple, est excellente. »

Il n'en était pas de même, malheureusement, dans les colléges où passait l'enfant au sortir de ces pensions dans lesquelles il avait trouvé tant de soins et d'égards. La vie de collége avait de quoi faire regretter la vie de famille. Là, l'enfant était généralement mal soigné, mal nourri, mal couché, mal vêtu, et trop souvent maltraité. Le principal d'un collége semblait n'avoir pas à s'occuper de la santé physique de ses élèves, comme si on ne lui eût confié que leur éducation morale et intellectuelle. Dans les colléges, il n'y avait plus de distinction d'origine entre les enfants qui suivaient les cours : noble et bourgeois, riche et pauvre, chacun avait les mêmes droits et les mêmes devoirs, une fois que les élèves étaient assis sur les mêmes bancs. Le privilége de la fortune se faisait sentir, cependant, par la force des choses : les fils de famille riches, nobles, bourgeois ou financiers, avaient des précepteurs qui les accompagnaient au collége et qui ne les quittaient pas, dans l'intervalle des classes. Ces privilégiés vivaient, en quelque sorte, séparés de leurs camarades d'études, non-seulement gardés à vue par leurs précepteurs, mais logeant, mangeant et travaillant à part, dans leurs chambres. L'égalité n'en était pas moins le principe de l'éducation en commun, et, par exemple, lorsque les jeunes seigneurs, rentrant au collége de Louis le Grand, après les jours de congé, descendaient de leurs équipages armoriés, l'épée au côté, et marchaient précédés d'un laquais en livrée qui proclamait leurs noms et qualités, ils allaient déposer leur épée dans le vestiaire des professeurs et ne la reprenaient qu'à la sortie du collége. Tous les colléges de Paris, comme ceux des anciennes villes de province, étaient établis dans de vieux bâtiments où l'on manquait d'air et de lumière et dont les fenêtres grillées, les portes massives, à serrures énormes, donnaient à ces demeures sombres et lugubres un aspect de prison. Tout était triste, froid, austère, dans l'éducation de collége, les salles d'étude, les dortoirs, les réfectoires, les cours et les préaux, où les jeunes gens prenaient leurs récréations et se livraient aux jeux bruyants de leur âge. Aussi, se souvenait-on toute sa vie, avec une sorte de dégoût et d'horreur, des années de captivité et de souffrance qu'on avait passées au collége de Navarre, ou du Plessis, ou du Cardinal Lemoine, ou de Montaigu!

L'éducation était à peu près la même dans tous les colléges, quel que fût le corps enseignant chargé de la diriger. Tous les régents avaient pris leurs degrés en Sorbonne ou dans les universités de province ; ils étaient tous docteurs en théologie et maîtres ès arts. Leurs méthodes d'enseignement différaient donc peu entre elles. Ils enseignaient presque uniquement les belles-lettres et les humanités latines, depuis la quatrième jusqu'à la rhétorique, et ensuite la philosophie, qui terminait le cours d'études. On apprenait par cœur et on traduisait les poètes et les prosateurs de l'antiquité romaine ; on composait des thèmes et des vers latins ; on se bornait aux éléments de la langue grecque, le tout mêlé d'un peu de géographie classique et d'archéologie. C'est à peine si on s'occupait de langue française. Quant aux sciences, même aux mathématiques, il n'en était pas question, et tout ce qui se trouvait en dehors de l'instruction gréco-latine ne parvenait que par hasard à l'esprit des écoliers, qui, pendant cinq ou six années de collége, n'avaient vécu, pensé, raisonné et agi, pour ainsi dire, qu'avec les Grecs et les Romains. Il n'y avait que l'éducation religieuse qui eût le droit de prendre une grande place à côté de cette éducation classique. Dans toutes les classes, outre les exercices de piété, les écoliers récitaient chaque jour un certain nombre de sentences tirées de l'Écriture sainte, « afin que les autres études, disait le règlement de l'Université de Paris, fussent comme assaisonnées par ce divin sel. » Rollin rend hommage, en ces termes, au but que se proposait l'Université : « Il est aisé de reconnaître, dit-il, que l'intention de cette pieuse mère est de consacrer et de sanctifier les études des jeunes gens par la religion, et qu'elle ne les porte si longtemps dans son sein que pour les enfanter de nouveau à Jésus-Christ. » Marmontel, tout philosophe qu'il fût, se souvenait encore, dans sa vieillesse, et non sans émotion, des habitudes religieuses qu'il avait contractées au collége de Mauriac : « Un avantage plus précieux encore que l'émulation, dit-il, était, dans ce collége, l'esprit de religion, qu'on avait soin d'y entretenir. Quel préservatif salutaire pour les mœurs de l'adolescence, que l'usage et l'obligation d'aller tous les mois à confesse! La pudeur de cet humble aveu de ses fautes les plus cachées en épargnait peut-être un plus grand nombre, que tous les motifs les plus saints. » Voltaire, Voltaire lui-même, élève des jésuites au collége Louis le Grand, se soumettait avec respect aux prescriptions de cette éducation religieuse.

Le collége Louis le Grand était considéré, à juste titre, comme le meilleur modèle d'enseignement classique : il comptait parmi ses élèves les jeunes représentants de la haute noblesse, qui ne devaient quitter les bancs que pour entrer dans les écoles militaires et pour se préparer à la profession des armes. Les jésuites étaient alors en grande faveur à la cour, et ils recommandaient naturellement à leurs puissants protecteurs le collége Louis le Grand, qui fut, jusqu'au milieu du dix-huitième siècle, affecté à l'éducation des nobles. En revanche, la magistrature n'avait garde d'y envoyer ses enfants, qu'elle faisait élever dans les colléges où ils pouvaient conserver leurs opinions jansénistes. Mais les financiers et les riches bourgeois tenaient à placer leurs fils dans un collége où la confraternité scolaire les mettait en rapport avec des fils de grands seigneurs. Au reste, l'éducation n'était ni plus sévère ni plus rigide au collége Louis le Grand que dans les autres colléges de Paris; elle avait même quelque chose de plus paternel et de plus familier. On voyait souvent les maîtres participer aux jeux de leurs élèves, dont ils se faisaient les confidents et les amis, ce qui ne nuisait en rien à l'ordre et à la discipline, qui soumettait les plus grands et les plus riches à l'observation d'une règle inflexible. Le marquis d'Argenson raconte que, dans sa seconde année de rhétorique en 1711, ayant osé, de concert avec le jeune duc de Boufflers, colonel du régiment qui portait son nom, lancer des pois secs à l'aide d'une sarbacane contre le vénérable nez de son professeur, le P. Lejay, il fut appréhendé au corps avec ses complices, par le père correcteur, et fustigé au milieu de la cour d'honneur, en présence de toute la classe. La punition du fouet n'était pas même épargnée aux élèves de philosophie qui l'avaient méritée. Il y avait, d'ailleurs, tout un arsenal de châtiments, plus ou moins redoutables, qu'on appliquait aux coupables suivant la nature de leurs méfaits, depuis le *pensum* proverbial jusqu'à la prison

Fig. 143. — Sortie du Collège; d'après Saint-Aubin. (Tiré de la suite des *Petits Polissons de Paris*.)

au pain et à l'eau, jusqu'aux verges à huis clos ou devant témoins. Malgré ces châtiments, que prononçait la justice la plus impartiale, les élèves du collége Louis le Grand n'oubliaient jamais leurs maîtres et leurs condisciples, après avoir achevé une éducation qui ne leur laissait que de bons et honorables souvenirs. Voltaire, devenu Voltaire le déiste et l'incrédule, comme le lui avaient prédit ses professeurs, qui restèrent ses amis, ne rougissait pas de déclarer, en 1735, dans une lettre au P. Tournemine, que ces doctes jésuites lui avaient appris *à aimer la vertu, la vérité et les lettres.* « Il n'y a que les jésuites, écrivait-il à Moncrif en 1746, qui ne sachent pas que je leur suis attaché dès mon enfance ; assurez-les d'une vérité qu'ils doivent savoir, c'est qu'il n'est pas dans ma manière d'être d'oublier mes maîtres et ceux qui m'ont élevé. » Voltaire ne fit parade de son ingratitude qu'après l'expulsion des jésuites, qu'il avait d'abord jugée injuste ou du moins inutile.

Les études n'étaient nulle part aussi brillantes ni aussi solides qu'au collége Louis le Grand. On n'épargnait rien de ce qui pouvait animer l'émulation et développer l'intelligence des élèves. On les dressait à parler en public devant un nombreux auditoire ; ils soutenaient des luttes oratoires, et s'accoutumaient ainsi à la discussion sur toutes sortes de sujets. Les représentations dramatiques, qui avaient lieu avec une grande solennité aux distributions des prix et dans quelques circonstances mémorables, n'étaient pas non plus sans influence sur l'esprit des écoliers, qui y prenaient part comme acteurs ou comme spectateurs. Ces représentations attiraient toujours une foule choisie, qui s'en amusait et s'y intéressait, quoique les pièces représentées fussent écrites en latin. C'était là un des moyens que le P. Porée employait de préférence pour faire aimer le travail et donner de l'esprit à ses élèves. Voltaire avait surtout profité des leçons du P. Porée. Voici avec quelle effusion de reconnaissance il en parle dans une touchante lettre au P. de la Tour (7 février 1746) : « J'ai été élevé, pendant sept ans, chez des hommes qui se donnent des peines gratuites et infatigables à former l'esprit et les mœurs de la jeunesse..... Rien n'effacera dans mon cœur la mémoire du P. Porée, qui est également cher à tous ceux qui ont étudié sous lui. Jamais homme ne rendit l'étude et la vertu plus aimables. Les heures de ses leçons étaient pour nous des heures délicieuses, et j'aurais voulu qu'il eût été établi, dans Paris, dans Athènes, qu'on pût assister à tout âge à de telles leçons ; je serais revenu souvent les entendre. J'ai eu le bonheur d'être formé par plus d'un jésuite du caractère du P. Porée, et je sais qu'il a des successeurs dignes de lui. Enfin, pendant les sept années que j'ai vécu dans leur maison, qu'ai-je vu chez eux? La vie la plus laborieuse, la plus frugale, la plus réglée; toutes leurs heures partagées entre les soins qu'ils nous donnaient et les exercices de leur profession austère. »

Si les pères jésuites menaient une vie frugale dans leurs colléges, ils ne s'occupaient guère de donner à leurs élèves un ordinaire plus confortable. Les ouvrages du temps sont remplis de réminiscences indignées ou plaisantes contre la détestable nourriture qu'on trouvait au réfectoire, sans parler des jeûnes forcés qu'il fallait subir aux quatre-temps et vigiles. Le pain était dur, sinon moisi; le vin s'oubliait dans une abondance d'eau; la viande n'était jamais bien cuite et les légumes grossiers qui l'accompagnaient, haricots et lentilles, nageaient dans une sauce nauséabonde. Le dortoir n'offrait pas aux sybarites plus de délices sensuelles que le réfectoire : le lit était dur, peu chargé de couvertures et trop souvent hanté par la vermine. Enfin, les salles de classe laissaient aussi à désirer sous le rapport de la propreté. Là était le vice indélébile du collége, administré par des religieux, non-seulement au fond des provinces, mais encore et surtout à Paris. L'éducation, à cette époque, n'avait affaire qu'à l'esprit et ne se souciait guère du corps. Aussi, les études étaient-elles partout très-soignées, très-laborieuses et très-approfondies. Le moindre collége de province, où l'on ne recevait pas de pensionnaire, entourait des soins les plus attentifs l'instruction de ses élèves, comme nous l'apprend Marmontel, qui suivit les cours au collége de Mauriac en Auvergne, de 1732 à 1738 : « Un usage que je n'ai vu établi que dans ce collége, dit-il, donnait aux études, vers la fin de l'année, un redoublement de ferveur. Pour monter d'une classe à une autre, il y avait un sévère examen à subir, et l'une des tâches que nous avions à remplir pour cet examen était un travail de mémoire. Selon la classe, c'était, pour la poésie, du Phèdre, ou de l'Ovide, ou du Virgile, ou de l'Horace, et pour la prose, du Cicéron, du Tite-Live, du Quinte-Curce ou du Salluste; le tout ensemble, à retenir par cœur, formait une masse d'étude assez considérable. » Mais à Mauriac, comme dans tous les colléges, le correcteur était l'effroi des écoliers. Ce redoutable correcteur, armé de verges, n'était autre pourtant que le frère portier ou le frère inspecteur. Marmontel eut plus d'une lutte à soutenir contre ce terrible homme, notamment lorsque plusieurs de ses condisciples furent accusés, ainsi que lui, d'avoir malicieusement dérangé la sonnerie d'horloge : « A l'heure de la classe du soir, raconte-t-il dans ses *Mémoires*, le préfet me fait appeler. Je me rends dans sa chambre : j'y trouve dix à douze écoliers rangés en haie autour du mur, et au milieu, le correcteur et ce préfet terrible qui les faisait successivement fustiger. » Marmontel était déjà en rhétorique ; il ne voulut pas se soumettre à l'humiliation du fouet, et il s'enfuit en laissant un pan de son habit dans les mains du correcteur. La fustigation avait été plus d'une fois la cause de graves désordres, de révoltes sérieuses et même de luttes sanglantes ; mais la tradition et l'usage l'emportaient sur toutes les raisons de justice, de décence et de dignité. Le correcteur subsista dans tous les colléges jusqu'à l'expulsion des jésuites.

Ce fut là, pour bien des parents, un motif de répugnance contre l'éducation des colléges, car les externes eux-mêmes n'étaient pas à l'abri du honteux châtiment. Il en résulta que l'éducation particulière des enfants, dans l'intérieur des familles, fut plus fréquemment mise en pratique chez les nobles et chez les bourgeois riches. Cette éducation, confiée, tant que durait l'enfance, à des gouvernantes (fig. 144) et plus tard à des précepteurs, était loin de produire les bons résultats qu'on en attendait. Rien de plus difficile et de plus chanceux que de découvrir un précepteur digne de remplir ces fonctions délicates et pénibles à la fois. Généralement, on rétribuait mal les précepteurs, et surtout on ne leur accordait pas les égards et la déférence qu'ils eussent été en droit d'exiger.

Ces précepteurs, il est vrai, ne se recommandaient pas trop par leurs belles qualités, par leur caractère et par leurs talents ; c'étaient, bien souvent, des espèces de laquais ou de complaisants, sans instruction, sans probité, sans expérience et sans usage du monde. Il y avait pourtant d'honorables exceptions, puisque le grammairien Dumarsais, le poëte Danchet et le célèbre J.-J. Rousseau furent précepteurs. On demandait d'eux plus qu'ils ne pouvaient donner, et l'on aurait voulu avoir des phénix, des génies, pour apprendre à de petits enfants la grammaire et le catéchisme. Mᵐᵉ Cornuel, si fameuse par ses bons mots, répondit à une femme de province qui l'avait priée de lui désigner un précepteur ayant toutes les vertus et tous les mérites requis pour son emploi : « Je ne l'ai point encore trouvé, mais je continuerai à le chercher, et je vous

Fig. 144. — La Gouvernante; d'après Chardin.

promets que, dès que je l'aurai trouvé, je le garderai pour en faire mon mari. » On s'explique ainsi l'estime toute spéciale que d'Alembert avait pour les précepteurs, qui, chargés de remplir auprès des enfants qui leur étaient confiés les devoirs du père de famille, consacraient à cette tâche ingrate leur vie entière et tous leurs moments. Un de ces précepteurs, le savant abbé Blanchet, disait un jour à plusieurs pères de famille, avec un superbe dédain : « Vous n'avez créé que des hommes, c'est à nous, c'est aux précepteurs à en faire des citoyens! » Cependant ces précepteurs étaient parfois des êtres stupides et brutaux, qui ne se faisaient pas scrupule d'injurier leurs élèves, de les maltraiter, et de se venger sur ces pauvres enfants des mortifications qu'ils avaient à supporter eux-mêmes. Rollin avait donc raison de dire dans son *Traité des études* : « On est souvent obligé de confier l'éducation des enfants à de jeunes précepteurs qui sont sans expérience et ne peuvent pas encore avoir acquis beaucoup d'érudition. Pourvu qu'ils apportent de la bonne volonté et de la docilité, qu'ils ne manquent pas d'esprit et de jugement, qu'ils aiment le travail et que surtout ils aient des mœurs pures et un fonds de religion et de piété, on doit être content. »

J.-J. Rousseau, il faut l'avouer, n'était pas un de ces précepteurs que Rollin recommandait aux familles. Il avait, pendant un an (1740), été chargé de l'éducation des deux fils de M. de Mably, et il ne s'était pas acquitté de ses devoirs avec trop de sagesse et trop de conscience, lui qui devait plus tard, dans son *Émile*, exposer de si merveilleuses théories sur l'éducation : « Tant que tout allait bien et que je voyais réussir mes soins et mes peines, qu'alors je n'épargnais point, j'étais un ange; j'étais un diable quand les choses allaient de travers. Quand mes élèves ne m'entendaient pas, j'extravaguais, et quand ils marquaient de la méchanceté, je les aurais tués : ce n'était pas le moyen de les rendre savants et sages... Je ne manquais pas d'assiduité, mais je manquais d'égalité, surtout de prudence. Je ne savais employer, auprès d'eux, que trois instruments, toujours inutiles et souvent pernicieux auprès des enfants : le sentiment, le raisonnement et la colère. » Mercier ne se rappelait pas ces aveux sincères de Rousseau dans ses *Confessions*, lorsqu'il prenait parti pour les précepteurs en général, contre les enfants et contre leurs parents : « Précepteurs, que vous êtes à plaindre et que l'on est injuste envers vous! s'écrie-t-il dans son *Tableau de Paris*. Si votre élève ne profite point de vos soins assidus, ses parents en rejetteront la faute sur vous; si au contraire il fait des progrès, ses parents les attribueront aux heureuses dispositions de l'enfant et point à votre mérite, à vos travaux, à vos efforts. Vous serez payés d'ingratitude ! »

Après l'éducation classique, qui se terminait par les humanités latines, soit au collége, soit dans la maison paternelle, sous la direction du précepteur, les jeunes gens prenaient différentes routes qui devaient les conduire à l'achèvement de leur éducation professionnelle ; les nobles, destinés à la carrière des armes, entraient dans les écoles militaires, après avoir fourni les preuves authentiques de leur noblesse ; les bour-

Fig. 145. — Les Précepteurs revenant des Tuileries ; d'après Cochin.

geois, qui aspiraient à devenir magistrats, avocats, professeurs, médecins, ou du moins à passer par les grades de maître ès arts, de bachelier, de licencié et de docteur, suivaient les cours de l'Université, à la Sorbonne, aux Écoles de droit et de médecine. Les uns et les autres se rencontraient encore dans les académies, où l'on apprenait l'escrime, la danse et l'équitation. Tous portaient l'épée et s'en servaient, à l'occasion, avec plus ou moins d'adresse et de courage. Duclos, dans ses *Mémoires* de jeunesse, ne cache pas qu'il était alors aussi turbulent et aussi batailleur que ses camarades de l'École de droit : « Je pris ma première inscription aux Écoles, dit-il, mais, au lieu de les suivre, j'appliquai au maître d'armes ce qui était destiné à l'agrégé. Il est vrai que la plupart de mes camarades d'études n'en faisaient pas plus que moi. Aussi dirai-je, en passant, que le cours du droit se fait encore plus mal que tous les autres, quoique les professeurs et les agrégés soient très-habiles et choisis au concours. » Les étudiants en droit et en médecine n'étaient plus, à cette époque, les farouches et indomptables

Fig. 146. — L'Arrêt avec la bride seule. (Figure tirée du *Manége moderne dans sa perfection*, par le baron d'Eisenberg, gravé par Bernard Picart; 1727.)

écoliers du moyen âge, mais ils ne se refusaient pas cependant au plaisir de faire du tapage dans les rues, lorsqu'ils se trouvaient réunis sur le terrain de l'Université. Duclos raconte une de ces équipées où il joua son rôle. Des archers avaient arrêté, près du pont Saint-Michel, un homme qui se débattait en criant au secours; c'était un prisonnier pour dettes. Des jeunes gens, qui se connaissaient pour s'être rencontrés dans les salles d'armes, se proposèrent d'enlever aux archers ce malheureux. Les voilà tous l'épée à la main : le peuple se joignit à eux, et les archers se laissèrent arracher leur proie, sans faire usage de leurs armes. Quand la garde du Palais et du Châtelet accourut, tout était rentré dans l'ordre, et le pauvre débiteur se sauvait dans la rue de la Harpe. Au reste, les cours des Écoles étaient peu suivis par cette brillante jeunesse, qui leur préférait des leçons d'armes et de danse. L'auditoire se trouvait rassemblé, à peine assis, dans une espèce de grange, glaciale en hiver,

Fig. 147. — Une Salle d'armes. (Adresse illustrée.)
Communiqué par M. Bonnardot.

chaude et infecte en été. Voltaire, qui montra toujours peu de dispositions pour l'état de la robe, ne fit qu'une courte apparition à l'École de droit de Paris, et, comme il le raconte lui-même dans son *Commentaire historique*, il fut si choqué de la manière dont on y enseignait la jurisprudence, que cela seul le tourna du côté des belles-lettres. Les écoles de droit étaient encore plus misérables en province. Bury rapporte, dans son *Essai historique et moral sur l'Éducation française*, qu'un jeune homme, qui venait de passer son examen dans une de ces écoles et qui était tout étonné lui-même de son succès, fit un aveu implicite de son ignorance, en disant insolemment au professeur qui l'avait *interrogé* : « Monsieur, puisqu'il est si facile d'être reçu avocat, je voudrais que vous me fissiez aussi le plaisir de recevoir mon cheval. — Monsieur, la chose est impossible, répondit gravement le professeur : nous ne recevons ici que des ânes ! »

Les enfants du peuple et de la petite bourgeoisie n'arrivaient pas souvent à faire leur éducation dans les colléges. Il fallait qu'ils montrassent de bonne heure une constante application à l'étude, pour se faire distinguer par leurs maîtres dans les écoles curiales ou monastiques, où ils ne trouvaient, avant leur première communion, qu'une instruction tout élémentaire : ils parvenaient alors, à l'aide de quelque protection, à être admis comme boursiers dans les colléges. Les autres enfants n'apprenaient qu'à lire, à écrire, à compter, en dehors de l'enseignement religieux. Ils en apprenaient quelquefois davantage dans leurs familles, ou chez les maîtres qui les avaient reçus comme apprentis. Mais cette éducation primaire restait toujours imparfaite, et l'enfant, en devenant homme, sans avoir fait plus de progrès dans la lecture ou dans l'écriture, n'apportait à ses travaux professionnels que son intelligence native, absolument dénuée de culture et insensible à l'ambition d'apprendre et de savoir. Les notions les plus simples des sciences humaines étaient lettres closes pour les ouvriers et pour les marchands, qui ne savaient que le catéchisme, et auxquels il suffisait de pouvoir écrire et signer un mémoire d'ouvrages fournis ou de marchandises vendues. Les parents, dans les classes inférieures, se bornaient à faire donner à leurs enfants l'éducation qu'ils avaient eue eux-mêmes, puisque ces enfants ne devaient pas exercer un autre métier que celui de leur père, ni aspirer à une condition sociale plus élevée que celle de leurs ancêtres. De là, dans les villes comme dans les campagnes, une ignorance crasse et naïve ; et, là même où le plus grand nombre savait lire, écrire et compter, on n'avait aucune teinture d'histoire, de géographie, on manquait des connaissances générales les plus nécessaires, et l'on ne se souciait pas même de les acquérir, malgré l'esprit naturel de la nation, malgré la curiosité inhérente au caractère français.

Au reste, la véritable éducation, celle de l'homme du monde, laquelle se compose surtout de politesse et de savoir-vivre, ne venait qu'après les écoles et le collége. Elle se faisait surtout dans les familles et dans la société. Cette politesse, ce savoir-vivre, qu'on regardait avec raison comme des devoirs sociaux, comme le complément indispensable de toute éducation honnête, s'apprenaient par l'exemple encore mieux que par des leçons. « Autrefois, dit le vicomte de Ségur dans son charmant ouvrage intitulé *les Femmes*, sous Louis XV et Louis XVI, un jeune homme entrant dans le monde y faisait ce qu'on appelait un début. Il cultivait les arts d'agrément ; le père indiquait et suivait la direction de ce travail, car c'en était un, mais la mère, la mère seule pouvait porter son fils à ce dernier degré de politesse, de grâce et d'amabilité qui finissait son éducation... De là venaient cette politesse si rare, ce goût exquis, cette mesure dans le discours, dans les plaisanteries, cette grâce de maintien, en un mot cet ensemble qui classait ce qu'on appelait la bonne compagnie et qui distingua toujours la société française, même chez les étrangers. » La jeunesse, en ce temps-là, sauf quelques libertins et quelques mauvais sujets, ne se rassemblait pas encore dans les tripots, dans les cafés, dans les tabagies. Il y avait, chez les bourgeois comme chez les nobles, des réunions intimes où se formaient, sous les yeux de la famille, les bons rapports, les liaisons amicales des jeunes gens de même âge et de même condition. « J'ai été plusieurs fois de ces aimables plaisirs, dit Bury, et je puis dire qu'il s'y était contracté, entre les jeunes gens, une amitié qui a toujours augmenté et qui a duré jusqu'à la fin de leur vie. »

L'éducation des femmes était souvent trop négligée, lorsque la mère ne s'occupait pas d'élever sa fille et la livrait, sans contrôle et sans souci, à des soins mercenaires. Ce n'était pas chose aisée que de trouver une bonne gouvernante, même en la payant fort cher, même en exigeant d'elle les plus sérieuses garanties. Il fallait trop souvent se contenter d'un sujet médiocre : « Ce n'est pas demander trop de ce sujet médiocre, dit Fénelon dans son admirable livre *de l'Éducation des filles*, que de vouloir qu'il ait au moins le sens droit, une humeur traitable et une véritable crainte de Dieu. » Quand l'éducation n'était que superficielle et insuffisante, on devait se féliciter qu'elle ne fût pas mauvaise, et même dans ce cas, la faute pouvait être attribuée aux parents plutôt qu'aux gouvernantes. « On ne voit, dans la plupart des maisons, écrivait Fénelon à la fin du règne de Louis XIV, que confusion, que changement, qu'un amas de domestiques, qui sont autant d'esprits de travers, que division entre les maîtres. Quelle affreuse école pour des enfants! Souvent une mère qui passe sa vie au jeu, à la comédie et dans des conversations indécentes, se plaint, d'un ton grave, qu'elle ne peut trouver une gouvernante capable d'élever ses filles. »

Fig. 148. — La Leçon de danse; d'après Cazot.

L'éducation des couvents portait de meilleurs fruits, surtout au point de vue moral, et les jeunes filles qui en sortaient, sans être plus instruites que celles qui avaient eu des gouvernantes, se trouvaient mieux préparées à devenir épouses et mères de famille, lors même que leur écriture restait incorrecte et que leur orthographe laissait beaucoup à désirer. Cependant, quelquefois, et principalement dans la bourgeoisie riche, on tenait à pousser aussi loin que possible l'instruction des filles, comme le voulaient les théoriciens de l'éducation philosophique. On allait jusqu'à faire donner des leçons de grec et de latin aux jeunes personnes, qui devenaient alors aussi instruites que les lauréats du collége, et qui risquaient fort de n'être que des pédantes insupportables. Telle fut l'origine des *bas-bleus* en Angleterre. Depuis longtemps en France, Molière les avait ridiculisées dans ses *Femmes savantes*. La comédie ne corrigea personne : au dix-huitième siècle, l'enseignement

Fig. 149. — La bonne Éducation; d'après Chardin.

encyclopédique était encore adopté par quelques mères de famille, comme le prouve cette lettre écrite par Laurette de Malboissière, une merveille d'esprit féminin, morte à dix-neuf ans : « Aujourd'hui, après avoir lu Locke et Spinosa, fait mon thème espagnol et ma version italienne, j'ai pris ma leçon de mathématiques et ma leçon de danse. A cinq heures, est arrivé mon petit maître de dessin, qui est resté avec moi une heure et un quart. Après son départ, j'ai lu douze chapitres d'Épictète en grec, et la dernière partie du *Timon d'Athènes*, de Shakspeare. »

Les philosophes et les économistes, qui tramaient un vaste complot pour refaire la société, suivant leurs systèmes *à priori*, avaient songé d'abord à modifier l'éducation publique et privée et ce fut, pendant cin-

Fig. 156. — Les Délices de la Maternité; d'après Moreau.

quante ans, un déluge de brochures et de gros livres qui avaient pour objet cette éducation, que chacun voulait modifier à sa guise. En ce qui touche l'enfance, l'influence de l'*Émile* de J.-J. Rousseau, cet ouvrage paradoxal qui passa de main en main par toutes les classes de la société, ne fut pas tout à fait inutile : les devoirs de la maternité autour d'un berceau, les soins matériels à donner à l'enfance, la minutieuse surveillance des instincts du cœur, du caractère et de l'esprit chez l'enfant, enfin la première éducation dans le sein de la famille, toutes ces idées, accueillies d'abord avec un engouement peut-être excessif, avaient un côté juste dont notre temps a su tirer parti.

Quant à l'enseignement des colléges, il était déjà condamné par les utopistes de l'instruction nationale, lorsque la société des jésuites fut dissoute et que les colléges si florissants, fondés et organisés avec tant

Fig. 151. — La Visite de la Nourrice; d'après Eisen.

d'amour par cette congrégation enseignante, furent livrés à la discrétion de leurs rivaux et de leurs ennemis. Le parlement n'avait fait que donner satisfaction à une vieille rancune janséniste, en ordonnant la fermeture de ces colléges et notamment celle du collége Louis le Grand. La noblesse et la cour essayèrent en vain de soutenir les jésuites, qui avaient fait l'éducation de leurs enfants; le roi dut à regret confirmer les arrêts du parlement (1762). Il y eut, à la suite de ces arrêts, une confusion, un bouleversement complet dans l'instruction publique, au moment même où les *éducographes*, comme ils s'intitulaient fièrement, fulminaient contre l'éducation universitaire leurs anathèmes philosophiques. La publication de l'*Émile* de J.-J. Rousseau avait coïncidé fatalement avec l'arrêt qui enlevait aux jésuites l'éducation de la jeunesse. Vingt-deux ans auparavant, J.-J. Rousseau, dans une lettre à M. de Mailly, avait formulé ses théories, en disant : « Le but que l'on doit se proposer dans l'éducation d'un jeune homme, c'est de lui former le cœur, le jugement et l'esprit, et cela dans l'ordre que je les nomme. La plupart des maîtres, les pédants surtout, regardent l'acquisition et l'entassement des sciences comme l'unique objet d'une belle éducation. »

L'Université faillit être entraînée dans la chute des jésuites, mais le gouvernement la protégea et la conserva, pour ne pas faire écrouler à la fois tout l'édifice de l'enseignement; il accepta toutefois, un peu à la légère, la plupart des réformes qui lui furent proposées de toutes parts. Un des plus implacables adversaires des jésuites, le fameux la Chalotais, président au parlement de Bretagne, s'était empressé de fournir un *Plan d'éducation national* : on adopta quelques-unes de ses idées, mais on ne fit rien pour conjurer l'anarchie des utopies en fait d'éducation.

L'expulsion des jésuites donna lieu à une liquidation générale des dettes de tous les colléges de Paris, qui avaient des boursiers en plus ou moins grand nombre et dont les revenus ne suffisaient pas à l'entretien de ces boursiers. Les biens des jésuites pourvurent à tout. Un édit de 1763 avait établi auprès de chaque collège un bureau laïque et municipal, auquel fut attribuée, outre la surveillance de l'établissement, la nomination du principal et des professeurs. La position de ceux-ci fut améliorée et assurée pour la première fois; leurs honoraires furent fixés d'une manière plus équitable, et on leur promit, en récompense de services effectués, une pension de retraite : de plus, par lettres patentes de 1764, ils devaient être exempts de toutes charges municipales. Cependant le nombre de ces professeurs diminuant de jour en jour, on créa, en 1768, un corps d'agrégés, nommés au concours, parmi lesquels le corps enseignant pourrait se recruter. Les bénédictins et les oratoriens avaient accepté en partie la succession des jésuites, sous le rapport de l'enseignement, public, mais la secte des philosophes battait en brèche cet enseignement qu'il s'efforçait de faire passer dans les mains des laïques, pour en exclure tout à fait l'instruction religieuse. Ils n'avaient que trop réussi dans leur conspiration, en 1789, lorsque le P. Bonnefoux, supérieur général des prêtres de la Doctrine chrétienne, disait dans son *Mémoire sur les principaux objets de l'éducation publique :* « Le désordre sans doute le plus déplorable, celui qui entraîne après lui les suites les plus funestes, c'est l'abandon presque absolu de la religion dans les écoles publiques. » Quinze ans auparavant, l'assemblée du clergé n'avait que trop prévu ce qui devait avenir, lorsqu'elle dénonçait au roi les déplorables projets des prétendus réformateurs de l'éducation : « Nous n'ignorons pas, disait-elle, que les ennemis de la religion ont regardé comme un point essentiel, pour le succès de leurs pernicieuses maximes, d'éloigner les ecclésiastiques du soin d'élever la jeunesse. »

L'auteur d'*Émile* était le principal auteur du désordre, de plus en plus inextricable, qui régnait dans le domaine de l'enseignement. L'Université perdait tous les jours son crédit et son autorité, quoique les 500 colléges qui dépendaient d'elle et qui étaient encore soumis à ses règlements comptassent plus de 70,000 élèves. Mais, dans bien des familles, on essayait de mettre en pratique les rêveries pédagogiques de J.-J. Rousseau. L'exemple, un triste exemple, venait de haut : le duc de Chartres avait abandonné l'éducation de ses trois fils à Mme de Genlis, qui s'était préparée à faire cette éducation en élevant leur sœur cadette. Louis XVI, consulté par le duc de Chartres au sujet de la nomination de ce gouverneur féminin, répondit avec dédain : « Gouverneur ou gouvernante! Vous êtes le maître de faire ce qu'il vous plaira; d'ailleurs, le comte d'Artois a des enfants! » Le duc de Chartres n'avait garde d'imiter le dauphin et la dauphine, père et mère de Louis XVI, qui n'eussent confié à personne le soin de surveiller l'éducation de leurs enfants. « Toute la cour a vu, raconte Bury dans son ouvrage sur l'Éducation française, que ces deux illustres personnes présidaient à l'éducation des princes leurs enfants; elles les faisaient souvent venir en leur présence, les interrogeaient sur les leçons qu'on leur avait données; elles leur faisaient réciter ce qu'ils avaient retenu. » C'est ainsi que le vénérable duc de Penthièvre avait élevé lui-même sa nombreuse famille. C'est ainsi que Louis XVI agissait avec le dauphin, dont il était le principal précepteur, se promettant de faire de lui un citoyen avant d'en faire un roi; les dernières leçons qu'il donna ainsi à son fils devaient avoir lieu dans la prison du Temple, et être brusquement interrompues par l'échafaud révolutionnaire.

Fig. 152. — La Leçon de chant; d'après Chodowiecki.
(Communiqué par M. Eug. Sauzay).

CHAPITRE ONZIÈME

LA BIENFAISANCE

La charité et la bienfaisance. — Les hôpitaux. — L'hôtel-Dieu. — Réformes dues à Piarron de Chamousset. — La Peyronie, Godinot, Tronchin. — Les mariages de bienfaisance. — Charité de Louis XVI, de Marie-Antoinette et de leurs enfants. — Les philanthropes.

Si la charité existait depuis la prédication de l'Évangile du Christ, la bienfaisance, dans le sens que lui attache le langage moderne, n'a guère pris date d'origine qu'au commencement du dix-huitième siècle ; la charité était une vertu chrétienne, la bienfaisance fut, pour ainsi dire, une règle philosophique. On a cru longtemps que le mot même de *bienfaisance* avait été créé par l'abbé de Saint-Pierre ; mais l'abbé de Saint-Pierre n'avait fait qu'employer un mot déjà connu, pour exprimer une chose nouvelle, que les philosophes distinguaient de la charité, la bienfaisance n'étant à leurs yeux que l'action de faire le bien par amour de l'humanité. Une phrase caractéristique de l'abbé de Saint-Pierre, empruntée à son *Mémoire pour la diminution des procès*, prouve assez que la bienfaisance ne lui apparaissait que comme une vertu sociale :

« Les lois doivent tendre à inspirer l'application, le travail, l'économie, la tempérance, l'équité, *la bienfaisance.* »

On peut donc dire que le dix-huitième siècle fut le siècle de la bienfaisance. Sans doute, la charité, qui avait en France tant de nobles traditions, continua, pendant ce siècle de jouissances égoïstes et d'indifférence religieuse, à donner d'innombrables exemples de sa puissance féconde, de sa généreuse initiative : il y eut alors, comme du temps de Louis XIII, comme au moyen âge, des âmes tendres et pieuses, qui, sous l'inspiration de l'Évangile, sous l'influence des idées catholiques, se vouaient à la consolation, au soulagement des êtres souffrants et malheureux; il y eut, il y aura toujours l'abnégation, le sacrifice, la passion du bien, dans ce que l'Église a nommé les œuvres de miséricorde : des hôpitaux, des maisons de refuge, des établissements charitables furent fondés, enrichis et protégés par un sentiment de foi et de dévotion. Mais, il faut le reconnaître, la philosophie pure avait en outre favorisé en France cette bienfaisance, qui était une manifestation de la société civile, et qui devint presque une des formes de l'économie politique. Un pauvre prêtre, Vincent de Paul, avait été l'apôtre de la charité, au dix-septième siècle; au dix-huitième, le héros de la bienfaisance fut un noble riche, Piarron de Chamousset.

C'est Montesquieu, qui le premier caractérise la bienfaisance dans les *Lettres persanes* : « En quelque religion qu'on vive, dès qu'on en suppose une, il faut bien que l'on suppose aussi que Dieu aime les hommes, puisqu'il établit une religion pour les rendre heureux; que s'il aime les hommes, on est sûr de lui plaire en les aimant aussi, c'est-à-dire en exerçant envers eux tous les devoirs de la charité et de l'humanité. » On commençait alors à définir philosophiquement le bienfait et le bienfaiteur. « Le *bienfaiteur* est celui qui fait du bien, disait Duclos, et les actes qu'il produit peuvent se considérer sous trois aspects : les bienfaits, les grâces et les services. Le *bienfait* est un acte libre de la part de son auteur, quoique celui qui en est l'objet puisse en être digne... Le vrai bienfaiteur cède à son penchant naturel, qui le porte à obliger, et il trouve dans le bien qu'il fait une satisfaction qui est à la fois et le premier mérite et la première récompense de son action, mais tous les bienfaits ne partent pas de la bienfaisance. » Comme tout cela est sec, froid et décourageant, auprès de la vraie charité chrétienne ! La charité émanait de l'amour de Dieu ; la bienfaisance, de l'amour de l'humanité. On a peine à s'expliquer pourquoi cette dernière eut tant de puissance et tant d'action au dix-huitième siècle, où elle devint une habitude et une mode. Les philosophes n'avaient pourtant pas cherché à la rendre attrayante et communicative, lors même que Moncrif disait, pour la recommander aux gens du monde légers et frivoles, auxquels il la prêchait à sa façon : « La bienfaisance est peut-être la seule vertu qu'on ne conteste pas à celui qui la possède. »

La misère des populations, à la fin du règne de Louis XIV, les disettes, les épidémies, le ralentissement du travail, eussent suffi pour raviver la charité, si elle avait pu jamais se refroidir en France. Les aumônes, dont le clergé était le dispensateur éclairé, furent énormes à Paris et dans les provinces ; les ordres religieux firent partout le plus généreux emploi des biens ecclésiastiques, et, grâce à eux surtout, les familles indigentes ne moururent pas de faim : tous les jours, on distribuait aux pauvres des aliments à la porte des couvents, et ce vieil usage, si touchant et si respectable, que les philosophes considéraient comme dégradant pour l'espèce humaine, se perpétua jusqu'à la révolution. « Un tas de gueux s'assemblent le matin à la porte du couvent, écrivait dédaigneusement Mercier en 1782 ; ils sont déguenillés. Le moine ouvre, il ne les fait pas entrer chez lui, mais il jette dans chaque écuelle un peu de potage, et ces malheureux se chamaillent à qui obtiendra une plus grande portion de cette soupe ! »

Les pauvres ne se plaignaient pas, eux, des antiques institutions de la charité qui les faisait vivre ; ils n'entraient pas dans le couvent, il est vrai, pour manger la soupe qu'on leur donnait, mais s'ils tombaient malades, s'ils devenaient infirmes, ils étaient sûrs de trouver des soins et un asile dans les hospices et les hôpitaux, où les moines et les religieuses se faisaient, en quelque sorte, leurs zélés serviteurs. Les évêques eux-mêmes ne dédaignaient pas de servir ainsi les malheureux. Pendant la grande disette de 1704, Gabriel de Caylus, évêque d'Auxerre, réunissait dans la cour de son évêché tous les pauvres de la ville et des environs : il présidait lui-même à la distribution qu'il faisait faire de la soupe et du pain; il épuisa toutes ses ressources et vendit enfin sa vaisselle d'argent, pour subvenir aux besoins d'une foule affamée. Il parcourait son diocèse en répandant des aumônes. Un jour, à Gien, où il arrivait la bourse vide et n'ayant pris aucune nourriture depuis le matin, il se vit tout à coup entouré d'une foule de pauvres : « Hélas! mes enfants, leur dit-il en versant des larmes, je n'ai plus rien à vous donner ! — Ah ! monseigneur, répondirent ces braves gens, nous ne sommes pas venus pour vous demander, mais pour vous remercier. » Ils tombèrent à genoux devant lui et reçurent sa bénédiction.

Telle était la charité chrétienne, et l'évêque d'Auxerre ne faisait que mettre en pratique cette touchante parole de son collègue Pierre de la Broue, évêque de Mirepoix, qui employait en bonnes œuvres tous les revenus de l'épiscopat : « Mon devoir est de rendre aux pauvres un bien qui leur appartient de droit. » Plusieurs évêques, entre autres celui de Boulogne (Pierre de Langle), vendirent aussi leur vaisselle épiscopale, pour nourrir les indigents de leurs diocèses pendant la terrible disette de 1709. Les exemples de charité que le haut clergé offrait aux riches ne contribuaient pas peu à multiplier les aumônes : toutes les bourses s'ouvraient, quand l'évêque ou le curé montait en chaire pour annoncer des misères à soulager. Le curé de Saint-Sulpice, J.-B. Languet, qui, après avoir vendu ses meubles, ses tableaux, ses collections d'art, au profit des pauvres, n'avait plus que trois petits couverts d'argent pour sa table et couchait dans un simple lit de serge, qu'une de ses paroissiennes, madame de Cavois, lui prêtait, recueillit, au moyen des quêtes, une somme si considérable, qu'il put fonder la maison de l'Enfant Jésus, où l'on élevait gratuitement, en 1741, quatorze cents demoiselles nobles, appartenant à des familles chargées d'enfants et appauvries par le service militaire.

Les fondations dues à la charité chrétienne furent assez nombreuses à Paris jusqu'au milieu du dix-huitième siècle, mais il n'y eut guère ensuite que des fondations de bienfaisance. Outre la communauté des filles de l'Enfant Jésus, instituée par le curé Languet (1732), il suffit de citer les Orphelines du Saint-Enfant Jésus et de la Mère de pureté (1711),

Distribution de vivres faite au peuple en 1744, à Strasbourg.

les Filles de Saint-Michel ou de Notre-Dame de Charité (1724), la maison du Bon-Pasteur (1717), etc. Dans la seconde moitié du dix-huitième siècle, la bienfaisance publique s'attacha, de préférence, à la création des succursales destinées à suppléer à l'insuffisance de l'Hôtel-Dieu, et l'on vit successivement s'établir, à l'aide de subventions royales ou municipales, sinon avec les produits des legs ou des donations particulières, cinq ou six de ces hôpitaux, qui conservent encore les noms de leurs principaux fondateurs : l'hôpital de la Maison militaire du roi (1765), l'hôpital Necker (1779), l'hôpital Cochin (1780), la Maison royale de santé (1781), l'hôpital Beaujon (1784), etc. Quant à l'Hôtel-Dieu, quoique dévasté et presque détruit de fond en comble par deux incendies en 1737 et en 1772, il n'avait pas cessé, en s'enrichissant, en s'augmentant de jour en jour, de recevoir les améliorations les plus indispensables, malgré l'incurie et la routine opiniâtre de l'administration de l'assistance publique.

Le réformateur de l'Hôtel-Dieu, ou du moins l'homme de bien qui demanda le premier la réforme de cet hôpital séculaire, fut le véritable type de la bienfaisance. Humbert Piarron de Chamousset, né à Paris en 1717, se consacra dès sa jeunesse au soulagement de l'humanité souffrante. Son panégyriste, l'abbé Cotton des Houssayes, suppose que la Bienfaisance divinisée le prit par la main et lui adressa cette allocution, en lui montrant sa voie : « L'Auteur de la Nature vous créa surtout pour exercer l'art précieux et difficile de vaincre la mort et de prolonger la vie. Il mit dans vous cette heureuse sensibilité, ce goût impérieux, ce coup d'œil également juste, rapide, attentif, cette estime profonde de la vie des hommes, cette force héroïque pour triompher du spectacle hideux et dégoûtant des misères humaines. » Chamousset avait eu en patrimoine une belle fortune, il la consacra presque tout entière à des œuvres charitables; il était maître des comptes, il se fit médecin, chirurgien et apothicaire; il possédait un hôtel luxueux, il en fit un hôpital. Mais toutes ses pensées, toutes ses combinaisons, tous ses efforts étaient dirigés vers un seul but : la fondation d'établissements philanthropiques. Il imagina d'abord une maison d'association, « dans laquelle, au moyen d'une somme très-modique, chaque associé s'assurera, dans l'état de maladie, toutes les sortes de secours qu'on peut désirer. » Ce projet utile et ingénieux fut approuvé et applaudi par les économistes et les philosophes, par les ministres du roi et par le prévôt des marchands, mais l'inventeur n'obtint pas les sommes qu'il attendait de l'initiative privée, pour mettre à exécution les plans de ce nouvel hôpital. C'est alors qu'il s'adressa plus directement à l'opinion publique, en la passionnant pour une réforme générale de l'Hôtel-Dieu. Cette réforme était indispensable : depuis longtemps on signalait avec tristesse les funestes effets de l'organisation du grand hôpital de Paris. Chamousset ne fut que l'écho des plaintes du public : « La nécessité du remède, dit-il, force à faire connaître l'étendue du mal. »

Le tableau qu'il fit de l'intérieur de l'Hôtel-Dieu émut de douleur et d'indignation tous ceux qui n'avaient jamais pénétré dans ce réceptacle de toutes les misères et de tous les désespoirs : « Qu'on se représente donc, disait-il, une salle où l'on rassemble des malades de toute espèce et où le nombre force à en mettre souvent trois, quatre, cinq et six dans un même lit; les mourants et les convalescents accumulés dans un même lieu, les vivants à côté des morts, l'air infecté des exhalaisons qui sortent de cette multitude de corps malsains et qui, portant avec elles le germe de plusieurs maladies, enveniment les maux dont on cherche là guérison et en procurent souvent de nouveaux. Cet air serait dangereux, quand on n'entasserait ainsi que des hommes qui jouiraient d'une santé parfaite. » Cependant, chaque malade, entré à l'Hôtel-Dieu, en dût-il sortir mort ou vivant, représentait une dépense de 50 fr. pour l'administration hospitalière, et le quart des malades était condamné à une mort certaine. Ainsi, depuis 1737 jusqu'en 1748, c'est-à-dire dans un intervalle de dix ans, on avait admis à l'Hôtel-Dieu deux cent cinquante et un mille cent soixante-dix-huit malades, et il en était mort soixante et un mille quatre-vingt-onze. « Il y aurait donc, disait avec raison Chamousset, plus d'avantage à laisser de pauvres malades, chacun dans son réduit, sans autre secours que la commisération de leurs voisins. » Chamousset comparait, d'ailleurs, avec l'Hôtel-Dieu, divers hôpitaux de Paris et de la province : l'hôpital de la Charité, où les malades étaient séparés et en bon air, ne perdait pas même le huitième de ses malades; à Versailles, dans l'hôpital des pauvres, la mortalité n'était que du neuvième.

D'après le système proposé par Chamousset, l'administration de l'Hôtel-Dieu n'aurait eu à s'occuper que de la gérance des biens

Fig. 153. — La Dame de Charité; d'après Eisen.

meubles et immeubles de l'hôpital, en laissant le soin des malades à une société de bienfaisance, qui, moyennant un droit de cinquante livres par chaque malade guéri, se fût chargée de tous les frais du traitement, de la nourriture et du service des malades. Chamousset avait affaire à une administration riche et puissante, qui ne tint aucun compte de ses projets de réforme, si pratiques et si nécessaires qu'ils fussent, et qui résista jusqu'en 1781 aux prières des pauvres et aux vœux de tous les bons citoyens. « Déjà, disait Louis XVI dans ses lettres patentes du 22 avril 1781, deux mille cinq cents malades seront couchés seuls dans un lit, et cinq cents, deux à deux, dans un grand lit, séparé dans sa longueur par une cloison ; il y aura des promenades et des salles particulières pour les convalescents ; des infirmeries seront établies dans les hôpitaux destinés aux valides ; des hospices assignés à certaines paroisses ; les comptes de l'administration de l'Hôtel-Dieu rendus publics. »

C'était là cette réforme que Chamousset avait en vain réclamée, non-seulement pour l'Hôtel-Dieu, mais encore pour tous les hôpitaux du royaume. Il n'existait plus depuis 1774, et les dernières années de sa vie avaient été consacrées à diverses tentatives d'assistance publique, qui n'eurent d'autre résultat que d'absorber une partie de sa fortune personnelle : il fonda une maison pour la conservation des enfants nouveau-nés, et voulut remplacer par de l'eau d'orge mélangée de lait de vache le mauvais lait des nourrices mercenaires ; il eut l'idée de faire distribuer dans tous les quartiers l'eau de Seine épurée et clarifiée ; il chercha les moyens d'extirper la mendicité, en centralisant toutes les ressources des hôpitaux du royaume et en créant des hospices provinciaux. Il fut, pendant deux ans, intendant général des hôpitaux militaires de l'armée, mais il échoua dans le travail de réorganisation qu'il avait entrepris par le mauvais vouloir et l'incapacité des chefs et des employés. Il essaya d'établir à Paris un bureau de placement pour les domestiques et pour les ouvriers, un asile pour les servantes infirmes, et d'autres institutions de bienfaisance : ce qui ne l'empêchait pas de visiter deux fois par semaine les prisonniers, et tous les jours un certain nombre de familles indigentes auxquelles il apportait des secours et des consolations. Tous les instants de sa vie étaient donnés à la bienfaisance, et il avait perdu le sommeil, à force de songer à ses innovations charitables, qui ne furent pas seulement, comme celles proposées par l'abbé de Saint-Pierre, les *rêves d'un homme de bien*, car elles offraient toutes une application facile et avantageuse, et elles ont été la plupart appliquées depuis d'une manière utile. Ce philosophe bienfaisant aurait pu dire, comme Fénelon : « J'aime mieux l'humanité que ma patrie, ma patrie que ma famille, ma famille que moi-même. » C'étaient les pauvres et les infortunés qui formaient la famille de Chamousset.

La bienfaisance était devenue une habitude dans toutes les classes de la société, comme si chacun se fût pénétré de cette vérité formulée par le frivole Moncrif : « On doit regarder la bienfaisance comme un fonds qui rapporte toujours d'une manière ou d'une autre. » Les émules et les imitateurs n'avaient pas manqué à Chamousset. Les prévôts des marchands de Paris donnaient volontiers l'exemple. Sous l'administration de M. de Vastan, « les pauvres ne s'aperçurent pas de leur misère, » selon la belle expression d'un conseiller de la ville qui prononça son éloge après sa mort. Le panégyriste ajoutait : « On vit ces derniers nourris par une distribution de riz et d'aumônes dans toutes les paroisses; chauffés par une quantité de bois considérable, fourni pendant l'hiver dans les carrefours et les places publiques; occupés, par ses soins paternels, au brisement des glaces et à d'autres travaux publics. » Sous l'administration de Michel-Étienne Turgot (1729-45), les pauvres n'eurent à souffrir ni du froid ni de la disette : en accroissant de moitié les revenus de la ville, il trouvait des secours pour les classes nécessiteuses, et lors du grand incendie de l'Hôtel-Dieu en 1737, il fit d'abord enlever les malades, qui furent transportés dans l'église Notre-Dame, sous ses yeux : « Maintenant que nos malades sont en sûreté, dit-il en venant se mettre à la tête des travailleurs, occupons-nous de sauver l'hôpital et de combattre le feu! » Rien n'est plus contagieux que l'exemple. On ne s'étonna donc pas de voir la Peyronie, premier chirurgien du roi, changer son château en hospice et y admettre des centaines de malades, qu'il soignait lui-même et qu'il renvoyait guéris, en leur glissant une aumône dans la main : « Je dois ma fortune aux maladies, disait-il; n'est-il pas juste que je la partage avec les malades? » Chaque ville avait, en quelque sorte, son bienfaiteur. A Reims, un chanoine, nommé Godinot, fit abandon de tous ses biens pour doter sa ville natale d'hôpitaux, de fontaines, de promenades et de monuments publics : il se cachait sous le prête-nom de M. de Pouilly, chef du conseil municipal, et M. de Pouilly, encouragé par cette mystérieuse générosité, employa plus de 500,000 livres de sa propre fortune en œuvres d'édilité charitable.

Tout Paris eut à louer aussi la bienfaisance de Tronchin, lorsque ce médecin célèbre fut venu de Genève se fixer dans la capitale (1766) : « Il devint le médecin à la mode (voy. fig. 154); on le consultait de tous les pays de l'Europe..... Sensible et bienfaisant, il consacrait régulièrement deux heures par jour à ce qu'il appelait son bureau de philanthropie, c'est-à-dire à donner des consultations gratuites aux pauvres, à qui il fournissait même l'argent nécessaire pour les médicaments. » (Haag frères, *France protestante*.)

L'émulation émanait de plus haut : le roi et la reine, les princes et les princesses de la famille royale étaient toujours les premiers à tendre la main aux malheureux. Louis XIV avait dit, en mourant, à son arrière-petit-fils, le dauphin Louis : « Tout votre bonheur dépendra de votre soumission à Dieu et du soin que vous aurez de soulager vos peuples. » Louis XV se souvint toute sa vie de ces derniers conseils de son aïeul : au siége de Menin, en 1744, un officier général lui ayant dit qu'on pourrait prendre la ville quatre jours plus tôt, en sacrifiant quelques hommes : « Eh bien! prenons-la quatre jours plus tard, répliqua le roi. J'aime mieux perdre ces quatre jours devant la place que de perdre un seul de mes sujets. » En 1751, la ville de Paris célébra par des fêtes la naissance du nouveau duc de Bourgogne. Une somme de 600,000 livres avait été réservée pour un superbe feu d'artifice à tirer sur la Seine, à l'occasion des relevailles de la dauphine. Le roi demanda que ces 600,000 livres fussent employées à marier six cents pauvres filles de Paris. Le désir du roi fut un ordre pour toute la France, et il y eut dans toutes les villes quantité de mariages analogues : « Un feu d'artifice donne au peuple un plaisir de quelques instants, disait Louis XV : une dot et un mari durent des années et ne causent pas moins de plaisir aux personnes qui en profitent; je paierai volontiers les dragées des baptêmes. » La ville de Bordeaux dota et maria ainsi cent soixante-dix filles; la ville de Reims, vingt; la ville de Châteauroux, six. Ce fut une manie, à la cour, de faire de pareils mariages de bienfaisance (voy. fig. 155, p. 287). « Cela vaut mieux que la guerre, disait le roi en riant, et cela me permet d'augmenter le nombre de mes sujets. »

La reine Marie Leczinska n'était pas moins portée à la bienfaisance que le roi son époux; elle ne faisait, d'ailleurs, que suivre les leçons

Fig. 154. — Le Médecin à la mode (Tronchin) écrasant ses rivaux. (Composition allégorique.) Communiqué par M. Bonnardot.

de son père, le roi Stanislas de Pologne, surnommé, de même que Chamousset, le *philosophe bienfaisant*. Elle dépensait en aumônes la plus grande partie de son épargne. On ne s'adressait jamais en vain à sa générosité, et l'on arrivait aisément jusqu'à elle quand il s'agissait d'une infortune à secourir. Elle s'occupait sans cesse à faire de la charpie pour les hôpitaux militaires et du linge pour les pauvres.

La charité et la bienfaisance se donnaient la main dans la famille royale. Le duc d'Orléans, fils du régent, se retira dans l'abbaye de Sainte-Geneviève et y mourut saintement, après avoir dépensé son patrimoine en bonnes œuvres. « C'est un bienheureux, dit la reine en apprenant sa mort, mais c'est un bienheureux qui laisse après lui bien des malheureux. » Le petit-fils de Marie Leczinska, ce duc de Bourgogne, qui fut un sage et presque un saint à l'âge de neuf ans, avait le sentiment inné de la bienfaisance. La première fois qu'on lui présenta la somme mensuelle que le roi destinait à ses menus plaisirs, il en préleva la moitié pour les pauvres, en disant : « Ce sera toujours pour mes menus plaisirs! »

Le second fils du dauphin, élevé sous les yeux de son auguste aïeule et de sa pieuse mère, Marie-Joséphine de Saxe, avait appris de bonne heure que la bienfaisance est un des plus beaux priviléges de la royauté : il se préparait, en l'exerçant, à monter un jour sur le trône. Après l'horrible catastrophe, qui signala d'une manière si cruelle les fêtes données à Paris pour célébrer son mariage avec l'archiduchesse d'Autriche Marie-Antoinette (mai 1770), il versa des larmes, au récit du fatal accident qui coûtait la vie à tant de personnes étouffées ou blessées dans la foule, sur la place Louis XV : on venait de lui remettre les 6,000 livres que le roi lui assignait par mois pour ses menus plaisirs; il ordonna de porter cet argent au lieutenant de police, avec une lettre autographe ainsi conçue : « J'ai appris les malheurs arrivés à Paris, à mon occasion; j'en suis pénétré. On m'apporte ce que le roi me donne pour mes menus plaisirs. Je ne puis disposer que de cela : je vous l'envoie; secourez les plus malheureux. » La dauphine avait déjà devancé le généreux élan de son mari, en faisant distribuer aux familles des victimes tout ce qu'elle avait dans sa bourse. L'exemple du dauphin et de la dauphine provoqua dans toutes les classes de la société française une sympathique émulation de bienfaisance, qui se traduisit par des dons anonymes et par des quêtes abondantes en faveur des indigents.

Le règne de Louis XVI fut, en quelque sorte, le règne de la bienfaisance ; quoique le trésor se trouvât trop souvent vide ou obéré, l'argent ne manquait jamais pour venir en aide à des infortunes intéressantes et pour diminuer la misère du peuple. Entre toutes les prodigalités qu'on reprocha souvent et avec raison à Marie-Antoinette, on aurait dû tenir compte de celles de ses bienfaits. Sous le règne précédent, le roi et la famille royale avaient été toujours prêts à donner, mais leurs dons, sans cesse renouvelés, devaient être restreints et parfois insuffisants : Louis XV pensionnait sur sa cassette une foule d'officiers en retraite et de nobles tombés dans la détresse; en 1740, pendant la disette, il faisait distribuer du pain au peuple, dans la cour du Louvre; en 1762, lors de l'incendie de la

Fig. 155. — Fondation pour marier dix filles pauvres; d'après Gravelot.

foire Saint-Germain, il envoyait 100,000 livres à partager entre les marchands qui avaient le plus souffert. Sous Louis XVI, les dons étaient plus nombreux et beaucoup plus considérables. Dans le terrible hiver de 1784, le roi ordonna au contrôleur général d'employer une somme de trois millions à soulager les souffrances du peuple. Le contrôleur général, M. de Calonne, offrit à la reine de lui remettre en mains propres, sur ces trois millions, un million dont elle ferait l'usage qui lui conviendrait le mieux. La reine dissimula son indignation, et répondit au ministre « que le bienfait en entier devait être distribué au nom du roi et qu'elle se priverait, cette année, des moindres jouissances, pour ajouter au soulagement des malheureux ce que ses épargnes lui permettaient de leur offrir. » Mme Campan, qui rapporte cette noble réponse de la reine, raconte que cette princesse avait fait des économies sur les fonds de sa cassette. « Elle employa donc, dit Mme Campan, en bonnes œuvres, une somme de deux à trois cent mille francs, que ses premières femmes (de chambre) répandirent elles-mêmes sur des familles indigentes ou qu'elles envoyèrent à M. Lenoir (lieutenant de police), aux curés de Paris, de Versailles, aux sœurs hospitalières. » La reine, comme le dit Weber, s'occupait dès lors « de semer et de faire croître dans le cœur de sa fille les grandes et bonnes qualités du sien : le respect des vertus, la reconnaissance des services, l'amour de l'humanité, la compassion pour l'infortune, la modération dans la grandeur, la charité, la bonté, l'indulgence. » Elle lui parlait sans cesse des cruelles épreuves que le pauvre avait à subir pendant un si épouvantable hiver. Madame Royale avait amassé une somme de huit à dix mille francs pour ses charités, elle en fit distribuer une partie à ceux, dit-elle, « qui avaient froid, faute de vêtements chauds. » Cette année-là, la veille du jour de l'an, la reine avait fait venir de Paris tout ce qu'il y avait de plus nouveau et de plus cher en joujoux : tout fut étalé dans son cabinet, où elle appela le dauphin et Madame Royale, pour leur montrer ces magnifiques étrennes : « Contentez-vous de les regarder, leur dit-elle, car je ne puis vous les donner : le froid qu'il fait rend les pauvres si malheureux, que tout mon argent a été employé en couvertures, en hardes, en bois de chauffage, pour garantir ces pauvres gens contre les rigueurs de la saison. » Madame Royale et le dauphin répondirent simultanément que les joujoux étaient bien beaux, mais qu'ils ne les désiraient plus, en présence de tant de familles mourant de froid et de faim.

Jamais la bienfaisance du roi et de la reine ne fut plus active ni plus éclatante que durant ce funeste hiver de 1784. Louis XVI avait écrit de sa main, au bas d'une lettre dans laquelle le lieutenant de police lui faisait un douloureux tableau de la misère de Paris : « Je vous autorise à faire donner tous les secours qui seront nécessaires pour adoucir le sort des pauvres. » Le contrôleur général, M. de Calonne, lui fit observer qu'il avait déjà employé trois millions à cet usage, et que les finances de l'État n'étaient pas trop florissantes. « Voilà pourtant la dépense la plus sacrée que j'aie à faire, répondit le roi : il n'y en a aucune qui ne doive être retranchée, s'il le faut, pour celle-là! » La reine,

Fig. 156. — La bienfaisance de Marie-Antoinette; d'après Moreau.

qui avait déjà beaucoup donné, envoya 500 louis au lieutenant de police et la même somme à l'archevêque de Paris, pour les besoins les plus urgents. On avait établi des poêles dans les couvents, dans les églises, dans les casernes, et la population pauvre y accourait de toutes parts. Il y avait en outre de grands feux, entretenus jour et nuit, à la porte et dans la cour des hôtels. Tous les soirs, à Versailles, on rencontrait Louis XVI, à pied dans la neige, s'assurant par lui-même que les feux étaient allumés et distribuant des aumônes de sa propre main. Un pareil exemple ne pouvait manquer d'exciter encore davantage la charité publique. Chacun voulut s'employer, selon ses moyens, à assister les malheureux. Après deux mois de souffrances généreusement adoucies, le peuple du quartier Saint-Honoré érigea, en face de la porte du Louvre, une pyramide de neige, sur laquelle les poëtes attachèrent quantité d'inscriptions qui célébraient l'*auguste bienfaisance* de Louis XVI.

De tout temps, les Français, les Parisiens surtout, s'étaient montrés enclins à la pitié et à la charité : la bonté de leur cœur les portait à venir en aide à leurs semblables. Cette noble et généreuse disposition naturelle n'avait fait que s'augmenter et se propager, par l'exemple et l'imitation, sous le règne de Louis XV. A cette époque, suivant le témoignage d'un contemporain (Tr. de Vergy, qui écrivait en 1762), « les aumônes montaient à des sommes énormes. » La plus grande partie de ces aumônes était appliquée alors au service des hôpitaux, qui, malgré leur richesse, répondaient assez mal à l'esprit de leur institution. On accusait généralement les administrateurs de ces hôpitaux de vivre et de s'enrichir scandaleusement aux dépens des pauvres. Vingt ans plus tard, ce déplorable état de choses n'avait pas changé ; car Mercier écrivait, dans son *Tableau de Paris* : « Il y a en fondations charitables de quoi nourrir le tiers de la France. Comment se peut-il, après cela, qu'il y ait tant de misérables ? Le vice vient donc de la distribution. Ce qu'il y a de plus difficile, ce n'est pas de faire le bien, c'est de le bien faire. Le peuple aveugle, et qui souffre, accuse les administrateurs des bureaux de charité.... Il pense que leur opulence est prise sur la part du pauvre. »

Cependant la bienfaisance publique, dans ces vingt années, de 1762 à 1783, avait fait des progrès incessants et vraiment extraordinaires. « On fait le bien aujourd'hui amplement et de tous côtés, disait l'auteur ampoulé du *Tableau de Paris*; on le fait par un sentiment vif et rapide, qui se communique de proche en proche ; nos ancêtres ne connaissaient pas cette charité prompte, active, qui combat les maux de la nature, et qui s'oppose à la calamité au moment même où le courroux du ciel a frappé. Le Parisien, sensible et compatissant, est sans cesse *aumônier*, et dans toute la force du terme. » Mercier enregistrait ailleurs ce fait important : « Jamais siècle n'a vu la bienfaisance et la charité répandre plus libéralement leurs largesses. » Voici la cause que Mercier attribuait à cette profusion de bonnes œuvres : « Les écrits qui ont recommandé la bienfaisance, qui en ont fait la base des autres vertus, n'ont pas été infructueux. On doit beaucoup au mot *humanité*, que les écrivains ne se sont pas lassés de reproduire sous toutes les formes. »

C'est à ce sentiment d'humanité, c'est à ces idées de bienfaisance universelle, que le règne de Louis XVI fut redevable des deux plus belles institutions charitables du dix-huitième siècle. L'abbé de l'Épée créa l'école des Sourds et Muets (1778) ; Haüy, celle des Jeunes Aveugles (1784). La méthode de l'abbé de l'Épée, pour suppléer au défaut de l'ouïe et de la parole chez des enfants que cette double infirmité condamnait à l'isolement au milieu des hommes, avait été expérimentée dans des séances publiques, que Marie-Antoinette et son frère, l'empereur Joseph II, mirent en vogue ; la méthode de Valentin Haüy, qui apprenait aux aveugles de naissance la lecture, l'écriture, le calcul et la musique, fut particulièrement encouragée par Louis XVI, qui prenait un intérêt particulier au succès de l'ingénieux inventeur. La bienfaisance royale et la charité privée aidèrent puissamment à la création de ces deux célèbres établissements, qui servirent de modèle aux institutions analogues fondées en Europe. Le public se passionnait, à cette époque, pour toutes ces nouvelles fondations d'humanité. Là, comme toujours, l'excès engendra l'abus : sous prétexte d'humanité, on faisait appel à la bienfaisance inépuisable des riches, pour des créations bizarres et même ridicules.

Mais déjà la bienfaisance, devenue trop vulgaire, s'attribuait un nom plus pompeux et s'intitulait *philanthropie*. Les philosophes étaient un peu coupables de ces exagérations déclamatoires, car ils ne voulaient plus qu'on parlât de charité ni d'aumônes, sous peine de ravaler, disaient-ils, la dignité humaine. Et pourtant la simple charité chrétienne luttait courageusement contre cet ostracisme philanthropique, et l'on trouvait un jour, en 1788, dix-sept mille livres en or dans le tronc des pauvres de Saint-Roch. Le préjugé et la malveillance s'obstinaient à n'admettre que l'élément civil dans les nouveaux établissements charitables; c'est à peine si, par force majeure, on tolérait des moines et des sœurs grises au service des malades. « En s'acquittant avec zèle de leurs fonctions, disait timidement un écrivain catholique (l'abbé Bonnefoy, dans son traité *de l'État religieux*), ils s'associent aux bienfaiteurs de l'humanité et méritent, comme eux, le tribut de la reconnaissance publique. » Les événements et les préoccupations politiques de 1788 et 1789 refroidirent beaucoup cette fièvre de bienfaisance, qui se calma tout à fait pendant la période révolutionnaire, où les hôpitaux devaient recevoir néanmoins une meilleure organisation, quoique les dignes sœurs de la charité en eussent été bannies.

Fig. 157. — La statue de la Bienfaisance, érigée dans un hôpital.
(Composition allégorique d'après Marillier.)

CHAPITRE DOUZIÈME

LA JUSTICE ET LA POLICE

La Justice. — Le droit de grâce. — Organisation des diverses juridictions. — Vénalité des offices de judicature. — Justice criminelle. — La torture et les exécutions. — La Police. — Les lieutenants de police. — La police édilitaire.

N trouve dans l'*Ami des hommes*, cette originale dissertation où le marquis de Mirabeau a exposé, sous une forme brutale et baroque, les plus grandes idées de la philosophie, un passage où il compare la justice à la circulation du sang dans le corps social, dont les cours souveraines forment les parties viriles, et dont les tribunaux de second ordre sont les artères et les veines, tandis que le monarque y représente le principe de vie. Cette ingénieuse comparaison était conforme, en effet, à l'opinion des défenseurs de la monarchie absolue, qui voulaient que les parlements ne fussent, dans tous leurs actes, que de dociles instruments de la volonté royale. C'est bien la pensée que le chancelier René de Maupeou exprimait dans cette réponse aux remontrances hardies que le parlement de Rouen avait adressées au roi en septembre 1753 : « C'est dans la personne seule de Sa

Majesté que réside la plénitude de la justice, et les magistrats ne tiennent que d'elle leur état et le pouvoir de la rendre à ses sujets. »

La justice était donc rendue au nom du roi, qui cependant n'en était jamais responsable aux yeux de ses peuples, car le roi ne se réservait, en réalité, que le droit de grâce, droit qu'il n'exerçait pas toujours avec une juste mesure. Un jour, Louis XIV ordonna au chancelier Voysin (1714) de sceller les lettres de grâce d'un grand criminel qui ne méritait pas ce royal pardon. Voysin obéit en silence, et après avoir exécuté le devoir de sa charge, déposa les sceaux devant le roi. Louis XIV l'ayant invité à les reprendre : « Ils sont souillés, Sire, je n'en veux plus ! » dit respectueusement le chancelier. Louis XIV répondit à ces nobles paroles par un mouvement digne d'un grand roi; il jeta dans le feu les lettres de grâce qu'il venait de signer, et le chancelier conserva sa charge.

Il y eut, au reste, un bien petit nombre de lettres de rémission pendant le dix-huitième siècle. Les rois en avaient fait abus avant Louis XIV ; elles devinrent de plus en plus rares à partir du règne de Louis XV. Ce roi, âgé de treize ans, n'avait pas signé sans répugnance celles qu'on lui demandait pour son cousin le comte de Charolais, qui avait tué un homme. On peut dire, pour excuser le meurtrier, qu'il commit ce crime en état d'ivresse, et que d'ailleurs il était presque fou. C'est au retour de la chasse qu'il avait tiré un coup de fusil sur un malheureux habitant du village d'Anet, qui regardait sur le seuil de sa porte. Le lendemain, il était allé, la tête basse, faire amende honorable auprès du régent : « Monsieur, lui dit le duc d'Orléans, à qui ce crime stupide faisait horreur, la grâce que vous réclamez, après votre odieuse action, est due à votre rang et à votre titre de prince du sang; le roi vous l'accorde, mais il l'accordera aussi, et encore plus volontiers, à celui qui vous en fera autant. » Devant cette impunité audacieuse, on comprend le mécontentement des cours de justice. « Dans une cause célèbre, raconte le marquis de Mirabeau, un juge, y voyant un gentilhomme et sachant que l'accusé allait avoir des lettres de grâce, dit à ses confrères : « Messieurs, allons en avant, et faisons sentir à la noblesse notre autorité. » Il faut constater pourtant que cette préoccupation de voir un coupable riche et puissant échapper par la clémence du roi aux arrêts de la justice criminelle, n'avait que bien peu d'influence sur les décisions des tribunaux, qui appliquaient la loi sans avoir égard à la naissance, au rang et à la condition de l'accusé. Le juge semblait avoir toujours présente à l'esprit cette belle maxime, que Voltaire a si bien formulée en ces termes : « Si l'on a peint la Justice avec un bandeau sur les yeux, il faut que la Raison soit son guide. »

La justice était rendue au nom du roi dans tout le royaume, mais elle s'exerçait simultanément et contradictoirement dans une foule de juridictions différentes, qui ressortissaient les unes aux autres et qui n'offraient ni confusion ni incohérence, malgré la complication de leurs ressorts et de leurs usages, quoiqu'elles n'émanassent pas de la même autorité, qu'elles n'appliquassent pas les mêmes lois et qu'elles ne frappassent pas de la même manière ceux qu'elles atteignaient. Au-dessus des parlements, qui étaient les cours souveraines d'appel et s'attribuaient une part d'action politique dans l'État, il y avait les tribunaux d'exception, dépendants de la cour du roi, pour juger les cas privilégiés, les causes évoquées directement par ordre du roi ou retirées des tribunaux ordinaires; c'était le conseil privé, la chambre des requêtes de l'hôtel du roi, et le grand conseil ou le conseil d'État. Au-dessous des parlements, rayonnaient les présidiaux, qui étaient de grands tribunaux d'instance et des tribunaux d'appel du second rang, et, en outre, toutes les juridictions inférieures, telles que les bailliages et sénéchaussées, les prévôtés, les juridictions municipales et consulaires. Ces juridictions comprenaient les justices féodales et seigneuriales, qui, à vrai dire, n'existaient plus que de nom, bien que les anciennes fourches patibulaires, qui représentaient le droit de haute justice féodale, fussent encore debout et servissent aux exécutions pour crimes commis sur les terres du seigneur; mais ces justices seigneuriales, qui étaient au nombre de 70 à 80,000, présidées quelquefois par un sénéchal et bailli d'épée, ne connaissaient que des droits féodaux, et bornaient leur intervention en matière criminelle aux premières informations relativement aux crimes et délits de droit commun.

Ce n'étaient pas là les seuls tribunaux qui se partageaient avec un ordre merveilleux la connaissance des affaires civiles et administratives, criminelles et correctionnelles, en respectant toujours le principe hiérarchique qui les rattachait les uns aux autres, en assignant à chacun ses attributions fixes. Les chambres des comptes et les cours des aides, qui avaient, comme les parlements, le titre et le rang de cours souveraines, évoquaient devant leurs tribunaux particuliers toutes les causes en matière de finances, d'impôts, de comptabilité, d'eaux et forêts, de gabelles, etc. Ces tribunaux, ayant leurs siéges dans les élections et les intendances, étaient des juridictions spéciales, sous la dépendance directe des cours souveraines, et ne gênaient en rien l'exercice de la justice féodale et seigneuriale du roi, représentée par trois grandes juridictions établies près la table de marbre du palais de justice de Paris, savoir : la connétablie, l'amirauté, et le tribunal supérieur des eaux et forêts. La connétablie, cour d'appel des maréchaussées de France, commandait à 98 siéges de justice prévôtale, et l'amirauté, à 50 siéges ressortissant aux parlements. Quant au tribunal supérieur des eaux et forêts, lequel avait l'autorité d'une cour souveraine, il jugeait en dernier ressort les causes déjà jugées dans les vingt tribunaux de second ordre relevant des grandes maîtrises des eaux et forêts. Ce n'est pas tout : on pouvait encore considérer comme des justices seigneuriales qui avaient conservé la plus grande partie de leurs priviléges, les nombreux tribunaux ecclésiastiques, où se jugeaient les causes d'Église, c'est-à-dire celles qui se rattachaient à la discipline religieuse, sous la direction suprême de la chambre souveraine du clergé; c'étaient les huit bureaux ecclésiastiques, les officialités primatiales, archiépiscopales et diocésaines, le tribunal de l'Université, et plusieurs autres juridictions, telles que les bailliages des évêchés, des chapitres et des abbayes.

Les sénéchaussées et bailliages royaux, qui depuis les arrêts du conseil de 1719 n'étaient plus présidés par des baillis et sénéchaux à titre héréditaire, s'élevaient encore au nombre de 930 dans la première moitié du dix-huitième siècle ; mais ce nombre diminua successivement et se trouva réduit à moins de 480 en 1789. Les plus importants de ces bailliages et sénéchaussées se confondaient avec les présidiaux : les plus minimes portaient le titre de prévôtés, de vigueries ou de sergenteries, et de gouvernances. Ce n'étaient alors que des sièges de simple police. Au surplus, dans toutes les grandes villes, et surtout à Paris, la police formait une justice imposante, représentée par différents degrés de juridiction. Le siége de la police de Paris était au Châtelet, qui renfermait toutes les juridictions de l'ancienne prévôté de la ville, divisées en quatre tribunaux : l'audience du *Parc civil*, présidée par le lieute-

Fig. 158. — Prévôt de la ville, prévôté et vicomté de Paris
(Marquis de Boulainvilliers, 1776).

nant civil; l'audience du présidial et la chambre du conseil, présidées alternativement par les lieutenants particuliers; et la chambre criminelle, présidée par le lieutenant criminel. Le prévôt de la ville, prévôté et vicomté de Paris, était le chef nominal de ce grand tribunal, dans lequel le lieutenant général de police, qui devait tenir en personne l'audience de police, se faisait représenter ordinairement par un des lieutenants particuliers, dits de robe courte, à cette audience où se jugeaient sommairement les petites causes de police correctionnelle et les *cas royaux*, c'est-à-dire crimes commis sur les chemins, délits d'usure, de banqueroute frauduleuse, d'adultère, etc. La justice du prévôt de Paris ne comptait pas moins de 1,600 officiers ou agents, et toutes les charges de cette justice étaient vénales, comme celles des parlements et des cours souveraines. Quelques-uns de ces agents, tels que les juges auditeurs, les commissaires au Châtelet, les inspecteurs de police, etc., avaient aussi leurs audiences et prononçaient, en certains cas, des sentences, exécutoires par provision, nonobstant appel, mais toujours gratuitement. Les autres suppôts du Châtelet, greffiers, audienciers, receveurs, notaires, procureurs, huissiers à cheval et huissiers à verge, concouraient, chacun pour sa part, aux opérations si complexes et si variées de cette vaste juridiction civile et criminelle. Le lieutenant général de police, qui en était le chef principal au dix-huitième siècle, et qui s'attribua bientôt un pouvoir indépendant presque égal à celui du garde des sceaux, devint l'agent véritable de l'autorité royale dans la ville de Paris, en laissant le prévôt des marchands représenter, dans un ordre inférieur et restreint, le principe politique de la municipalité parisienne, et le prévôt de Paris, qui fut toujours qualifié « le premier de la ville après le roi et messieurs du parlement, » représenter, dans sa plus haute expression, la justice urbaine et populaire.

On aurait tort de croire que ce fractionnement méthodique de la justice, minutieusement répartie entre tant de juridictions diverses, fût nuisible à la bonne exécution des lois et des coutumes. La justice était sans doute plus compliquée dans ses moyens d'action, mais elle était aussi plus minutieuse et plus exacte dans ses résultats. On ne pouvait lui reprocher que ses interminables lenteurs. Un procès se prolongeait à travers un dédale de procédures éternelles et ordinairement très-coûteuses : une cause, égarée hors de sa voie naturelle par la maladresse, le mauvais vouloir d'un avocat ou d'un procureur, arrivait enfin, après bien des dépenses de temps et d'argent, devant ses juges, qui trop souvent la tenaient encore en suspens pendant des mois et des années. « La chicane, disait avec beaucoup de sens l'auteur des *Amusements sérieux et comiques*, est plus à craindre que l'injustice même. L'injustice ouverte, en nous ruinant, nous laisse au moins la consolation d'avoir droit de nous plaindre; mais la chicane, par ses formalités, nous donne le tort, en nous ôtant notre bien. » Tout ce que Louis XIV avait fait, à l'exemple de ses prédécesseurs, pour réduire les frais de justice et diminuer les retards des procédures, était resté à l'état de vœu et de promesse; ces frais de justice, toujours si onéreux et quelquefois si exorbitants, ne cessaient de s'accroître, par suite des vieilles rubriques de la chicane. « Quoiqu'il n'y ait rien de durable dans le monde, ajoutait Dufresny, on remarque néanmoins, au palais, une chose éternelle, c'est le procès. Certains ministres de la chicane s'appliquent à le perpétuer, et se font entre eux une religion d'entretenir l'ardeur des

Fig. 133. — Gabriel de Sartine, lieutenant de police (1759-1774); d'après Vigée.

plaideurs, comme les vestales s'en faisaient une, entre elles, d'entretenir le feu sacré. »

Il existait certainement, et sans cesse, des antagonismes et des conflits entre tant de juridictions diverses, dont chacune avait son code et sa règle, et qui, dans bien des cas, se disputaient le droit de compétence et de suprématie ; mais c'étaient là des questions accidentelles que le grand conseil décidait en dernier ressort. Dès le commencement du dix-huitième siècle, on avait demandé, dans l'école philosophique de l'abbé de Saint-Pierre, l'uniformité des lois et l'unité de la justice, réformes générales qui n'eussent pu s'établir sans modifier profondément les conditions de la société française, et qui étaient plus admissibles en théorie qu'en pratique. Aussi, dès cette époque même, les esprits les plus éclairés se prononçaient-ils avec énergie contre une pareille révolution juridique et sociale. « On ne vit point à Dunkerque comme à Toulouse, à Marseille comme à Paris, en Normandie comme à Saint-Malo, disait le président Hénault, et les bourgeois, la noblesse et les marchands doivent être régis différemment.... Dans l'idée de faire des lois uniformes, quelle règle pourrait-on se prescrire? A quel ordre de citoyens aurait-on égard par préférence aux autres? » Il n'y eut donc pas de tentative de réforme dans la législation ni dans l'organisation judiciaire du royaume pendant le règne de Louis XV, et les essais timides et indécis que fit le gouvernement de Louis XVI, en attaquant la constitution séculaire des parlements, ne servirent qu'à ébranler l'édifice de la justice, qui devait s'écrouler en 1789. Malgré les critiques sérieuses qu'on était peut-être fondé à diriger sur quelques parties des institutions légales, il fallait reconnaître que la magistrature, en général, se montrait digne de sa haute mission. « C'est encore de tous les états, dit le marquis de Mirabeau, celui où l'antique désintéressement des Français s'est le plus conservé. Nul ne fait plus pour l'État et ne lui coûte moins (bien entendu que je ne comprends en ceci que les magistrats et nullement tout l'attirail de la chicane) : sa propre considération, beaucoup trop rétrécie selon moi, lui suffit. » Dans un autre endroit de son *Ami des hommes*, le marquis de Mirabeau, qui n'avait pas le défaut d'être le flatteur de ses contemporains, insiste avec force sur les qualités personnelles de la plupart des magistrats, en disant qu'il a vu dans plusieurs des parlements de province, « des aigles en affaires, des hommes d'une probité antique et recommandable, des principes élevés d'honneur et de justice, une connaissance profonde des lois, des usages et du droit public. » Il ajoute un exemple à l'appui de son opinion : « Je n'ai suivi qu'un procès en ma vie, dit-il, mais en différents tribunaux, et c'est bien assez pour un spéculateur, quand il l'a perdu. Je n'en dirai pas moins cependant que j'ai trouvé, chez les juges, des domestiques affables, des maîtres patients, attentifs, qui m'écoutaient et qui m'entendaient, et que je ne pouvais, en sortant, m'empêcher d'admirer. »

Un auteur moderne, M. Paul Boiteau, dans un ouvrage remarquable mais trop partial (*État de la France en* 1789), critique cette ancienne magistrature dans le principe de son organisation. « On a tout dit, écrit-il, contre la vénalité des charges, qui établissait une aristocratie de justice. Quelques règlements fixaient l'âge où l'on pouvait les acquérir et quelquefois le maximum du prix qu'on en devait donner; mais, sinon pour les conditions d'âge, ils étaient toujours éludés. Pour défendre un tel système, on a parlé de l'esprit de corps, de la puissance des traditions de famille des magistrats, et même du peu que coûtaient à l'État des officiers qui lui demandaient à peine l'intérêt de l'argent déboursé pour l'achat des charges, quelques titres honorifiques, une influence morale, et des priviléges. » En effet, ces motifs prépondérants, qui militent en faveur de l'ancienne magistrature, étaient d'accord avec les idées, les mœurs et les habitudes de la société du dix-huitième siècle. La magistrature formait un corps héréditaire, en quelque sorte, dans lequel se perpétuaient les grandes traditions de la justice; les magistrats, à peu d'exceptions près, étaient dignes de l'estime et du respect qui les entouraient sur leurs siéges. Le prix des charges avait pourtant diminué des deux tiers depuis le dix-septième siècle : celle de président au parlement de Paris, laquelle avait valu 1,800,000 livres, n'en valait plus que 500,000; celle de conseiller était tombée de 355,000 livres à 40,000. Il fallait donc que ces charges rapportassent au moins l'intérêt normal de l'argent déboursé. De là les *épices*, qui étaient aux dépens des plaideurs et qui montaient, pour toute la magistrature de France, à 40 ou 50 millions de livres. L'État n'avait donc à payer que les menus frais de la justice; ainsi ces menus frais ne représentaient pas plus de 70,075 livres, en 1759, pour le parlement de Paris. Les épices étaient ordinairement fixées au taux le plus bas par le tribunal, et comme elles n'auraient pas suffi pour faire vivre d'une manière convenable un magistrat qui n'avait ni patrimoine ni revenus personnels, la compagnie dont ce magistrat était membre se faisait un devoir d'y suppléer, en obtenant du roi quelque pension secrète, par l'entremise du chancelier, chef suprême de toute la magistrature.

La justice criminelle, absolument gratuite, était plus expéditive et moins capricieuse que la justice civile. Les juges, qui la rendaient à tour de rôle, sans faiblesse et sans hésitation, devaient être bien convaincus de l'importance solennelle du devoir qu'ils remplissaient, pour appliquer des lois impitoyables. La jurisprudence à l'égard des crimes de droit commun était presque aussi barbare qu'au moyen âge, et les exécutions conservaient, en dépit de l'adoucissement des mœurs, un caractère monstrueux de férocité. C'est en vain que les philosophes avaient essayé de protester, au nom de l'humanité, contre les sauvages prescriptions de la loi pénale. Les supplices persistèrent, avec toutes leurs horreurs, jusqu'aux dernières années du règne de Louis XVI. Les juges eux-mêmes eurent quelquefois honte d'appliquer la loi, surtout à la fin de ce règne, qui fit triompher la philosophie en ce qu'elle avait de généreux et de philanthropique. « Sur cent malfaiteurs conduits aux galères, écrivait Mercier en 1782, trente au moins doivent la vie et l'exemption de leur supplice à des magistrats humains. » Il ne faudrait pas supposer cependant, comme l'auteur du *Tableau de Paris* le laisse entendre ailleurs, que dans aucun cas l'indulgence du tribunal pût être achetée : les juges en matière criminelle furent toujours incorruptibles. On raconte en revanche que, dans certaines *affaires* civiles, le juge ne s'était pas contenté des épices que lui allouait le tribunal et avait accepté, de la partie qui voulait gagner sa cause, des présents considérables. Le procès que Beaumarchais osa intenter contre Mme Goëzman (1774), femme d'un conseiller au parlement, et dans lequel il ne s'agissait que de quinze louis remis à cette dame, pour le secrétaire de son mari et qu'elle refusait de restituer, en niant les avoir reçus de la main du plaideur, ce procès scandaleux fut fatal à la haute magistrature, si respectée et si honorée jusque-là, et lui fit plus de mal que ne lui en avaient fait les horreurs de la question et les monstrueuses cruautés de la justice criminelle.

Ces dernières pratiques étaient un reste de l'ancienne pénalité, un legs séculaire de la jurisprudence romaine et barbare. Les magistrats les plus recommandables, les plus vertueux, n'avaient jamais songé à s'élever contre ces excès judiciaires : ils appliquaient la loi purement et simplement sans se préoccuper de l'atrocité des supplices; ils en énuméraient les effrayants détails dans leurs sentences; ils assistaient froidement et tranquillement à l'épouvantable spectacle de la question. Montesquieu lui-même, tout philosophe qu'il était, n'avait pas, dans

Fig. 160. — Gruet à la Tournelle, avec la chaîne des forçats.
Fac-simile d'après une estampe populaire du temps.

N. B. J. — Fr. Gruet, huissier à cheval au Châtelet, préposé au recouvrement de la capitation des communautés de Paris, fut condamné par la chambre de justice, le 7 décembre 1716, à faire amende honorable comme prévaricateur et concussionnaire public; et, par trois jours de marché consécutifs, attaché au pilori (V. fig. 162), puis conduit ès Galères du roi à perpétuité.

l'*Esprit des lois*, repoussé avec assez d'énergie les supplices en usage de son temps. Après avoir dit que « la peine de mort est comme le remède de la société malade, » il se borne à constater que « les supplices arrêteront bien quelques conséquences du mal général, mais ne corrigeront pas ce mal. » Voltaire, au contraire, ne cessait, dans aucune occasion, de maudire les supplices et les tortures; il disait néanmoins : « Les supplices sont malheureusement nécessaires; il faut effrayer le crime; » mais il demandait sans cesse leur adoucissement, et il suppliait sans cesse le gouvernement d'abolir la question, excepté dans les cas « où il s'agirait évidemment du salut de l'État. » Malgré ces continuelles protestations, qui revenaient à chaque instant dans les écrits philosophiques du dix-huitième siècle, la question était toujours appliquée à l'égard du condamné qu'on voulait contraindre à nommer ses complices, et souvent aussi à l'égard de l'accusé auquel on prétendait arracher ainsi des aveux avant que le jugement fût prononcé. C'était la question préparatoire, qui pouvait être ordinaire ou extraordinaire, selon la volonté du juge. Quant à la question préalable, elle suivait

Fig. 161. — L'empoisonneur Desrues à la question (torture des brodequins).
Fac-simile d'après une grossière estampe populaire du temps.

presque inévitablement toute condamnation à mort. La question extraordinaire avait été accompagnée autrefois d'un luxe inouï de tortures, qui n'était plus déployé que dans des cas d'exception, comme après l'attentat de Damiens sur la personne de Louis XV. On s'en tenait donc aux brodequins et à l'eau froide : on versait lentement dans la bouche du patient couché sur le dos le contenu de quatre ou cinq pots d'étain, appelés *coquemars*, équivalant ensemble à dix litres d'eau ; ou bien on leur serrait étroitement les jambes avec des cordes, après avoir séparé les rotules des genoux et les chevilles des pieds par deux planches solides, entre lesquelles on enfonçait des coins de bois ou de fer à coups de maillet. Le nombre des coins, qui pouvait aller jusqu'à douze dans la question extraordinaire, se bornait à six pour la question ordinaire. Le bourreau, qui avait présidé à cette horrible opération, recevait 20 livres pour sa peine.

Mais c'était surtout dans les exécutions publiques que l'exécuteur

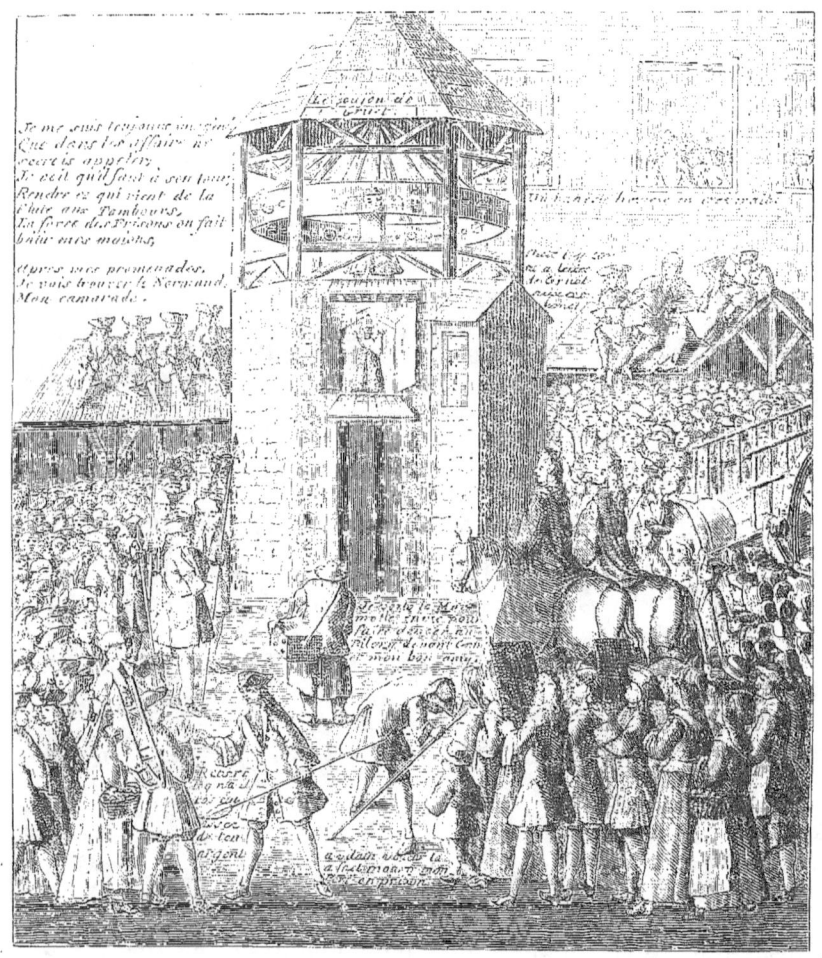

Fig. 162. — Cruel au pilori des Halles; *fac-simile* d'après une estampe populaire du temps.

De tous les corps de métiers
Voilà un fléau redoutable,
Qui, malgré le temps misérable,
Obligeait deux fois à payer.

C'est lui qui pour une pistole
Faisait deux cents sous de frais.
A quel diable ce drôle allait-il à l'école
Pour savoir de si beaux secrets ?

Couplets chantés parmi le peuple de Paris, ravi de la punition de cet exacteur.

devait montrer son savoir-faire, son adresse et sa force à la fois. Ces exécutions avaient lieu dans les marchés, sur les places et dans les carrefours. Le vieux pilori des Halles (fig. 162) n'était pas encore hors d'usage : on y voyait figurer, de temps à autre, quelques malfaiteurs ou banqueroutiers, exposés au carcan, avec un écriteau qui relatait leurs délits et leur condamnation. La marque, composée d'une fleur de lis et de plusieurs lettres infamantes, empreintes au fer chaud sur l'épaule du condamné, était l'accompagnement habituel du carcan. L'exécuteur avait alors, pour ses gages, 30 à 35 livres par homme. Dans les provinces, les individus mis au carcan étaient souvent coiffés d'un chapeau de paille ridicule et armés d'une quenouille. La peine du fouet n'était plus aussi fréquente dans la juridiction du Châtelet de Paris, et l'exécution se faisait *sous la custode*, c'est-à-dire à huis clos, dans la prison. Il y eut pourtant, au dix-huitième siècle, des fustigations publiques dans les rues : on fouettait ainsi les coupeurs de bourse, *au cul d'une charrette*, suivant l'expression consacrée. Quant aux supplices qui entraînaient la mort avec un appareil plus ou moins solennel, ils étaient réservés pour la place de Grève, depuis que les anciens gibets permanents, dressés au delà des murs de la ville, notamment celui de Montfaucon, avaient disparu pour faire place à des habitations et à des quartiers nouveaux. Les grandes exécutions, qui furent maintenues jusqu'à la Révolution, étaient l'écartèlement, la roue et la potence. La décapitation, malgré le privilége féodal qui l'attribuait aux nobles condamnés à la peine capitale, était tombée en désuétude ; les bourreaux avaient absolument perdu le secret de trancher d'un seul coup de sabre (on ne se servait plus de la hache depuis la fin du règne de Louis XIII) la tête d'un gentilhomme, comme ne le prouva que trop la déplorable exécution du comte de Lally (1766). Les bûchers s'étaient éteints partout, même pour les faux monnayeurs ; mais, en revanche, dans tout le cours du siècle, le parlement de Paris ne se fit pas faute de faire brûler des livres, par la main du bourreau, au pied du grand escalier du palais.

La pendaison s'exécutait comme par le passé, mais les potences n'étaient plus en permanence dans les villes ; on les dressait seulement sur les places, pour les exécutions, et on avait soin de les faire disparaître aussitôt qu'on n'en avait plus besoin. Généralement, par mesure d'économie, on pendait à la fois trois ou quatre individus et souvent davantage ; car, avec une exécution collective, on ne payait que 25 livres au bourreau pour chaque pendu, et le bourreau devait fournir la corde, laquelle coûtait 6 livres et ne pouvait servir que deux fois. Le supplice de l'écartèlement demandait de plus grands apprêts et revenait à un prix fort élevé, à cause des chevaux et des hommes qu'il fallait employer, sous la direction de l'exécuteur, qui ne restait pas inactif : c'était lui seul qui liait les bras et les jambes du patient aux quatre

Fig. 103. — Tiré du *Jeu de la guerre*, sorte de *Jeu d'oie*.

chevaux, qu'on chassait ensuite à grands coups de fouet, en sens contraire, jusqu'à ce que les membres se séparassent du corps de la victime ; ce qui ne s'achevait pas sans de longs efforts, car les membres s'allongeaient démesurément sans se détacher, et le juge, qui assistait toujours aux exécutions, autorisait le bourreau à opérer la section des muscles qui résistaient à l'écartèlement. Le supplice le plus ordinaire au dix-huitième siècle, pour les grands criminels, était la roue : le condamné étendu et garrotté sur les rayons d'une grosse roue de voiture, le bourreau lui cassait les os des bras et des avant-bras, des jambes et des cuisses, avec une lourde barre de fer qu'il maniait avec beaucoup de dextérité, de manière à mériter les suffrages des spectateurs : aussi demandait-il, pour remplir cette tâche difficile, 25

Fig. 164. — Amende honorable de Desrues, à Notre-Dame.
Fac-similé d'après une suite d'estampes grossières du temps, intitulé : *Détails historiques et véritables des crimes atroces, commis de dessein prémédité par A. Fr. Desrues.*

Fig. 165. — Desrues conduit au supplice (même source).

livres d'honoraires. Ce n'était là que le casuel de la charge, qui valait au titulaire un revenu fixe de 6,000 livres en province et de 18,000 à Paris.

Une grande exécution était toujours, à Paris surtout, une espèce de fête pour le peuple, qui se montrait avide d'y assister et d'en bien voir tous les détails. Les plus célèbres de ces exécutions en place de Grève furent, au dix-huitième siècle, celles de Cartouche et de sa bande (1721); des voleurs de grands chemins, Nivet et ses complices (1729), qui

Fig. 166. — Supplice de Desrues roué, en place de Grève (Même source).
N. B. Il est assisté, selon l'usage, d'un Docteur en Sorbonne.

furent rompus vifs; de l'infâme Deschauffours, qui fut étranglé avant d'être brûlé (1733); de la femme Lescombat, complice de l'assassinat de son mari, laquelle fut pendue (1755); de Damiens, l'assassin du roi, lequel fut écartelé (mars 1757); de l'empoisonneur Desrues (1777), etc. Le jour de l'exécution était annoncé d'avance par les crieurs qui vendaient l'arrêt imprimé; des espèces de pèlerins portant une croix et un scapulaire, pour se distinguer des chanteurs de chansons bachiques et joyeuses, parcouraient les rues, à pas lents, en psalmodiant d'une voix lamentable la complainte nouvelle consacrée à l'histoire des crimes du condamné. Celui-ci, au jour fixé, était conduit en charrette sur le lieu de l'exécution, où il trouvait une foule énorme de curieux qui l'attendaient pour le voir mourir au milieu des tourments. Dans cette multitude tumultueuse et souvent passionnée, les femmes et les enfants n'étaient pas les moins impatients, et chacun suivait avec ardeur toutes les péripéties de l'exécution qui durait quelquefois plus d'une heure. L'exécuteur, entouré de ses valets, avait l'air d'un seigneur au milieu de ses domestiques; frisé et poudré, il était vêtu avec recherche, en bas de soie blancs et en escarpins; il se donnait des airs capables et superbes.

Fig. 167. — La veuve de Desrues, après avoir été fouettée et marquée, la corde au cou, est conduite à l'hôpital, à perpétuité, pour participation aux crimes de son mari, le 9 mars 1719.
Fac-simile d'après une estampe grossière du temps.

Le peuple ne perdait pas de vue un seul de ses mouvements, le bourreau ayant toujours le privilége d'exciter autant de curiosité que le patient lui-même. Ce dernier avait sa part dans les bonnes ou mauvaises dispositions du peuple, qui témoignait de ses impressions et de ses sentiments vis-à-vis de la victime par des cris de commisération ou de colère, par des applaudissements ou par des sifflets.

Dans une ville comme Paris, le rôle de la police était bien plus important, bien plus étendu, bien plus compliqué que celui de la justice. Le lieutenant général de police, chef suprême et maître absolu de l'immense administration chargée de veiller à la sécurité publique et de maintenir l'ordre, non-seulement dans la rue, mais dans la vie privée des citoyens, avait à remplir sans doute la charge la plus difficile et la plus délicate qui fût dans l'État. Ce n'était pas seulement en qualité de magistrat ayant son siége au Châtelet, que le lieutenant de police venait en aide à la justice, par les sentences que prononçaient ses assesseurs de robe courte, dans des cas de simple police et dans les affaires

Fig. 168. — Cartouche à l'Hôtel-de-Ville, avant son supplice; d'après Bonnart.

correctionnelles. Le lieutenant de police avait le droit de décider arbitrairement et en dernier ressort, dans une foule de circonstances graves et urgentes, presque toujours en dehors de son tribunal et en secret : « Dans l'exercice de la police, dit Montesquieu (*Esprit des lois*, livre XXVII), c'est plutôt le magistrat qui punit, que la loi... Les matières de police sont des choses de chaque instant et où il ne s'agit ordinairement que de peu ; il n'y faut guère de formalités. Les actions de police sont promptes, et elle s'exerce sur des choses qui reviennent tous les jours : les grandes punitions n'y sont donc pas propres ; les grands exemples ne sont donc pas faits pour elle. Elle a plutôt des règlements que des lois. » Fontenelle, dans l'*Éloge de d'Argenson*, le modèle, le type des lieutenants de police, a fait cet imposant tableau de la police à la fin du règne de Louis XIV : « Entretenir perpétuellement dans une ville telle que Paris une consommation immense dont une infinité d'accidents peuvent toujours tarir quelques sources ; réprimer la tyrannie des marchands à l'égard du public et en même temps animer leur commerce ; empêcher les usurpations mutuelles des uns et des autres, souvent difficiles à démêler ; reconnaître dans une foule infinie tous ceux qui peuvent si aisément y cacher une industrie pernicieuse, en purger la société, ou ne les tolérer qu'autant qu'ils lui peuvent être utiles par des emplois dont d'autres qu'eux ne se chargeraient pas ou ne s'acquitteraient pas si bien ; tenir les abus nécessaires dans les bornes prescrites de la nécessité, qu'ils sont toujours prêts à franchir ; les renfermer dans l'obscurité à laquelle ils doivent être condamnés, et ne les en tirer pas même par des châtiments trop éclatants ; ignorer ce qu'il vaut mieux ignorer que punir, et ne punir que rarement et utilement ; pénétrer par des conduits souterrains dans l'intérieur des familles et leur garder les secrets qu'elles n'ont pas confiés, tant qu'il n'est pas nécessaire d'en faire usage ; être présent partout sans être vu ; enfin, mouvoir et arrêter à son gré une multitude tumultueuse, et être l'âme toujours agissante et presque inconnue de ce corps, voilà quelles sont en général les fonctions du magistrat de la police. »

Marc-René d'Argenson, qui avait succédé comme lieutenant de police au fameux la Reynie en 1697, fut le véritable organisateur de la police civile, comme de la police politique. Il conserva ses fonctions jusqu'en 1718, après la mort du roi, auquel il rendit de bien grands services, sans les ébruiter ni les faire valoir ; il n'en était pas moins la terreur du peuple de Paris, qui le surnomma le *damné*, parce que, dit le duc de Richelieu, il en avait le visage et les formes. Saint-Simon, si sévère et parfois si injuste pour ses contemporains, ne partageait pas leur aversion pour ce terrible lieutenant de police : « Avec une figure effrayante qui retraçait, dit-il, celle des trois juges de l'enfer, il s'égayait de tout avec supériorité d'esprit, et avait mis un tel ordre dans cette innombrable multitude de Paris qu'il n'y avait pas un habitant dont, jour par jour, il ne sût la conduite et les habitudes, avec un discernement exquis, pour appesantir ou alléger sa main à chaque affaire qui se présentait, penchant toujours au parti le plus doux, avec l'art de faire trembler les plus innocents.... Au milieu de fonctions pénibles et toutes de rigueur, l'humanité trouvait grâce aisément devant lui. »

Entre tous les traits singuliers qui caractérisent l'administration de d'Argenson, il suffira d'en rapporter un, pour donner une idée de l'admirable prévoyance de sa police. Un riche marchand de Rouen était appelé à Paris pour ses affaires de commerce ; il va voir un ami, lui parle de ce voyage et des sommes considérables qu'il devait emporter. L'ami le prie de différer son départ, en manifestant le désir de l'accompagner ; mais, peu de jours après, il s'en excuse et demande seulement au marchand de se charger d'une lettre très-importante, que celui-ci remettrait lui-même en mains propres au destinataire, à l'heure même de son arrivée dans la capitale. Le marchand promet de s'acquitter ponctuellement de cette commission, et prend le coche qui doit le conduire à Paris. Un exempt, escorté de quelques archers, l'attendait à la barrière : on l'invite à descendre du coche et on le fait monter dans un fiacre, avec sa valise. Le marchand était fort ému et fort inquiet, quoique sa conscience ne lui reprochât rien. C'est chez le lieutenant de police qu'on le mène. « Vous avez sur vous des papiers dangereux, lui dit d'Argenson en le regardant avec une grimace effroyable : il faut me les remettre, car il y va de votre vie. — Je n'ai pas d'autres papiers, répond le marchand en montrant les papiers d'affaires qu'il avait sur lui. — Vous en avez d'autres, réplique le magistrat, et je vous répète qu'il s'agit de votre vie. » Alors le marchand se souvient de la lettre que lui a confiée son ami de Rouen, et il la tire de son portefeuille. « Ouvrez cette lettre, » lui dit d'Argenson. Le marchand obéit ; la lettre ne contenait que ces mots : « Saisissez-vous du porteur et expédiez-le sur-le-champ. J'arrive derrière lui, et nous partagerons le butin. » Le marchand s'évanouit de peur ; quand il revient à lui, le lieutenant de police le congédie avec bonté : « J'étais instruit de tout, et dès à présent les deux complices sont entre mes mains. Vous n'avez plus rien à craindre ; une autre fois, soyez plus prudent et ne vous fiez pas au premier venu. Si vous restez à Paris jusqu'au mois prochain, vous aurez le plaisir de voir pendre votre ami de Rouen et son associé. »

D'Argenson employait, dans l'exécution de ses ordres, deux espèces d'agents, qui formaient une petite armée à sa solde, ne dépendant que de lui et n'obéissant qu'à lui : d'une part, les exempts, les archers et les sergents, à pied et à cheval, armés d'épées, de pistolets et quelquefois de mousquets ; d'autre part, dit le rédacteur des *Mémoires du duc de Richelieu*, « une armée invisible d'espions de tous états, de tous sexes, qui se répandaient dans la société, sans se connaître, pénétraient dans toutes les maisons, se mêlaient dans tous les corps, jusque dans le parlement, pour suivre les intrigues. Par ces moyens uniques, d'Argenson était instruit de tout ce qui se passait ; il connaissait l'intérieur des maisons et par les valets, et par les gens en sous-ordre, et par les commensaux, et par les visites. » Cette organisation secrète de la police subsistait encore en 1789, telle que d'Argenson l'avait créée, avec un art vraiment merveilleux, et les lieutenants de police qui lui avaient succédé, les plus capables et les plus habiles, Hérault (en 1725), Berryer (en 1747), de Sartine (en 1759), Lenoir (en 1776), de Crosne (en 1785), ne pouvaient mieux faire que de se conformer à ses traditions, en s'efforçant d'être plus populaires que lui, quoique non moins redoutés. Ils donnèrent seulement plus d'extension à la police des mœurs, qu'ils surveillaient encore de plus près, sans avoir toutefois la prétention de les corriger. C'est par la police que le marquis de Mirabeau aurait voulu régénérer les mœurs de son temps : « Le ressort principal, le plus important, comme aussi le plus délicat, de la justice et de la police, ce sont les mœurs. De même que la charité éclairée cherche moins à secourir les pauvres qu'à empêcher ses semblables de le devenir, la véritable police, la police digne d'un grand prince, consiste moins à punir les crimes, qu'à sécher les germes des vices, en réchauffant, en faisant éclore celui des vertus. » Malheureusement, la police du dix-huitième siècle, qui avait les yeux constamment ouverts sur les mœurs publiques et privées, ne se piquait pas d'être morale elle-même : les rapports les plus secrets et les plus indiscrets

Fig. 180. — Lenoir, lieutenant de police (1776-1785); d'après Bligny.

de ses agents n'auraient pas eu, dit-on, d'autre objet que de satisfaire la curiosité malsaine de Louis XV et de ses favoris, en leur révélant les honteux mystères de la dépravation sociale.

La lieutenance de police, dans le cours du dix-huitième siècle, n'avait cessé d'étendre son domaine et d'augmenter sa puissance, en multipliant les ressorts de son administration. Le nombre de ses agents s'était accru dans une proportion si exagérée, que Lenoir disait à un homme de lettres, qu'il avait fait venir pour lui reprocher des propos inconséquents tenus dans un café devant deux personnes : « Rappelez-vous que, partout où vous serez trois, je suis avec vous! » On assure qu'à cette époque le nombre des espions s'élevait à plus de 30,000, payés sur la caisse secrète du lieutenant de police. Parmi ces *mouches* ou mouchards, recrutés dans toutes les conditions, on comptait sans doute beaucoup de mauvais sujets et de malfaiteurs, mais le lieutenant de police aurait pu répondre comme d'Argenson, que l'on blâmait d'employer des fripons et des coquins : « Trouvez-moi d'honnêtes gens qui veuillent faire ce métier. » La force armée de la police avait pris également une importance exigée par les nécessités nouvelles; plus d'une fois on découvrit, parmi les archers, d'anciens malfaiteurs marqués de la fleur de lis, qui n'en faisaient pas moins bien leur service. Le guet, avant d'Argenson, se composait de 150 hommes commandés par le *chevalier du guet;* on l'avait augmenté successivement de 120 cavaliers et de 160 fantassins, auxquels on ajouta plus tard une garde de Paris, qui ne comprenait pas moins de 930 hommes d'infanterie et 128 soldats à cheval. Cette garde et le guet dépendaient à la fois du lieutenant de police et du prévôt de Paris.

On ne saurait mieux se rendre compte de l'étendue et de la variété des attributions du lieutenant de police, qu'en indiquant sommairement quelques-uns des services groupés alors de la manière la plus disparate dans les huit divisions de cette vaste administration. La première division comprenait la Bastille, Vincennes, les prisons d'État, la librairie prohibée, la censure dramatique et le Mont-de-Piété; la seconde, les établissements de charité et le ramonage des cheminées; la troisième, l'ouverture des lettres et l'expédition des affaires urgentes; la quatrième, l'approvisionnement de Paris, l'éclairage, le nettoiement des rues, les colporteurs, les théâtres, les foires, les bureaux des nourrices, les pompes à incendies, etc.; la cinquième, les ordres du roi et les maisons de force; la sixième, le bureau des arts et métiers; la septième, le bureau de commerce, les manufactures, les agents de change, les loteries, les religionnaires ou protestants, etc.; enfin, la huitième, les juifs, les chambres garnies, la sûreté publique et la correspondance y relative avec la maréchaussée et les juridictions du royaume.

Il n'y avait qu'un lieutenant de police, cependant, lorsqu'il eût fallu au moins trois ou quatre magistrats différents pour diriger trois ou quatre espèces de police, dont chacune embrassait des détails multiples et spéciaux : la police politique, la police des mœurs, la police judiciaire et la police municipale. L'administration seule des prisons, dans laquelle les besoins du service exigeaient un personnel très-nombreux, aurait eu de quoi absorber tous les moments d'un magistrat, qui faisait exécuter les lettres de cachet, qui devait se tenir au courant de la situation des prisonniers, et qui avait à exercer sur les prisons une vigilance occulte et continuelle, quoique le règlement intérieur des prisons fût confié à la responsabilité des geôliers et de leurs chefs. La Bastille et le donjon de Vincennes, comme toutes les prisons d'État, étaient d'ailleurs placés sous un commandement militaire. Le lieutenant de police avait une autorité plus directe sur les maisons de force et sur les dépôts dits *renfermeries*, où l'on entassait pêle-mêle les mendiants et les vagabonds. La police de la presse et de la parole appartenait presque exclusivement à ce magistrat. « Les bruits recueillis dans les lieux publics et dans les salons par les mouchards et les espions, dit Barbier dans son *Journal historique*, étaient chaque soir mis en ordre et rédigés dans l'arrière-cabinet du lieutenant de police, qui en adressait des extraits aux ministres que ces bruits pouvaient intéresser, en y joignant des notes à l'appui. » Les nouvelles à la main, qui circulaient manuscrites à Paris et dans toute la France, étaient d'avance contrôlées et approuvées par la police, à l'insu même des rédacteurs. Les libelles et les livres prohibés qui venaient de l'étranger n'échappaient guère aux recherches de la police que dans le cas où ses agents avaient reçu l'ordre de fermer les yeux sur ces publications clandestines. Tout était faveur et caprice dans les choses de l'imprimerie et de la librairie; l'arbitraire le plus absolu régnait dans ces questions, qui n'étaient réglées que par des usages et des intérêts. Les censeurs, par exemple, jugeaient souverainement, à moins que leur décision n'eût été infirmée par une décision contraire émanée du bureau de la librairie. Ainsi, un censeur royal ayant autorisé, en 1785, l'impression d'un *Précis historique sur le chevalier de Bonnard*, qui avait été sous-gouverneur des fils du duc d'Orléans, ce petit ouvrage, écrit par Garat, fut imprimé sans nom d'auteur chez Didot le jeune. Le duc de Chartres se plaignit au lieutenant de police, en le priant d'agir contre l'imprimeur, qui n'était pourtant pas dans son tort. Le lieutenant de police refusa de faire droit à la plainte du prince contre un des plus honorables imprimeurs de Paris; il fallut qu'un arrêt du conseil interdît à Didot le jeune l'usage de ses presses pendant un mois.

La police des mœurs était beaucoup plus compliquée, mais généralement moins sévère que celle de la presse. Les inspecteurs, qui formaient une nombreuse hiérarchie d'agents assez peu respectables et très-accessibles à toute sorte de corruption, avaient la haute main sur les maisons de jeux, sur les tables d'hôtes, sur les garnis, sur les auberges, sur les cafés, sur tous les lieux publics; ils fournissaient, chaque jour, un rapport circonstancié qui allait s'engloutir dans les ténébreuses archives de la police. La police judiciaire correspondait sans cesse avec la maréchaussée sur tous les points du royaume : « Il existe en France, disait Mercier en 1782, plus de dix mille brigands et vagabonds; mais la maréchaussée, composée de 3,756 hommes, fait perpétuellement la guerre à ces êtres malfaisants, qui infestent les grandes routes. » Grâce à l'infatigable activité des agents militaires de la police, les malfaiteurs avaient bien de la peine à exercer leur métier dans les rues de Paris, où l'on volait et assassinait en plein midi pendant la régence du duc d'Orléans, et qui étaient devenues aussi sûres la nuit que le jour, à cause des patrouilles et des postes de police qu'on y rencontrait à chaque pas. On avait, d'ailleurs, vers 1780, organisé une compagnie de falots ou porteurs de lanternes, qui, dans les nuits noires, se chargeaient de ramener à domicile les passants attardés et les gens ivres.

Quant à la police éditilaire, elle était toujours en éveil, et elle ne se lassait pas de travailler au bien public et à la sécurité des citoyens. C'était elle qui avait mission d'assurer l'approvisionnement de la capitale, en farine, en viande, en poisson, en denrées alimentaires; elle signalait à chaque instant son influence tutélaire dans les halles et les marchés; elle se multipliait surtout dans les épidémies, qui étaient alors plus fréquentes et plus redoutables qu'aujourd'hui, ainsi que pendant les inondations, qui se renouvelaient constamment (dans les années 1709, 1768, 1774, 1788 et 1789), lorsque la rivière pouvait encore envahir les quartiers bas de la ville; elle avait aussi, dans les grands hivers, à préserver les ponts, au moment de la débâcle, qui menaçait d'entraîner la chute de ces ponts, construits sur pilotis et chargés de maisons. Un incendie venait-il à éclater, la police accourait aussitôt avec ses pompes, ses seaux, ses échelles et tous ses instruments de sauvetage, mis en dépôt chez les commissaires de quartier : aussi, grâce à ces secours prompts et actifs, on se rendait bientôt maître du feu, quoiqu'il y eût encore beaucoup de vieilles maisons bâties en bois. On parvint même à circonscrire et à arrêter les ravages des terribles incendies de la chambre des comptes (1737), du Pont-au-Change (1746), de la foire Saint-Germain (1762), de l'Opéra (1763 et 1781), de l'Hôtel-Dieu (1737 et 1772), du Palais de justice (1776). L'administration de la voirie n'avait commencé à fonctionner régulièrement que vers le milieu du règne de Louis XIV; la Reynie en avait été le premier organisateur, mais depuis ce temps-là cette administration faisait tous les jours de nouveaux progrès, non-seulement pour l'alignement et la surveillance des maisons anciennes et nouvelles, mais encore pour le pavage des rues, pour leur entretien et leur nettoiement, pour les ruisseaux et les égouts, pour tout ce qui concernait la voie publique. Dès l'année 1729, on avait mis des écriteaux au coin des rues pour en indiquer les noms, mais les maisons ne furent numérotées, du moins complétement, qu'à la fin du dix-huitième siècle. Malgré l'enlèvement hebdomadaire des boues et des immondices, les rues étaient encore très-sales, à cause des ruisseaux, dans lesquels on faisait écouler toutes les eaux ménagères et infectes, même le sang des animaux tués chez les bouchers. La police faisait de son mieux, mais elle avait fort à faire, avec des ressources médiocres et restreintes; par exemple, ce n'était pas chose facile que d'entretenir allumées pendant la nuit 5,772 lanternes garnies de grosses chandelles de suif, en 1729; les réverbères à l'huile ne furent adoptés qu'à la fin de 1745 : on en comptait 3,500 en 1769. La police de la voirie se trouvait sans cesse en conflit avec les propriétaires riverains et les locataires de maisons sur rue, les uns et les autres empiétant à l'envi sur le pavé du roi pour leurs besoins et leurs caprices personnels. Il fallut des siècles pour que la voie publique fût placée exclusivement sous les lois de cette police édilitaire, qui remplissait envers tous les citoyens le rôle d'un père de famille à l'égard de ses enfants, et qui n'avait pas peu de peine à faire régner entre eux la concorde et la justice, en s'occupant sans cesse de leur sûreté, de leurs intérêts et de leur bien-être.

Fig. 170. — Le Commissaire et le Sergent du Guet ; d'après Jeaurat.

CHAPITRE TREIZIÈME

ASPECT DE PARIS

La population de Paris. — Les usages parisiens. — Les embarras de Paris. — Les badauds. — Les vagabonds et les mendiants. — Les cris de Paris. — Les accidents. — Les embellissements de Paris avant la révolution.

u commencement du dix-huitième siècle, Montesquieu mettait cette description de Paris dans la bouche d'un des héros de ses *Lettres persanes*, qu'il y faisait arriver, en 1720 : « Paris est aussi grand qu'Ispahan (Lettre de Rica à son ami Ibben) ; les maisons y sont si hautes, qu'on jugerait qu'elles ne sont habitées que par des astrologues. Tu juges bien qu'une ville bâtie en l'air, qui a six ou sept maisons les unes sur les autres, est extrêmement peuplée, et que, quand tout le monde est descendu dans la rue, il s'y fait un bel embarras. Depuis un mois que je suis ici, je n'y ai encore vu marcher personne. Il n'y a point de gens au monde qui tirent mieux parti de leur machine que les Français : ils courent, ils volent ; les voitures lentes d'Asie, le pas réglé de nos chameaux, les feraient tomber en syncope. Pour moi, qui ne suis point fait à ce train et qui vais souvent à pied sans changer d'allure, j'enrage quelquefois comme un chrétien, car encore passe qu'on m'éclabousse depuis les pieds jusqu'à la tête, mais je ne puis pardonner les coups de coude que je reçois régulièrement et périodiquement. Un homme qui vient après moi et qui me passe me fait faire un demi-tour, et un autre qui me croise de l'autre côté me remet soudain où le premier m'avait pris, et je n'ai pas fait cent pas que je suis plus brisé que si j'avais fait dix lieues. »

Paris était donc toujours la ville populeuse, bruyante, agitée, sombre et malpropre, que Boileau avait décrite, soixante ans auparavant, dans la fameuse satire des *Embarras de Paris*. L'aspect général de cette ancienne capitale et le caractère de ses habitants indigènes n'avaient pas subi la moindre métamorphose depuis plus d'un siècle. On peut dire que la ville était restée immobile et stationnaire sous le règne de Louis XIV, qui n'avait pas cherché à l'agrandir et à en améliorer l'état normal, tout en faisant planter des boulevards autour de ses vieilles murailles ; ouvrir des places magnifiques, comme la place Vendôme ou de Louis le Grand et la place des Victoires ; élever des portes monumentales, comme la porte Saint-Denis et la porte Saint-Martin ; créer de nouveaux quartiers, comme celui du Temple et celui de la butte Saint-Roch ; construire d'admirables édifices pour des établissements publics, tels que l'Observatoire et l'hôtel des Invalides, et continuer les merveilles architecturales du palais des Tuileries et du palais du Louvre.

Germain Brice, qui était réputé le meilleur guide des étrangers qu'il y eût à Paris du temps de Louis XIV, exposait ainsi la situation physique de la ville en 1698 : « Il faut considérer que dans son étendue, qui est très-grande, il ne se rencontre aucun espace qui ne soit très-peuplé et entièrement rempli de maisons, où il se trouve souvent plusieurs familles ensemble, ce qui ne se voit point dans les autres grandes villes de l'Europe, où chacun veut être logé en particulier, et où l'on ne voit point de maisons à sept étages, comme il y en a quelques-unes autour du Palais, proche le grand Châtelet et aux environs des Halles, dans lesquelles les moindres espaces sont occupés et loués très-cher. » Vingt ans plus tard, Germain Brice constatait que Paris, sans offrir encore de notables changements, tendait à perdre graduellement sa physionomie de ville du moyen âge, et commençait à se prêter aux transformations matérielles réclamées par les mœurs et les usages de ses habitants. La ville se composait alors de vingt-quatre mille maisons, formant près

Fig. 171. — Types parisiens. — Le Commissionnaire; d'après Saint-Aubin.

de neuf cents rues et cachant, en outre, quatre mille autres maisons bâties dans les cours intérieures. Quatre mille de ces maisons, à portes cochères, pouvaient être louées chacune au prix moyen de deux mille livres; vingt mille autres maisons, ne communiquant avec la rue que par des portes bâtardes ou de petites portes, représentaient chacune six ou sept cents livres de location; le reste des maisons qui se trouvaient masquées ne devaient prétendre qu'à la moitié de ce prix. « On verra de là, continue Germain Brice, que les loyers de toutes les maisons de cette grande ville produiront vingt millions de revenu tous les ans, ce qui est sans exemple partout ailleurs. » Ces vingt millions équivaudraient à plus de deux cents millions, au taux actuel du numéraire.

A défaut d'un recensement officiel de la population parisienne, les recherches de quelques savants, versés dans les calculs de la statistique, avaient établi, en 1710, que cette population ne comprenait pas moins de sept cent mille individus, « malgré les diminutions considérables arrivées dans ces dernières années de guerres, de maladies et de disettes. » Dans ce nombre de sept cent mille habitants de Paris, on ne comptait pas moins de cent cinquante mille domestiques. L'illustre Vauban avait pu constater, d'après des documents authentiques, en 1706, que la généralité de Paris renfermait huit cent cinquante-six mille neuf cent trente-huit personnes. La consommation annuelle de Paris, à cette époque, était de cinquante mille bœufs, de sept cent mille moutons, de cent vingt-cinq mille veaux, de quarante mille porcs, de trois cent cinquante mille muids de vin, sans compter diverses autres boissons, telles que les bières et les cidres, et de cent cinquante mille muids de blé. On estimait à douze mille le nombre des carrosses circulant alors dans la ville, et l'on pouvait porter à vingt-cinq mille le nombre des chevaux employés à l'attelage de toutes les voitures. Plus la population de Paris s'accroissait, plus diminuait l'élément parisien, qui cédait la place à tous les éléments cosmopolites. L'opinion peu flatteuse qu'on avait généralement des Parisiens se rapportait donc moins à la race même originaire de Paris et plus ou moins dégénérée, qu'aux habitants de hasard qui étaient venus de toutes les provinces de France et de tous les pays du monde se fixer dans cette capitale et y faire souche parisienne. « Il n'y a pas de peuple plus impérieux et plus hardi, disait Saint-Evremond en 1698. Ils se sont donné eux-mêmes le droit de ne rien faire le jour de ce qu'ils ont promis le matin; ils disent que, les seuls au monde, ils ont le privilége de manquer de parole, sans craindre de ne rien faire contre l'honneur. » Notre voyageur insiste sur le défaut de raison et de moralité, qu'il impute aux Parisiens : « Ce qu'on trouve ordinairement à Paris sont quantité de paroles données qu'on ne tient point, de grâces reçues qu'on se fait un plaisir d'oublier; plusieurs fous dans les rues et quelques-uns renfermés. Mais ce qu'on voit rarement, c'est la modestie, c'est la sagesse, ce sont des gens oisifs, des personnes sobres et des hommes qui aient vieilli. Il est très-rare de trouver des timides et des scrupuleux ; mais ce qu'on n'y

Fig. 172. — Types parisiens.
Le Boulanger ; d'après Bouchardon (*Cris de Paris*).

voit jamais et ce qu'on souhaiterait avec plus d'ardeur, c'est le repos, le secret, et un ami véritable. »

Montesquieu mettait sur le compte de la légèreté et de l'orgueil les bizarreries et les inconséquences des Parisiens : « A Paris, dit-il dans les *Lettres persanes* (1721), règnent la liberté et l'égalité. La naissance, la vertu, le mérite même de la guerre, quelque brillants qu'ils soient, ne sauvent pas un homme de la foule dans laquelle il est confondu. La jalousie des rangs y est inconnue. On dit que le premier de Paris est celui qui a les meilleurs chevaux à son carrosse. » Saint-Foix, dans ses *Essais historiques sur Paris*, pour justifier les véritables Parisiens des reproches qu'on leur fait de leur caractère léger, ingrat et inconstant, rappelle que Paris était surtout peuplé de gens venus du dehors.

« Cette ville si vantée dans les provinces, dit-il, si renommée chez l'étranger, n'est pourtant qu'un assemblage confus d'hommes de divers pays, qui se trouvent rassemblés par deux motifs : l'intérêt y conduit les uns, les autres s'y rendent pour satisfaire plus aisément leur amour pour les plaisirs. » Cette invasion permanente de Paris par la province datait de loin, et l'on s'en plaignait déjà sous le règne d'Henri IV ; mais elle n'avait fait que s'accroître d'année en année, et elle devint si considérable au dix-huitième siècle, que les économistes s'inquiétaient de voir la province se dépeupler aux dépens de la capitale. Les étrangers ne commencèrent à y affluer que sous la régence, et ce fut dès lors une sorte d'envahissement et de conquête de la capitale de la France par les représentants du monde entier. « Frappez à toutes les portes, depuis le plus bas peuple jusqu'au plus grand, disait le marquis de Mirabeau ; vous entendrez parler toutes les langues, espagnol, anglais, hollandais, allemand, italien, etc., tous les idiomes, breton, normand, picard, champenois, provençal et surtout gascon, etc. Je mets en fait que sur trente personnes vous n'en trouverez qu'une qui soit née à Paris. » On se demandait, dès ce temps-là, où étaient les individus natifs de Paris, et s'ils ne s'expatriaient pas eux-mêmes pour voir du pays et pour faire fortune, car l'*Ami des hommes*, étonné de ne pas trouver beaucoup de vrais Parisiens à Paris, faisait cette remarque, qui ne lui donnait pas le mot de l'énigme : « Tout le monde s'y marie ; domestiques, gens à gages, ouvriers, viagers, gens qui n'ont que des emplois ou des bienfaits du roi, tout se met en ménage. Que devient leur génération ? » Après s'être posé ce redoutable problème, il arrivait à cette solution plus redoutable encore : « Il est de fait que la génération des grandes villes est comme en pure perte pour l'humanité, et que tout cela s'éteint sans qu'on puisse savoir ce qu'il devient. »

Il y avait cependant une population, une race essentiellement parisienne, qui n'était peut-être pas née à Paris, mais qui s'y était formée et qui avait pris aussitôt, sans étude et sans effort, le caractère et les mœurs des indigènes. Quiconque se fixait à Paris ne tardait pas à se faire Parisien. Voici comment Dufresny a tracé le portrait des Parisiens de naissance ou d'appropriation, dans les *Amusements sérieux*

FRAGMENT DU PLAN DE PARIS;

DRESSÉ PAR ORDRE DE TURGOT.

Ce fragment provient du plan de Paris, commencé l'année 1734, dessiné et gravé sous les ordres de Michel-Étienne Turgot, prévôt des marchands, achevé en 1739.

Il n'est pas d'étranger ayant visité Paris qui ne connaisse cette partie de la ville. Les transformations qu'elle a subies en rendent la représentation intéressante. Le Louvre y est encore en construction, et, pendant tout le XVIII° siècle, on désespérait de le voir terminé. « Ce Palais qui ne convient qu'à un monarque, dit Mercier dans son *Tableau de Paris*, n'offrira dans les siècles qui vont suivre qu'une demi-splendeur et des travaux interrompus. »

Par Chataignon.
Impr. lith. de Firmin-Didot frères, fils et Cie

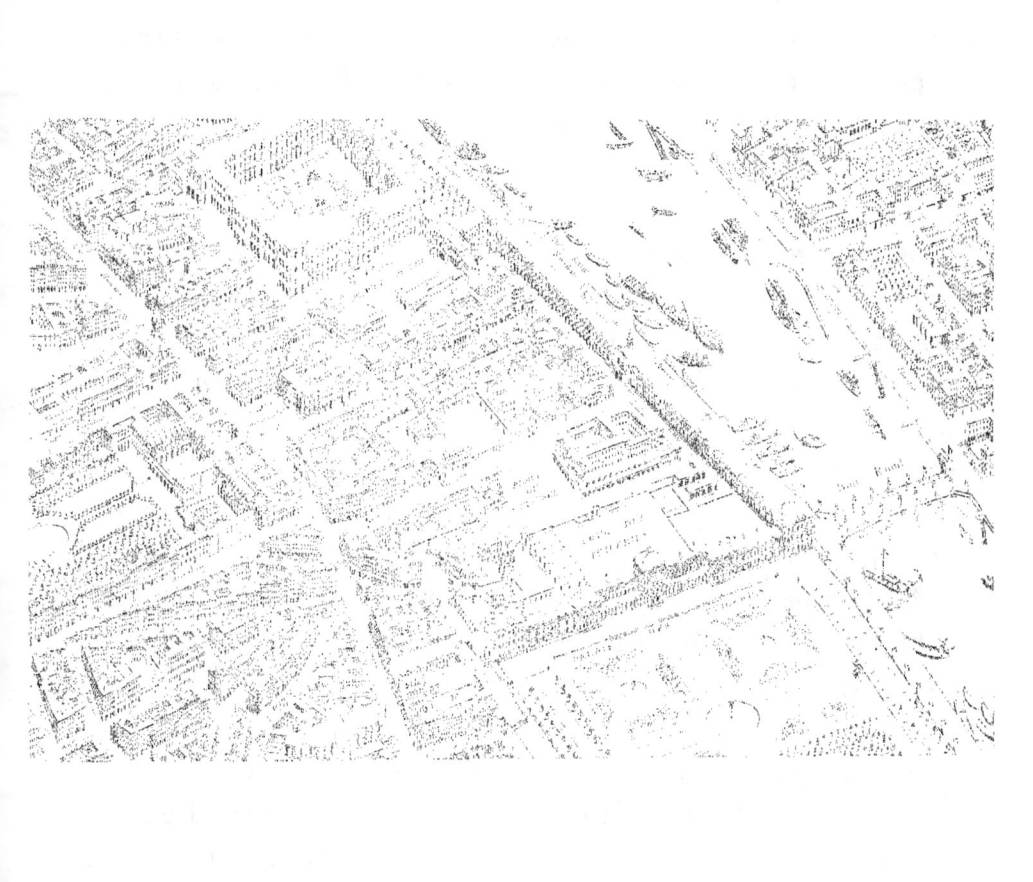

et comiques : « Ils sont toujours agités et toujours actifs ; leurs actions se succèdent avec tant de rapidité, qu'ils commencent mille choses avant que d'en finir une, et en finissant mille autres avant que de les avoir commencées. Ils sont également incapables et d'attention et de patience ; rien n'est plus prompt que l'effet de l'ouïe et de la vue, et cependant ils ne se donnent le temps ni d'entendre ni de voir. Les Parisiens n'ont de véritable attention que sur le plaisir et sur la commodité ; ils y raffinent tous les jours. » Mais ce qui distinguait le Parisien de tous les autres peuples, c'était sa curiosité toujours en éveil et à tout propos ; de là l'ancien proverbe, *il n'est badaud que de Paris.* Un des personnages des *Lettres persanes* raconte en ces termes ce qu'il eut à souffrir des importunités de cette badauderie endémique : « Les habitants de Paris sont d'une curiosité qui va jusqu'à l'extravagance. Lorsque j'arrivai, je fus regardé comme si j'avais été envoyé du ciel. Vieillards, hommes, femmes, enfants, tous voulaient me voir. Si je sortais, tout le monde se mettait aux fenêtres ; si j'étais aux Tuileries, je voyais aussitôt un cercle se former autour de moi ; les femmes mêmes faisaient un arc-en-ciel nuancé de mille couleurs qui m'entourait. Si j'étais au spectacle, je voyais aussitôt cent lorgnettes dressées contre ma figure ; enfin, jamais homme n'a tant été vu que moi.... Je ne me croyais pas un homme si curieux et si rare, et quoique j'aie très-bonne opinion de moi, je ne me serais jamais imaginé que je dusse troubler le repos d'une grande ville où je n'étais point connu. »

Ce n'est pas le Persan de Montesquieu, c'est le Siamois de Dufresny que nous allons suivre au milieu du bruit et du mouvement des rues de Paris, et qui nous rendra compte de ses impressions dans ce pêle-mêle effroyable de voitures, de bêtes et de gens. « Je suppose, dit Dufresny, que mon Siamois tombe des nues et qu'il se trouve dans le milieu de cette cité vaste et tumultueuse, où le repos et le silence ont peine à régner pendant la nuit même. D'abord le cahos bruyant de la rue Saint-Honoré l'étourdit et l'épouvante, la tête lui tourne. Il voit une infinité de machines différentes que les hommes font mouvoir ; les uns sont dessus, les autres derrière ; ceux-ci portent, ceux-là sont portés ; l'un tire, l'autre pousse ; l'un frappe, l'autre crie ; celui-ci s'enfuit, l'autre court après. Je demande à mon Siamois ce qu'il pense de ce spectacle : J'admire et je tremble, me répond-il ; j'admire que, dans un espace si étroit, tant de machines et tant d'animaux, dont les mouvements sont opposés et différents, soient ainsi agités sans se confondre ; se démêler d'un tel embarras, c'est un chef-d'œuvre de l'adresse des Français. Mais leur témérité me fait trembler, quand je vois qu'à travers tant de roues, de bêtes brutes et d'étourdis, ils courent sur des pierres glissantes et inégales, où le moindre faux pas les met en péril de mort. »

Le Parisien avait, en effet, une merveilleuse adresse pour se tirer d'affaire dans les rues dont les plus dangereuses étaient les plus fréquentées ; il allait toujours à pied, par goût et par habitude, mais bien rarement il se hasardait à monter à cheval : « Le Parisien, dit Mercier dans son *Tableau de Paris*, apprendra de bonne heure à se tenir en équilibre sur un pavé glissant, à éviter le pas des chevaux, à se faufiler entre des roues mobiles et des voitures roulantes ; il saura escamoter son ventre, s'aplatir comme un Gascon ; il saura franchir d'un pied leste les larges ruisseaux ; il saura monter un escalier de sept étages sans reprendre haleine, le descendre sans lumière ; mais il ne saura pas monter ou se tenir à cheval. » Le meilleur cavalier, il est vrai, ne pouvait qu'être fort inquiet de sa situation, s'il venait à se trouver arrêté dans une rue étroite ou dans un carrefour, au milieu de la foule et des voitures. « C'est un spectacle curieux, dit Mercier, que de voir tout à son aise, du haut d'un balcon, le nombre et la diversité des voitures qui se croisent et qui s'arrêtent mutuellement ; les piétons, qui, semblables à des oiseaux effrayés sous le fusil du chasseur, se glissent à travers les roues de tous ces chars prêts à les écraser : l'un qui franchit le ruisseau, de peur de s'éclabousser, et qui, manquant l'équilibre, se couvre de boue des pieds à la tête ; l'autre qui pirouette en sens contraire, une face dépoudrée et le parasol sous le bras. » A coup sûr, les piétons qui s'effaraient ainsi dans la mêlée des voitures et qui ne savaient pas s'en garer sans éclaboussure de boue n'étaient pas des Parisiens bien aguerris et bien exercés. La réputation des gens de Paris était faite de longue date, pour avoir le talent de marcher sur la pointe du pied, en sautant d'un pavé à l'autre, et en ne se crottant jamais, quoique la boue de Paris fût célèbre entre toutes par sa couleur noire, sa vertu corrosive et son odeur âcre. « Quoiqu'il ne pleuve pas, écrivait dans ses notes le Voyageur Sicilien

Fig. 173. — Le Passage du ruisseau un jour d'orage; d'après Garnier.

de Saint-Evremond, on ne laisse pas de marcher souvent dans la boue. Comme l'on jette toutes les immondices dans les rues, la vigilance des magistrats ne suffit pas pour les faire nettoyer. Cependant les dames ne vont plus qu'en mules (chaussure sans quartier). Autrefois les hommes ne pouvaient marcher à Paris qu'en bottines. Un Espagnol, les voyant en cet équipage, le jour de son arrivée, demanda si toute la ville partait en poste. »

Un observateur faisait remarquer, au dix-septième siècle, que la moitié de la population vivait dans la rue, et que toute l'animation de la ville désœuvrée se concentrait sur le Pont-Neuf, entre la Samaritaine et le Cheval de bronze (fig. 174 et 175). Le Pont-Neuf, au dix-huitième siècle, n'était plus un lieu de rendez-vous et de promenade; c'était encore un passage très-fréquenté, où les inconvénients de la circulation publique se faisaient peu sentir, eu égard à la largeur de la

Fig. 174. — La Statue d'Henri IV sur le Pont-Neuf.

chaussée et des trottoirs latéraux réservés aux piétons. L'accroissement de la population avait augmenté la foule et multiplié les embarras dans les rues centrales et dans les quartiers commerçants. Ces embarras continuels résultaient de la rencontre simultanée des voitures de toute espèce sur un même point; il n'y avait alors aucun règlement de police pour les prévenir ni pour les faire cesser; aussi, là où la circulation se trouvait interrompue, vingt voitures, cent voitures venaient fatalement se confondre et s'arrêter à la fois, avant que le défilé eût repris son cours, au bout de plusieurs heures de tumulte et de désordre. Dans ce pêle-mêle effroyable de chevaux et de véhicules, il n'y avait plus aucun respect, aucune déférence pour le rang et la condition des personnes qui se trouvaient avec les équipages au milieu des charrettes, des haquets et des fiacres. Cochers et charretiers s'injuriaient, les uns les autres, avec force clameurs et jurements; ils se menaçaient sans cesse et s'attaquaient quelquefois à coups de fouet. Le plus insolent, le plus adroit, le plus téméraire n'avait pas toujours l'avan-

Fig. 175. — Le Terre-plein du Pont-Neuf; *fac-simile* d'après Rigaud.

N. B. Le Pont-Neuf fut le rendez-vous ordinaire des arracheurs de dents et marchands d'orviétan, dont le plus célèbre était le *Grand-Thomas*, jusqu'en 1783, époque où ils en furent chassés par le premier médecin du roi.

tage dans cette lutte de chevaux et de roues, dans ce combat d'invectives et de malédictions. Le plus affreux fiacre serait resté jusqu'au soir à la même place, plutôt que de se déranger devant un carrosse de la cour : « Un procureur, pour sa pièce de vingt-quatre sols, dit Mercier, arrête le garde des sceaux ; le recruteur, un maréchal de France ; l'actrice de l'Opéra ne cédera point le pas à un archevêque. Tous ces différents états sont à la file, et les cochers parlent leur langue scandaleusement énergique devant la Robe, l'Église et les duchesses. »

La foule des allants et venants était toujours et partout considérable ; on s'en ferait difficilement une idée, si l'on ne se représentait pas combien, à cette époque, les rues étaient encombrées de métiers ambulants, de portefaix, de vagabonds, de musiciens en plein air (fig. 176 et 177), de badauds et de petits bourgeois. De temps à autre, la police enlevait

Fig. 176. — Types parisiens. — Michel Le Clerc, musicien ambulant ; d'après Ingour.

les mendiants et les gueux, pour les renfermer dans les maisons de force et de refuge ; mais on se lassait bientôt de les garder à ne rien faire, et on leur rendait la liberté, sous la condition de se mettre au travail ; ceux-ci n'avaient garde de renoncer à leur profession lucrative, et recommençaient à vivre d'aumône. Il y avait, d'ailleurs, des mendiants autorisés et patentés, les infirmes, les estropiés et les aveugles. « Je n'ai jamais vu un si grand nombre d'aveugles, raconte le Voyageur Sicilien de Saint-Évremond; ils vont par toute la ville sans guide et marchent plusieurs ensemble, parmi une infinité de charrettes, de carrosses, de chevaux, avec la même sûreté que s'ils avaient des yeux aux pieds. Ils

Fig. 177. — Types parisiens. — Charles Minart, musicien ambulant; d'après Ingouf.

ne manquent pas de tourmenter dans toutes les églises les fidèles, à qui ils demandent l'aumône avec une tasse de cuivre dans une main et un bâton dans l'autre. » A vingt ans de là, bien que Voyer d'Argenson eût donné à la police de Paris une meilleure organisation, on retrouvait encore dans les rues les mêmes aveugles, moins nombreux peut-être, mais aussi adroits. Le Voyageur persan de Montesquieu, ayant à se rendre au Marais, « qui est le quartier le plus éloigné de la ville, » s'abouche avec un homme qui lui offre de l'y conduire : « Il me mena à merveille, dit-il, me tira de tous les embarras et me sauva adroitement des carrosses et des voitures. Nous étions près d'arriver, quand la curiosité me prit : Mon bon ami, lui dis-je, ne pourrais-je point savoir qui vous êtes ? — Je suis aveugle, monsieur, me répondit-il... Mais il faut que je vous quitte ; voilà la rue que vous me demandiez ; je vais me mettre dans la foule ; j'entre dans cette église, où, je vous jure, j'embarrasserai plus les gens qu'ils ne m'embarrasseront. »

Ce n'était rien que ces innocents et honnêtes aveugles auprès des vagabonds, qui, avec tous les costumes et sous tous les prétextes, formaient partout la plus grande partie des rassemblements. On ne les reconnaissait pas toujours à leur maintien et à leur habit. « Les professions qui donnent le plus de vagabonds, disait Mercier, sont les tailleurs, les cordonniers, les perruquiers et les cuisiniers ; mais le plus incorrigible est le mendiant de race, qui, renfermé huit ou dix fois, recommence toujours le même métier. » Il était plus difficile encore de reconnaître, parmi ces flâneurs et ces oisifs qui pullulaient partout, les adroits voleurs qui n'exerçaient leur industrie et leur art que dans les foules, comme le constatait Saint-Evremond en 1698 : « Le plus adroit exercice est celui de certains voleurs qu'on appelle *filous*. Ils volent avec tant d'adresse que, s'il n'était honteux de se laisser voler, ce serait un plaisir de l'être par des gens si fins et si rusés. Les filous sont toujours punis par les juges, mais ce n'est que quand on les attrape et qu'ils ne font plus leur métier adroitement. » En général, on ne prenait pas le voleur sur le fait, et l'on ne s'apercevait du vol que quand le voleur était bien loin. Depuis un demi-siècle, on n'avait pas trouvé de plus sûr préservatif contre les coupeurs de bourse, que de renoncer aux bourses attachées extérieurement à la ceinture, et on les avait remplacées par des poches d'habit qui gardaient mieux ce qu'on voulait leur confier. Il fallait pourtant tenir les mains sur ses poches, si la foule devenait compacte et houleuse. Il fallait aussi jouer des coudes, pour se tirer de cette foule qui ne connaissait plus ni frein ni loi. « Quand on considère cette foule immense, remarque le spirituel auteur du *Petit tableau de Paris* en 1783 (Mme de Sartory), on doit

s'étonner qu'il n'y ait pas tous les jours dix incendies, vingt meurtres ; et la police de huit à neuf cent mille hommes est, à mon avis, le chef-d'œuvre de l'esprit humain. »

Les chevaux et les voitures, les cochers et les charretiers, contribuaient sans doute au tumulte perpétuel qui régnait dans les rues et qui empêchait, disait-on, deux personnes de s'entendre lorsqu'elles parlaient entre elles, dans la rue Saint-Honoré ou dans la rue Saint-Denis, par exemple. Il faut compter, dans ce bruit infernal, les milliers de cloches de toutes grosseurs qui sonnaient à chaque instant dans tous les clochers d'église et de couvent ; ces cloches toujours en branle, qui avaient inspiré à Voltaire ses premiers vers, où il disait aux sonneurs maudits :

> Que n'avez-vous au cou la corde
> Que vous tenez en votre main !

« Ajoutez au bruit des cloches, dit encore le Voyageur Sicilien, les hurlements et les cris de tous ceux qui vont dans la rue pour vendre des herbes, du laitage, des fruits, des haillons, du sable, des balais, du poisson, de l'eau. » Les porteurs d'eau seuls, qui étaient au nombre de vingt mille et qui distribuaient chacun trente à quarante voies d'eau par jour, avaient le dessus dans ce concert infernal, que des milliers de voix discordantes exécutaient sans interruption, dans tous les quartiers de Paris, dès le point du jour jusqu'à la nuit. Cette musique horrible des cris de Paris était un legs du moyen âge, et les petits métiers ambulants avaient conservé si fidèlement ce legs séculaire que rien n'était changé dans le rhythme traditionnel des cris marchands, à la fin du dix-huitième siècle. « Il n'y a point de ville au monde, disait Mercier, où les crieurs et les crieuses des rues aient une voix plus aigre et plus perçante. Il faut les entendre élancer leurs voix par-dessus les toits ; leur gosier surmonte le bruit et le tapage des carrefours..... Tous ces cris discordants forment un ensemble dont on n'a point idée, lorsqu'on ne l'a point entendu. » La plupart de ces cris étaient incompréhensibles et ne rendaient que des sons gutturaux plus ou moins stridents, dans lesquels l'oreille la plus exercée avait bien de la peine à découvrir un sens approximatif. Il fallait beaucoup d'habitude

Fig. 178. — *Carpe vive!*

Fig. 179. — *La lanterne!* (en hiver). *L'eau!* (en été).

Fig. 180. — *Café! café!*

Fig. 181. — *Scieur de bois.*

LES CRIS DE PARIS, par Bouchardon; 1737-1742. (Fig. 178 à 221.)

et d'attention pour distinguer à leurs cris caractéristiques les acheteurs de vieille ferraille, de verre cassé, de vieux chapeaux, etc. C'est à

Fig. 182. — Porteur d'eau.

Fig. 183. — Marchande de Pommes.

Fig. 184. — Revendeuse.

Fig. 185. — Chaudronnier auvergnat.

peine si depuis cent ans l'immense répertoire des cris usuels s'était augmenté de quelques cris nouveaux, annonçant des industries nouvelles. Le peuple de Paris, le plus rebelle de tous les peuples au sen-

Fig. 186. — *A raccommoder les vieux seaux! les vieux soufflets.*

Fig. 187. — *Petits pâtés tout chauds!*

Fig. 188. — *La vie! la vie!*

Fig. 189. — *Huitres à l'écaille!*

timent musical, ne se plaignait pas de ce vacarme effroyable, car il avait toujours eu le verbe haut et la voix fausse. « Le petit peuple, dit Mercier, est naturellement braillard à l'excès ; il pousse sa voix

Fig. 190. — *De la belle faïence!*

Fig. 191. — *Savetier.*

Fig. 192. — *Le Provençal.*

Fig. 193. — *Marchand d'images!*

avec une discordance choquante. » Il donnait donc la palme à qui criait le plus fort.

L'auteur du *Tableau de Paris* a recueilli quelques cris, de création

Fig. 194. — *Balais! balais!*

Fig. 195. — *Mon bel œillet!*

Fig. 196. — *Pommes cuites au four!*

Fig. 197. — *Achetez mes lardoires! mes cuillers à pot!*

moderne, qui caractérisent l'esprit du dix-huitième siècle; car le peuple se piquait de faire des jeux de mots jusque dans l'annonce de sa marchandise. « On entend de tous côtés, dit Mercier, des cris rauques,

Fig. 198. — *Ma belle salade.*

Fig. 199. — *La liste des gagnants à la loterie.*

Fig. 200. — Tonnelier.

Fig. 201. — *La mort aux rats!*

aigus, sourds : *Voilà le maquereau qui n'est pas mort; il arrive, il arrive! — Des harengs qui glacent, des harengs nouveaux! — Pommes cuites au four! — Il brûle! il brûle! il brûle!* (ce sont des gâteaux

Fig. 202. — Cureur de puits.

Fig. 203. — Afficheur.

Fig. 204. — *Cottrets!*

Fig. 205. — L'Orgue de Barbarie ou plutôt d'Allemagne (sic).

froids). — *Voilà le plaisir des dames, voilà le plaisir!* (c'est du croquet). — *A la barque! à la barque! à l'écaille!* (ce sont des huîtres).

— *Portugal! Portugal!* (ce sont des oranges). Joignez à ces cris les

Fig. 206. — Balayeuse.

Fig. 207. — Marchand de lanternes

Fig. 208. — Ramonez la cheminée du haut en bas!

Fig. 209. — La lanterne magique!

clameurs confuses des fripiers ambulants, des vendeurs de parasols, de vieille ferraille, des porteurs d'eau. Les hommes ont des cris de femmes et les femmes des cris d'hommes. C'est un glapissement per-

Fig. 210. — *Cerneaux! les gros cerneaux!*

Fig. 211. — Gagne-petit auvergnat.

Fig. 212. — *Peaux de lapins!*

Fig. 213. — Crieuse de vieux chapeaux.

pétuel, et l'on ne saurait peindre le son et l'accent de cette pitoyable criaillerie, lorsque toutes ces voix réunies viennent à se croiser dans un carrefour. » Les cris des rues ne cessaient pas même tout à fait

Fig. 214. — *Acheter des moulins!*

Fig. 215. — *Des ciseaux, des couteaux, des peignes!*

Fig. 216. — Vinaigrier ambulant.

Fig. 217. — Aveugle des Quinze-Vingts.

dans la soirée ou pendant la nuit. Le vendeur d'oublies, l'*oublyer* du bon vieux temps, n'avait pas disparu absolument; tous les jours, sa voix lamentable éveillait les échos des rues solitaires, mais, pour attirer les chalands qui l'abandonnaient, il criait le *plaisir des dames*. Les crieurs publics n'avaient jamais plus de débit de leurs arrêts de justice, que quand ils annonçaient le soir l'exécution du lendemain : toutes les fenêtres, toutes les portes s'ouvraient sur leur passage. Plus tard, et bien avant dans la nuit, on entendait retentir l'appel prolongé du falot ou porteur de lanterne, offrant du feu ou de la lumière aux rares passants qui rentraient chez eux et qui craignaient de faire une mauvaise rencontre. Au point du jour, été comme hiver, les cris de recommencer de plus belle, et le premier qui éclatait de rue en rue,

Fig. 218. — Jeune laitière.

c'était celui de la laitière de campagne, que l'usage presque général du café au lait faisait accourir de tous les environs de la capitale, et qui frappait aux portes en criant : *La laitière! Allons vite!*

Le Paris du dix-huitième siècle différait peu, à bien des égards, sous le rapport physique et matériel, de ce qu'il était au siècle précédent, lorsque Voyer d'Argenson, succédant au lieutenant de police la Reynie, fit entrer dans ses attributions une partie des soins édilitaires qui avaient incombé jusque-là au prévôt de Paris et au conseil

Fig. 219. — Vielleux.

de ville. Les ordonnances de police se multipliaient sans cesse, mais quel que fût l'esprit de prévoyance et de bonne administration qui les avait dictées, elles n'étaient pas exécutées, et bientôt elles tombaient en désuétude. Ainsi, dans la grande période du règne de Louis XIV, on s'était préoccupé d'entretenir le pavé, de nettoyer les rues, de les éclairer la nuit, d'en indiquer le nom par des écriteaux, de créer des égouts, de veiller à la salubrité de l'air, des eaux et des aliments; on avait tout prévu et tout organisé en théorie, mais on se heurtait partout contre la routine ou le mauvais vouloir des intéressés; les prescriptions de la police la plus active et la plus intelligente étaient toujours négligées, éludées, contestées et non avenues. Les rues de Paris n'avaient donc pas changé d'aspect pendant la régence et sous le règne de Louis XV. La façade des maisons était généralement noire, sordide et délabrée; ces maisons, dont la plupart n'avaient pas moins de deux ou trois siècles d'existence, quoique construites en charpente recouverte de plâtre, se crevassaient de tous côtés et

Fig. 220. — *Mesbeaux lacets!*

Fig. 221. — *La bonne encre!*

penchaient en avant, sans que l'autorité y remédât; une multitude de bizarres constructions parasites, accrochées aux murailles et suspendues à chaque étage, sans compter d'énormes enseignes en fer se dressant de tous côtés, attestaient, de la part des locataires et des boutiquiers, l'intention d'empiéter le plus possible sur la voie publique. Il y avait en dehors de toutes les fenêtres un envahissement de pots de fleurs et de cages d'oiseaux. Toutes ces maisons, habitées par le commerce et la petite bourgeoisie, n'étaient pas mieux entretenues à l'intérieur qu'extérieurement : des cours étroites, sombres et infectes ; des escaliers obscurs et fétides, auxquels on parvenait par une allée ténébreuse, dans le sol de laquelle s'ouvrait une cave profonde, fermée par une trappe mobile. Le portier était un luxe encore inconnu, et le peuple, qui avait en aversion les grands suisses en livrée, armés de hallebardes et montant la garde à l'entrée des hôtels de la noblesse et de la finance, ne soupçonnait pas qu'il fût nécessaire d'avoir dans chaque maison un gardien à demeure pour faire le service de la porte. Cette porte était close la nuit, et tous les habitants du logis avaient une clef ou connaissaient le secret d'un ressort qui leur permettait d'entrer ou de sortir à toute heure.

Le pavé du roi n'était pas en meilleur état que les habitations qu'il desservait : on ne le réparait que de loin en loin, lorsque la rue devenait tout à fait impraticable ; on n'appréciait pas facilement, d'ailleurs, les réparations qu'il pouvait exiger, car il disparaissait presque toujours sous une litière de fumier et d'immondices, sinon sous une épaisse couche de boue visqueuse ou liquide. Le ruisseau, pratiqué au milieu de la rue pour l'écoulement des eaux ménagères, offrait une espèce de marais stagnant, traversé et agité sans cesse par les roues des voitures et les pieds des chevaux. « S'il pleut, dit Mercier, *Tableau de Paris*, un large ruisseau, enflé par les gouttières, se présente ; un décrotteur fait sortir d'une longue allée un pont à roulette. Ce pont mobile est enlevé chaque fois qu'il passe une voiture. Le maître du pont tend les deux mains pour attraper son *liard*. Vous aurez ce spectacle pendant deux heures entières au carrefour de la rue Tiquetonne, la première fois qu'une averse aura fait enfler le ruisseau, qui n'a là ni pente ni cours. Si la planche se rompt, il faut recourir aux moyens héroïques. » (V. fig. 173.) De hautes bornes de pierre, adossées aux maisons et parfois cerclées de fer, empêchaient les moyeux des roues d'ébrécher les murs, et offraient un refuge au malheureux piéton qui se blottissait derrière. Le passage était encore rétréci et gêné çà et là par des degrés de pierre ou de bois aboutissant à l'entrée des maisons, ou par d'anciens montoirs qui ne servaient plus, depuis que

Fig. 222. — Le Pont Saint-Michel; d'après Martinet.

N. B. Les maisons bâties sur ce pont ne furent supprimées que sous Louis XVI.

les médecins, les gens de loi et les riches bourgeois avaient renoncé à l'usage des mules, par suite de l'encombrement des rues, où l'on ne pouvait pas sans danger se trouver à cheval au milieu des voitures. C'est par le même motif que les chaises à porteurs avaient été tout à fait abandonnées, excepté dans quelques coins retirés des quartiers du Marais et du Louvre.

Les accidents de toute espèce étaient beaucoup plus fréquents et inévitables qu'ils ne le sont aujourd'hui, nonobstant les efforts de la police pour en diminuer le nombre ou la gravité; mais les améliorations qu'elle proposait dans l'intérêt de la sécurité publique n'étaient admises en principe qu'à la longue, et ne se réalisaient qu'imparfaitement, après avoir triomphé de la routine, du préjugé et de la force d'inertie. Ainsi, rien n'était fait encore en 1789, et P. Manuel pouvait dire avec raison dans sa *Police de Paris dévoilée* : « On s'étonne des abus que la police laissait subsister : l'absence des trottoirs, les gouttières allongées, les pignons qui surplombent, les maisons construites sur les ponts (fig. 222), les réverbères qu'on n'allumait pas, l'infiltration des fosses d'aisances, etc. » Quant aux personnes renversées, blessées, écrasées dans les rues, on n'en tenait pas compte. Tous les jours, à l'angle de certaines rues étroites, on rele-

Fig. 223. — Le Crocheteur; d'après Bouchardon.

vait un ou deux hommes qui avaient été pris, comme dans un engrenage, entre deux voitures, ou atteints tantôt par la roue, tantôt par le timon d'une charrette : morts ou blessés, on les transportait à la morgue du grand Châtelet. C'était là que, sans essayer de les rappeler à la vie, on déposait les noyés retirés de la Seine. La Ville accordait bien une médaille d'argent à quiconque avait sauvé une personne en danger de se noyer, mais les secours à donner aux noyés ne furent organisés qu'en 1782, aux frais d'un ancien échevin nommé Pia, qui fit établir sur les bords de la rivière plusieurs locaux où se trouvaient réunis tous les appareils nécessaires pour combattre l'asphyxie. Souvent, dans les accidents survenus en pleine rue, des personnes charitables s'offraient d'elles-mêmes pour soigner le blessé et le conduire à l'Hôtel-Dieu, sans attendre l'arrivée plus ou moins tardive du commissaire qui devait dresser procès-verbal. « Qui n'est pas exposé à être blessé dans ces rues tumultueuses? disait Mercier. Une tuile, un carrosse, une poutre branlante, un marteau de maçon, un cheval, un chien danois, un portefaix sourd et muet, vous font plaie, bosse, contusion, fracture. » Il y avait sans cesse des gens étouffés dans la foule, surtout aux fêtes publiques, et l'on n'y prenait pas garde. La police se montrait un peu plus émue, lorsque la mort d'un homme était évidemment le résultat d'un crime; car les attaques nocturnes contre les passants attardés ne se renouvelaient pas aussi fréquemment qu'on aurait pu le croire, et, grâce à la vigilance des soldats du guet, les rues de Paris étaient devenues aussi sûres la nuit que le jour.

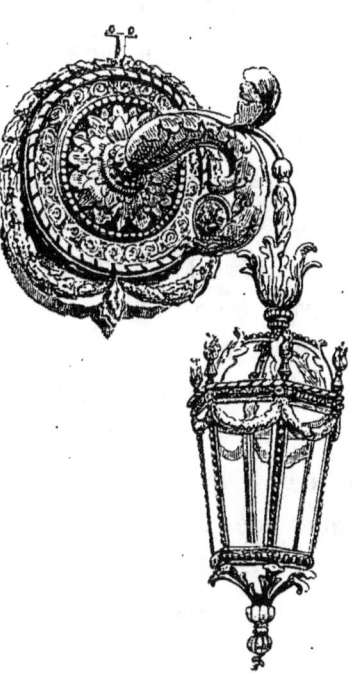

Fig. 221. — Lanterne d'hôtel en fer forgé et ouvragé.

Il n'en était pas ainsi dans les dernières années de Louis XIV, où l'on regardait comme dangereux de traverser le Pont-Neuf après minuit, et sous la régence, quand le poëte Vergier, commissaire ordonnateur de la marine, sortant d'un souper dans lequel il avait récité quelques-uns de ses contes en vers, fut assassiné à coups de pistolet et de poignard dans la rue du Bout-du-Monde, près de la rue Montmartre, par des voleurs de la bande de Cartouche.

La plupart des rues étaient bien obscures pendant les nuits sans lune; car, à part quelques lanternes appendues aux hôtels ou maisons des particuliers (fig. 224), elles n'avaient d'autre éclairage que la lueur vacillante des grands réverbères qui se balançaient de loin en loin, à vingt pieds au-dessus du sol; ces réverbères n'étaient éclairés qu'avec des chandelles, qui furent remplacées à la fin de 1745 par des mèches plongeant dans une huile épaisse, fabriquée avec les intestins et les issues des animaux qu'on tuait pour la boucherie. On n'allumait d'ailleurs qu'une partie des réverbères, et parfois, dans les nuits claires, on n'en allumait aucun. Mais on peut imaginer combien d'ombres mobiles, étranges et même effrayantes, projetaient les innombrables enseignes qui faisaient saillie de toutes parts, car chaque maison en avait une qui lui donnait son nom et qui suppléait au numéro absent. Ces enseignes avaient quelquefois huit ou dix pieds de diamètre; elles étaient peintes, dorées ou argentées, et accompagnées d'inscriptions dans lesquelles la langue et l'orthographe n'étaient pas trop respectées. Rien ne fut plus difficile que de faire rentrer dans l'alignement ces enseignes indépendantes, et d'obtenir un numérotage régulier des maisons.

Il y avait aussi liberté absolue pour le badigeonnage ou la mise en couleur des façades : la plupart restaient noires ou enfumées, mais quelques-unes étaient peintes ou seulement blanchies à la chaux, ce qui n'empêchait pas les afficheurs de s'emparer de toutes les surfaces de muraille qu'ils trouvaient à leur portée et à leur convenance : de là un bariolage incroyable d'affiches de toutes nuances, qui n'étaient soumises à aucun contrôle, et qui gardaient leur place au soleil jusqu'à ce qu'elles fussent couvertes par de nouveaux placards, entre lesquels la satire et la politique se permettaient de parler au public, qui se montrait friand de ces audacieuses proclamations anonymes. On comprend que ce n'était pas un des quarante afficheurs-jurés près du Châtelet qui se chargeait d'apposer sur les murs ces effrontés placards, dont les auteurs encouraient l'amende et même le pilori.

Si compacte, si bruyante que fût la foule, si nombreuses et si enchevêtrées que fussent les voitures, dans une rue que devait suivre un convoi funèbre, foule et voitures s'arrêtaient et s'écartaient spontanément pour lui livrer passage, dès qu'on entendait le chant du clergé qui accompagnait le corps. C'était un temps d'arrêt et de silence dans la circulation du public, jusqu'à ce que le mort et son cortége fussent passé, et chacun se signait et murmurait une prière en s'inclinant et en se découvrant. Les mêmes témoignages de respect religieux se manifestaient

Fig. 225. — Types parisiens. — Le Chanteur de cantiques, d'après Cochin.

parmi les passants, lorsque le tintement d'une clochette annonçait l'approche d'un ecclésiastique portant les sacrements à un malade. La dévotion était encore générale dans le peuple, qui, malgré sa grossièreté native, ne manquait jamais de saluer, avec plus ou moins de déférence, les gens d'Église, prêtres, moines ou religieuses, qu'il trouvait sur son chemin, ni de s'agenouiller pieusement devant le viatique. Mais, comme le Parisien ne pouvait se déshabituer d'être curieux et badaud, en toute circonstance, on ne se contentait pas de regarder, on se mettait à suivre le prêtre et le viatique jusqu'au domicile du mourant, le convoi et le mort jusqu'au cimetière.

On a peine à concevoir que l'aspect de Paris n'eût presque pas changé jusqu'à la fin du règne de Louis XV, quoique le luxe eût commencé d'y faire des progrès dans les dernières années du siècle de Louis XIV. « Le luxe est ici dans un tel excès, disait le Voyageur Sicilien de 1698, que quiconque voudrait enrichir trois cents villes, il lui suffirait de détruire Paris. » Il ajoutait, il est vrai, que ce luxe s'attachait surtout à la bonne chère, aux vêtements et aux équipages. Le luxe des gens riches, tout local et tout personnel, se renfermait d'ailleurs dans l'intérieur de leurs habitations ; on jugeait inutile de travailler à l'amélioration matérielle de la cité. Voltaire s'indignait, en 1749, de l'égoïsme et de l'insouciance des Parisiens à cet égard : « A qui, leur disait-il dans son éloquent factum sur les embellissements de Paris, à qui appartient-il d'embellir la ville, sinon aux habitants qui jouissent dans son sein de tout ce que l'opulence et les plaisirs peuvent prodiguer aux hommes?... Il faut des marchés publics, des fontaines qui donnent en effet de l'eau, des carrefours réguliers, des salles de spectacle ; il faut élargir les rues étroites et infectes, découvrir les monuments qu'on ne voit pas, et en élever qu'on puisse voir. » Voltaire énumérait tout ce qui manquait à ce Paris, dans lequel on avait de quoi acheter des royaumes, ajoutait-il : ici, le Louvre, dont la façade, monument de la grandeur de Louis XIV, du zèle de Colbert et du génie de Perrault, était cachée par des masures dignes des Goths et des Vandales ; là, des salles de spectacle si grossièrement construites qu'on en sortait avec plus d'embarras et de peine qu'on n'y était entré ; ailleurs, des marchés publics établis dans des rues étroites, étalant la malpropreté, répandant l'infection et causant des désordres continuels ; plus loin, des quartiers immenses demandant des places et des statues ; puis, le centre de la ville obscur, resserré, hideux, représentant l'époque de la plus honteuse barbarie. Voltaire avait raison, mais on ne se pressa pas de faire droit à ses conseils. Il fallut que, six ans plus tard, le marquis de Mirabeau revînt à la charge avec les mêmes vérités : « Si l'on en excepte les quais et quelques ponts de Paris, disait-il dans l'*Ami des hommes*, y voit-on rien qui porte la même empreinte? Il y a trois spectacles : deux sont des jeux de paume, le troisième est un monument de l'amour paternel du cardinal de Richelieu pour une pièce de théâtre qu'il avait adoptée, et aucun n'a ni la grandeur, ni les commodités et issues convenables. L'hôtel de ville conviendrait à peine à une ville du troisième ordre; nul emplacement destiné aux fêtes publiques;

Fig. 226. — Types parisiens. — L'Écrivain public; d'après Boissieu.

N. B. — La Lettre ordinaire coûtait 6 sous; les placets au roi et aux ministres 12 sous, « attendu qu'il y entre de la bâtarde, et que le style en est plus relevé. »

nulle fontaine digne, par ses eaux, d'un hameau décoré. Les beautés, en un mot, de cette grande ville, sont toutes dispersées, sans que l'une donne du lustre à l'autre. »

Ces reproches, ces conseils furent enfin entendus, et, à partir de 1770, on construisit de tous côtés, non-seulement des monuments publics, mais encore des rues entières, des quartiers nouveaux. Le luxe s'était enfin tourné vers les constructions en tout genre. Cependant la population n'augmentait plus : « Il y a trente-deux mille appartements à louer, dit l'auteur du *Petit tableau de Paris* en 1783, et dans tous les quartiers on élève des maisons. Le luxe n'est plus que dans les bâtiments et dans les décorations intérieures. » Il était aussi dans les chevaux et les équipages : « Tel homme de qualité, disait *Diogène à Paris* en 1787, tel seigneur à qui six ou huit chevaux suffisaient, en a dix-huit ou vingt ; tel bourgeois en a dix ou douze pour ses voitures, sans compter les chevaux de main pour lui ou pour monsieur son fils, qui court au grand galop dans les rues de Paris. » Ces rues n'étaient plus alors si pleines d'embarras, quoique le nombre des voitures eût décuplé ; mais la police avait fini par s'occuper d'améliorer l'état matériel de la voie publique, et par présider avec une attentive surveillance à la sûreté et au bien-être des citoyens. Jamais Paris n'avait été mieux gardé, de jour et de nuit, ni mieux éclairé, ni mieux assaini, ni plus brillant, ni plus magnifique. On achevait le dôme de l'église de Sainte-Geneviève, et, comme l'annonçait en 1782 le prophète Mercier, « il était question de renverser l'infernale Bastille. »

Fig. 227. — Le petit Décrotteur ;
d'après Bouchardon.

CHAPITRE QUATORZIÈME

FÊTES ET PLAISIRS DE PARIS

Les plaisirs de Paris. — Jours fériés et fêtes régulières. — Guinguettes, cabarets et cafés. — Promenades de la banlieue. — Promenades de Paris : les Champs-Élysées, les Tuileries, le Palais-Royal, les boulevards. — Les foires Saint-Germain, Saint-Laurent et Saint-Ovide. — Les bateleurs, les spectacles forains. — Les bals : le Wauxhall et le Colisée. — Les courses de chevaux et les revues. — Les ballons. — Les feux d'artifices et les illuminations.

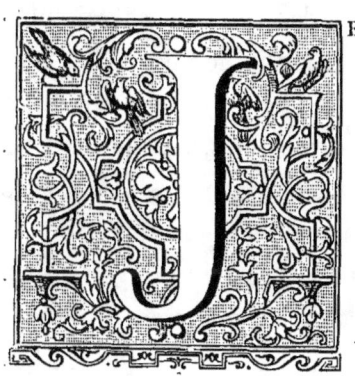

Je n'irai à Paris d'un an tout au plus, écrivait Montesquieu en 1745, à un prélat italien de ses amis. Je n'ai pas un sou pour aller dans cette ville qui dévore les provinces et que l'on prétend donner du plaisir, parce qu'elle fait oublier la vie. » Vingt-cinq ans auparavant, il avait dit dans les *Lettres persanes* : « Paris est peut-être la ville la plus sensuelle et où on raffine le plus sur le plaisir, mais c'est peut-être celle où l'on mène une vie plus dure. » Tout le monde, en effet, excepté les étrangers de passage, travaillait beaucoup à Paris ; mais chacun aussi avait à cœur de se récréer, après le travail, et de se procurer le plus d'amusements possible. Dans le courant de la semaine, il n'y avait que les gens riches, les financiers, les gros bourgeois, qui songeassent à prendre de la distraction :

tous les jours, le salon était ouvert, le carrosse était attelé, la table mise ; on recevait et on rendait des visites, on allait se promener en carrosse, on dînait, on soupait avec ses amis, on passait la soirée dans les cercles, à jouer ou à causer ; sinon on se rendait au théâtre, c'est-à-dire à l'Opéra ou à la Comédie française. Mais tout ce qui travaillait, ou vivait bourgeoisement, ne donnait que les dimanches et les fêtes à la récréation et au plaisir. Paris n'en était pas moins considéré comme la ville du monde où l'on se divertissait le plus, et c'était en partie pour y chercher des plaisirs de toute espèce qu'on y venait à l'envi de toutes les parties de la France et de l'Europe. « Paris est le plus beau théâtre du monde, dit Bastide dans *Les choses comme on doit les voir* (1757) : merveilleusement décoré, à proportion du moins de son étendue, il se concilie l'esprit par le plaisir des yeux ; il offre des scènes où le national et l'étranger, fondus ensemble, manifestent tous les génies, tous les goûts, et peignent à tous les peuples leurs mœurs, leurs vices, leurs devoirs et leurs plaisirs. » On doit dire pourtant que, malgré le grand nombre d'étrangers qui se trouvaient mêlés à la population de la capitale, Paris n'était pas une ville cosmopolite, et que tout y était essentiellement parisien.

Les dimanches et les fêtes, que le peuple de Paris consacrait plus exclusivement à ses plaisirs, représentaient en réalité le tiers de l'année ; car les fêtes dont l'Église autorisait ou tolérait l'usage, ajoutées à celles dont elle prescrivait la célébration, étaient si nombreuses, que les philosophes et les économistes avaient des raisons assez plausibles à faire valoir, pour demander, avec une insistance sans doute exagérée, que le nombre des fêtes religieuses fût diminué par décision du pouvoir ecclésiastique. Dans sa requête à tous les magistrats du royaume, Voltaire, l'ennemi suspect de la multiplicité des fêtes admises par l'Église catholique, se croyait fondé à dire à ce sujet, en 1756 : « Vingt fêtes de trop dans le royaume condamnent à l'oisiveté et exposent à la débauche vingt fois par an dix millions d'ouvriers de toute espèce, qui feraient chacun pour dix sous d'ouvrage. C'est la valeur de cent quatre-vingts millions de nos livres, perdus à jamais pour l'État, par chaque année. Cette triste vérité est démontrée. » Le marquis de Mirabeau, plus respectueux que

LA PROMENADE PUBLIQUE (JARDIN DU PALAIS-ROYAL);

D'APRÈS LA GRAVURE EN COULEUR DE DEBUCOURT.

Cette planche est datée de 1792, et, bien qu'elle déborde légèrement de l'époque qui fait l'objet du livre, nous n'avons pas cru devoir en priver nos lecteurs. C'est le cirque qui avait été construit au milieu du jardin sur les desseins de Louis, architecte du duc d'Orléans, que l'on aperçoit entre les arbres.

Par Urrabieta
Impr. lith. de Firmin-Didot frères, fils et Cie.

JARDIN DU PALAIS-ROYAL

Voltaire pour les pratiques religieuses, exprimait pourtant les mêmes regrets à l'égard des fâcheux résultats que pouvait avoir un trop grand nombre de jours fériés : « Les ouvriers du premier ordre, comme joailliers, orfévres et autres, disait-il dans son évangile philosophique de l'*Ami des hommes*, font, les dimanches et fêtes, des dépenses en collations où les vins muscats, étrangers, etc., ne sont pas épargnés ! Les femmes et filles de ce genre de société y assistent et donnent le ton.... Le bas artisan court à la guinguette, sorte de débauche protégée, dit-on, en faveur des aides. Tout cela revient ivre et incapable de servir le lendemain. Les maîtres artisans savent bien ce que c'est, pour leurs garçons, que le samedi court jour et le lundi lendemain de débauche ; le mardi ne vaut pas encore grand'chose, et, s'il se trouve quelque fête dans la huitaine, ils ne voient pas leurs garçons de toute la semaine. »

Le peuple en général ne manquait pas, les dimanches et fêtes, d'assister aux offices ; il y montrait une tenue très-convenable, car il était soumis dès l'enfance aux préceptes de la religion de ses pères, et il en observait généralement les pratiques, sans être pour cela moins avide de passe-temps joyeux. « Pendant le carême, disait le Voyageur Sicilien en 1698, le peuple court le matin au sermon avec une grande dévotion, et l'après-dîner, à la comédie, avec le même empressement. » Ce n'était pas un grand mal, et les braves gens qui allaient au théâtre après avoir rempli le matin leurs devoirs religieux, s'abstenaient ainsi de passer leur soirée à la guinguette, et dépensaient plus honnêtement le produit de leurs économies. Quatre-vingts ans plus tard, Mercier reconnaissait que le peuple de Paris était toujours bon catholique et pratiquant, malgré le déchaînement des doctrines de l'école athée ou déiste : « Le peuple va encore à la messe, disait-il avec étonnement en 1782, mais il commence à se passer des vêpres. Il faut qu'il reste debout dans les églises ou qu'il paie une chaise. Cela est très-mal vu. On lui demandera six sous pour entendre un sermon assis. Les temples sont déserts, excepté dans les grandes solennités, où les cérémonies le rappellent... Pendant l'octave de la Fête-Dieu, il y a toujours beaucoup d'affluence au salut et à l'exposition du saint sacrement. » On voit, par cet aveu de Mercier, que le peuple de Paris affluait dans les églises, tous les dimanches et les jours de fête, à l'approche même d'une révolution qui allait, avec tant de fureur, s'attaquer aux croyances chrétiennes.

Le clergé français, pour donner satisfaction aux plaintes incessantes des économistes, avait consenti alors à la suppression de quatorze fêtes *fêtées* ou *chômées;* mais cette concession passa inaperçue, et ne fut pas même accueillie favorablement par ceux qu'elle intéressait le plus; car ce n'étaient pas les artisans et les gens du peuple qui se plaignaient du nombre exagéré des fêtes carillonnées, chacune leur valant un jour de repos et de plaisir. Il y avait d'ailleurs, pour les communautés de métier, une multitude de fêtes spéciales en l'honneur des saints patrons; on comptait cent vingt-quatre communautés, dont chacune avait au moins une fête patronale à célébrer tous les ans, fête qui commençait par les cérémonies religieuses dans l'église ou la chapelle sous l'invocation du saint, et qui donnait lieu ensuite à des promenades, à des banquets, à des chants et à des danses. Toute la corporation, en habits de gala, y prenait part. Quelques-unes de ces fêtes motivaient des espèces de pèlerinages aux environs de Paris, dans les localités rurales où était le siége des confréries, qui s'y rendaient processionnellement avec leurs bannières et leurs insignes. A toutes ces fêtes, il faut l'avouer, quoique d'ordinaire la bonne humeur et la franche gaieté des assistants restassent dans les bornes de la décence, l'occasion était bonne pour l'ivrognerie et le désordre. C'est Mercier qui a cité le premier l'anecdote du savetier regardant un ivrogne endormi au coin d'une borne, un jour ouvrable, et s'écriant avec un soupir : « Voilà cependant comme je serai dimanche! » Au surplus, les gens ivres étaient assez rares dans les rues de Paris avant la révolution, d'autant plus que la police municipale les menait au corps de garde, dont ils ne sortaient qu'en payant une amende. On était moins sévère à cet égard que du temps de Louis XIII, alors tout individu trouvé ivre était constitué prisonnier, au pain et à l'eau pour la première fois, et battu de verges dans la prison en cas de récidive. Les écrivains du dix-huitième siècle sont d'accord pour faire l'éloge, non de la sobriété du peuple, mais de son aversion pour la débauche crapuleuse : « Les divertissements du peuple affectent une âme patriotique, disait le marquis de Caraccioli dans le

Voyage de la Raison (1772); d'ailleurs, l'artisan même se réjouit à Paris avec une certaine honnêteté : on le trouve, dans ses parties de plaisir, supérieur aux bourgeois de Londres et d'Amsterdam. C'est la suite d'une heureuse éducation qui influe sur tous les états, et

Fig. 228. — Le Marchand de *tisane* (le coco); d'après Poisson.
A la fraîche, qui veut boire! deux coups pour un liard!

d'une gaieté naturelle aux Français, qui leur donne un air toujours riant. Toute nation qui rit est sociable. »

Les guinguettes différaient des cabarets, où l'on allait boire et manger, et qui furent transformés en boutiques de marchands de vin traiteurs. L'espace était moins ménagé dans les guinguettes, où l'on s'attablait en buvant, pour voir danser et entendre chanter. Ces établissements bachiques se multiplièrent surtout dans les faubourgs et aux abords des barrières, où le vin et les liqueurs n'avaient pas d'octroi à payer; ils se composaient, en général, d'une grande tente, autour de laquelle régnait à l'intérieur une longue file de tables de bois à peine équarri, et qui offrait dans le centre une place libre réservée pour les danseurs, que mettaient en branle un violon criard et une flûte glapissante. Les guinguettes hors des murs de Paris étaient plus fréquentées que d'autres, à cause de leur caractère champêtre : c'étaient des tonnelles couvertes de vigne et des cabinets de verdure, au milieu d'un jardin ou d'un bocage. On les avait nommées, pour cette raison, des *Courtilles*, c'est-à-dire enceintes plantées d'arbres. Il y avait la grande Courtille, à l'extrémité du faubourg du Temple, sur la route de Belleville, et la petite Courtille, près des Porcherons, sur la route de Clichy. La plus fameuse de ces guinguettes fut celle du *Tambour royal*, tenue par Ramponeau, dans la basse Courtille des Porcherons. Ce cabaretier eut une immense popularité au milieu du dix-huitième siècle : « Sa belle humeur, dit M. Victor Fournel, ses saillies, sa bonne grosse figure rougeaude, son encolure de Silène et la magnifique enseigne où il était représenté à cheval sur un tonneau, contribuaient, non moins que les solides qualités de sa cave, à attirer chez lui une foule incessante de buveurs et de joyeux garçons. » Tout Paris accourait pour le voir, et les équipages stationnaient à la porte. On allait chez Ramponeau, selon l'expression consacrée, comme on était allé aux Halles et au Port-au-Blé ou quai de Gesvres, pour entendre dans toute sa verdeur pittoresque le langage poissard, que les ouvrages de Vadé avaient mis à la mode, et que les jeunes gens de la noblesse et de la finance apprirent les premiers en le parlant avec les jolies marchandes de beurre et de marée, qu'ils faisaient danser sur le carreau des halles, aux sons d'un crincrin (voir la planche ci-contre). Les grands seigneurs et les grandes dames ne dédaignaient donc pas de venir goûter le petit vin blanc de Ramponeau, et prendre part aux plaisirs du peuple ; quant à ce peuple, s'il y venait avec tant d'affluence, c'est que le vin était bon et qu'il se vendait à trois sous et demi la pinte, un sou de moins que partout ailleurs. Les danses des Porcherons et de la Courtille conservèrent leur attrait et leur réputation jusqu'à la fin du règne de Louis XVI : Marie-Antoinette y fut conduite plus d'une fois par son beau-frère, le comte d'Artois, et les habitués de ces bals populaires, quoique reconnaissant la reine, respectèrent son incognito. La reine se plaisait à raconter qu'elle ne s'était jamais tant divertie que la nuit du mardi gras, où elle avait été témoin de la course

Le marché des Innocents, d'après Jeaurat.

dans le Grand-Salon des Porcherons. La *course* qui terminait le bal était une farandole effrénée, dans laquelle cinq ou six cents personnes, se tenant par la main, couraient de toutes leurs forces autour de la salle, et foulaient aux pieds ceux qui avaient le malheur de se laisser choir.

Fig. 229. — Le Cabaret de Ramponeau, à la Courtille; vu de l'extérieur.
Fac-simile d'après une estampe populaire.

On trouvait une société toute différente, bien qu'aussi bruyante parfois, dans les cafés, qui étaient devenus si nombreux depuis la régence et qui ne cessaient de se multiplier dans Paris. L'exemple du café Procope (rue des Fossés-Saint-Germain, à présent de l'Ancienne-Comédie) avait fait le succès de ces lieux publics, où l'on s'arrêtait, le soir et dans la journée, pour prendre une tasse de café et surtout pour se reposer et pour recueillir les nouvelles. « Je crois pouvoir assurer, dit l'auteur de *Diogène à Paris* (1787), que c'est à l'établissement des cafés en aussi grand nombre à Paris, que l'on doit l'apparence de douceur, d'urbanité, qui brille sur la plupart des figures. Auparavant, tout le monde presque allait aux cabarets; on y allait même pour traiter d'affaires. Depuis l'établissement des cafés, chacun s'y rassemblant, libre ou non de ses travaux, communiquant avec tous ceux qui y sont, dissertant presque tout le jour, buvant, jouant peu, gardant sa raison s'il en a, chacun est devenu plus honnête, plus civil en apparence. » Les cafés (on en comptait six cents sous Louis XV) étaient le rendez-vous quotidien des désœuvrés, des beaux parleurs, des joueurs de dominos, de dames, d'échecs, et des liseurs de gazettes. On n'y ajouta des salles de billards que sous la révolution, et personne n'eût osé se permettre d'y fumer. La passion du tabac amena la création des estaminets et des tabagies, qu'on plaçait hiérarchiquement bien au-dessous des cafés. Dans les cafés du moins, on ne faisait presque jamais abus de vin et d'eau-de-vie. La tasse de café, la bavaroise au lait et les boissons rafraîchissantes étaient les seuls objets de consommation qu'on trouvait dans ces établissements, très-simples et très-mal décorés la plupart, les uns tranquilles et même silencieux, les autres turbulents et agités, chacun ayant une physionomie particulière et un public spécial. Le café de la Régence et le café du quai de l'École avaient hérité de la vogue de l'ancien café Procope. Les célibataires jeunes et vieux, les hommes de lettres, les officiers en retraite, les étrangers, les nouvellistes, formaient la clientèle ordinaire des cafés de Paris.

Il fallait d'autres plaisirs, d'autres récréations pour la jeunesse, qui semblait pourtant de plus en plus se désintéresser des jeux et des exercices dans lesquels le mouvement et la force du corps avaient besoin de se montrer. On apprenait toujours à faire des armes et à monter à cheval, dans les académies, mais on laissait au peuple le tir de l'arc, le jeu de boules, le jeu de quilles, etc. Le Voyageur sicilien, qui avait vu Paris dans les dernières années du dix-septième siècle, remarquait que les exercices de corps y étaient toujours en usage. « Les jeunes gens se divertissent à tous les exercices de corps, disait-il, surtout à la paume, dans un lieu couvert; mais les hommes âgés passent le temps aux dés, aux cartes, et à dire des nouvelles. » Paris, à cette époque, avait encore un grand nombre de jeux de paume assez fréquentés; on n'en comptait plus que cinq ou six à la fin du siècle. Le marquis de

Tableau des portraits à la mode, d'après Augustin de Saint-Aubin.

Mirabeau nous donne les motifs de cet abandon du jeu de paume par les gens de qualité : « Un homme qu'on frise avec des papillotes, dit-il avec dédain, n'a garde, le lendemain de cette opération, au moment que la tête toute musquée sort de sa boîte, où elle a été conservée comme des fleurs d'Italie, d'aller risquer à la paume sa provision de quinze jours; au lieu de cela, il s'étend dans une chaise longue et prend une brochure. » On ne voyait plus, au jeu de mail de l'Arsenal, les fils des bourgeois et des commerçants se livrer à un exercice qui avait fait la joie des fils de nobles pendant la Fronde; on ne rencontrait plus sur les anciens boulevards des bandes de jeunes compagnons de métier s'exerçant à courir, ou jouant à la balle, ou s'essayant à la lutte. On recherchait des passe-temps plus calmes et moins fatigants. Seulement, partout où les garçons étaient à la campagne avec des jeunes filles, on donnait aussitôt le signal de la danse, dût-on ne danser qu'aux chansons, ou bien on jouait aux barres et aux quatre coins; partout aussi où se trouvait une escarpolette, elle était bientôt en branle, et l'on avait une telle prédilection pour le jeu de volant que des parties s'organisaient dans les rues peu passantes, le soir des dimanches et fêtes, et que le volant rebondissait sur la raquette tant que l'on voyait assez clair pour se livrer à ce jeu favori, où la Parisienne déployait beaucoup d'adresse. L'été, bien peu de jeunes gens allaient, en amont de la ville, se baigner dans la Seine ou dans la Marne. Généralement on ne savait pas nager à Paris, et les bains de la porte Saint-Bernard suffisaient pour les amateurs de natation. L'hiver, si la Seine était gelée entre les ponts, ce qui arrivait fort souvent par suite des obstacles de tous genres qui obstruaient le lit de la rivière, une foule joyeuse et bruyante s'amassait sur la glace pour y établir d'interminables glissades; mais on n'y rencontrait jamais un seul patineur, fût-ce un Hollandais désireux de faire admirer son talent national. La principale affaire des habitants de Paris, c'était la promenade : riches et pauvres, jeunes et vieux, y trouvaient leur plus vif plaisir; les riches en jouissaient tous les jours, les pauvres et les petites gens n'en profitaient que les dimanches et fêtes. « Nous avons à Paris deux sortes de promenades, disait Dufresny en 1705 : dans les unes, on va pour voir et pour être vu ; dans les autres, pour ne voir ni n'être vu de personne. » C'était là ce qu'on appelait la promenade des amoureux, et dans le peuple, dans la petite bourgeoisie, les jeunes fiancés, les jeunes époux ne connaissaient rien de plus agréable que de se promener deux à deux, à la tombée de la nuit, le long des quais ou dans les jardins publics, qui restaient ouverts fort tard; les jours de fête, ils se promenaient encore aux alentours de Paris, surtout dans la belle saison, à travers les blés et les prairies, en faisant des bouquets et des couronnes de fleurs des champs. Ces promenades hors des murs de la ville, à Bicêtre et à Gentilly, à Belleville et à Ménilmontant, à Vincennes et à Saint-Mandé, avec une station plus ou moins longue dans quelque guinguette, étaient la distraction favorite des dimanches et des fêtes. Les oisifs, les flâneurs, les badauds, qui ne travaillaient pas régulièrement dans la semaine, se donnaient rendez-vous sur les places, où les yeux et les oreilles avaient de quoi se distraire, et principalement à la place Dauphine, où les charlatans, les musiciens et les chanteurs en plein vent, les petits marchands de *bagatelles* et de bibelots, entretenaient, du soir au matin, une foire perpétuelle. « On y trouve une infinité de gens qui donnent des billets, disait le Voyageur sicilien de 1698; les uns remettent les dents tombées, les autres font des yeux de cristal; il y en a qui guérissent des maux incurables; celui-ci prétend avoir découvert la vertu cachée de quelques simples ou de quelques pierres en poudre, pour blanchir et embellir le visage; celui-ci assure qu'il rajeunit les vieillards; il en est qui effacent les rides et qui font des jambes de bois. » Les successeurs de l'immortel Tabarin avaient gardé le secret d'appeler la foule et de la retenir ébahie devant leurs tréteaux du Pont-Neuf.

Il y avait toujours affluence de monde dans les promenades publiques, et chacune offrait une physionomie particulière, un genre spécial de promeneurs. « Du bois de Boulogne, disait l'auteur des *Amusements sérieux et comiques*, on vient dans le Cours (le vieux Cours-la-Reine, qui faisait partie des Champs-Élysées); c'est une forêt en galerie où il est permis aux chevaux de se promener et non pas aux hommes. Dans un climat voisin, qu'on nomme les Tuileries, on va respirer l'air, au milieu d'un nuage de poussière étouffante, qui fait qu'on n'y voit point

Fig. 230. — La place Louis XV (1763); d'après Moreau.

B. — Cette place, construite par Gabriel, premier architecte du roi, était ornée de la statue de Louis XV par Pigalle. Les cariatides en bronze du piédestal de cette statue représentaient la Force, la Tempérance, la Prudence et la Justice.

ceux qui n'y sont que pour se montrer. L'incommodité de ces promenades, c'est qu'on y est tourmenté de plusieurs insectes : des mouches en été, des cousins en automne, et en tous temps, des nouvellistes. »

On comprend que le bois de Boulogne, les Champs-Élysées et la place Louis XV (fig. 230), étaient naturellement réservés aux chevaux et aux voitures. Les piétons s'éloignaient le moins possible de leurs quartiers respectifs. Ils se portaient au Jardin des Plantes, à la Place Royale, au Jardin du Luxembourg, au Jardin des Tuileries, au Jardin du Palais-Royal. (Voir la planche coloriée d'après la célèbre composition de Debucourt, intitulée *la promenade publique*, p. 358.) Quant au parc Monceau (fig. 231), il n'était pas encore public à cette époque. Le marquis de Caraccioli fait remarquer, dans son *Voyage de la Raison*, que le Palais-Royal (avant la destruction de l'ancien jardin) était la promenade des élégants, le Luxembourg celle des songeurs, et les Tuileries celle de tout le monde, et que dans un jardin si magnifique on ne multipliait point assez les arbres et les fleurs. Plus d'un demi-siècle auparavant, le Voyageur sicilien admirait aussi la beauté et les agréments de la promenade des Tuileries : « Dans ce lieu si agréable, disait-il, on raille, on badine, on parle d'amour, de nouvelles, d'affaires et de guerre. On décide, on critique, on dispute, on se moque les uns des autres ; et avec cela tout le monde se divertit. » Le plus grand intérêt de cette promenade était un éblouissant concours de toilettes et de jolies femmes. « Quoi de plus ravissant, écrivait Restif de la Bretonne en 1786 (*Tableaux de la bonne compagnie*), que ces triples rangs de femmes charmantes qui bordent la belle allée des Tuileries, dans une soirée d'été, dans les jours les plus sereins de l'automne et du printemps! Tous ces groupes, variés à l'infini, qui se décomposent sans cesse pour se recomposer mutuellement, établissent une circulation continuelle de connaissances, d'idées qui s'accroissent, se développent, en passant d'un groupe à l'autre avec les membres voltigeant de ces différentes sociétés. L'esprit se repaît, s'électrise, en même temps que les yeux se réjouissent du plus beau spectacle qu'aucun rendez-vous public puisse offrir en aucun pays du monde. »

La mode avait fixé certains jours et certaines heures pour les promenades. On ne se montrait qu'en grande toilette dans le Jardin

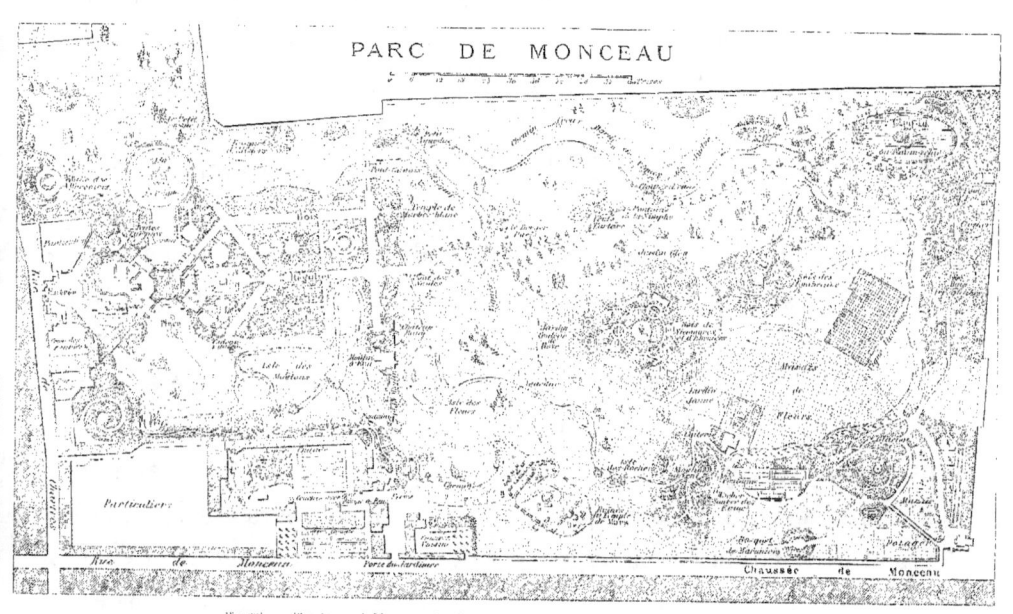

Fig. 231. — Plan du parc de Monceau, exécuté en 1778, sur les dessins de Carmontelle, pour le duc d'Orléans.

du Palais-Royal, avant et après la représentation de l'Opéra, et les femmes, qui pouvaient s'y rendre le soir, venaient s'asseoir dans la grande allée des vieux marronniers, à l'ombre desquels se rassemblait la bonne compagnie, lorsque les galeries n'étaient pas encore construites autour de ce jardin rempli de grands arbres; les nouvellistes et liseurs de gazettes avaient leur quartier général sous l'arbre de Cracovie, surnommé ainsi à cause des fausses nouvelles politiques qui naissaient sous ses rameaux séculaires. L'incendie de l'Opéra (1781) et la transformation du jardin, par suite de la construction des galeries, sans diminuer le nombre des promeneurs, changèrent complétement le caractère et l'aspect de la promenade. (Voir la planche coloriée, p. 359.)

Dès lors la foule avait pris le chemin des anciens boulevards du Nord, qui étaient métamorphosés en promenade de jour et de nuit, après avoir été si longtemps tristes, déserts et abandonnés. « L'ancien boulevard, écrivait Dulaure en 1786, dans sa *Nouvelle description des curiosités de Paris*, rassemble tous les agréments que peut produire l'industrie pour désennuyer les oisifs et délasser les gens occupés : spectacles de toute espèce charmants et variés, hôtels magnifiques, maisons délicieuses, jardins séduisants; il n'est pas jusqu'aux cafés et aux boutiques de traiteurs, qui, par leur musique, leurs guirlandes de fleurs et leurs bosquets ombragés, n'y donnent un air de féerie et d'enchantement. Les après-midi des dimanches et des jeudis sont le rendez-vous des plus jolies femmes de Paris; deux longues files de voitures, plus brillantes les unes que les autres, y forment un coup d'œil toujours nouveau. » Le boulevard du Temple, où l'on avait entassé quatre ou cinq théâtres populaires et beaucoup de spectacles de curiosité, était encore plus vivant et plus animé. Mais, parmi tous les promeneurs qui venaient chaque soir s'y amuser à bon marché, la petite bourgeoisie et le petit commerce se montraient toujours mêlés à la population ouvrière, qui regardait ce boulevard comme lui appartenant, et qui le préférait aux foires Saint-Germain et Saint-Laurent. Ces deux foires rivales réunissaient aussi un grand nombre de spectacles variés et tout ce qui était capable d'attirer les curieux; mais, quoiqu'elles fussent toujours ouvertes comme bazar, elles n'avaient l'une et l'autre,

La promenade aux remparts de Paris, d'après Augustin de Saint-Aubin.

comme toutes les foires, qu'une époque brillante, qui ne se prolongeait pas plus de trois mois tous les ans, la foire Saint-Germain à la fin de l'hiver, la foire Saint-Laurent au commencement de l'été. La vogue de la foire Saint-Germain semblait, d'ailleurs, n'avoir pas survécu à l'incen-

Fig. 232. — Parade de la Foire; *fac-simile*, d'après Gillot.

die qui avait détruit en 1763 les vieux bâtiments en bois appropriés à son usage depuis le seizième siècle. La reconstruction des nouvelles galeries, plus élégantes et plus commodes que les anciennes, avait pourtant ajouté à l'attrait des boutiques et des spectacles de la foire une salle de danse, le Waux-hall d'hiver, qui fut quelque temps à la mode. La foire Saint-Laurent, située dans le haut du faubourg de ce nom, était plus vaste et mieux décorée que la foire Saint-Germain; mais elle n'avait pas de Waux-hall, et sa Redoute chinoise, qui en tenait lieu, n'offrait aux promeneurs que des escarpolettes, des jeux de bague et quantité d'autres jeux étrangers. Au centre même du nouveau Paris, sur la place Vendôme, que fermaient alors d'un côté l'église et le couvent des Capucines, une autre foire, la foire Saint-Ovide (voir page 373) était venue s'établir au mois d'août 1764; elle y reparut tous les ans, à la même époque, jusqu'à ce qu'elle fût transportée, par ordre de police, à la place Louis XV, où elle ne subsista pas longtemps, malgré la mode qui l'avait d'abord accueillie sous le nom de *foire au pain*

Fig. 233 à 236.— Exercices d'Acrobates.

d'*épices*. C'était là qu'on allait voir les *exercices du sieur Nicolet*, qui, avant de créer son théâtre des *grands danseurs du Roi*, n'offrait au public que des tours de force et d'adresse, assez extraordinaires pourtant, puisqu'ils donnèrent lieu au proverbe : *de plus fort en plus fort, comme chez Nicolet*.

Mais la danse était toujours le plaisir favori des Parisiens, et les gens du

La Foire Saint-Ovide. — Place Louis-le-Grand.

peuple ne pouvaient danser que dans les guinguettes, les courtilles et les lieux publics. Ils ne s'en faisaient pas faute, et toutes les danses usitées dans les provinces se naturalisaient à Paris, grâce à l'entrain et à la belle humeur des danseurs, qui se chargeaient de les apprendre à leurs danseuses. Les bourrées d'Auvergne, les pas de basque, les branles du Poitou, les gigues de Picardie rivalisaient d'adresse et de force, sinon de grâce et d'élégance, dans toutes les assemblées de gens de métier et d'artisans. Dans les classes élevées ou riches, les bals d'apparat n'avaient lieu qu'en hiver et même généralement à l'époque du carnaval; la danse y était grave et cérémonieuse : on ne se permettait de danser réellement qu'après avoir maintenu les droits du menuet, qui semblait être l'expression la plus raffinée de la danse polie. Chez les bourgeois, le menuet ne se produisait que de loin en loin et seulement pour ouvrir le bal. Les bals bourgeois étaient d'ordinaire des réunions de jeunes filles et de jeunes garçons, qui se rassemblaient alternativement dans leurs familles, vers trois heures de l'après-midi, pour danser au son du violon : « On y faisait, dit Bury dans son *Essai sur l'éducation française*, une espèce de petit bal, où chacun déployait ses grâces dans ce qu'on appelait les belles danses, et ensuite quelques contredanses sages... Cela durait jusqu'à huit heures, que le maître de la maison donnait un souper honnête, sans luxe ni superfluité. Les pères et les mères et les demoiselles étaient seuls à table. Il y en avait une autre pour les garçons, dont une partie voltigeait autour de la grande table pour servir les dames. Enfin tout s'y passait avec la plus grande décence. » La jeunesse bourgeoise ne se contenta pas de ces bals de société, qui n'avaient lieu qu'en carnaval; elle aspira bientôt à paraître dans les bals publics, où l'on dansait du moins en toute saison, l'été dans des salles de verdure et à ciel ouvert, l'hiver dans des salles bien closes et splendidement éclairées. Les Waux-hall étaient une importation anglaise qui ne pouvait qu'être favorablement accueillie à Paris, où l'on avait toujours aimé la danse. Un habile artificier italien, nommé Torre, qui avait établi sur l'emplacement actuel de la rue de Lancry un spectacle physique où l'on représentait des pantomimes accompagnées de feux d'artifice, réussit mieux dans son entreprise, quand il eut transformé son théâtre en salle de bal (1768). C'était le Waux-hall de Torre, qui devint plus tard le Waux-hall d'été, mais les superbes fêtes de nuit qu'on y donnait ne servirent qu'à en éloigner le public dansant. Un autre Waux-hall, plus grandiose et plus magnifique encore, avait été créé, à l'extrémité occidentale des Champs-Elysées, sous le nom de *Colisée* (1770) : une vaste rotonde, qui n'avait pas moins de 78 pieds de diamètre sur 80 de hauteur, était destinée à la danse ; mais la danse de famille, la danse bourgeoise, s'y trouvait moins à l'aise que dans la vieille salle du Waux-hall d'hiver, à la foire Saint-Germain, et les danseurs ne tardèrent pas à déserter les fêtes tumultueuses du Colisée, où les entrepreneurs avaient dépensé en pure perte plus de deux millions.

En 1780, le Colisée, qu'on n'avait pas comparé sans raison aux plus merveilleuses créations de la féerie, tombait en ruine et n'attirait plus personne. Tel fut le sort de la plupart des lieux de réunion publique appelés Waux-hall, redoutes, jardins et cirques, que l'on voyait s'ouvrir et se fermer bientôt sur différents points de Paris. Ces établissements avaient exigé de grands frais d'installation, et les dépenses d'entretien étaient si considérables que la recette d'une ou deux fêtes par semaine était insuffisante pour combler le déficit. Aussi bien, le caractère parisien, si capricieux et si changeant, se refusait à l'habitude d'un même plaisir : une fois la curiosité satisfaite, on n'y revenait plus et on l'oubliait.

Les Parisiens étaient, d'ailleurs, économes dans leurs divertissements ; ils avaient toujours la main sur leur bourse, mais ce n'était pas pour y puiser sans regret ; ils n'avaient à dépenser que trente ou quarante sous, pour entrer dans un jardin public, assister à une foule de spectacles, admirer des illuminations, voir des feux d'artifice et se mettre à la danse gratis, aux sons d'une excellente musique. Là où un Anglais aurait payé une guinée sans sourciller, le Parisien ne se décidait pas sans peine à sacrifier quelques pièces de monnaie. Ce qu'il préférait par-dessus tout, c'étaient les plaisirs qui ne lui coûtaient rien, c'étaient les fêtes publiques, c'étaient les spectacles qu'on lui offrait gratuitement. Pour en jouir, pour en avoir sa part, il ne regardait ni à la fatigue ni au temps perdu ; il bravait

Les grands Carrosses de la cour en 1782, d'après Moreau.

la pluie, le vent, la poussière; il allait à pied, par tous les temps, aux extrémités de la ville; il restait debout pendant des heures entières pour attendre un feu d'artifice, une illumination, un concert de musique ou tout autre genre de spectacle. Ce n'est pas tout; il s'engouffrait avec sa femme et ses enfants dans la foule la plus compacte, et il ne craignait pas d'y être étouffé, trop heureux lorsque, revenant chez lui, harassé, épuisé, affamé, il pouvait se dire à lui-même et répéter aux autres : « Nous y étions, nous avons vu! » *Voir* avait été, à toutes les époques, la seule préoccupation de la badauderie parisienne. En effet, il ne manquait pas d'occasions où la curiosité des habitants de Paris était mise en éveil et trouvait à se satisfaire à peu de frais, sans parler des fêtes publiques, qui n'étaient jamais aussi fréquentes que le peuple l'eût souhaité et qui pourtant, en dehors des circonstances extraordinaires qui se présentaient de loin en loin, revenaient périodiquement tous les ans pour le feu de la Saint-Jean et pour la fête du roi. On avait bien aussi les processions solennelles des églises et des couvents, le jour de la Fête-Dieu, les jours de la descente de la châsse de sainte Geneviève pour obtenir de la pluie dans les grandes sécheresses, le jour de la fête du vœu de Louis XIII, etc. Ces processions, qui défilaient dans les rues tendues de vieilles tapisseries à personnages, étaient intéressantes, en raison du cortége officiel qui les suivait en grand costume; rien n'égalait aussi la magnificence de la pompe ecclésiastique. Il y avait là matière à conversation pendant plus de huit jours, car chacun tenait à raconter au plus grand nombre de personnes possible ce qu'il avait vu à la procession, et surtout à dire qu'il s'y trouvait.

Tout était ainsi spectacle pour les bons Parisiens, qui n'épargnaient ni leur temps ni leurs pas, lorsqu'il s'agissait d'assister à quelque cérémonie dont leur capitale était le théâtre. Il y avait toujours foule, et foule empressée, pour voir passer dans les rues, tantôt le parlement en robes rouges se rendant à un lit de justice du roi, tantôt le cortége du bœuf gras, en carnaval, allant saluer messieurs de la grand'chambre au palais; les gens du peuple, ainsi que les bourgeois, n'avaient garde de faire défaut à l'entrée solennelle d'un archevêque ou d'un ambassadeur, aux funérailles d'un personnage de distinction, à l'inauguration d'une église, à l'érection d'une statue monumentale. Plus d'une fois, pendant le dix-huitième siècle, toute la population fut en l'air pour être témoin d'une invention singulière : un jour, c'était un homme qui devait traverser la Seine à pied sec, et qui y parvenait tant bien que mal à l'aide d'un appareil attaché à ses chaussures; un autre jour, c'était le comte de Baqueville qui avait annoncé qu'il s'élancerait d'une fenêtre de sa maison, au coin de la rue des Saints-Pères, et qu'il irait, en volant, se poser sur un balcon du vieux Louvre : expérience qui réussit assez mal, car le nouvel Icare ne fit que la moitié de ce trajet aérien et tomba sur un bateau, où il se cassa la cuisse. La multitude fut sans pitié et l'insulta par des huées. Le *sourcier* Bleton reçut un meilleur accueil quand il voulut, à l'aide d'une baguette de coudrier, découvrir des sources vives dans divers endroits de Paris et notamment au Luxembourg, où l'affluence des curieux était si énorme, qu'il faillit être étouffé au moment où il indiquait la présence de l'eau jaillissante dans la partie la plus aride de ce jardin public.

Toutes les fois qu'il fallait payer pour un spectacle quelconque, les spectateurs payants étaient toujours moins nombreux que ceux qui ne payaient pas. On ne peut se faire une idée de la quantité de monde qu'attirèrent les joutes sur la rivière, que la police avait autorisées en 1768 et qui se renouvelèrent avec moins d'éclat les années suivantes. Les entrepreneurs avaient établi le long de la Seine, du côté de la Râpée, des tribunes où les assistants étaient assis, moyennant une faible rétribution ; mais plus de cent mille personnes qui n'avaient rien à payer s'emparèrent de tous les bords du fleuve, pour apercevoir un coin de la scène aquatique où figuraient des bateliers costumés en dieux marins. Ces *jeux pléiens* n'eurent pourtant pas une longue et brillante existence. Les combats d'animaux obtinrent plus de succès dans le bas peuple : la police les avait d'abord défendus; elle les permit ou les toléra ensuite (1781), et l'on vit des femmes d'un certain rang se mêler à la foule qui accourait hors de la barrière Saint-Martin pour voir un âne ou un taureau attaqué et mis à mort par des chiens de bouchers. Les courses de chevaux offraient un spectacle moins hideux et plus distingué : le peuple les laissa exclusivement à ceux qui essayaient de les introduire en France,

La Revue des gardes suisses et françaises passée par le Roi à la plaine des Sablons, d'après Moreau.

à l'imitation des Anglais. Il s'était dérangé pourtant de ses travaux et de ses occupations pour les premières courses de chevaux, qui n'étaient que des paris entre grands seigneurs : en 1726, le comte de Saillans avait parié contre le marquis de Courtanvaux qu'il irait à cheval, en trente minutes, de la grille de Versailles à la grille des Invalides; en 1753, un Anglais avait parié contre le duc d'Orléans qu'il ferait, en deux heures, le trajet de Fontainebleau à la barrière d'Enfer, en changeant trois fois de cheval. Les courses de chevaux ne furent réellement inaugurées à Paris qu'en 1775, au moyen d'une souscription des seigneurs de la cour, qui auraient le droit de faire courir, à condition que les chevaux seraient d'origine française. Les Parisiens montrèrent assez d'indifférence pour ces courses, qui avaient lieu à Vincennes; ils cessèrent même de les suivre avec intérêt, lorsqu'elles furent transportées dans la plaine des Sablons et qu'elles servirent de prétexte à des paris considérables. On y perdait beaucoup d'argent, et les dames de la cour, qui trouvaient là une occasion de se donner elles-mêmes en spectacle dans tout l'éclat de leurs toilettes, mirent en vogue ce genre de plaisir, essentiellement anglais et sans aucun attrait pour les bourgeois et le peuple de Paris, qui préféraient à la plus belle course de chevaux une revue des gardes françaises et suisses, passée tous les ans par le roi dans cette même plaine des Sablons. (Voy. la planche ci-contre.)

En revanche, le peuple et les bourgeois furent les admirateurs les plus passionnés de l'invention des aérostats, qui éveillèrent de si audacieuses espérances, à l'époque de leur découverte. Le bruit s'était répandu rapidement, dans tout Paris, qu'on avait trouvé un procédé pour faire des voyages dans les airs au moyen d'une machine à feu. Tout le monde parlait de la nouvelle découverte de Montgolfier, mais sans la connaître, et ce qu'on en disait n'était qu'un tissu de contes ridicules. On se préoccupait déjà d'aller dans la lune. Les premières expériences s'étaient faites dans la ville d'Annonay, en Vivarais; elles se répétèrent à Paris, devant un plus grand nombre de témoins, au mois d'août 1782. L'aérostat de taffetas, rempli d'air inflammable, monta dans les airs à une grande élévation, et beaucoup de personnes purent le voir passer au-dessus de la ville. MM. Montgolfier préparaient alors, dans la fabrique de papiers peints de Réveillon, au faubourg Saint-Antoine, une machine en toile et en papier, ayant 70 pieds de hauteur sur 44 pieds de diamètre; mais la pluie et le vent la détruisirent. Une nouvelle machine fut fabriquée à la hâte pour l'expérience qui devait se faire à Versailles, le 19 septembre suivant, en présence

Fig. 257. — L'ingénieur Charles, professeur de physique, inventeur de l'application du gaz hydrogène au gonflement des ballons; d'après une estampe populaire (pièce rare).

du roi et de la reine. Cette machine, en toile de coton peinte, n'avait pas moins de 45 pieds de haut sur 41 de diamètre; elle fut remplie de gaz carbonique au moyen d'un feu de paille, qui suffit pour la gonfler; elle s'éleva rapidement, emportant avec elle une cage qui renfermait un mouton, un coq et un canard; mais elle ne resta que dix minutes en l'air. Le succès de l'expérience sembla décisif, et vingt

CHARS D'APPARAT

POUR LES RÉJOUISSANCES PUBLIQUES.

Ces deux chars, l'un *de l'Hymen*, l'autre *de Mars* ont fait partie de l'une de ces fêtes que donnait la ville de Paris à l'occasion de quelque mariage de famille royale; les dessins en sont de Marvye. — Ces lourdes et embarrassantes machines, difficiles à manœuvrer, paraissent être l'une des dernières manifestations de ce genre de divertissement, fort à la mode aux seizième et dix-septième siècles, et qui nous était venu de l'Italie et de l'Allemagne. — Ils ont probablement figuré dans les fêtes données à l'occasion du mariage de Louise-Élisabeth de France et de don Philippe, infant d'Espagne, en 1739.

Impr. lith. de Firmin-Didot frères, fils et Cie.

CHAR DE JOUR

CHAR DE L'HOMME

savants se disputaient l'honneur de faire la première ascension. Ce fut le physicien Pilâtre de Rozier qui monta dans la machine, à deux ou trois reprises, en présence de deux mille spectateurs qui l'applaudis-

Fig. 238. — Ascension d'une Montgolfière; d'après une gravure du temps.

saient avec transport; mais il ne s'éleva pas à plus de trois ou quatre cents pieds dans cette machine captive, où la paille en combustion n'entretenait qu'une quantité de gaz insuffisante. On imagina de faire une expérience à ballon perdu, et la machine, dans laquelle Pilâtre de Rozier et le marquis d'Arlandes avaient osé monter, s'éleva majestueusement du parc de la Muette, plana sur Paris, à quatre cents toises au-dessus du sol, et alla redescendre, sans accident, derrière les Gobelins. Tout Paris, cette fois, avait pu suivre la marche de l'aérostat et le saluer d'une immense acclamation. Enfin, le 1er décembre, une expérience publique exalta encore davantage l'enthousiasme des Parisiens. Un globe en taffetas gommé, auquel était suspendue une gondole peinte et dorée où se trouvaient les physiciens Robert et Charles (voy. fig. 237), s'éleva lentement au milieu du jardin des Tuileries, sous les yeux d'une multitude en délire, et, poussé par un vent favorable, arriva sans accident en Picardie, à dix-neuf lieues de la capitale. A la suite de cette belle expérience, les ascensions des aéronautes émurent plus d'une fois la curiosité des habitants de Paris, qui se fatiguèrent néanmoins de ne pas constater de progrès notables dans une invention qu'ils supposaient destinée à changer entièrement la nature des relations d'homme à homme et de pays à pays. Néanmoins, l'ascension d'un ballon avait toujours le privilége d'attirer la foule.

Cette foule, impatiente de voir, ardente, insatiable, effrénée, n'était jamais plus nombreuse que dans les fêtes publiques qui se donnaient pour elle. Les distributions gratuites de vin et de comestibles n'appelaient qu'un amas d'avides accapareurs, mais tout le monde était sur pied pour les illuminations et les feux d'artifice. Le tocsin de Notre-Dame, sonnant jour et nuit pendant vingt-quatre heures, conviait à la fête, pour ainsi dire, les bonnes gens de Paris. Heureux quand le beau temps favorisait leurs plaisirs! Outre la fête du roi, qui ramenait chaque année les mêmes réjouissances, il y avait, de loin en loin, des fêtes extraordinaires plus prolongées et plus magnifiques, à l'occasion des mariages, des baptêmes et des heureux événements survenus dans la famille royale. Quelquefois la fête publique était offerte aux Parisiens par un simple particulier. Au mois de mai 1722, le duc d'Ossuna, ambassadeur d'Espagne, fit les frais d'une illumination sur l'eau et d'un feu d'artifice qui ne coûtèrent pas moins de deux cent mille livres, en l'honneur de l'infante, qui était fiancée au jeune roi Louis XV. Il y avait sur la Seine une centaine de bateaux illuminés, avec des concerts de musique. « On n'a jamais vu une si grande abondance de peuple, » dit Barbier, qui décrit en détail cette merveilleuse fête de nuit. Les

Feu d'artifice sur le Pont-Neuf, à Paris, en 1745.

artificiers de la ville obtinrent, en 1741, un privilége pour tirer un feu d'artifice, à leurs frais, tous les ans, à l'occasion de la Saint-Louis : ils avaient fait construire sur le bord de la rivière, entre le Pont-Neuf et le Pont-Royal, une suite de gradins, qui ne furent pas tous occupés, parce que le prix des places parut trop élevé; mais la population s'était accumulée partout pour jouir gratuitement de la vue du feu d'artifice. Ce feu tiré, tout le monde fut d'accord qu'on n'en avait pas vu depuis longtemps un aussi beau, mais les malheureux artificiers ne firent pas trop bien leurs affaires.

Il est impossible de citer ici les fêtes publiques qui furent célébrées à Paris sous les règnes de Louis XV et de Louis XVI. Elles n'eurent pas toutes le même succès. Celle que la ville offrit au roi pour le mariage de madame Élisabeth de France avec l'infant d'Espagne en août 1739 est restée célèbre (voir les planches des pages 379 et 381); celle qui eut lieu à l'occasion du premier mariage du dauphin (février 1745) ne rencontra pas beaucoup de sympathie parmi les personnes qui y assistèrent, car on avait construit des salles de danse dans différents quartiers, et les bourgeois dédaignèrent de prendre part aux danses publiques; le peuple même s'abstint aussi d'y figurer. Au reste, le feu d'artifice manquait souvent; il ne fallait qu'une averse pour l'anéantir. Ainsi, à la fête donnée par la ville de Paris pour l'inauguration de la statue du roi et la publication de la paix (22 juin 1763), un orage subit éclata dans la journée, lorsque les Tuileries étaient remplies d'un nombre prodigieux de spectateurs; les robes et les habits furent gâtés, raconte l'avocat Barbier, et le soir il ne fut pas possible de tirer le feu d'artifice. Mais des épisodes plus tragiques signalèrent les fêtes du mariage du dauphin, petit-fils de Louis XV, avec Marie-Antoinette d'Autriche (31 mai 1770). Après le feu d'artifice, qui avait admirablement réussi, la foule, en se retirant par la rue Royale, alors en pleine construction, rencontra un autre courant de foule qui venait, du côté de la Madeleine, pour voir les illuminations des Champs-Élysées, au milieu d'un énorme encombrement de voitures : il y eut une presse épouvantable avec des cris horribles; les palissades des maisons qu'on bâtissait furent brisées et jetées par terre; bien des malheureux, précipités dans les excavations des nouvelles bâtisses, furent écrasés contre les pierres, étouffés, renversés, foulés aux pieds. On compta le lendemain cent trente-trois cadavres restés sur la place; le nombre des victimes s'élevait à plus de trois cents et celui des blessés à plus de mille. Cette terrible catastrophe fut considérée, dans le peuple, comme de fâcheux augure pour les deux augustes époux, dont le mariage avait été la cause indirecte de tant de morts et de tant de douleurs. L'année suivante, le peuple avait oublié ce sinistre pronostic, et il n'y eut personne qui, par appréhension d'un nouveau malheur, se privât de voir les illuminations et d'assister au feu d'artifice. La dernière fête du roi célébrée à Paris, sous le règne de Louis XVI, devait être celle de 1791; mais cette fête fut presque lugubre, et les tragiques événements du 10 août en empêchèrent le retour en 1792.

Fig. 239. — Pièce principale du feu d'artifice donné à Monseigneur le Dauphin, à Meudon, le 3 septembre 1735.

CHAPITRE QUINZIÈME

LA CUISINE ET LA TABLE

Anciennes habitudes françaises. — Le déjeuner, le diner et le souper. — Les repas de cour, sous Louis XIV. — Progrès de l'art culinaire sous Louis XV. — Le prince de Soubise et son cuisinier Marin. — Gourmets célèbres. — Luxe du service de table. — Repas du roi en public. — Les soupers. — Un excentrique : Grimod de la Reynière.

ERS l'époque de la régence se place la plus brillante période de l'ancienne cuisine française. Auparavant, on mangeait beaucoup en France, peut-être beaucoup trop, mais on ne savait pas encore manger. La cuisine du dix-septième siècle était très-abondante, très-variée et très-compliquée, mais elle n'était ni délicate, ni saine, ni agréable, ce qui n'empêchait pas l'auteur du *Cuisinier royal*, publié en plein siècle de Louis XIV, de déclarer que si « c'est en Europe où règne la propreté, le bon goût et l'adresse dans l'assaisonnement des viandes et des aliments qui s'y trouvent, on peut se vanter, principalement en France, de l'emporter en cela sur toutes les autres nations, comme on le fait en politesse et en mille autres avantages assez connus. » Cependant, il faut le con-

stater, le Français était né sobre et sachant modérer son appétit et sa soif; il se plaisait à table, mais, pour s'y plaire, il ne voulait pas être seul. Les heures des repas n'avaient pas encore changé en France dans les dernières années du règne de Louis XIV : on déjeunait à sept ou huit heures du matin, on dînait à midi, on soupait vers sept heures du soir. Le déjeuner était toujours très-frugal : il consistait ordinairement en une soupe grasse ou maigre, longuement mijotée devant le feu, car la soupe n'avait pas cessé d'être la principale nourriture et la plus réconfortante dans toutes les classes de la nation. Toutefois le chocolat, le thé et le café commençaient à être à la mode, et menaçaient de détrôner la vieille réputation des soupes françaises.

Sous Louis XIV, la France avait eu la gloire de soumettre aux lois de sa cuisine nationale l'Europe entière, et de lui fournir des cuisiniers qu'on regardait comme les premiers artistes du monde. Cette cuisine, qui n'était que le perfectionnement de l'ancienne cuisine de nos rois, telle que le célèbre Taillevent, cuisinier ou maître queux de Charles VII, l'avait codifiée, devait beaucoup de nouveaux procédés à l'ingénieuse cuisine italienne du seizième siècle; mais elle accumulait sans choix les ingrédients divers qui entraient dans la composition de ses ragoûts, et elle laissait trop prédominer les graisses dans la cuisson des viandes, qui, pour n'être pas déguisées et transformées en apparence, n'en étaient pas moins privées de leurs sucs naturels, par un mélange barbare de chairs étrangères l'une à l'autre et souvent d'essence antipathique. Il en résultait, d'après l'avis des médecins, que l'estomac le plus solide et le moins susceptible avait peine à supporter ces aliments indigestes et nauséabonds. On sait que Louis XIV, qui fut toute sa vie le plus intrépide mangeur de toute sa cour, était obligé d'avoir recours aux purgatifs, tous les mois, pour prévenir l'épaississement du sang et des humeurs, et pour réveiller chez lui le sens du goût en même temps que les aptitudes de l'appétit. Louis XIV, comme tous les gros mangeurs, n'était pas un raffiné en gourmandise, quoiqu'il mangeât seul ordinairement, avec une lenteur consciencieuse, et toujours à grandes bouchées. Il ordonnait le matin *petit couvert* ou *très-petit couvert*, selon sa disposition de santé, et le très-petit cou-

Festin donné à l'ambassade d'Espagne, à Paris, d'après Scotin, 1707.

vert, aussi bien que le petit, se composait de beaucoup de plats et de trois services, sans le fruit. Le dîner était toujours pour une heure, mais il attendait plus ou moins si le conseil des ministres venait à se prolonger. Le roi rentrait dans sa chambre, et aussitôt on apportait une table carrée, toute servie, en face de la fenêtre du milieu. Le roi assis, on introduisait les principaux courtisans et souvent les princes de la famille royale. C'était l'un d'eux qui donnait la serviette à Sa Majesté, et le grand chambellan avait la charge de servir le roi. Le dîner durait une heure environ, pendant laquelle le roi ne discontinuait pas de manger, sans adresser la parole à personne, excepté à quelques favoris, mais par phrases coupées. On ne peut se faire une idée de la quantité d'aliments que Louis XIV absorbait à son dîner. Il mangeait beaucoup moins à souper, mais on préparait dans sa chambre un *en cas de nuit*, composé de viandes froides, de pâtisseries sèches et de sucreries. Le grand couvert n'avait lieu que fort rarement, aux grandes fêtes et aux voyages de Fontainebleau.

On a peine à comprendre, en jetant les yeux sur la liste des mets qui représentent un dîner de cour, à cette époque, comment l'estomac le mieux exercé pouvait faire accueil à cette effrayante succession de potages, d'entrées, de hors-d'œuvre, d'entremets, de fruits et de confitures. Les renseignements manquent à cet égard, et l'on ne sait pas si les convives se contentaient de faire un choix très-restreint, au milieu de tant de viandes apprêtées si diversement, de tant de pâtisseries grasses, de tant de salades, de tant de légumes et de crèmes, de tant de choses sucrées qui se multipliaient au dessert. Le dîner le plus long ne durait pas au delà de deux heures, et, pendant ce temps-là, il eût été bien impossible de goûter même de tous les plats. Nous n'avons pas un menu du petit couvert du roi : les cuisiniers de Versailles ont gardé le secret sur la quantité des mets et sur leur composition, mais il existe un grand nombre de menus contemporains pour chaque saison de l'année, et l'on peut juger ce que devait être la table du roi, d'après les éphémérides culinaires de la salle à manger des princes de la famille royale et des grands seigneurs de ce temps-là. Par exemple, si l'on prend comme terme de comparaison la description d'un grand repas que le marquis de Louvois donna en son château de Meudon à monseigneur le dauphin, à Monsieur, frère du roi, à Madame, et à leur fils, le duc de Chartres, on reste confondu, épouvanté, devant onze potages différents, onze entrées, treize hors-d'œuvre, pour le premier service; vingt-quatre plats de rôts, pour le second service; vingt-quatre plats d'entremets et onze hors-d'œuvre de légumes, d'omelettes, de crèmes, de foies gras et de truffes; quant au dessert, on n'en parle pas, parce qu'il était en harmonie avec le reste. Le repas étant donné le 25 août, le poisson ne s'y montra point. Et maintenant, qu'on estime par approximation le prix coûtant d'un pareil repas !

A ce festin d'apparat, il suffira d'opposer un dîner ordinaire de Louis XV, qui ne mangeait jamais seul comme Louis XIV et qui se plaisait, au contraire, à manger en public, avec sa famille. Voici un menu pris au hasard parmi ceux de l'année 1744 et dans lequel le poisson est absent, comme dans tous les menus pour les jours gras : deux grands potages de chapons vieux et de perdrix aux choux; deux moyens potages à la bisque de pigeonneaux et de crêtes de coq; quatre petits potages hors-d'œuvre, faits de chapon haché, de perdrix aux lentilles, de poulets farcis et de chapon au blanc; entrées : quartier de veau et pigeonneaux en tourte; deux moyennes entrées : poulets fricassés et perdrix en hachis; six petites entrées hors-d'œuvre, savoir : perdrix au jus, tourtes à la braise, dindons grillés, poulets gras aux truffes, poulardes dépecées aux truffes; rôts : deux grands plats contenant chapons gras, poulets, pigeons de volière, perdrix et tourtes; deux plats de rôts hors-d'œuvre, savoir : chaponneaux, bécasses, sarcelles, perdrix. Les légumes, les salades, les crèmes, les rissoles, les beignets, ne sont pas mentionnés, et le dessert ne figure pas dans ce compte de la table du roi, qui dépensait, les jours gras de la semaine, la somme de 399 livres, 18 sous, 11 deniers, pour ses trois repas, déjeuner, dîner et souper. Ce n'était vraiment pas trop cher.

Il est certain que chez les grands seigneurs et les riches financiers la dépense de table était relativement plus élevée encore, lorsqu'ils donnaient à dîner ou à souper chez eux. Dans la noblesse riche, il y avait toujours bonne table, et l'on n'économisait pas sur cette dépense

Fig. 240. — Grande fontaine de salle à manger, en plomb doré, provenant de l'hôtel du fermier général Le Normand d'Étioles, rue du Sentier, à Paris. (Collection de M. L. Double.)

journalière. La bourgeoisie était plus économe et plus sobre; on en jugera par la composition d'un repas bourgeois, que mademoiselle Laurette de Malboissière a décrit, dans ses *Lettres* (publiées en 1866 par Mme la marquise de la Grange), après avoir dîné avec sa mère chez un ancien banquier, retiré près de la barrière Blanche, à Montmartre (20 mai 1764) : « Notre repas fut simple et frugal : une bonne et franche soupe à la paysanne, sans jus, sans coulis, avec de la laitue, des poireaux et de l'oseille; un petit bouilli de bonne mine, du beurre frais, des raves, des côtelettes bien cuites, sans sauce; une poularde rôtie excellente, une salade délicieuse, une tourte de pigeons, une de frangipane, et des petits pois accommodés à la bourgeoise : voilà tous les plats qui parurent sur la table. Au dessert, nous eûmes un fromage à la crème, des échaudés, des confitures, des bonbons et des abricots séchés; et, pour que *finis coronat opus*, on nous donna du café, que le maître de la maison alla faire lui-même. » Ce dîner, que Laurette qualifie de *simple et frugal*, était à peu près celui qu'on servait en province pour dix personnes vers 1740, suivant le témoignage de Brillat-Savarin, qui, en recueillant les documents de sa *Physiologie du goût*, devait être bien informé. Au reste, on trouvait partout bonne table, même à la Bastille; Marmontel nous a conservé le détail d'un dîner gras qu'on lui servit dans sa prison, en 1761 : « Un excellent potage, une tranche de bœuf succulent, une cuisse de chapon bouilli ruisselant de graisse et fondant, un petit plat d'artichauts frits en marinade, un d'épinards, une très-belle poire de cresane, du raisin frais, une bouteille de vin vieux de Bourgogne, et du meilleur café de Moka. » Voltaire, qui avait trouvé le régime de la Bastille plus rigoureux, trente-cinq ans auparavant, s'indignait, en 1749, de voir le luxe de la table porté à l'excès; il ne prévoyait pas qu'une lettre de cachet pût être jamais équivalente à une invitation à dîner dans les prisons du roi. « Manque-t-on de fonds, s'écriait-il avec humeur à l'époque où il n'avait plus d'estomac, manque-t-on de fonds, quand il faut dorer tant de cabinets et tant d'équipages, et donner tous les jours des festins qui ruinent la santé et qui engourdissent à la longue toutes les facultés de l'âme! »

La cuisine du temps de Louis XV était loin de mériter ces brutales accusations; elle avait droit, au contraire, aux éloges que lui donnait Meusnier de Querlon dans sa célèbre préface des *Dons de Comus*, le chef-d'œuvre du cuisinier Marin (1748) : « La cuisine ancienne est celle que les Français avaient mise en vogue par toute l'Europe, et qu'on suivait presque généralement il n'y a pas trente ans. La cuisine moderne, établie sur les bases de l'ancienne avec moins d'appareil, moins d'embarras, quoique avec autant de variété, est plus simple, plus propre, plus délicate et peut-être encore plus savante. L'ancienne cuisine était fort compliquée et d'un détail infini ; la cuisine moderne est une espèce de chimie. » Les connaisseurs ont prétendu que la cuisine française était arrivée à sa perfection vers la fin du règne de Louis XV; quelques savants gastronomes soutiennent qu'elle se surpassa encore depuis, et qu'elle ne fut à son apogée que sous Louis XVI. Mercier, qui n'était pas un juge compétent dans la question, n'a fait que répéter ce qu'il avait entendu dire à des maîtres, tels que son ami Grimod de la Reynière, qui devait être plus tard l'auteur de l'*Almanach des gourmands :* « Les mets d'aujourd'hui, lisons-nous dans le *Tableau de Paris*, composé en 1781 et 1782, les mets d'aujourd'hui ont une légèreté, une finesse, un baume particuliers. On a trouvé le secret de manger plus, de manger mieux, et de digérer plus rapidement... La nouvelle cuisine est avantageuse pour la santé, pour la durée de la vie, pour l'égalité de l'humeur, suite de l'égalité du tempérament. Il est certain que nous sommes mieux portants et mieux nourris que ne l'étaient nos pères. »

Le dix-huitième siècle fut véritablement le siècle de la grande cuisine et des grands cuisiniers. Ces cuisiniers et cette cuisine, on les trouvait même, en temps de guerre, dans l'état-major de nos armées. C'est en vain que Louis XIV, dans son code militaire, avait recommandé aux officiers en campagne la simplicité et la frugalité des repas, et défendu, sous des peines sévères, les dépenses et la somptuosité des tables. Rollin rapporte, dans son *Traité des études*, qu'après la dernière guerre du règne de Louis le Grand, « les officiers qui se trouvaient rassemblés à Paris ne s'entretenaient presque que de la bonne chère qu'ils avaient faite pendant la campagne. » Il fallut que Louis XV renouvelât les prescriptions du code militaire à l'égard de la table des officiers en campagne : par le règlement du 1er avril 1750, il fit défense « aux lieutenants généraux qui tiendraient table, d'y faire servir autre chose que des potages et du rôti, avec des entrées et entremets qui ne seront que de grosses viandes, sans qu'il puisse y avoir aucunes assiettes volantes, ni hors-d'œuvre. » Ce règlement n'empêcha pas le prince de Soubise, qui commandait un corps d'armée au début de la guerre de Sept ans (1757), de se faire suivre en Allemagne par tout son service de cuisine et de table ; la campagne fut signalée par les dîners succulents que donnait le général plutôt que par ses victoires ; Soubise fut défait à Rosbach, mais les vainqueurs ne s'emparèrent ni de sa vaisselle d'argent, ni de son cuisinier Marin. Tout le monde, d'ailleurs, était gourmand à cette époque, dans la société aristocratique, où l'on faisait de si bons repas. Quant aux gourmands excessifs et excentriques, ils ne devaient pas être aussi nombreux qu'on pourrait le croire, puisque la chronique scandaleuse, qui n'épargnait personne, a omis de relever leurs hauts faits. On cite pourtant un gastronome du Bourbonnais, nommé Verdelet, qui fit un jour la dépense de deux ou trois mille carpes pour en avoir les langues et s'en faire un plat, qui ne lui coûta pas moins de douze cents livres : il en mangea tant, qu'il mourut d'indigestion. L'indigestion était souvent le châtiment des gros mangeurs : Dufresny, l'auteur comique, rival de Regnard, qui mangeait bien aussi, puisqu'il en mourut, avait été un de ces gros mangeurs; mais, son estomac une fois délabré par son intempérance, il mangea moins, sans cesser d'être gourmand. Un jour qu'il avait touché d'avance le prix d'une de ses comédies, il employa cet argent à faire un repas, où il n'y avait qu'un grand potage préparé avec l'espèce de lait que donnent les œufs frais cuits à la coque, et un petit plat composé seulement de noix d'épaules de veau. Le prince de Soubise, qui était assez riche pour se permettre tous les jours une de ces folies de table, mangeait souvent une omelette royale, que Marin avait inventée exprès pour le roi Louis XV, et qui se composait de crêtes de coq et de laitances de carpe. Cette omelette coûtait jusqu'à cent écus.

Les bons cuisiniers étaient si nombreux à Paris, que l'histoire retient à peine les noms de quelques-uns d'entre eux. Marin, le cuisinier du prince de Soubise, fut le plus inventif, le plus ingénieux et le plus habile; son ouvrage des *Dons de Comus* conserva longtemps une grande

Fig. 241. — Un souper; d'après Masquelier.
(*Extrait du Recueil des chansons de Laborde*; 4 vol. in-8°.)

autorité en cuisine, même auprès du vieux *Cuisinier royal*. Les nombreux traités professionnels de Menon, l'auteur de la *Cuisinière bourgeoise*, ne diminuèrent pas la renommée des *Dons de Comus*. Mouthier, le cuisinier des Petits-Appartements, pendant la faveur de Mme de Pompadour, se piquait d'être une sorte de médecin hygiéniste : il avait trouvé le secret de composer des mets délicieux, destinés à garantir la santé et à prolonger l'existence des personnes qui en faisaient usage. Du temps de Louis XVI, on s'accordait à donner la palme à un cuisinier nommé Messelier, qui n'inventa point de panacée culinaire et n'écrivit pas de traité sur la cuisine : il fit seulement des élèves dignes de lui, entre autres l'illustre Laguipière, à la fin du XVIII° siècle.

Avant le commencement de ce siècle, le Sicilien de Saint-Évremond caractérisait ainsi l'art du cuisinier en France : « Toujours sauces nouvelles, ragoûts inconnus ; et les Français, fatigués de se nourrir des viandes ordinaires, ont trouvé le moyen d'amollir les os décharnés des animaux et d'en faire des mets délicieux. » C'était, en effet, avec des os de volaille et de gibier concassés et réduits par la cuisson, que les cuisiniers excellaient à faire des jus et des coulis.

Autour du cuisinier ou chef de cuisine et sous ses ordres immédiats, il y avait, dans les grandes maisons, une quantité d'aides et d'employés subalternes qui avaient tous un rôle spécial et délimité dans les opérations de la cuisine. On aura idée de ce que pouvaient être les différents emplois de ces auxiliaires du cuisinier en chef, par la simple énumération des offices de la cuisine-bouche du roi, en 1775 : un contrôleur ordinaire, quatre écuyers de semestre, huit de quartier, quatre maîtres-queux, quatre hâteurs, quatre potagers, quatre pâtissiers-bouche, quatre porteurs, quatre enfants de cuisine, quatre gardes-vaisselle, deux huissiers, deux porte-tables, six serdaux, quatre lavandiers. La saucerie avait été alors supprimée, mais on avait maintenu la fruiterie, avec tous ses officiers, sans compter la panneterie-bouche et l'échansonnerie, qui n'occupaient pas moins de cinquante personnes. Dans les grandes maisons, le service de bouche était sans doute beaucoup plus restreint ; mais il fallait toujours, en dehors des aides plus ou moins nombreux, six classes d'officiers, ayant chacun leur spécialité distincte : le maître d'hôtel, le chef de cuisine, le rôtisseur, le pâtissier, le confiseur et le sommelier. C'était au maître d'hôtel qu'appartenait la direction de tous les services de la table. L'abbé Coyer nous représente cet important personnage, « richement vêtu, l'épée au côté, un diamant au doigt, jouant avec une boîte d'or remplie de tabac parfumé. Vous êtes sans doute un grand seigneur ? lui demande quelqu'un. Je me contente de servir un grand, répond-il avec suffisance ; je suis son maître d'hôtel. » Il ne fait pas difficulté d'avouer qu'en rendant ses comptes l'année précédente, il trouva que « Monseigneur avait mangé

LE REPAS DU SACRE

DANS LA GRANDE SALLE DU PALAIS DE L'ARCHEVÊCHÉ.

Au fond, sur une estrade de quatre marches et sous un dais semé de fleurs de lis aux armes de France et de Navarre, est la table du roi entouré des grands officiers de la couronne.

Dans l'angle de la salle, sur l'estrade à gauche du roi, est une tribune où l'on voit les princesses.

Au bas de l'estrade sont placées quatre tables séparées, deux de chaque côté.

A la droite, les six pairs ecclésiastiques en chape et en mitre; de l'autre côté de la table, les évêques de Soissons, Amiens et Senlis, suffragants de l'archevêché de Reims, en camail et rochet.

A la gauche, les six pairs laïques.

La seconde table, du côté des pairs ecclésiastiques, est celle des ambassadeurs.

La seconde table, après les pairs laïques, est celle des grands officiers et des chevaliers de l'ordre du Saint-Esprit.

Les personnes debout autour de ces quatre tables sont des officiers du corps royal de Reims, qui ont droit de servir au festin royal.

Dans le milieu, au bas des degrés de l'estrade, est le marquis de Livry, premier maître d'hôtel, son bâton à la main; à ses côtés les douze maîtres d'hôtel sont rangés en haie, six de chaque côté; après les maîtres d'hôtel sont les hérauts d'armes, les tambours, hautbois et trompettes, aussi rangés en haie de part et d'autre.

Le grand maître des cérémonies à droite, le maître des cérémonies à gauche; les gentilshommes et officiers qui vont servir la table de Sa Majesté occupent le milieu du tableau, un peu sur le devant de l'estrade.

La représentation de ce festin et sa description sont tirées du *Sacre de Louis XV*, magnifique recueil dirigé par le sieur d'Ullin et exécuté par les premiers graveurs de l'époque.

Par Sabatier et Urrabieta.
Impr. lith. de Firmin-Didot frères, fils et Cie.

cent mille écus! » La dépense de table s'élevait plus haut chez certains financiers et certains grands seigneurs, puisqu'un seul dîner, offert au roi et à la cour par le prince de Soubise, avait coûté plus de quatre-vingt mille livres. On peut supposer ce que devaient être les cuisines et leurs dépendances dans une grande maison. L'abbé Coyer raconte, dans le *Testament littéraire de l'abbé Desfontaines*, qu'il alla visiter le palais d'un des *satrapes* du jour : « C'est dans les cuisines, où l'on m'entraîna, dit-il, qu'on me fit admirer le goût du maître. C'est la seule pièce de la maison qu'on fasse remarquer aux curieux. Élégance, solidité, propreté, commodité de toute espèce, rien ne manque à ce vaste atelier de Comus, chef-d'œuvre moderne où l'architecte s'est plu à déployer ses ressources. » L'abbé Coyer a omis de décrire les fourneaux qui formaient l'autel toujours fumant de la gastronomie, les broches tournant sans cesse avec des murmures plaintifs, et les rangées de casseroles de cuivre et de fer battu garnissant les murailles comme des panoplies d'armures étincelantes. Pour se faire idée de la batterie de cuisine dans une grande maison, il suffira de rappeler que, pour préparer un repas que le marquis de Seignelay donna dans sa maison de Sceaux, au roi Louis XIV, trente-six officiers de cuisine, chefs ou aides, mirent au feu soixante petites casseroles à main, vingt casseroles rondes tant grandes que petites, vingt marmites de diverses grandeurs et trente broches.

Le luxe de la table avait fait de tels progrès, depuis Louis XIV, que Duclos écrivait dans ses *Mémoires* : « Si les gens morts il y a soixante ans revenaient aujourd'hui, ils ne reconnaîtraient plus Paris à l'égard de la table. Il n'y avait, par exemple, des cuisiniers que dans les maisons de la première classe. Plus de la moitié des magistrats ne se servaient que de cuisinières. » Ce fut une concurrence générale, même chez les petites gens, pour *se ruer en cuisine*, suivant l'expression consacrée. On voulut partout bien manger et manger beaucoup, à l'instar des grandes maisons qui avaient des cuisiniers, n'eût-on, pour les imiter, que le modeste secours d'une cuisinière ou seulement la lettre morte d'un livre de cuisine. Marin se moquait, en 1748, de ces ambitieuses visées de la bourgeoisie : « Je remarque, disait-il, qu'aujourd'hui nombre de bourgeois, pour vouloir imiter les grands, sortent des bornes de leur état et couvrent leurs tables de mets qui leur coûtent beaucoup, sans leur faire honneur, faute d'être apprêtés par une main habile. » Les cuisiniers renommés avaient le plus profond dédain pour les cuisinières ; celles-ci ne commencèrent à se réhabiliter que vers la fin du siècle. Mercier disait en 1782 : « Quelques-uns préfèrent les cuisinières aux cuisiniers, en prétendant que ceux-ci ont le goût brûlé à quarante ans.

Fig. 242 et 243. — Pièces d'un service de table en orfévrerie, de P. Germain.

Les Picardes passent pour les meilleures. » Toujours est-il que la porte des bonnes cuisines fut longtemps fermée aux femmes, comme indignes ou inhabiles à préparer un repas présentable. Chose singulière! on leur interdisait absolument de faire de la pâtisserie. Un traitant se leva de table, indigné, en s'écriant : « Pas de femmes aux cuisines, si ce n'est pour laver la vaisselle! » Il fallait, d'ailleurs, les plus délicates précautions pour remplir convenablement le rôle de *lavandier* ou *lavandière*, que le service de table fût en argent ou en porcelaine de Saxe ou d'Autriche, de Chine ou du Japon. Ce service valait souvent une somme énorme. Les services en porcelaine étrangère ne se montrèrent sur les tables somptueuses que depuis 1700, lorsque Louis XIV eut envoyé toute sa vaisselle de métal à la Monnaie, pour y être fondue. On ne fabriquait encore en France que de la faïence. Les premiers essais de la fabrication d'une porcelaine française furent très-imparfaits et par conséquent peu recherchés. Les porcelaines d'Allemagne coûtaient fort cher, moins cher cependant que les porcelaines chinoises ou ja-

Fig. 244 à 250. — Pièces du même service de Germain, à l'exception du flambeau de droite, qui a été exécuté, en bronze doré et ciselé, par Martincourt, maître de Gonthière pour le mariage de Marie-Antoinette, et fait aujourd'hui partie de la collection de M. Double.

ponaises, qui atteignaient des prix exorbitants. On vit donc reparaître assez promptement la vaisselle d'argent et de vermeil; elle ne fut jamais plus abondante que sous la régence. On citait, entre autres, celle du cardinal Dubois, qui avait, dit Saint-Simon, « une table exquise, superbe en tout, et dont il faisait très-bien les honneurs, quoiqu'il fût sobre par régime et par nature. »

La régence ne fut peut-être pas l'époque de la meilleure cuisine, mais, à coup sûr, celle du plus grand luxe de table. On ne songeait qu'à manger, dit un contemporain. Lorsque le parlement de Paris fut exilé à Pontoise (septembre 1720), il y eut toujours deux tables ouvertes chez le premier président, l'une qu'il tenait lui-même, et l'autre tenue par son secrétaire pour tous les officiers inférieurs du parlement, « et cela est très-bien servi, » ajoute l'avocat Barbier, qui se trouvait de la fête. Cet exil du parlement avait l'air des noces de Gamache. « Le premier président, raconte Barbier, a vingt-cinq couverts à dîner et à souper. Il a un cuisinier et huit aides de cuisine. Le président Pelletier tient table; aussi, Bernard, conseiller. Roland de Meslay donna, le dernier jour, au premier président, un dîner de sept mille livres. » Le parlement fut transféré de Pontoise à Blois, et la lettre de cachet du roi ordonnant sa translation ne lui laissa pas même le temps de faire honneur à un repas superbe que le premier président avait fait préparer à l'occasion de la Saint-Martin : « Il est resté, dit Barbier, en gémissant, quinze mille livres de viandes à revendre entre les mains du rôtisseur, pour le compte de M. le premier président. »

Ces grosses pièces de viandes de boucherie et ces pyramides de volaille et de gibier étaient placées au milieu de la table, soit ronde, soit ovale, soit carrée, dans des bassins ou de grands plats, qu'on nommait *dormants*, parce qu'on ne les faisait pas circuler comme les plats moyens et les petits plats. On servait ainsi un marcassin entier, une longe de veau garnie de trois poulets et de six pigeons, un cuissot de chevreuil accompagné de toute sorte de gibier, un gros esturgeon entouré de rougets, etc. Les viandes avaient été ordinairement cuites ensemble et à petit feu dans de grandes marmites, avec des bouquets de fines herbes et des oignons; les poulets, poulardes et dindonneaux cuisaient également pendant douze ou quinze heures, en même temps que le gibier. On faisait à part les jus et les coulis pour les potages et les entrées; mais toutes les espèces de rôti, les grandes comme les petites pièces, avaient tourné à la broche simultanément sur cinq ou six rangs, qui se présentaient l'un après l'autre à la chaleur toujours égale d'un feu clair et petillant. On se lassa bientôt d'avoir sous les yeux, pendant le repas, ce monstrueux étalage de viandes : la nouvelle cuisine commençait d'ailleurs à les faire disparaître, en les remplaçant par des extraits et

Fig. 251. — Pièce du même service en orfévrerie, de P. Germain.

des consommés qui n'en conservaient que l'essence et l'arome. Le service des tables subit alors une métamorphose complète, en substituant, aux grands plats qui figuraient au milieu des entrées, des hors-d'œuvre et des entremets, une décoration permanente, qu'on appelait aussi *dormant* ou *surtout*, et qui se composait en général d'un cadre de glace, avec galerie en métal, et de différentes formes, occupant le centre de la table et supportant quantité de vases et de soucoupes remplis de fleurs et de dragées, le tout entremêlé de statuettes et de candélabres d'argent ou de vermeil. Le surtout alla toujours s'agrandissant et multipliant ses ornements décoratifs, tellement qu'il ne tarda pas à couvrir la table entière et à en éloigner tous les mets, qui ne se montraient plus qu'en détail et par portion sur les assiettes des convives.

Les surtouts étaient devenus des exhibitions d'objets d'art; mais, comme il n'était pas possible de les changer à chaque repas, on se lassa de leur monotonie, quelle que fût leur richesse, et la mode imagina la décoration en fleurs qu'on variait à l'infini, puisqu'on l'exécutait pour chaque repas. On étendait sur la nappe un gâteau de glaise, sur laquelle un *fleuriste* implantait des fleurs coupées qui représentaient un parterre. Après les fleuristes de table, on employa les statuaires, les dessinateurs et les peintres. Tantôt, le milieu de la table était animé par une multitude de statues et de groupes emblématiques qui ornaient des monuments, des temples, des amphithéâtres, des ponts et des colonnes, le tout en pâte d'amidon, rehaussé de talc; tantôt, l'artiste avait représenté un paysage avec un effet de neige. Un nommé Carade inventa un givre artificiel que la chaleur faisait fondre pendant le repas : on voyait alors la rivière dégeler, les arbres verdir, les fleurs éclore, et le printemps succéder à l'hiver. Il y avait des *sableurs*, qui, avec du sable coloré, traçaient sur la nappe les dessins les plus compliqués et les plus ingénieux. On employa ensuite pour ces dessins, qui ressemblaient quelquefois à un riche tapis de Perse, la poudre de marbre, le verre pilé, le sucre en poudre et la mie de pain, que l'artiste savait teindre des plus vives couleurs. Ces merveilleux tableaux s'exécutaient avec une étonnante prestesse : en moins d'une demi-heure, le *sableur*, Delorme, Pan ou Richard, avait achevé son œuvre, qui faisait l'admiration des convives à leur entrée dans la salle du festin ; mais il ne fallait qu'un souffle, une goutte d'eau, pour détruire la plus charmante peinture, qui avait coûté deux ou trois louis.

Cette mode avait fait fureur à l'époque de Louis XVI, et les inconvénients de tout genre qu'elle entraînait à sa suite ne la firent pas abandonner tout à fait avant 1789. Elle s'accordait assez bien, d'ailleurs, avec les services de porcelaine de Sèvres en pâte tendre dorée, qui avait remplacé la porcelaine de Saxe et même les porcelaines de Chine et du Japon. La vaisselle d'argent se trouvait reléguée sur les buffets, où elle brillait de tout son éclat pour le plaisir des yeux, son usage ayant été reconnu moins commode et moins agréable que celui de la porcelaine. Cette vaisselle plate, portant les chiffres et les armes du propriétaire, n'en était que plus massive et plus pompeuse. Le luxe de la table avait alors réellement diminué, bien qu'il fût le même en apparence ; le nombre des plats se trouvait réduit de moitié ; ils échappaient en quelque sorte à la vue, puisqu'ils arrivaient presque à la dérobée dans la salle à manger, où le maître d'hôtel les annonçait à l'oreille de chaque convive, qui acceptait ou refusait. On mangeait de moins en moins, on ne buvait plus, on semblait avoir hâte de sortir de table, et l'on y restait aussi peu que possible. Cependant le maître de maison se faisait toujours gloire d'avoir un bon cuisinier, un nombreux domestique, et d'offrir à ses invités les primeurs les plus rares,

Fig. 252. — Surtout de table; d'après Meissonnier.

les vins les plus précieux. Les femmes du monde, absorbées par la passion de la toilette, impatientes de repos, avides de plaisirs bruyants et frivoles, ne faisaient plus aucun cas de la bonne chère ; elles se montraient encore aux dîners et aux soupers, mais elles touchaient à peine du bout des lèvres à quelque mets qu'elles oubliaient sur leur assiette ; elles buvaient seulement quelques gouttes de vin sucré, elles croquaient quelques bonbons, et se hâtaient de lever le siége, emmenant de vive force les convives, qui n'avaient pas eu le temps de donner carrière à leur appétit et de faire honneur à la cuisine de leur amphitryon.

Les choses se passaient autrement à la cour, du temps de Louis XV. On se donnait alors le temps de manger, quoique les repas fussent déjà moins copieux et moins longs que sous Louis XIV. Les femmes, même les plus coquettes et les plus légères, ne se privaient pas de goûter aux mets et aux vins ; elles ne redoutaient pas encore de trop favoriser un embonpoint qui témoignait de la complicité de leur estomac. Louis XV, qui dînait presque toujours en public, s'était fait une loi et une habitude de ne pas rester trop longtemps à table, et avait appris à manger vite, en mangeant beaucoup : il se connaissait en cuisine, d'ailleurs, et savait choisir les bons morceaux. On assure que, comme il était très-friand de poisson d'eau douce, la truite du lac de Genève arrivait en poste, et toute préparée, pour être servie, les jours maigres, sur la table royale. Louis XV ne dédaignait pas, tout gourmand qu'il était, de manger des œufs à la coque, au grand couvert, parce qu'il excellait à faire sauter d'un coup de fourchette le haut de la coque de l'œuf pour y tremper deux ou trois mouillettes de pain ou de biscuit; et les bons bourgeois de Paris, qui venaient le dimanche à Versailles assister au dîner du roi, s'en retournaient émerveillés de l'adresse avec laquelle il ouvrait ses œufs sans jamais manquer son coup de fourchette. Louis XV avait réservé le souper pour être à table avec sa famille, et surtout avec ses trois filles, mesdames Adélaïde, Victoire et Sophie-Élisabeth, dont la conversation vive et franche eut toujours le secret de le distraire et de l'égayer.

Marie-Antoinette, devenue reine, aurait bien désiré de se soustraire à l'usage tyrannique de dîner en public, au grand couvert, mais Louis XVI resta fidèle à la tradition royale, et le grand couvert continua d'avoir lieu tous les dimanches à Versailles. La reine s'excusait le plus souvent possible d'y paraître : elle dînait alors dans les cabinets, servie par ses femmes. Elle ne pouvait s'accoutumer, disait-elle, à se sentir comme assiégée par tant de regards curieux fixés sur son assiette : elle ne mangeait ni ne buvait, pour faire bonne contenance; elle souffrait aussi de voir le roi se montrer gros mangeur et mangeur peu soigneux, en accordant une heure entière de travail masticatoire à son formidable appétit.

Ordinairement le roi et la reine se réunissaient aux comtes de Provence et d'Artois, ainsi qu'à leurs jeunes femmes, pour manger tous ensemble et à leur aise, sans apparat et sans étiquette. Ces dîners de famille ne furent interrompus que quand la reine prit l'habitude d'aller dîner chez la duchesse de Polignac, gouvernante des enfants de France, mais la réunion du soir pour le souper continua d'avoir lieu chez la comtesse de Provence. « Cet usage, qui n'avait point eu d'exemple à la cour, dit Mᵐᵉ Campan, fut l'ouvrage de Marie-Antoinette, et elle l'entretint avec la plus grande persévérance. »

Le roi et la famille royale assistaient quelquefois à des festins de gala, donnés en leur honneur à l'hôtel de ville de Paris, dans certaines circonstances extraordinaires. Ces festins, qui entraînaient des dépenses considérables aux frais de la caisse municipale, n'étaient pas souvent favorisés par une heureuse réussite : il y avait toujours une partie du programme qui venait à manquer, à cause du désordre et des négligences inséparables d'une pareille foule de convives dans un espace relativement exigu ; car, outre la table royale, on avait à servir beaucoup d'autres tables pour la maison du roi et pour les invités de la ville. Cependant la fête offerte à Louis XV, le dimanche 15 août 1744, pour célébrer son retour à Paris, après le voyage de Metz, réussit complétement à l'intérieur de l'hôtel de ville, pendant que les illuminations étaient contrariées par une pluie incessante. Le roi dîna, dans la grande salle, à une table de trente couverts, avec ses ministres et les principaux seigneurs de la cour. Le repas fut magnifique, et l'on admira particulièrement le dessert, à cause des figures de sucre qui en faisaient l'ornement. Il y eut, comme toujours, plusieurs autres tables, dont le service fut renouvelé cinq fois, chaque service à deux soupes, neuf entrées, rôti, entremets et dessert, avec toutes sortes de vins et liqueurs. « Ç'a été une consommation étonnante ! » dit l'avocat Barbier, qui était un des convives. On devine toutefois que, dans ces festins de l'hôtel de ville, le roi ne trouvait pas une chère aussi raffinée que dans les soupers préparés par les deux excellents cuisiniers du duc d'Orléans et du prince de Soubise pour les fêtes de nuit qu'on lui avait données au château de Saint-Ouen (août 1750) et au château de Saint-Cloud (octobre 1752). Louis XVI était moins difficile et moins délicat : il ne mangeait jamais plus que dans les dîners de gala, où tous les yeux étaient fixés sur lui. La fête donnée par le prévôt des marchands et messieurs de la ville, à l'occasion de la naissance du dauphin (22 janvier 1782), échoua honteusement, et le roi fut le seul qui ne s'en aperçut pas : la moitié des mets étaient froids ou gâtés, à la table de soixante-dix-huit couverts, que le roi et ses frères occupaient seuls avec la reine, les princesses et les femmes de la cour. Les autres tables furent encore plus mal servies, et celle des ducs et pairs n'était pas même garnie de plats, quand ils levèrent le siége, après avoir dîné avec du beurre et des radis, pour rejoindre le roi et la famille royale qui sortaient de table. On a peine à comprendre une telle incurie, en sachant que tout était à profusion dans les cuisines et les offices.

Ce n'était pas la gourmandise seule qui avait mis à la mode les dîners et les soupers de Paris, au dix-huitième siècle; c'était plutôt l'esprit français, qui rendit célèbres quelques-uns de ces soupers et de ces dîners, où la compagnie fut toujours meilleure que la cuisine. Les maisons les plus recherchées, les plus prônées, n'étaient pas celles où l'on mangeait le mieux, où l'on buvait le plus. Ainsi, la table était mesquine et même mauvaise, là où la maîtresse de maison recevait son monde à titre de bel-esprit, quoique les femmes fussent passionnément gourmandes depuis la régence jusqu'à Louis XVI; mais les femmes lettrées, les belles parleuses, les savantes, ne l'étaient pas. Longchamps, le secrétaire de Voltaire, nous donne la plus triste idée, par exemple, de la maison de Mme du Châtelet : « Elle ne faisait, dit-il, qu'un seul repas par jour, qui était le souper, et encore c'était presque toujours hors de chez elle. Le matin, le déjeuner consistait en une tasse de café à la crème et le petit pain ; aussi son maître d'hôtel et sa cuisinière n'avaient guère d'occupation. Je ne crois pas qu'elle ait donné plus de dix à douze fois à souper (quand elle habitait Paris), et lorsque cela arrivait, c'était toujours à peu de personnes, avec peu de plats et encore moins de vin. Et quel vin! Le rouge, qu'on appelait du Bourgogne, était du cru de Paris; et le blanc, qualifié de Champagne, n'était pas plus authentique que l'autre. » Les soupers de Mme Geoffrin, qui eurent tant de réputation, à cause des convives qu'elle y invitait, n'offraient ni meilleur vin ni meilleure chère : « La bonne chère en était succincte, dit Marmontel, qui avait sa place de fondation à ces soupers. C'était communément un poulet, des épinards, une omelette. » Mais la compagnie rachetait tout cela. C'est l'esprit qui fut l'attrait et le lien de tous ces soupers, de tous ces dîners littéraires, philosophiques, scientifiques, artistiques, dont les étrangers de distinction et les plus grands seigneurs étaient si friands. Les soupers de Mme Geoffrin avaient lieu

Fig. 253. — Souper dit des funérailles, donné par Grimod de la Reynière fils, dans son hôtel des Champs-Élysées, à Paris, le 1er février 1783. (D'après une gravure rare, communiquée par M. Fontaine.)

tous les soirs, en petit comité; de ses deux dîners hebdomadaires, celui du lundi était pour les artistes, celui du mercredi pour les gens de lettres. On soupait mieux et plus gaîment chez Mlle Quinault, l'actrice de la Comédie-Française, moins riche que Mme Geoffrin, mais plus jolie et plus spirituelle. Les dîners de Quesnay, du baron d'Holbach, d'Helvétius, de Buffon, n'étaient que des prétextes et des occasions de réunir des hommes de mérite et de les convier à une conversation générale fort animée et fort brillante, où chacun mettait du sien, en prenant sa part dans un bon repas. Mais ces habitudes hospitalières et spirituelles se perdirent peu à peu sous le règne de Louis XVI ; on ne parla plus à table, on s'imposa la loi de manger et de boire le moins possible dans les dîners et les soupers. Il fallut que Grimod de la Reynière, gastronome expert et fanatique, essayât, pendant le carnaval de 1783, de réhabiliter l'esprit à table, en offrant à vingt-deux amis de la joie et de la bonne chère une fête nocturne, qui n'était funèbre et lugubre que d'entrée de jeu, et qui se termina par un magnifique souper, composé de neuf services, dont chacun n'était que d'une seule espèce de viande accommodée de vingt-deux manières différentes. Tout Paris, pendant quinze jours, s'occupa de ce souper étrange, qui ressemblait à un repas de funérailles !

Fig. 254.

CHAPITRE SEIZIÈME

LES THÉATRES

Le Théâtre à la fin du règne de Louis XIV. — Mme de Maintenon et les demoiselles de Saint-Cyr. — Recrudescence du goût pour le théâtre, sous la régence. — L'Opéra ; la Comédie-Française ; le Théâtre-Italien ; l'Opéra-Comique. — Les comédiens et leurs rapports avec le public. — Le parterre. — Les costumes et les décors. — Les théâtres de la foire. — Les théâtres de société.

N épousant Mme de Maintenon, comme pour faire pénitence des erreurs de sa jeunesse, Louis XIV avait dû subir l'ascendant de la veuve de Scarron (l'auteur de *Jodelet* et de *Don Japhet d'Arménie*), laquelle s'était déclarée l'ennemie irréconciliable de la comédie et des comédiens. Le roi expiait donc avec elle la passion qu'il avait eue pour le théâtre, en se refusant absolument à faire représenter devant lui, à Versailles, par la troupe royale, non-seulement des pièces nouvelles, tragiques ou comiques, mais encore celles de l'ancien répertoire. Mme de Maintenon avait pourtant, à deux reprises, offert au roi une sorte de réminiscence des fêtes dramatiques de la cour, en ordonnant à Racine de composer les tragé-

dies d'*Esther* et d'*Athalie* pour les demoiselles de Saint-Cyr (1689 et 1691). C'était peu de chose en comparaison des anciennes tragédies de Racine et des comédies de Molière, jouées naguère par les premiers acteurs des théâtres du Palais-Royal et de l'Hôtel de Bourgogne. Mme de Maintenon, qui n'aimait pas à paraître en public, transporta le théâtre chez elle. « Le roi y vit souvent, rapporte Saint-Simon, des pièces saintes, comme *Absalon*, *Athalie*, etc. La duchesse de Bourgogne, le duc d'Orléans, le comte et la comtesse d'Ayen, le jeune comte de Noailles, Mlle de Melun faisaient les principaux personnages en habits magnifiques. Le vieux Baron les instruisait et jouait avec eux. » Dans ces soirées dramatiques il n'y avait de place que pour quarante spectateurs.

A cette époque, Paris n'avait plus que deux théâtres, l'Académie royale de musique et le Théâtre-Français. Les comédiens italiens, qui s'étaient établis au théâtre de l'Hôtel de Bourgogne (rue Mauconseil) après la réunion des deux troupes royales en une seule au théâtre de la rue Guénégaud (1680), avaient vu fermer leur salle, par ordre du roi, après la représentation d'une comédie intitulée *la Fausse prude*, qui semblait être une satire dirigée contre Mme de Maintenon (mai 1697). Quand ces comédiens allèrent demander au roi la réouverture de leur théâtre, Louis XIV les reçut froidement et les congédia en leur disant : « Vous ne devez pas vous plaindre de ce que le cardinal Mazarin vous a fait quitter votre pays ; vous vîntes en France à pied, et maintenant vous y avez gagné assez de bien pour vous en retourner en carrosse. » Les représentations de la Comédie-Italienne étaient beaucoup plus suivies que celles de la Comédie-Française. Le Voyageur sicilien, qui, en effet, doit être arrivé à Paris vers ce temps-là, constate le succès de la troupe italienne, qui fut alors renvoyée impitoyablement : « La foule se trouve où l'on rit davantage ; c'est pour cela que les comédiens italiens profitent plus que les comédiens français de la simplicité populaire. » Le théâtre du Marais, qui avait longtemps rivalisé avec celui de l'Hôtel de Bourgogne, n'existait plus depuis l'année 1673, et les théâtres forains qui tentèrent plus d'une fois d'ouvrir leurs portes au public, à la faveur de la foire Saint-Germain, étaient

SCÈNE DE THÉATRE.

L'original de ce tableau (peinture à la détrempe) ne porte pas de signature. Les proportions de la scène semblent celles d'un de ces théâtres de société si fort répandus pendant le dix-huitième siècle, et surtout pendant la seconde moitié. A l'architecture du décor, aux costumes, on peut juger qu'il s'agit ici de quelque pièce du genre de celles de Dancourt, de Destouches ou de Marivaux. Ce n'était pas encore le moment où la fureur, la folie de ce genre de théâtre gagnait toutes les classes, où la *mimomanie* éclatait dans tous les coins de Paris; où, disent MM. de Goncourt, *toute la société rêve théâtre d'un bout de la France à l'autre, où il n'est pas de procureur qui, dans sa bastide, ne veuille avoir des tréteaux et une troupe*, où les plus grands seigneurs et de grandes dames, madame de Montesson, la comtesse de Tessé, le comte d'Ayen, et jusqu'à la reine elle-même, ne craignent pas de paraître sur les planches et d'y rivaliser avec les meilleurs comédiens. (D'après le tableau appartenant à MM. Didot.)

Par Charpentier.
Impr. lith. de Firmin-Didot frères, fils et Cie.

SCÈNE DE THÉATRE

toujours mis en interdit, comme usurpant le privilége de la Comédie-Française, qui avait quitté la salle de la rue Guénégaud en 1689, pour venir prendre possession du nouveau théâtre, construit pour elle sur l'emplacement du jeu de paume de l'Étoile, dans la rue des Fossés-Saint-Germain (aujourd'hui rue de l'Ancienne-Comédie).

L'exemple du souverain avait suffi pour éloigner des spectacles les courtisans et la noblesse, qui en faisaient naguère leurs délices. L'Académie royale de musique, qui donnait trois représentations par semaine dans la salle du Palais-Royal, où Lully l'avait installée, conservait toutefois une partie de ses spectateurs ordinaires, appartenant exclusivement aux classes riches, qui pouvaient seules se donner le plaisir coûteux, et chèrement disputé, d'avoir une loge louée à l'année. Cette loge, sur la porte de laquelle on faisait graver son nom en lettres d'or avec des armoiries, quand on en avait, et dont le locataire gardait la clef comme celle de son coffre-fort; cette loge où se montraient, aux représentations, les hommes en grand habit, les femmes en grande toilette, était une gloriole chère à la vanité financière, car à la fin du spectacle, le suisse du théâtre appelait d'une voix de stentor les *gens* de l'heureux locataire de la loge, en faisant sonner bien haut son nom, ses titres et qualités, et ce nom retentissait sur la place du Palais-Royal jusqu'à ce que l'équipage fût avancé pour recevoir le maître et sa compagnie. L'usage était, lorsqu'on ne devait pas assister à la représentation du soir, d'envoyer le matin sa clef de loge à des amis qui en profitaient et qui la faisaient remettre le lendemain au propriétaire. La salle du Palais-Royal ne contenait pas plus de quinze cents spectateurs, et un grand nombre de places, aux galeries et au parterre, étaient occupées gratuitement par des personnes de la maison du roi. Les autres places non louées à l'année suffisaient à peine aux étrangers qui se trouvaient à Paris, et qui n'eussent pas commis la faute d'en partir sans avoir vu l'Opéra. Les recettes n'étaient donc pas aussi élevées qu'on pouvait le croire, en voyant la salle pleine, et le directeur Francine, à qui le roi avait accordé la continuation du privilége de Lully, son beau-père, eut beaucoup de peine à faire face aux dépenses de son administration théâtrale. Les dettes s'étant élevées à trois cent mille livres en 1712, les créanciers établirent un syndicat, et administrèrent jusqu'en 1721 sous le nom du titulaire de l'ancien privilége.

C'était toujours la musique de Lully qui défrayait le répertoire ordinaire de l'Opéra, et cette musique ne semblait pas avoir vieilli depuis trente ans. Il est vrai qu'à cette époque le sentiment musical était peu développé en France. Mais les tragédies lyriques de Quinault, avec l'accompagnement des instruments et des voix, avaient pour les spectateurs l'intérêt des tragédies déclamées d'une manière rhythmique par les comédiens du Théâtre-Français. Les pièces nouvelles qui venaient parfois varier le vieux répertoire, étaient d'ailleurs bien inférieures aux ouvrages de Quinault et de Lully. Les vers de Lamotte, de Danchet, de Roy, de l'abbé Pellegrin, n'avaient pas trop bien inspiré les compositeurs Destouches, Campra, Lacoste et Bertin. Les opéras-ballets ne valaient pas mieux, mais la danse, depuis la mort de Lully (1687), avait fait plus de progrès que le chant.

Ce qu'on allait chercher à l'Académie royale de musique, c'était un spectacle unique au monde, sous le rapport des décors, des machines et des costumes. « L'Opéra est un séjour enchanté, dit Dufresny dans ses *Amusements sérieux et comiques;* c'est le pays des métamorphoses : on y en voit des plus subites ; là, en un clin d'œil, les hommes s'érigent en demi-dieux et les déesses s'humanisent; là, le voyageur n'a point la peine de courir le pays, ce sont les pays qui voyagent à ses yeux ; là, sans sortir d'une place, on passe d'un bout du monde à l'autre et des enfers aux Champs-Élysées. Vous ennuyez-vous dans un affreux désert, un coup de sifflet vous fait retrouver dans le pays des dieux; autre coup de sifflet, vous voilà dans le pays des fées. » L'Opéra était vraiment le temple de la mythologie païenne, et cependant il trouvait grâce devant les scrupules et les sévérités des moralistes. Bien plus, les gentilshommes et les demoiselles nobles avaient le droit, en vertu du privilége que Lully et Molière obtinrent de Louis XIV, de chanter en public dans les représentations de musique sans déroger à la noblesse.

La vieille cour, toutefois, n'allait jamais à la comédie ; les vrais courtisans surtout se seraient bien gardés d'y paraître, de peur de perdre l'estime de Mme de Maintenon et la faveur du roi. C'est à peine si les princes et les princesses osaient se montrer au théâtre, par extraordinaire et presque à la dérobée. Le duc d'Orléans était le seul qui ne se fît pas

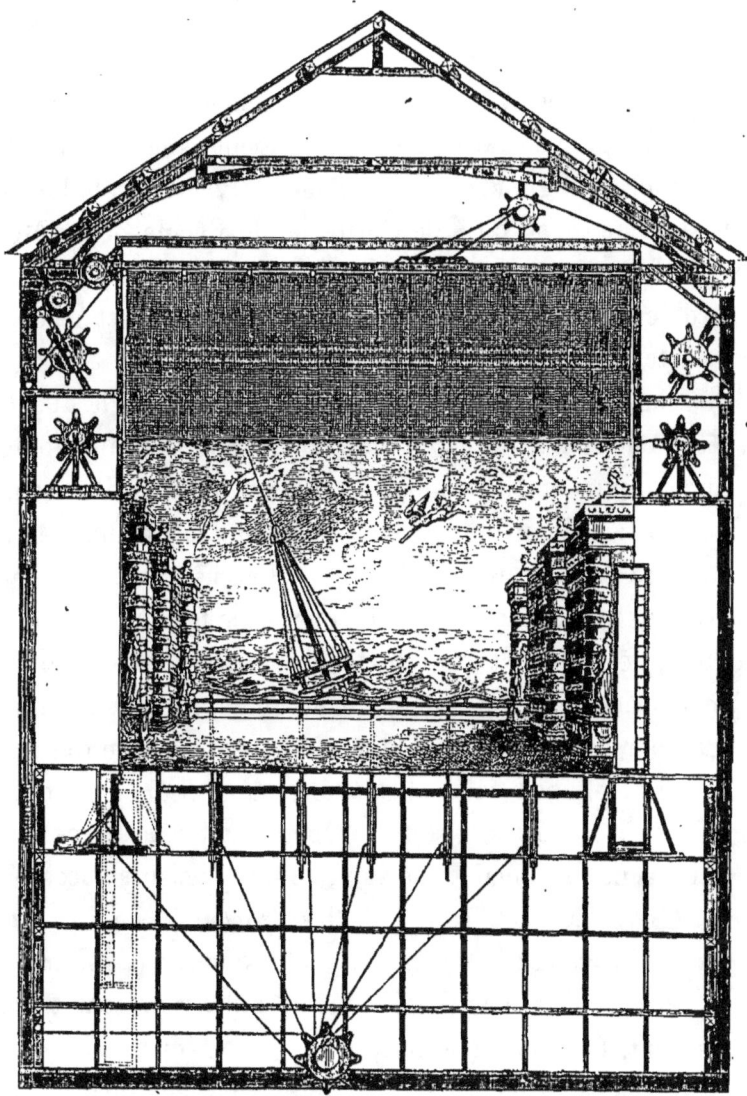

Fig. 255. — Coupe sur toute la hauteur et largeur du théâtre de l'Opéra construit au Palais-Royal, par Moreau, d'après les dessins de Radel, machiniste de l'Opéra de Paris.

faute de suivre les représentations, d'autant mieux qu'il était à Paris plus souvent qu'à Versailles; et malgré le changement survenu dans les habitudes de la cour à l'égard des spectacles, la Comédie était en permanence au château de Chantilly, chez les princes de Condé, et au château de Sceaux, chez la duchesse du Maine. Le théâtre de la rue des Fossés-Saint-Germain ne semblait pas en décadence, grâce au goût décidé du public pour la tragédie et surtout pour la comédie. Il avait de bons acteurs, il donnait beaucoup de pièces nouvelles, dont quelques-unes réussirent avec éclat. C'était la belle époque de Regnard, de Dancourt, de Dufresny et de Boursault; on avait salué d'applaudissements l'apparition d'un grand auteur tragique, Jolyot de Crébillon, et le répertoire si riche et si varié de Corneille, de Racine et de Molière continuait à défrayer les représentations. Les recettes cependant étaient toujours médiocres, particulièrement pendant le carême et à l'époque des grandes fêtes de l'Église.

Cette situation difficile et précaire changea, aussitôt que le duc d'Orléans eut été nommé régent. La vieille cour n'alla pas sans doute au théâtre beaucoup plus qu'elle y allait dans les quinze dernières années du règne de Louis XIV; mais il y avait une jeune cour impatiente de plaisir et ardente à s'y livrer, après une si longue contrainte, après tant de privations et tant d'ennui. La régence fit la fortune des théâtres, que la fin du règne précédent avait ruinés. La foule s'y précipitait, une foule de gens enrichis et avides de jouir de leur richesse subite et incroyable. La cour du Palais-Royal donnait l'exemple et le ton : presque tous les soirs, elle venait *en grande loge* ou *en petite loge*, c'est-à-dire en public ou à la dérobée, soit à l'Opéra, soit à la Comédie. Le Théâtre-Français ne fut jamais plus suivi : il eut plusieurs succès éclatants, avec l'*Œdipe* de Voltaire (1718), les *Machabées* de Lamotte et le *Cartouche* de Legrand (1721); mais, quelle que fût la réussite des tragédies et des comédies nouvelles, le nombre des représentations en était très-restreint. L'ancien répertoire, que les comédiens faisaient repasser tous les ans sous les yeux des habitués de leur théâtre, avait toujours le privilége d'attirer plus de monde dans la salle et plus d'argent dans la caisse. L'Académie royale de musique n'avait pas de représentations moins brillantes; mais comme il avait fallu doubler, tripler les dépenses de la mise en scène, pour obéir aux exigences d'un public qui payait bien, les entrepreneurs, chargés d'administrer ce théâtre, voyaient avec inquiétude s'augmenter le déficit.

Dès le début de la régence, le duc d'Orléans avait autorisé le retour des comédiens italiens, qui se réinstallèrent à l'Hôtel de Bourgogne (25 avril 1718), et qui retrouvèrent la vogue qu'ils avaient eu le secret de conserver jusqu'à leur expulsion. Mais, la langue italienne

Fig. 256. — Le Théâtre-Italien; d'après Lancret.

n'étant plus familière à la société d'enrichis et de parvenus, sans lesquels un théâtre ne pouvait pas faire recette, ces comédiens, qui comptaient dans leur troupe plusieurs bons auteurs comiques, tels que Romagnesi, Dominique Biancolelli et Riccoboni, ne tardèrent pas à composer leur répertoire de pièces écrites en français. Ce fut là l'origine de la fortune du théâtre, qui, tout en gardant son titre et son enseigne de *Théâtre-Italien*, fit tour à tour une sérieuse concurrence à l'Opéra, à la

Comédie-Française et à l'Opéra-Comique. Le genre de l'opéra-comique français s'était produit sur les théâtres forains, à la foire Saint-Germain et à la foire Saint-Laurent, dès l'année 1713, en payant un droit de tolérance à l'Académie royale de musique, qui pouvait, toujours en vertu de son privilége, le frapper d'interdiction. Grâce à cet arrangement amiable, le théâtre forain devint le théâtre de l'Opéra-Comique, et sa carrière ne fut pas moins prospère que celle du Théâtre-Italien, à

Fig. 257. — Jardinier. — Capitan. — Chasseur.
Costumes tirés des *Nouveaux dessins d'habillement à l'usage des Ballets, Opéras et Comédies*, par Gillot.

cause des charmantes pièces en vaudeville, mêlées de danses, que le Sage, Dorneval et Fuzelier y firent représenter pendant plus de trente ans. Les seuls théâtres publics que Paris possédât jusqu'en 1719 étaient l'Opéra, la Comédie-Française, la Comédie-Italienne et l'Opéra-Comique. Chacun de ces trois derniers théâtres avait un genre comique particulier, que Saint-Foix a très-exactement et très-spirituellement défini en ces termes : « Thalie, au Théâtre-Français, a le maintien noble et décent ; elle y veut des pièces conduites, des intrigues ingénieuses, des situations amenées, une satire fine et délicate, une morale agissante sans tristesse et sans pesanteur, un style qui s'éloigne autant de la gravité tragique que de l'enjouement forain. Au Théâtre-Italien, la muse de la comédie est assez fidèle au ton qu'elle y a pris. Presque toujours vive et folâtre, elle n'y fait qu'effleurer les mœurs. Une mode nouvelle et passagère, une dispute qui s'élève sur les arts, un événement qui occupe la ville pendant vingt-quatre heures, etc., sont la matière de ses crayons, et le fonds est inépuisable. L'Opéra-Comique est peut-être le seul genre analogue à notre nation. Je ne dis pas que ce soit le genre le plus noble et le plus digne des bons esprits, je prétends

Fig. 258. — Dumirail en habit de paysan;
d'après Watteau.

Fig. 259. — Poisson en habit de paysan;
d'après Watteau.

qu'il sympathise mieux que tout autre avec la vivacité française, car enfin, pourquoi le dissimuler, nous sommes un peuple chantant et dansant. »

Le Théâtre-Français, quelle que fût la concurrence de la Comédie-Italienne et du théâtre de l'Opéra-Comique, au point de vue de la vogue et des recettes, était toujours le premier théâtre de la France et du monde, parce qu'il représentait toujours l'art dramatique français dans sa plus haute et sa plus parfaite expression. La troupe de ce théâtre gardait scrupuleusement les traditions du grand art dramatique, et se composait des meilleurs comédiens qui fussent capables d'interpréter le répertoire tragique et comique. Ces comédiens, qui s'honoraient de porter le titre de *Comédiens ordinaires du roi*, formaient, comme du temps de Molière, une société autorisée par privilége royal à régir elle-même son théâtre, en décidant, à la pluralité des voix, toutes les questions d'intérêt général ; mais la surveillance immédiate des quatre premiers gentilshommes de la chambre du roi devint, vers le milieu du règne de Louis XV, une sorte d'inféodation de la Comédie-Française à ce pouvoir arbitraire qui, jusqu'à la Révolution, dirigea souverainement les affaires intérieures de ce théâtre, ainsi que celles de tous les théâtres de Paris. Le conseil de ces quatre gentilshommes de la chambre réglait tout, parce que rien ne pouvait se faire dans un théâtre sans leur approbation : non-seulement ils servaient d'intermédiaires et d'arbitres entre le public et les acteurs, mais encore ils faisaient exécuter les règlements relatifs à la Comédie, intervenaient dans les différends des comédiens entre eux, accordaient les pensions de retraite, ordonnaient les débuts, contrôlaient la composition des spectacles, et prononçaient quelquefois des condamnations sévères contre tel ou tel acteur qui se trouvait en faute. La comptabilité du théâtre était la seule chose qu'ils laissassent à la discrétion des sociétaires. Outre l'autorité des gentilshommes de la chambre, celle des intendants des menus, moins impérieuse, mais plus tracassière, se faisait sentir plus particulièrement dans tout ce qui concernait les spectacles de la cour. Ce ne fut qu'en 1789 que les intendants des Menus et les gentilshommes de la chambre déposèrent leur pouvoir discrétionnaire entre les mains du maire de Paris.

La condition des comédiens, avant la Révolution, n'était pas à l'abri de l'injustice et du préjugé : on les considérait généralement comme des êtres inférieurs, dans l'ordre social. Frappés d'excommunication par l'Église et de répulsion par la société, les comédiens avaient encore à subir toutes les humiliations, toutes les avanies, que le public trouvait bon de leur infliger en plein théâtre, et s'ils avaient l'audace de faire tête à l'orage et de résister aux violences, aux cruautés du parterre, ils allaient coucher en prison et n'en sortaient qu'à la condition de faire des excuses à ces tyrans du parterre qui les avaient si cruellement insultés. Plusieurs comédiens trouvèrent en eux-mêmes assez de dignité pour se soustraire à cet odieux despotisme, en renonçant au théâtre, après avoir été emprisonnés au For-l'Évêque, leur prison ordinaire, par ordre des gentilshommes de la chambre ou du lieutenant de police. C'est ainsi que Mlle Clairon fit ses adieux à la Co-

Fig. 266. — Mlle Clairon, célèbre tragédienne; d'après Schenau (1766).

médie-Française et cessa d'être comédienne, à l'apogée de son talent et au milieu de ses plus grands succès dramatiques (1765). Les comédiens, esclaves du parterre, en butte à sa mauvaise humeur et à ses sifflets, n'en étaient pas moins recherchés et flattés par les gens de qualité, qui se plaisaient dans leur compagnie, sans se rendre compte du motif réciproque qui donnait lieu à ces relations intéressées de part et d'autre : « Les comédiens qui ont commencé par se modeler sur quelques hommes de qualité, disait Mercier dans son *Tableau de*

Paris, donnent ensuite le ton à ces mêmes hommes. J'ai vu tour à tour Grandval (fig. 261), Bellecour, Molé, faire de nombreux imitateurs, qui répétaient leur tic devant le miroir de nos cheminées. » Mercier ajoute avec beaucoup de finesse : « L'engouement pour tel acteur cesse quand il a été suffisamment copié. Il vieillit, lui seul ne s'en aperçoit pas ; il voudrait encore donner le ton : on vole à d'autres modèles, et l'on court les chercher presque sur les théâtres de second ordre. »

La présence des spectateurs sur la scène, où ils se trouvaient sans cesse mêlés aux acteurs, n'avait pas peu contribué à entretenir ces rapports familiers, sinon intimes, entre les gens de qualité et les comédiens. Il y avait de chaque côté de la scène, à la Comédie-Française, quatre rangées de banquettes, entourées d'une balustrade en fer doré. Dans les représentations extraordinaires, on ajoutait, en avant de la balustrade, une autre rangée de banquettes, et, en outre, le fond du théâtre était occupé par une cinquantaine de personnes se tenant debout et formant un cercle. On comprend combien un pareil usage était nuisible pour l'effet scénique : on confondait souvent les spectateurs avec les acteurs, et quand ceux-ci allaient entrer en scène, il fallait leur faire faire place. La voix des comédiens était couverte, à tout moment, par le bruit des conversations particulières. Cependant l'habitude s'opposa longtemps à une réforme dont tout le monde reconnaissait la nécessité, et les jeunes seigneurs, les petits-maîtres continuèrent à venir étaler leur fatuité sur les banquettes de la scène jusqu'en 1759, malgré les innombrables inconvénients qui avaient signalé un pareil abus. Ainsi, le 18 décembre 1739, à la reprise d'*Athalie*, le théâtre était tout encombré de banquettes et de spectateurs, à ce point qu'on fut obligé d'interrompre la représentation. Souvent il s'élevait, des banquettes de la scène, un tel brouhaha, que les acteurs ne pouvaient plus se faire entendre du public. C'était dans des circonstances analogues que le grand comédien Baron se tournait vers les spectateurs du théâtre, et leur imposait silence en les regardant fixement et en leur adressant les vers qu'il avait à déclamer dans son rôle. Enfin, grâce aux plaintes réitérées de Voltaire, grâce aussi à la généreuse intervention du comte de Lauraguais, qui offrit de contribuer de sa bourse aux dépenses de cette transformation théâtrale, les banquettes disparurent de la scène, à la fermeture du théâtre, pendant la quinzaine de Pâques (mai 1759), au grand regret de la jeune noblesse, qui bouda quelque temps la Comédie-Française. On avait remplacé pourtant ces banquettes par un parquet, pris sur le parterre et

Fig. 261. — Le *Glorieux*, comédie de Destouches; d'après Lancret.
N. B. L'acteur placé au milieu est Grandval, chargé du rôle du *Glorieux*.

pouvant contenir cent quatre-vingts personnes, devant la rampe de la scène.

Le parterre, à cette époque, n'était point assis, et dans les représentations qui attiraient du monde, il formait une masse compacte de spectateurs serrés les uns contre les autres et s'étouffant mutuellement. Il fallait sans cesse se hausser sur la pointe des pieds ou chercher entre les têtes un espace libre à la vue, pour voir le jeu des acteurs; il fallait, en même temps, veiller à ses poches, car les filous étaient toujours à leur poste, et chaque spectateur n'avait pas peu de chose à faire pour tenir son manteau, son chapeau, sa canne ou son épée, qu'on ne déposait pas encore au vestiaire. Le silence s'établissait difficilement parmi cette cohue de gens de tout âge, de toute condition et de tout caractère. Les querelles et les altercations étaient si fréquentes et parfois si sérieuses que la police demanda et obtint l'intervention préventive de la force armée. Une rangée de soldats, baïonnette au bout du fusil, encadrait le parterre, et l'officier qui les commandait avait un pouvoir discrétionnaire pour arrêter ou faire sortir les perturbateurs. La présence des soldats et des baïonnettes avait totalement modifié l'esprit turbulent du parterre, dont le despotisme s'était exercé si longtemps non-seulement contre les comédiens, mais encore contre les spectateurs de la salle. Il conservait pourtant le droit d'exprimer sa désapprobation par des cris, des huées et des sifflets, mais la pièce seule était en cause, ainsi que le talent des comédiens; dès que l'opposition se prononçait d'une manière décisive contre les siffleurs, dès que le tumulte prenait le caractère d'un conflit aggressif, la police, qui était partout, et au théâtre plus qu'ailleurs, requérait l'assistance de la garde, opérait des arrestations, et souvent maltraitait ceux qui osaient lui résister. Mercier, dans son *Tableau de Paris*, s'élève avec indignation contre ces procédés de la *soldatesque* : « Le public, disait-il, s'irrite contre l'appareil des armes... Le théâtre semble une prison gardée à vue, mais quand le parterre a fermenté par degrés, il est difficile d'arrêter son explosion. » Le tumulte devenait quelquefois si épouvantable dans la salle, qu'on ne pouvait rétablir l'ordre qu'en faisant évacuer la moitié du parterre. Ces scènes de scandale étaient moins fréquentes à la Comédie-Française que dans les autres théâtres. Une des soirées les plus orageuses qui aient manifesté la tyrannie du public à l'égard des comédiens, fut la dernière représentation du *Siége de Calais*, tragédie de Du Belloy (avril 1765). Tous les acteurs ayant refusé de jouer avec leur camarade Dubois, qu'ils accusaient d'un acte d'indélicatesse, le parterre voulut les forcer, par des cris, des sifflets et des menaces, à paraître en scène avec le malheureux Dubois, et refusa d'entendre un nouvel acteur qui devait remplir le rôle à sa place. Les comédiens persistèrent dans leur résolution de ne pas jouer : après de longs et bruyants pourparlers, la salle fut évacuée, et l'on rendit l'argent à tout le monde. Le lendemain, ils furent conduits au For-l'Évêque, où ils passèrent douze jours : on les faisait sortir chaque soir pour faire leur service au théâtre, et on les ramenait en prison après la représentation. Lekain, Dauberval, Molé et Mlle Clairon étaient au nombre des prisonniers. Enfin, Du Belloy retira du répertoire sa tragédie ; le comédien Dubois demanda sa retraite, qui fut réglée sur-le-champ ; Mlle Clairon renonça pour toujours au théâtre ; Bellecour, au nom de tous ses camarades, fit de très-

Fig. 262. — Portrait de Lekain, dans *Mérope*; d'après Huguier.

humbles excuses au parterre, qui daigna les accepter, et la paix fut faite entre le parterre et les comédiens.

Les comédiens, comme les auteurs, avaient ordinairement des auxiliaires utiles dans le parterre. C'étaient d'abord des amis complaisants, des admirateurs de bonne foi, qui se contentaient d'une entrée gratuite. Plus tard, on eut des applaudisseurs à gages et même, en 1786, des recruteurs militaires qui s'engageaient, à tant par représentation, pour *soutenir* un acteur ou une pièce. La puissance, la domination des claqueurs était, il est vrai, contre-balancée par un groupe assez imposant d'amateurs et de connaisseurs désintéressés, qui se réunissaient dans un coin du parterre. Un soir que Lekain avait été accueilli plus triomphalement encore qu'à l'ordinaire, il quitta la scène le front soucieux et l'air morose. « Es-tu content? lui dit un camarade. Le public a-t-il assez applaudi? — J'en conviens, répondit-il tristement, mais les applaudissements ne partaient pas du *petit coin*. » Ce *petit coin* était l'endroit du parterre où se plaçaient les meilleurs juges, les vrais critiques, entre lesquels se trouvaient certains littérateurs assez difficiles à contenter, tels que le chevalier de Mouhy et le chevalier de la Morlière, qui avaient le monopole de faire réussir ou de faire tomber les pièces et les acteurs. Cette suprématie du parterre diminua considérablement, lorsque les spectateurs qui le composaient cessèrent d'être debout. Ce ne fut qu'à partir de 1782 qu'on établit des bancs au parterre dans toutes les salles de spectacle. Cette amélioration si tardive ne fut pas, dit-on, favorable à l'art dramatique : « Le parterre, écrivait Mercier

Fig. 263. — Costume d'Idamé, dans *l'Orphelin de la Chine*, de Voltaire, donné par Sarrazin, costumier ordinaire des princes, et dessiné par Leclerc.

en 1782, n'exerce plus avec vigueur une autorité dont on lui a contesté l'usage, qu'on lui a ravie enfin, de sorte qu'il en est devenu passif. On l'a fait asseoir, et il est tombé dans la léthargie. Aujourd'hui le calme, le silence, l'improbation froide, ont succédé au tumulte. » Ce n'était plus, en effet, ce parterre sensitif et impressionnable, changeant et capricieux, qui, dans bien des circonstances, n'avait qu'une âme et qu'une voix. L'ancien parterre, composé d'amateurs et d'habitués des théâtres, était en communication intime de sentiment avec les bons auteurs et les bons comédiens.

Les comédiens du roi n'avaient rien à payer pour le loyer de leur salle ni pour l'entretien de leur théâtre : tous ces frais étaient supportés par l'intendance des menus plaisirs du roi, laquelle payait aussi les décors, qu'on ne renouvelait pas souvent, il est vrai, et une partie des costumes. Ces costumes, fort riches et très-éclatants, étaient

Fig. 264. — Mme Vestris, dans le rôle d'Irène. Costume dessiné au Théâtre-Français et communiqué à Moreau pour son dessin du couronnement du buste de Voltaire (30 janvier 1778).

bizarres et souvent ridicules, car les comédiens n'avaient aucun souci de leur donner un caractère de vérité historique. Lekain et Mlle Clairon essayèrent les premiers une innovation que les hommes de goût réclamaient depuis longtemps, en inaugurant cette vérité historique du costume théâtral, dont leurs prédécesseurs s'étaient à l'envi éloignés le plus possible : le 20 août 1755, *l'Orphelin de la Chine*, tragédie de Voltaire, fut représenté avec des costumes chinois, tels du moins qu'on les connaissait alors. Mlle Clairon avait supprimé les paniers, qu'on regardait comme indispensables à la majesté du costume tragique, et Lekain s'était débarrassé des panaches et des oripeaux dont les tragédiens chargeaient leur tête pour se grandir d'un ou deux pieds de plus. Le costume, depuis cette époque mémorable, se conforma de plus en plus à l'exactitude de la couleur locale, selon le sujet du drame, sans être moins imposant ni moins luxueux. Lekain avait dépensé cinquante-cinq mille livres pour sa garde-robe tragique, qui fut vendue six mille livres à sa mort; celle de Bellecour, qui avait coûté plus de trente mille francs, n'en produisit pourtant que quatre mille deux cents à la vente après décès de ce comédien. On s'explique pourquoi les costumes de théâtre avaient besoin d'être rehaussés de clinquant et composés d'étoffes de couleurs vives : la scène était relativement sombre et mal éclairée par de grosses chandelles de suif, qu'un

Fig. 265. — Monvel, dans le rôle de Memnon, de la tragédie d'*Irène* (même source que celle de la figure 264).

valet de coulisses venait moucher pendant les entr'actes. On était alors tellement habitué à l'apparition périodique de ce moucheur de chandelles, que les spectateurs n'y faisaient même plus attention. Ce n'est qu'en 1784 que les chandelles furent remplacées par des bougies et par des lampes à huile. Cette réforme, réclamée depuis longtemps, coïncida naturellement avec l'augmentation du prix des places de théâtre, la plus importante qui ait eu lieu au dix-huitième siècle. En 1699, la place de parterre coûtait dix-huit sous à la Comédie-Française : le prix resta fixé à vingt sous jusqu'en 1782 ; l'orchestre et les premières loges coûtaient quatre livres par place ; l'amphithéâtre et les secondes, deux livres. En 1782, le prix du parterre fut porté à quarante-huit sous,

Fig. 266. — La Sortie de l'Opéra; d'après Moreau.

le prix de l'orchestre et des premières loges à six livres, mais ces prix ne furent plus augmentés arbitrairement aux premières représentations des pièces nouvelles.

Les réformes et les changements administratifs avaient été beaucoup plus sérieux et plus fréquents à l'Académie royale de musique, qui, pendant le cours du dix-huitième siècle, dut subir plusieurs transformations successives, résultant de l'accroissement des dépenses et des dettes, ainsi que des révolutions de l'art musical. Ce grand théâtre, quoique régi en vertu d'un privilége, était toujours sous la surveillance absolue de la maison du roi; mais, comme les recettes restaient invariablement au-dessous des frais, il avait fallu que le déficit fût à diverses reprises comblé par le trésor. On choisissait de préférence des financiers, pour leur confier la régie de l'Opéra, en vue des frais

Fig. 267. — Costumes de Junon, de Roi, et d'Heure de la nuit.
(Tiré des *Dessins d'habillements à l'usage des ballets, opéras et comédies*, par Gillot.)

énormes qui leur incombaient : les plus riches et les plus audacieux demandaient toujours à se retirer au bout de quelques années, afin de n'être pas entraînés dans une ruine inévitable. Voilà comment l'ancien traitant Claude Gruer remplaça le musicien Destouches, qui régissait le théâtre au nom de Sa Majesté (1730). Gruer fut destitué l'année suivante, et l'on vit se succéder, dans cette régie difficile, Lecomte (1731), sous-fermier des aides; Thuret (1733), ancien capitaine au régiment de Picardie; et Rebel et Françœur (1744), surintendants de la musique de la chambre du roi. Chacune de ces administrations avait grevé de quatre à cinq cent mille livres le passif, qui montait à plusieurs millions et qui n'était jamais entièrement liquidé. En 1749, l'Opéra fut remis à perpétuité au bureau de la ville de Paris, et le prévôt des marchands dut exercer en personne les fonctions de directeur. On comprend qu'il ne tarda pas à se dégoûter d'une mission qui convenait peu à la

Fig. 268. — Mlle Sallé, célèbre danseuse; d'après Lancret.

gravité de sa charge : il afferma donc, pour trente ans, aux anciens directeurs Rebel et Francœur, le théâtre qu'ils avaient assez mal administré au nom du roi. Le corps de ville se vit, en 1767, obligé de reprendre la régie de l'Opéra, et de la confier successivement à différents directeurs, qui se ruinèrent les uns après les autres dans cette exploitation théâtrale, dont la ville supportait les principales dépenses. Deux incendies (1763 et 1781), qui détruisirent de fond en comble l'ancienne salle du Palais-Royal et la nouvelle, avaient à peine interrompu les représentations lyriques, qui semblaient indispensables à la splendeur et à la prospérité de la capitale.

Les désastres financiers qui accompagnaient l'administration de

Fig. 269. — Pas de deux par M. Dauberval et Mlle Allard, dans l'opéra de *Sylvie*, 1766; d'après Carmontelle.

l'Académie royale de musique n'eurent aucune influence sur les destinées du théâtre, où la musique et la danse trouvaient toujours le même accueil enthousiaste. Dans la nouvelle salle du Palais-Royal (1770), Gluck et Piccini se partagèrent les succès de la scène lyrique, et Noverre modifia entièrement le genre des ballets. En outre, l'opéra *seria-buffa*, dont les représentations alternaient trois fois la semaine avec celles de l'opéra français, initiait le public parisien aux beautés de la musique italienne. Quand, à la suite de l'incendie de 1781, le théâtre fut transporté de la place du Palais-Royal au boulevard Saint-Martin, dans une salle provisoire construite en soixante-cinq jours, on y exécuta tour à tour les chefs-d'œuvre de la musique française, allemande et italienne : Grétry, Piccini, Sacchini, Salieri, se disputaient le répertoire, et Gardel était le maître de ballets par excellence. Les talents admirables des artistes du chant, de Sophie Arnould et de Rosalie Levasseur, de Larrivée et de Legros, furent secondés, sinon éclipsés

Fig. 270. — Costume de Neptune; d'après Martin. Fig. 271. — Costume d'Africain dans *Aline, reine de Golconde;* d'après Martin.

par ceux de Laïs, de Chardini et de la Sainte-Huberty. Les frais de l'exploitation avaient atteint, à cette époque, un chiffre deux fois plus considérable qu'il ne l'était au milieu du dix-huitième siècle ; car ces frais ne s'élevaient pas à plus de quatre cent mille livres en 1760, et les recettes auraient alors suffi pour couvrir cette somme, sans l'affreux gaspillage attaché à l'administration d'un théâtre qui cachait, pour ainsi dire, un abîme sous des fleurs. Le personnel, qui se composait, en 1760, de cent cinquante personnes, tant acteurs et actrices, danseurs et danseuses, symphonistes et musiciens, qu'inspecteurs, employés et commis de toute espèce, avait plus que doublé vingt ans plus tard, et encore ne comptait-on pas dans ce personnel les jeunes élèves du chant et de la danse, qui suivaient les cours des deux écoles du Magasin de l'Opéra, situé dans la rue Saint-Nicaise.

Les trois grands théâtres de Paris, l'Académie royale de musique,

Fig. 272. — Costume de ballet (un Zéphyr); d'après Martin.

la Comédie-Française, et le Théâtre-Italien, s'opposèrent aussi longtemps que possible à la création de nouveaux théâtres. Ils avaient réussi trois fois (1718, 1745 et 1762) à faire supprimer le privilége de l'Opéra-Comique, pour punir de ses succès ce théâtre, qui avait conquis la faveur du public. Enfin, l'Opéra-Comique était réuni au Théâtre-Italien, quand deux entrepreneurs de spectacles, Audinot et Nicolet, obtinrent chacun un privilége, grâce à de puissantes et mystérieuses protections, pour créer deux nouveaux théâtres, l'un à la foire Saint-Germain (fig. 274), l'autre à la foire Saint-Laurent. Ces deux petits théâtres attirèrent beaucoup de monde, par la folie des pièces qu'on y représentait, et par la belle humeur des comédiens qui jouaient ces pièces mêlées de chants et de danses. Le meilleur acteur de Nicolet

Fig. 273. — Costume de ballet (un Démon); d'après Martin.

était un singe, un vrai singe, qui copiait le jeu et les grimaces du fameux comédien Molé. Nicolet gagna, avec son singe, de quoi faire bâtir un théâtre sur le boulevard du Temple (1765), et la vogue l'y suivit. Son privilége, que les grands théâtres cherchaient à lui enlever, avait été confirmé, étendu, et Louis XV lui-même daigna servir de parrain à ce théâtre, qui prit, en 1772, le titre de *Spectacle des grands danseurs du roi*. Audinot, qui s'était enrichi à la foire Saint-Germain, transporta aussi sur le boulevard du Temple son petit théâtre, qui fut appelé l'*Ambigu comique*, et dont les comédies-vaudevilles étaient jouées par des enfants. La construction par l'architecte Louis d'une nouvelle salle du Palais-

Royal, destinée d'abord à recevoir l'Opéra incendié en 1781, donna naissance (après que l'Opéra eut été installé porte Saint-Martin) au théâtre des *Variétés amusantes*, dont le privilége, concédé aux sieurs Dorfeuille et Gaillard, n'excluait que la *tragédie* et la *comédie à ariettes*, et où la foule se porta pendant trois ou quatre cents représentations, pour applaudir l'incomparable Volange dans ses rôles des *Pointus* et de *Jeannot* (fig. 275). C'est cette même salle qui fut reprise lors de la Révolution par la troupe des *Comédiens du Théâtre-Français de la rue Richelieu*, dont faisait partie Talma.

Fig. 274. — Théâtre de la Foire (Représentation aux écriteaux d'*Arlequin, roi de Serendib*, donnée à la foire Saint-Germain (1713); d'après Bonnart.

La passion du théâtre était plus que jamais populaire en France : toutes les grandes villes de province avaient des scènes comparables à celles de la capitale, et l'on y représentait souvent des pièces composées par des auteurs du pays et de la ville même. Bordeaux faisait bâtir par Louis une salle de spectacle plus vaste et plus magnifique que toutes celles de Paris. Il y avait, en outre, des troupes ambulantes, comme à l'époque de Molière, pour donner des représentations dans les petites villes qui n'avaient pas de théâtre local. Ces troupes formaient d'excellents sujets, qui, après avoir acquis une réputation nomade, venaient la fixer sur quelques-uns des théâtres de Paris. Tous les ans, pendant la quinzaine de Pâques, le café de la rue des Boucheries était le rendez-vous général des artistes à la recherche d'un engagement théâtral. Les théâtres, en se multipliant

Les Variétés Amusantes en 1789 (aujourd'hui Théâtre Français).

partout, avaient multiplié aussi les spectateurs, qui faisaient leur fortune. Toutes les salles de spectacle, aux approches de la Révolution, étaient pleines d'une foule joyeuse, avide d'émotions dramatiques et préférant à tous les plaisirs celui du théâtre. Cette disposition de l'esprit français n'était pas nouvelle : on peut dire qu'elle avait été préparée et favorisée par ces théâtres de société qui, pendant tout le dix-huitième siècle, avaient fait l'occupation et l'amusement de toutes les classes. L'origine de ce goût, devenu général vers 1750, était venu peut-être des collèges où les jésuites avaient dressé leurs élèves à jouer des rôles tragiques et comiques dans des représentations qui ne pouvaient qu'inspirer à ces jeunes gens le goût du théâtre. Mme de Main-

Fig. 275. — Volange, dans le rôle de Jeannot, des *Battus payent l'amende* ; d'après Wille fils.

tenon elle-même avait autorisé, encouragé des représentations analogues dans la maison royale de Saint-Cyr. L'exemple venait aussi des grands seigneurs, des princes et des princesses, qui avaient chez eux des théâtres où l'on jouait la tragédie et la comédie. Le théâtre du château de Sceaux, dont la duchesse du Maine était la gracieuse directrice, n'admettait que le genre mythologique et romanesque.

Après la régence, on vit s'établir des théâtres de société chez tous les grands financiers, chez les riches amateurs, chez les bourgeois lettrés. Louis XV, nonobstant son caractère sérieux et son humeur morose, se laissa persuader de créer à Versailles le théâtre des Petits Appartements, et il eut la faiblesse d'y accepter des rôles, où il ne fît que constater l'insuffisance de son talent de comédien (1747). L'histoire anecdotique de ces théâtres de société est encore à faire jusqu'au règne de Louis XVI, où le théâtre de la comtesse de Montesson et celui de Mme de Genlis rivalisaient, sans trop de désavantage, avec les grands et les petits théâtres de Paris. La reine Marie-Antoinette ne fut pas exempte de cette espèce de vertige : elle aimait à se faire applaudir, par le roi, dans la comédie et l'opéra-comique ; elle joua *le Barbier de Séville*, de Beaumarchais ; elle se promettait même de jouer le rôle de Suzanne dans *le Mariage de Figaro*, après avoir fait lire, devant le roi, par Mme Campan, ce chef-d'œuvre redoutable qui contenait en germe toute la Révolution.

Fig. 276.

CHAPITRE DIX-SEPTIÈME

LES SALONS

Les salons à la fin du règne de Louis XIV. — L'hôtel de Sully. — La duchesse du Maine, à Sceaux. — Le prince de Conti, au Temple. — La marquise de Lambert. — Mme d'Houdetot. — Mme de Tencin. — Mme Geoffrin. — Mme du Deffand. — La tapisserie, le parfilage et les pantins. — Mme Doublet de Persan. — Les salons politiques. — Les derniers salons.

ES ruelles et les assemblées, qui avaient eu tant d'attraits et de séductions pour la société polie et lettrée au commencement du règne de Louis XIV, disparurent successivement, jusqu'à la mort de Mlle de Scudéry (1711), avec les personnes aimables et spirituelles qui en étaient l'ornement. Dans les dernières années de ce règne si tristement prolongé, il ne restait plus trace de ces charmantes réunions où l'esprit français avait brillé d'un si vif éclat, excepté dans quelques salons, dans ceux des hôtels de Bouillon, de Nevers et de Sully, à Paris; dans ceux de la duchesse du Maine, au château de Sceaux.

La cour du grand roi, devenu vieux, était morne, maussade et monotone : tout y avait pris un air de cérémonie froid et réservé, comme si l'on craignait de se montrer trop dissipé et trop mondain. On ne se réunissait plus que pour jouer en silence, car le jeu semblait être le seul plaisir qui fût permis. La conversation de la bonne compagnie ne s'était conservée avec tous ses charmes et toute sa liberté, que dans quatre ou cinq salons de la haute noblesse. « J'ai encore vu, écrivait le marquis d'Argenson dans ses *Mémoires*, des modèles de ce genre de conversation, éloquente et noble, parmi les personnes de la cour que j'ai fréquentées. Leurs discours étaient graves et ornés, quelquefois philosophiques : le mot propre, de l'énergie, de la finesse, quelques antithèses, mais des épithètes qui augmentaient le sens, de la profondeur sans pédanterie, de l'enjouement sans malignité. »

Le nombre de ces salons, où l'on gardait comme une tradition de l'hôtel de Rambouillet, ne s'augmenta pas après la mort de Louis XIV. La régence du duc d'Orléans ne fut pas favorable aux habitudes d'ordre, de convenance et de délicatesse. Bien des salons, il est vrai, s'étaient ouverts dans la noblesse, dans la finance et même dans la bourgeoisie ; salons bruyants et frivoles, qui recevaient sans choix une société mêlée, avide de plaisirs sensuels et peu délicats. La licence des mœurs avait remplacé la bienséance et le savoir-vivre. Le goût de la conversation se perdait, ainsi que l'art de parler et le talent d'écouter. « On se plaint qu'il n'y a plus de conversation, de nos jours, en France, écrivait en 1740 le marquis d'Argenson ; j'en sais bien la raison : c'est que la patience d'écouter diminue chaque jour chez nos contemporains : on écoute mal, ou plutôt on n'écoute plus du tout. »

Les salons où l'on parlait, où l'on savait parler, parce qu'on savait écouter, étaient donc de bien rares exceptions, au milieu des turbulentes folies de la régence. Ce n'était pas au Palais-Royal, ni au château de Saint-Cloud, ni au Luxembourg, qu'il fallait chercher un dernier modèle de l'urbanité et de la politesse françaises ; c'était, par exemple, à l'hôtel de Sully, où se donnaient rendez-vous l'esprit, le bon goût et les talents : « Jamais, dit un des meilleurs appréciateurs du génie du dix-huitième siècle (François Barrière), jamais société ne fut mieux choisie ni plus variée : les caractères y étaient différents, sans être opposés ; le savoir s'y montrait sans pédantisme ; la liberté qu'autorisaient les mœurs y était tempérée par les bienséances : M. de Sully, a-t-on dit, se ressentait d'avoir vécu avec des gens d'esprit, comme un flacon retient longtemps l'odeur d'un parfum. »

On remarquait, parmi la foule spirituelle qui se pressait dans le salon de l'hôtel de Sully, des magistrats, tels que les présidents de Maisons et de Lamoignon ; des financiers, tels que M. de Caumartin ; des écrivains et des philosophes, tels que Fontenelle et Ramsay ; des poètes, tels que Chaulieu à son déclin et Voltaire à son aurore. « Pour appoint de bonne compagnie, ajoute Fr. Barrière, se trouvaient encore là beaucoup de seigneurs, qu'on appelait alors des *Petits-Maîtres*, et dont la jeunesse frivole portait dans le monde plus de bonnes manières que d'idées, moins d'âme que de chaleur et moins de chaleur que de pétulance. » La pétulance était le défaut plutôt que la qualité de cette brillante époque : « La pétulance, dit d'Argenson, est prise pour de la gaieté. »

Le salon de l'hôtel de Bouillon, en raison de ses accointances avec la société joyeuse et sceptique du Temple, était moins cérémonieux, moins réservé, moins raffiné. Il avait aussi, de longue date, des goûts et des habitudes littéraires. On y appelait souvent des gens de lettres, pour les frotter, en quelque sorte, aux grands seigneurs. Le Sage, qui ne fréquentait pas volontiers les salons, fut invité, un jour, à faire une lecture de sa comédie de *Turcaret*, à l'hôtel de Bouillon, où il ne devait pas craindre, lui avait-on dit, de rencontrer un seul financier ; il se mit en retard néanmoins et n'arriva, son manuscrit à la main, que longtemps après la réunion de ses nobles auditeurs : « Vous nous avez fait perdre une heure à vous attendre, » lui dit avec hauteur la duchesse de Bouillon. — Je vais vous en faire gagner deux ! » répliqua-t-il tranquillement ; et il s'en alla. Ce fait et d'autres du même genre prouvent que beaucoup de gens de lettres, par fierté ou par insouciance, avaient renoncé à se produire dans les salons de la noblesse ; ils préféraient se rassembler dans les cafés.

Le salon de la duchesse du Maine, à Sceaux, ne manquait pourtant pas de gens de lettres et de poètes ; mais c'étaient des poètes de cour, comme Malezieu, l'abbé Genest, et Saint-Aulaire, qui faisait de galants impromptus à l'âge de quatre-vingts ans. Dans ce salon, d'ailleurs, où les fêtes de nuit, avec mascarades, comédies et concerts, se renouvelaient sans cesse et obtenaient une immense notoriété sous le nom de *Divertissements de Sceaux*, on n'avait pas le loisir de causer beaucoup, et cependant la duchesse du Maine, qui était vraiment la reine des fines et ingénieuses causeries, rassemblait autour d'elle bon nombre d'hommes et de femmes aimables, appartenant aux classes élevées et intelligentes de la société parisienne. « Personne, dit Mlle de Launay (depuis Mme de Staal), dans ses *Mémoires*, personne n'a jamais parlé avec plus de justesse, de netteté et de rapidité, ni d'une manière plus noble et plus naturelle. Son esprit n'emploie ni tour, ni figure, ni rien de tout ce qui s'appelle invention : frappé vivement des objets, il les rend comme la glace d'un miroir les réfléchit, sans ajouter, sans omettre, sans rien changer. » Il est vrai que la duchesse du Maine, qui excellait si bien dans la conversation, ne prenait que peu d'intérêt à celle des autres : elle parlait, mais n'écoutait pas. « Sa plaisanterie est noble, fine et légère, dit ailleurs Mme de Staal dans un portrait de cette princesse, qu'elle avait servie en qualité de femme de chambre; sa mémoire est prodigieuse; elle parle avec éloquence, mais avec trop de véhémence et de prolixité. On n'a point de conversation avec elle; elle ne se soucie pas d'être entendue; il lui suffit d'être écoutée; aussi n'a-t-elle aucune connaissance de l'esprit, des talents, des défauts et des ridicules de ceux qui l'entourent. » Mais la duchesse préférait encore à la conversation la lecture et le jeu : elle passait de longues journées à jouer au biribi avec les gens de sa maison, et des nuits entières à entendre lire des contes.

Le duc de Nevers, qui était aussi un type exceptionnel de la société polie, avait un salon, où les hommes graves et sérieux de l'ancienne cour se coudoyaient avec les beaux esprits et les têtes folles de la régence. Le duc, en effet, avait un pied dans les salons de la duchesse du Maine et l'autre dans ceux du Temple et de l'hôtel de Bouillon. La petite cour de Sceaux conservait, même dans ce que l'on nommait ses *Nuits blanches*, quelque chose de l'influence de Mme de Maintenon : les mœurs y étaient décentes, le langage honnête, la tenue irréprochable, la délicatesse excessive. Dans les salons du Temple, au contraire, tout était caprice et fantaisie, sans étiquette et sans réserve. L'esprit français coulait à pleins bords, avec le vin, dans ces soupers célèbres, dont les convives ordinaires étaient la Fare, J.-B. Rousseau, Hamilton, Quinault, Vergier, et avant eux le marquis de Coulange

Fig. 277. — La lecture; d'après Chodowiecki.
(Communiqué par M. Eug. Sauzay.)

et la Fontaine. Le salon de l'hôtel de Nevers n'était donc qu'une sorte de terrain neutre, sur lequel se rencontraient les habitués de la cour de Sceaux et des soupers du Temple.

Mais, dans ce même hôtel de Nevers, construit par Mazarin entre les rues Richelieu et Vivienne, il y avait un autre salon, non moins distingué, quoique moins brillant et moins fougueux, dans lequel se perpétuaient encore les traditions un peu effacées de l'hôtel de Rambouillet. C'était le salon de la marquise de Lambert, qui, dès l'année 1710, après la mort de son mari, avait signé un bail à vie avec le duc de Nevers et pris possession d'une partie de son vaste hôtel, en s'attribuant une entrée particulière dans la petite rue Colbert. Pendant plus de vingt ans, Mme de Lambert occupa la splendide habitation qu'elle avait louée et fait réparer à ses frais en y dépensant près de cent mille francs ; pendant plus de vingt ans et jusqu'à sa mort (1733), suivant l'expression d'un de ses courtois chevaliers, elle y tint cour plénière : tous les mardis, son salon était ouvert aux grands seigneurs et aux grandes manières, aux beaux esprits et aux conversations morales et métaphysiques ; ce qui a motivé la critique de Voltaire contre la marquise de Lambert, à laquelle il reproche « ses riens entortillés dans des phrases précieuses et ses billevesées énigmatiques. » Tous les mercredis, on voyait affluer, dans ce salon, les gens de lettres, les académiciens et les artistes. Ces jours-là, l'entretien descendait des hauteurs de l'esthétique et ne dédaignait pas de s'égarer librement dans les méandres de la nouvelle du jour et des questions à la mode. Ce furent les premières réunions des *bureaux d'esprit*, qui eurent depuis tant de vogue à Paris.

Les principaux habitués de ce salon austère et rigide, qui n'entendit pas une seule fois le mot pour rire durant presque un quart de siècle, furent les académiciens Sacy, l'ami et le confident de la maîtresse du lieu, Fontenelle, Lamotte, Saint-Aulaire, Mairan, etc. On ne faisait pas de musique, on ne jouait pas aux cartes, ni même aux échecs, mais la conversation n'y tarissait pas, et si l'on y parlait mieux que partout ailleurs, on ne s'y lassait pas d'écouter, lors même que l'orateur se livrait aux plus subtiles dissertations sur les mouvements de l'âme et les abstractions de l'esprit. Ce salon, un peu trop rigide, trop prétentieux et trop monotone peut-être, donna pourtant naissance aux salons de Mmes Geoffrin et d'Houdetot, qui furent, pour ainsi dire, la plus éclatante et la plus vive expression de l'esprit français.

Sous le règne de Louis XV, il y eut partout des salons où la bonne compagnie tenait bien sa place, mais cette bonne compagnie avait déjà pris de mauvaises habitudes, et la mode lui enlevait tous les jours quelques-uns de ses charmes. Elle était envahie, d'ailleurs, par deux espèces d'êtres amphibies, qui naissaient, qui se créaient eux-mêmes, dans les basses eaux de la noblesse et du clergé : c'étaient les abbés et les chevaliers. Ceux-ci avaient succédé aux marquis de la comédie de Molière ; ils se passaient de naissance, de fortune et même d'éducation, pourvu qu'ils eussent acquis l'air et le ton du monde, avec beaucoup d'audace et d'impertinence, avec un certain esprit naturel qui les soutenait et les recommandait dans la société où ils prenaient pied. On les avait nommés des *nécessaires*, sous Louis XIV; sous Louis XV,

Fig. 278. — La Comète (jeu de salon); d'après Eisen.

ils étaient devenus des *indispensables*. Les uns se donnaient pour des officiers hors rang ou en congé; les autres, pour des fils ou des neveux de gentilshommes de province. Quant aux abbés, ils n'avaient jamais d'abbayes, bien entendu; ils se contentaient d'avoir le titre et l'habit de l'emploi. Ils n'appartenaient jamais à l'Église, et, suivant leur propre aveu, ils ne prenaient leurs degrés que dans les salons.

Ces salons, les moins suivis comme les plus fréquentés, comptaient toujours, parmi leurs assistants, un certain nombre de femmes gracieuses et intelligentes, d'hommes polis et bien élevés, que le salon s'érigeât en *bureau d'esprit*, ou se bornât à n'être qu'un *cercle*. Mais généralement tout y était futile, léger, capricieux, fantasque, bizarre, y compris la conversation. « La conversation actuelle, dit le marquis d'Argenson, ne consiste guère qu'en épigrammes, en historiettes ridicules, en singeries qui n'ont en vue que le mal du prochain, en saillies désobligeantes, quelquefois même en face des intéressés... Voici le pire : ce sont tous lieux communs, propos déplacés et qui, faisant naître des doutes, éloignent de la vérité. Paresse de raisonner, parce que l'habitude d'écouter est perdue; préjugés inexpugnables, dédain de tout, critique irréfléchie, voilà le siècle. Ceux qui auraient le plus à dire ont la poitrine la plus faible. Écoutez le ramage des oiseaux dans un bosquet : tous chantent à la fois, à tort et à travers. »

L'habitude de parler haut, de discuter bruyamment, de crier même pour étouffer la voix d'un adversaire, s'était introduite dans la meilleure compagnie : cette mauvaise habitude venait sans doute d'Italie ou d'Allemagne, où l'auraient prise les jeunes officiers qui avaient fait la guerre en ces pays-là; elle s'établit, elle se propagea partout, même à la cour. Cette rivalité de poumons, cette confusion babylonienne, comme l'appelle le marquis d'Argenson, avait pénétré presque chez le roi, qui « ne pouvait lui-même placer une parole, parce qu'on la lui coupait à tout propos. » Ce n'était pas tout que de parler : à la fin, on bâillait, sans se gêner et sans s'arrêter, dès qu'un beau parleur tenait le dé dans la conversation et voulait le garder longtemps.

Il existait sans doute des salons plus paisibles et plus hospitaliers, ceux surtout dans lesquels dominait l'élément féminin : là du moins, si chacun ne parlait pas à son tour, l'entretien s'émaillait de bons mots, de petites phrases à facettes, de traits malicieux et de bagatelles à la mode; car la mode avait fait un langage de salon, composé d'expressions vagues et insignifiantes, qui prenaient un sens de convention et qui s'échangeaient entre les gens du monde comme une monnaie courante. Dans ces salons, où s'épanouissait la fine fleur de la galanterie

LE THÉ A L'ANGLAISE, CHEZ LE PRINCE DE CONTI;

D'APRÈS LE TABLEAU DE M. B. OLIVIER (MUSÉE DU LOUVRE).

Nos 1. — Prince de Beauvau, depuis maréchal.
2. — Le chevalier de la Laurency, gentilhomme de M. le prince de Conti.
3. — Mozart, enfant.
4. — Jélyotte, chanteur de l'Opéra.
5. — Monseigneur le prince de Conti.
6. — M. Trudaine.
7. — Melle Bagarotti.
8. — La maréchale de Mirepoix.
9. — Mme de Vierville, mère de M. de Barbantane.
10. — La maréchale de Luxembourg.
11. — Melle de Boufflers, depuis duchesse de Lauzun.

Nos 12. — Le prince d'Hénin.
13. — La comtesse d'Egmont.
14. — M. de Pont de Vesle, frère de M. d'Argental.
15. — La comtesse d'Egmont, la jeune, née Melle de Richelieu.
16. — Le président Hénault.
17. — La comtesse de Boufflers.
18. — Le comte de Chabot, depuis duc de Rohan.
19. — Le comte de Jarnac.
20. — M. de Mayran, mathématicien.
21. — La princesse de Beauvau, depuis maréchale.
22. — Le bailli de Chabrillan.

Par Sabatier et Picard.
Impr. lith. de Firmin-Didot frères, fils et Cie.

française, les hommes ne dédaignaient pas de partager les travaux des femmes : les uns faisaient de la tapisserie, les autres brodaient au tambour. Cette occupation manuelle changeait, du reste, avec la mode. Le parfilage, c'est-à-dire l'art de séparer fil à fil la soie et le métal dans un morceau d'étoffe d'or ou d'argent, exerçait souvent la patience et l'adresse des plus graves personnages qui venaient à tomber au milieu d'un cercle de parfileuses ; souvent aussi, les hommes apportaient le galon et le brocard ; les femmes se disputaient le butin du parfilage.

En 1728, ce fut une rage de découpures : tout le monde découpait, dans les salons ; chacun y arrivait avec des ciseaux en poche ; chacun y offrait des estampes à découper. Ces estampes, on les avait détachées des livres, des chansonniers, des almanachs : une fois découpées plus ou moins habilement, on les collait sur des écrans, des paravents, des abat-jour, des boîtes ; et, en les collant ainsi, on les coloriait, on les vernissait quelquefois, on composait des scènes entières de différents genres, par le simple rapprochement de personnages et d'objets empruntés à des gravures de toutes sortes. Cette mode singulière coïncida presque avec celle de pantins mécaniques, que chacun portait avec soi, et que l'on faisait remuer au moyen de ficelles tout en causant de chose et d'autre.

Poinsinet, dans sa comédie du *Cercle, ou la Soirée à la mode*, représentée au Théâtre-Français en 1764, a fait un joli tableau où il expose le genre de talent qu'on demandait aux jeunes conseillers, aux jeunes colonels et aux jeunes abbés qui fréquentaient les salons : « Ismène et Cidalise, ennuyées d'un *tri* (jeu de cartes en vogue) et ne sachant sur quoi médire, s'avisèrent de s'occuper. Araminte, à ce métier, achève une fleur de tapisserie ; Cidalise prend nonchalamment un fil d'or, fait approcher de son fauteuil un tambour, et brode, en bâillant, une garniture de robe, tandis qu'Ismène, couchée sur le canapé, travaille un falbala de Marly. On entend des chevaux hennir, l'écho retentit, un laquais annonce, et le marquis paraît : « Que je suis heureux de vous trouver, mesdames! Mais que vois-je? Que ce point est égal! comme ces fleurs sont nuancées! C'est l'ouvrage des Grâces, c'est celui des fées, ou plutôt c'est le vôtre. » Aussitôt il tire de sa poche un étui, dont assurément on ne le soupçonnait pas d'être porteur; il y choisit une aiguille d'or, s'empare de la soie, et voilà mon colonel qui fait de la tapisserie. On le considère, on l'admire; mais ce n'est rien encore : il quitte Araminte et son ouvrage, il court à Cidalise, lui dérobe le tambour, et déjà sa main légère achève le contour de la fleur à peine commencée... Puis, il s'élance sur le canapé, saisit un bout du falbala, et accélère d'autant plus son ouvrage qu'il est plus jaloux d'être auprès de l'aimable Ismène. Peignez-vous la surprise, l'extase de nos trois femmes! »

Les femmes allaient en visite ou en soirée avec des sacs à ouvrage, souvent de dimension énorme, où elles renfermaient une foule de choses à leur usage, sans oublier la boîte à mouches, le pot de fard, la brochure du jour et l'ariette en vogue. Les hommes avaient également des sacs à ouvrage, mais plus petits, qui furent nommés plus tard des *ridicules*, et qui contenaient tout un arsenal de couturière et de bimbelotier, y compris des boîtes de toutes façons, pleines de pastilles, de bonbons, de tabac et d'odeurs.

On était si prompt à s'ennuyer alors! on bâillait si vite et si démesurément! il fallait bien chercher des distractions. Pendant un temps, on se passionna pour les charades, les énigmes et les logogriphes. C'était à qui en proposerait et en devinerait, ceux du *Mercure de France* ne suffisant pas à la consommation des cercles du jour et du soir. En dehors de ces cercles, que présidait toujours la maîtresse de maison, il y avait les visites pendant la toilette de madame, qui n'admettait que ses intimes et seulement des hommes (fig. 279). La conversation prenait là un tour particulier et plus galant. « Que de jolies choses, dit l'abbé Coyer dans une lettre à une dame anglaise, que de réflexions utiles n'entendez-vous pas sur les robes de la saison, les rubans, les chignons et la façon de se mettre! »

La médisance et la calomnie faisant les frais des conversations à la mode, les fats inventèrent le persiflage, qui devint un art dans lequel on excella, et parfois aux dépens des personnes les plus honnêtes et les plus respectables : on le qualifiait de *bon ton*, pour avoir le droit de s'en servir impunément. « Ce prétendu bon ton, qui n'est qu'un abus de l'esprit, disait Duclos, ne laisse pas d'en exiger beaucoup :

ainsi il devient dans les sots un jargon inintelligible pour eux-mêmes, et, comme les sots font le grand nombre, le jargon a prévalu. C'est ce qu'on appelle le *persiflage*, amas fatigant de paroles sans idées, volu-

Fig. 279. — *Le Jour*, d'après Eisen.

bilité de propos qui font rire les fous, scandalisent la raison, déconcertent les gens honnêtes ou timides, et rendent la société insupportable. »

Malgré le persiflage, malgré la médisance et la calomnie, les femmes s'ennuyaient encore dans les cercles, où elles ne trouvaient pas un intérêt de cœur, une satisfaction de vanité, une distraction de caprice. Alors commença le long règne des vapeurs. Toute femme à la mode devait en avoir, pour expliquer ses bâillements, ses migraines et ses insomnies. « Vous avez de la pesanteur, dit le médecin du *Cercle* à une de ses jolies malades, vous avez des dégoûts?... M'y voici... Quelques éblouissements? des *impatiences de fibres ?*... Vapeurs que tout cela, vapeurs; le fluide nerveux que la chaleur électrise... des nerfs qui se crispent... une sorte de spasme! » L'abbé Coyer écrivait à sa dame anglaise : « Vous passez vos jours sans migraine? On peut vous le pardonner. Mais sans vapeur! C'est abuser, en femme de la halle, de la permission de se bien porter. »

Les vapeurs, du moins, n'étaient pas de mise dans les bureaux d'esprit, qui s'étaient multipliés et perfectionnés, depuis que Mme de Lambert en avait donné le goût et le modèle. La plupart de ces salons, où l'esprit occupait toujours la première place, s'ouvrirent sous les auspices de femmes distinguées, qui n'étaient plus jeunes, mais suffisamment lettrées et toujours passionnées pour les choses littéraires. Mme de Tencin avait écrit des romans agréables, avant de composer un cercle d'hommes d'esprit, qui lui restèrent fidèles jusqu'à sa mort (1749). Dans ce cercle, que les hommes d'État et les politiques côtoyaient discrètement, tous les genres d'esprit, les plus grossiers et les plus délicats, avaient droit de cité et recevaient le même accueil, soutenu, il est vrai, par des soupers exquis et copieux. Fontenelle et Montesquieu se trouvaient souvent aux prises avec Panard et Collé. Cependant, s'il faut croire Mme de Genlis, qui n'en parlait que d'après la tradition, la légèreté familière avec laquelle Mme de Tencin traitait le cercle de beaux esprits qui se rassemblaient chez elle, jeta sur eux beaucoup de ridicule. Elle les appelait *ses bêtes;* on sait bien qu'elle comptait dire une contre-vérité, mais le sobriquet prêtait à des épigrammes. Ce qui n'empêcha pas Mme Geoffrin de s'approprier les *bêtes* de Mme de Tencin. Comme elle lui rendait soigneusement visite pendant sa dernière maladie : « La petite rusée, dit la moribonde, vient voir ce qu'elle pourra recueillir de mon héritage. »

Tous les gens de lettres et tous les beaux esprits qui avaient fait l'ornement du salon de Mme de Tencin passèrent dans celui de Mme Geoffrin, comme elle le dit elle-même, « avec armes et bagage. » Mme Geoffrin était, du reste, une femme intelligente, de bon goût et de bon ton, plutôt qu'un bel esprit. Le savoir-vivre, telle fut sa suprême science, au dire de Marmontel, qui, dans ses *Mémoires*, a fait d'elle un portrait achevé. « C'était un caractère singulier que le sien, dit-il, et

Fig. 280. — L'Hiver; d'après Lancret.

difficile à saisir et à peindre, parce qu'il était tout en demi-teintes et en nuances... A l'égard de son esprit, quoique uniquement cultivé par le commerce du monde, il était fin, juste et perçant. Un goût naturel, un sens droit, lui donnaient, en parlant, le tour et le mot convenables. » Le roi de ce salon fameux, qu'elle gouvernait en reine, fut son intime ami d'Alembert, autour duquel se groupaient l'astronome Mairan, le romancier Marivaux, le poëte Saint-Lambert, et le marquis de Chastellux, l'adorateur naïf des philosophes, et l'abbé Morellet, le plus mordant des causeurs, et le pompeux Thomas, et le spirituel Helvétius. Entre tous ces hommes éminents, on remarquait une femme qui passait pour les égaler tous, Mlle de Lespinasse, qu'on avait vue d'abord se produire avec éclat dans le salon rival de Mme du Deffand : « Sa conversation, dit le comte de Guibert, qui avait été aussi un des plus brillants courtisans de Mme Geoffrin, sa conversation n'était jamais au-dessus ou au-dessous de ceux à qui elle parlait; elle semblait avoir le secret de tous les caractères, la mesure et la nuance de tous les esprits... Elle disait cependant souvent, et le plus souvent, des choses simples, mais elle ne les disait jamais d'une manière commune, et cet art, qui semblait n'en être pas un chez elle, ne se faisait jamais sentir et ne la faisait jamais tomber dans la recherche et dans l'affectation. »

Le salon de Mme Geoffrin réunissait aussi un grand nombre de femmes charmantes, la plupart du grand monde, entre autres la duchesse d'Egmont, et Mme de Boufflers, qui possédait mieux que personne, dit Mlle de Lespinasse, « le petit jargon de Paris, tout en petits mots, tout en allusions fines. » C'est ainsi que ce salon devint célèbre dans toute l'Europe. Il n'arrivait à Paris ni prince ni ministre, ni hommes ou femmes de nom, qui n'eussent l'ambition d'être admis dans cette maison, où ils étaient sûrs de rencontrer l'élite des gens de lettres français. La célébrité du salon de Mme Geoffrin s'attachait à sa personne, de telle sorte que les souverains étrangers voulaient la connaître, et que l'impératrice de Russie, Catherine II, employa toute sa diplomatie à lui faire faire le voyage de Saint-Pétersbourg, comme pour donner des leçons de politesse française à la cour de l'Ermitage.

Le salon de Mme du Deffand faisait un étrange contraste avec le salon de Mme Geoffrin : il était plus ancien, et il subsista encore quelques années après son éclatant rival, qui l'avait entièrement éclipsé : Mme du Deffand mourut à l'âge de quatre-vingt-trois ans, en 1780; Mme Geoffrin était morte trois années auparavant. Mme du Deffand, qui fut *un monstre d'esprit*, suivant l'expression d'un contemporain, inspirait peu de sympathies et ne se piquait pas d'être sympathique.

Elle affectait pourtant un air de bonhomie et jouait le naturel avec infiniment d'art; elle ne manquait pas d'instruction et causait agréablement; mais, quoique son salon fût rempli de littérateurs et de philosophes, on n'y parlait pas souvent de philosophie et de littérature. On voyait chez elle, il est vrai, beaucoup d'écrivains illustres : Fontenelle, Diderot, Montesquieu, Voltaire, le président Hénault; beaucoup d'étrangers de distinction : David Hume, Gibbon, Horace Walpole; beaucoup de femmes de grand monde et de grand esprit : la marquise du Châtelet, la duchesse de Chaulnes, la duchesse de Boufflers; et Mme du Deffand, presque aveugle, mécontente d'elle et du monde entier, jalouse de tout ce qui était jeune, beau et bon, méchante et acariâtre avec un ton doucereux et un sourire bienveillant, écrivait à son confident Horace Walpole : « On ne voit dans la société que des imbéciles qui ne savent rien, qui ne sentent rien, qui ne pensent rien, ou des gens d'esprit pleins d'eux-mêmes, jaloux, envieux, qu'il faut haïr ou mépriser. »

Les gens de lettres se portaient donc de préférence dans d'autres salons, où ils n'étaient pas mieux accueillis, mais où ils trouvaient, avec moins d'étiquette, plus de bonne grâce et de cordialité : tels étaient les salons de Mmes Dupin et de Forcalquier, qui firent concurrence au bureau d'esprit de Mme d'Houdetot. Saint-Lambert, le fidèle ami de la comtesse d'Houdetot, trônait dans son salon, dont il faisait les honneurs, de concert avec la maîtresse de la maison : « Jamais, dit Marmontel dans ses *Mémoires d'un père*, deux esprits et deux âmes n'ont formé un plus parfait accord de sentiments et de pensées. Mais ils se ressemblaient surtout par un aimable empressement à bien recevoir leurs amis : politesse à la fois libre, aisée, attentive; politesse d'un goût exquis, qui vient du cœur, qui va au cœur, et qui n'est bien connue que des âmes sensibles. »

Ce salon ou bureau d'esprit, par sa composition comme par sa physionomie intellectuelle, devait ressembler assez, malgré ses allures un peu libres, à celui de Mme Dupin, que Jean-Jacques Rousseau a peint de main de maître et d'après nature : « Mme Dupin, tout aimable qu'elle était, était sérieuse et froide. Sa maison, aussi brillante alors qu'aucune autre dans Paris, rassemblait des sociétés auxquelles il ne manquait que d'être un peu moins nombreuses pour être d'élite dans tous les genres. Elle aimait à voir les gens qui jetaient de l'éclat : les grands, les gens de lettres, les belles femmes. On ne voyait chez elle que ducs, ambassadeurs, cordons bleus. Mme la princesse de Rohan, Mme la comtesse de Forcalquier, Mme de Mirepoix, Mme de Brignoles, milady Hervey, pouvaient passer pour ses amies. M. de Fontenelle, l'abbé de Saint-Pierre, l'abbé Sallier, M. de Fourmont, M. de Bernis, M. de Buffon, M. de Voltaire, étaient de son cercle et de ses dîners. Si son maintien réservé n'attirait pas beaucoup les jeunes gens, sa société, d'autant mieux composée, n'en était que plus imposante. » On doit remarquer que tout salon en vogue avait des dîners ou des soupers pour accessoire indispensable.

Il y avait aussi des salons plus exclusivement littéraires et philosophiques : par exemple, celui de Falconet, médecin consultant du roi. Ses réunions furent appelées la *Messe des gens de lettres*, parce qu'elles eurent lieu régulièrement tous les dimanches dans la matinée, jusqu'à la mort du vieil académicien (1762), qui, par la variété et l'étendue de ses connaissances, donnait à la conversation générale un intérêt instructif et agréable à la fois, qu'on ne trouvait pas chez Helvétius ni chez le baron d'Holbach, bien que les habitués de l'un et de l'autre salon, causeurs et auditeurs, fussent à peu près les mêmes. Mais les réceptions d'Helvétius, plus nombreuses et moins simples, ne permettaient que rarement à la conversation de s'établir d'une manière générale. Chez le baron d'Holbach, l'entretien se ressentait de la vivacité des caractères et des opinions en touchant à tous les points les plus délicats de la philosophie et de la politique. Ce n'était pas seulement un salon, c'était un arsenal, pour ainsi dire, où l'on forgeait des armes, où l'on préparait des machines de guerre, pour battre en brèche, pour détruire les principes et les lois des sociétés, des religions et des gouvernements.

Un autre salon célèbre fut celui de Mme Doublet de Persan, laquelle ne sortait jamais de son appartement, et qui y recevait tous les jours un petit groupe de gens de lettres et de gens de cour, que le goût

Salon Louis XVI, d'après Lawrence.

et le plaisir de la médisance avaient rassemblés autour de cette vieille femme malicieuse et discrète. C'était de ce salon que sortaient les *nouvelles à la main*, qui circulèrent manuscrites par toute la France et même à l'étranger, pendant plus de quarante ans. On prétend que deux registres étaient constamment ouverts sur la table du salon : l'un pour les nouvelles authentiques et incontestables, l'autre pour les nouvelles suspectes et douteuses. Petit de Bachaumont, *curieux* et *dilettante*, surtout pour les choses d'art, était chargé de composer, d'après ces deux registres, le journal officiel des nouvelles du jour, que son élève Pidansat de Mairobert continua même après la mort de Mme Doublet (1771). Les habitués de la maison furent tour à tour Sainte-Palaye, Mairan, l'abbé de Voisenon, Piron, Falconet, Foncemagne, Perrin, Devaur, d'Argental et le chevalier de Mouhy. Ce dernier avait trop de rapport avec la police pour ne pas la tenir au courant de tout ce qui se passait chez Mme Doublet. Le secret, d'ailleurs, ne fut plus gardé, quand on eut admis dans ce cercle frondeur quatre ou cinq femmes, entre autres Mme du Boccage et Mme d'Argental, qui, par leurs indiscrétions, ne contribuèrent pas peu à faire fermer, par ordre du lieutenant de police, les bureaux de nouvelles à la main.

Mme Doublet eut pourtant des imitateurs, moins habiles et moins bien informés. Une année avant que le suicide de Mairobert (1779) eût dispersé les membres de sa coterie de nouvellistes, Pahin de la Blancherie avait imaginé de publier à lui seul, toutes les semaines, sous le titre de *Nouvelles de la République des lettres*, une correspondance générale, dans le genre de celle qui porte le nom de Bachaumont, mais avec plus de mesure et de bienveillance. Les matériaux de cette correspondance étaient recueillis dans des assemblées, que la Blancherie convoquait en un galetas du collége de Bayeux, rue de la Harpe. « On n'y a pas même de chaise, dit le journal de Mairobert ; il faut rester debout jusqu'à six heures du soir. » Telle fut l'origine des conférences littéraires et artistiques. On était loin du salon poli et railleur de Mme Doublet, mais on était bien près du *Lycée* et des salons publics.

Chaque salon, à cette époque, avait son caractère spécial et distinct : les encyclopédistes et les philosophes se réunissaient, de préférence, chez la duchesse de Choiseul et chez la maréchale de Luxembourg ; les économistes, chez Mme de Marchais et chez Turgot ; les artistes, chez le financier académicien Watelet ; les mélomanes, chez Rameau et chez l'abbé Morellet ; les littérateurs, chez Suard et chez le libraire du *Mercure*, Panckoucke. Quant aux salons où l'on ne s'occupait, où l'on ne parlait que de choses frivoles, des modes et des inventions nouvelles, de la franc-maçonnerie, du magnétisme, des aérostats, des courses de chevaux, des spectacles, et des plaisirs du moment, ils s'étaient multipliés à l'infini ; mais partout on pouvait se convaincre que la société française tendait à se métamorphoser rapidement, en perdant toutes ses traditions nationales et en devenant plus familière et plus bruyante. On croyait n'avoir banni que l'étiquette, et c'était la politesse qui s'exilait avec elle.

On trouvait encore pourtant, dans quelques grandes maisons, telles que celles de la princesse de Beauvau, de la duchesse de Grammont, de la duchesse d'Anville, de la comtesse de Tessé, de la comtesse de Ségur, de la comtesse de Boufflers, de Mme de Puisieux, de Mme de Montesson, mariée secrètement au duc d'Orléans, on trouvait des entretiens tantôt profonds, tantôt légers, toujours à la fois instructifs et agréables. « On y voyait, ajoute le comte de Ségur, qui nous donne ces renseignements, un mélange indéfinissable de simplicité et d'élégance, de grâce et de raison, de critique et d'urbanité. On y apprenait, sans s'en douter, l'histoire et la politique des temps anciens et modernes. On recherchait avec empressement toutes les productions nouvelles des génies transcendants et des brillants esprits qui faisaient alors l'ornement de la France... On y discutait avec douceur, on n'y disputait presque jamais, et comme un tact fin y rendait savant dans l'art de plaire, on y évitait l'ennui, en ne s'appesantissant sur rien. Les hommes de lettres les plus distingués étaient admis avec faveur dans les maisons de la haute noblesse. Ce mélange des hommes de cour et des hommes lettrés donnait aux uns plus de lumières, aux autres plus de goût. Jamais Paris ne fut plus semblable à la célèbre Athènes. »

Ces salons aristocratiques n'étaient plus que de brillantes exceptions, qui disparaissaient tous les jours, à mesure qu'une passion de liberté et d'égalité s'emparait des classes moyennes de la nation et les poussait à introduire en France les idées et les mœurs anglaises. La société polie fut la première victime de cette imitation étrangère. Ici, on avait des réunions politiques, où l'on agitait tumultueusement les questions d'État les plus épineuses : tous les assistants devenaient tour à tour orateurs, criant à tue-tête, s'interrompant, se querellant, sans arriver jamais à une solution raisonnable. Là, on se rassemblait pour entendre la lecture de mémoires scientifiques, ou pour assister à des séances de physique et de chimie. Sous prétexte d'être sérieux, on était lourd, pédant, insupportable.

Ces foules, ces cohues, ces assemblées confuses et tumultueuses, c'était la Révolution qui commençait à détruire la société française. La noblesse n'aidait pas à cette destruction, mais elle la laissait faire, en adoptant les usages de l'Angleterre et de l'Amérique. On se piquait encore d'appartenir à la bonne compagnie, on conservait les habitudes du savoir-vivre ; on n'avait pas encore perdu le goût et le talent de la conversation, quoiqu'elle fût souvent remplacée par un babil insignifiant et intarissable qui ne s'entendait qu'à Paris. Les visites du matin gardaient quelques vestiges de l'urbanité des anciens salons ; mais ces visites furent bientôt troublées par les divers genres d'opinions politiques et par les luttes de partis. Le nombre des oisifs et des désœuvrés avait, d'ailleurs, beaucoup diminué, avec le nombre des familles riches. Il n'y avait plus que les gens à voiture qui pussent se donner la fantaisie de courir les salons, à jour fixe, en se montrant cinq minutes dans chacun de ces salons, où ils ne laissaient que le souvenir fugitif de leur apparition. On jugea donc très-suffisant de faire succéder aux visites l'usage de *s'écrire aux portes*. Ce fut là comme le suprême effort de la civilité du beau monde.

Cependant, ce qui restait encore de la société française s'exagérait son importance et son autorité. « Vaine, curieuse, sujette au caprice et à l'engouement, dit un contemporain qui devait survivre à l'écroulement de l'ancien régime, cette société avait accueilli les mots de *réforme* et de *liberté* comme un changement de coupe dans les habits ou de refrain dans les couplets. Elle était depuis si longtemps en possession du droit de tout évoquer à son tribunal, qu'elle ne pouvait cesser de prononcer des arrêts. » Elle voulut, elle osa juger, avec légèreté, avec imprudence, les terribles événements qui se préparaient, après le triomphe de l'émeute populaire, que la prise de la Bastille venait de couronner. Mais bientôt les derniers salons, que l'émigration avait du reste largement dégarnis, se fermèrent; sous l'influence des événements politiques les clubs s'ouvrirent de toutes parts, et l'on peut dire que la vieille société française avait fini son règne, au moment où le club des Jacobins commençait le sien, en 1789.

Fig. 281. — La Danse; d'après Chodoviecki.
(Communiqué par M. Eug. Sauzay.

CHAPITRE DIX-HUITIÈME

LES VOYAGES

Goût des voyages. — Voyages à pied. — Impressions de voyage. — Excursions autour de Paris. — Les voyages du roi. — La noblesse et la magistrature dans ses terres. — La vie de château. — Voyages des particuliers : la diligence, le coche d'eau, le coche de terre. — Les auberges. — La route de Versailles ; le *carabas* et le *coucou*.

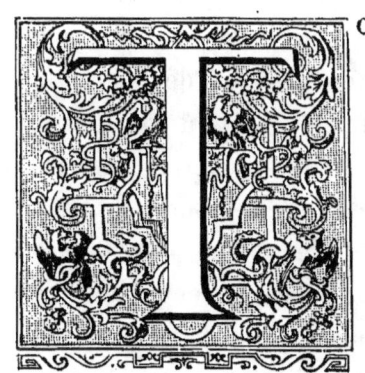

Tout le monde voyageait plus ou moins, au dix-huitième siècle, dans l'intérieur de la France, quoique les voitures fussent lourdes et peu solides, les chemins mauvais et même souvent impraticables, les auberges horribles ; mais on ne se décidait pas volontiers à entreprendre de longs voyages en Europe, pour le seul plaisir de voyager, de voir des pays nouveaux et de s'instruire en étudiant les mœurs et les usages des nations étrangères. Les Français, qui, malgré une répugnance instinctive, se déplaçaient pour aller chercher fortune dans des contrées lointaines, n'avaient pas d'autre mobile que l'intérêt, et s'empressaient de revenir dans leur patrie, et de préférence dans leur ville natale, dès qu'ils avaient réussi à se créer des ressources modestes pour vivre tranquilles au milieu de leurs concitoyens. On comprend donc que, dans toute l'Europe, et l'on peut dire dans le monde entier, certaines industries étaient exercées habituellement par des Français qui n'aspiraient qu'à s'enrichir et à retourner chez eux. Les comédiens, les barbiers, les marchandes de modes, les musiciens, et aussi, il faut l'avouer, les aventuriers et les chevaliers d'industrie, venaient généralement de la France et surtout de Paris. Voilà comment on rencontrait, sur tous les points du globe, des Français ou des gens qui s'attribuaient cette qualité, bien qu'ils fussent Brabançons, Flamands, Suisses ou Piémontais. « Il n'y a que quatre classes d'hommes qui fassent des voyages de long cours, remarquait J.-J. Rousseau dans son *Émile :* les marins, les marchands, les soldats et les missionnaires. On ne doit guère attendre que les trois premières classes fournissent de bons observateurs. »

J.-J. Rousseau ne parle pas de plusieurs autres catégories de voyageurs français, qui visitaient, au moins une fois dans leur vie, l'Italie, ou la Suisse, ou les Pays-Bas, ou l'Allemagne, ou l'Angleterre. C'étaient les jeunes gens riches que leurs familles y envoyaient, avec des précepteurs, pour compléter leur éducation; c'étaient des personnes pieuses, qui accomplissaient des vœux de pèlerinage, surtout aux époques de jubilé; c'étaient encore des artistes, des amis des arts, qui faisaient aussi un autre genre de pèlerinage, surtout en Italie, pour voir, pour admirer des monuments anciens et modernes, des tableaux, des statues; c'étaient enfin des curieux de la nature, de véritables touristes, qui s'en allaient cherchant des sites pittoresques et sauvages, des montagnes, des glaciers et des torrents. Mais le nombre des voyageurs était bien restreint, néanmoins, en comparaison de ce qu'il est devenu depuis. J.-J. Rousseau, qui fut un des plus passionnés admirateurs de la nature et de ses aspects grandioses, magnifiques et charmants, a caractérisé d'une façon ingénieuse le goût des voyages chez les Français et les Anglais : « De tous les peuples du monde, le Français est celui qui voyage le plus.... Il y a des Français dans tous les coins du monde. Il n'y a point de pays où l'on trouve plus de gens qui aient voyagé qu'on en trouve en France... L'Anglais voyage aussi, mais d'une autre manière... La noblesse anglaise voyage; la

Entrée du Roi à Strasbourg, en 1744.

noblesse française ne voyage point... Le peuple français voyage; le peuple anglais ne voyage point... Les Français ont toujours quelque vue d'intérêt dans leurs voyages, mais les Anglais ne vont pas chercher fortune chez les autres nations, si ce n'est par le commerce et les mains pleines; quand ils voyagent, c'est pour y verser leur argent, non pour vivre de leur industrie; ils sont trop fiers, pour aller ramper hors de chez eux. Cela fait qu'ils s'instruisent mieux chez l'étranger, que ne font les Français. »

On avait, dès le règne de Louis XIV, cette opinion arrêtée, dans les grandes maisons nobles ou financières, que le complément indispensable de toute bonne éducation pour un jeune homme, au sortir du collége, était un voyage dans quelque partie de l'Europe, sous les yeux et la direction studieuse d'un gouverneur. C'est ainsi que l'abbé Fléchier, après avoir fait l'éducation du fils de M. de Caumartin, maître des requêtes, conduisit son élève en Italie, après lui avoir fait parcourir les provinces méridionales de la France. On choisissait ordinairement pour surveiller les voyages d'instruction un ecclésiastique, ou du moins un précepteur qui en portait l'habit. Les résultats de ces pérégrinations pédagogiques ne pouvaient pas être aussi favorables qu'on l'espérait, pour former l'esprit d'un jeune homme et pour augmenter la somme de ses connaissances. Le marquis de Pezay regardait comme aussi dangereuse que ridicule la rage qu'on avait alors de faire voyager les jeunes gens à peine sortis du collége : « Tel écolier part en poste de Paris, dit-il à ce sujet, court vers le canal d'Utrecht, admire quelques marbres médiocres dans le jardin de Mme Termer, et n'a jamais regardé les statues des Tuileries, dont une seule vaut peut-être tous les trésors de la Hollande en ce genre. Tel autre n'a pas vu le cabinet du roi, et s'extasie à Bâle, chez Bernouilli l'apothicaire, devant six paires de moules, deux agates et un corail. Il faut au moins qu'un Français connaisse les proportions de la colonnade du Louvre, avant d'aller s'agenouiller devant les parvis de Saint-Pierre de Rome ou de Sainte-Sophie de Constantinople. »

Ces voyages d'instruction étaient plus profitables à la jeunesse, quand on se préoccupait surtout de chercher des spectacles nouveaux, dont la grande nature faisait tous les frais, lorsque les précepteurs conduisaient leurs élèves dans les Alpes ou dans les Pyrénées, même dans les Vosges ou dans le Jura, pour leur montrer ce qu'on voit rarement à Paris ou dans une ville de province : un beau lever, un beau coucher de soleil. Quelquefois on voyageait à pied dans les montagnes, la valise sur le dos et le bâton à la main, en herborisant, en étudiant la minéralogie, en s'occupant à l'histoire naturelle. J.-J. Rousseau, qui possédait à un si haut degré le sentiment de la nature, revient plus d'une fois, dans ses *Confessions*, sur le plaisir qu'il trouvait à faire des voyages pédestres, non dans un pays de plaines monotones, mais au milieu des sites sauvages d'une contrée montagneuse comme la Suisse : « J'aime à marcher à mon aise, dit-il, et à m'arrêter quand il me plaît. La vie ambulante est celle qu'il me faut. Faire route à pied, par un beau temps, dans un beau pays, sans être pressé, et avoir pour terme de ma course un objet agréable, voilà de toutes les manières de vivre celle qui est le plus de mon goût. » Mais, au moment où Rousseau quittait sa chère Suisse, qu'il avait parcourue en tous sens à une époque où elle ne recevait encore qu'un petit nombre de visiteurs, les voyages pédestres n'étaient pas aussi fréquents qu'ils le devinrent, lorsque la lecture de ses ouvrages rêveurs et philosophiques eut créé une nouvelle espèce de voyageur, qui existait et qui se multipliait, antérieurement à la vogue toute française du *Voyage sentimental* de Sterne, ce roman humoristique qui fit école dans la littérature des voyages. Rousseau, peu d'années avant sa mort, ne regrettait rien tant que ces voyages à travers les montagnes, dont il avait lui-même tracé l'itinéraire : « Je n'ai voyagé à pied, disait-il alors, que dans mes beaux jours, et toujours avec délices. Bientôt les devoirs, les affaires, un bagage à porter, m'ont forcé de faire le *Monsieur* et de prendre des voitures. Les soucis rongeants, les embarras, la gêne, y sont montés avec moi ; et dès lors, au lieu qu'auparavant dans mes voyages je ne sentais que le plaisir d'aller, je n'ai plus senti que le besoin d'arriver. »

La manie des voyages d'observation et d'impression, de ces voyages qu'on entreprend non-seulement pour voir et pour s'instruire, mais encore pour les écrire un jour, pour recueillir, dans des notes spontanées ou rédigées à loisir, tout ce qu'on a vu, tout ce qu'on a ressenti, tout ce qu'on a appris en route, cette manie, devenue fréquente au dix-huitième siècle, n'était pas seulement particulière à la France; on la retrouvait, et plus générale, dans tous les pays de l'Europe, notamment en Angleterre et en Allemagne. Mais les Français et même les Françaises, qui rapportaient de leurs voyages un carnet rempli de descriptions et de réflexions, qu'ils avaient hâte de voir imprimées (et Dieu sait quelle prodigieuse quantité de volumes cette manie a fait éclore!), ne faisaient que mieux ressortir la légèreté de leur caractère national. C'est de ses contemporains que Voltaire a pu dire avec raison : « Les voyageurs croient que tout l'univers a les yeux ouverts sur tous les cabarets où ils ont couché et sur leurs querelles avec les commis de la douane. » Il ajoutait ailleurs : « C'est surtout chez les voyageurs qu'on trouve le plus de mensonges imprimés. » Il prouvait, par une anecdote, le peu de cas qu'on devait faire des récits de la plupart des voyages. Un Allemand, ayant eu une petite difficulté, à Blois, avec son hôtesse, laquelle avait les cheveux un peu trop blonds, mit sur son album : « *Nota bene.* Toutes les dames de Blois sont rousses et acariâtres. » C'était peut-être une simple malice germanique, mais on peut, dans tous les cas, pardonner aux voyageurs de manquer d'impartialité et même d'intelligence, car, suivant la remarque spirituelle de Montesquieu : « Il y a beaucoup de gens qui paient des chevaux de poste, mais il y a peu de voyageurs. » J.-J. Rousseau, qui mieux que personne s'était rendu compte des qualités nécessaires pour bien voyager, disait aussi : « Il y a beaucoup de gens que les voyages instruisent moins que les livres... D'autres ne s'instruisent pas, parce qu'ils ne veulent pas s'instruire. Leur objet est si différent, que celui-là ne les frappe guère. C'est grand hasard si l'on voit exactement ce que l'on ne se soucie point de regarder. Le Français, plein de ses usages, confond tout ce qui n'y ressemble pas. »

On s'explique donc comment les Français, qu'ils eussent ou n'eussent pas voyagé, étaient d'une ignorance marquée sur la géographie et sur tout ce qui se trouvait en dehors du cercle restreint de leurs habitudes journalières. Ceux-là même qui avaient reçu de l'éducation n'avaient pas beaucoup plus de connaissances ethnographiques que les gens absolument dépourvus d'instruction élémentaire.

On rencontrait encore à Paris, avant la Révolution, un grand nombre de personnes qui n'avaient jamais quitté la capitale ou qui s'en étaient éloignées à peine de quelques lieues. « Il n'y a rien de si sot et de si neuf qu'un Parisien qui n'est jamais sorti des barrières, dit Néel, l'auteur facétieux du célèbre *Voyage de Paris à Saint-Cloud, par mer* (1760) : s'il voit des terres, des prés, des bois et des montagnes qui terminent son horizon, il pense que tout cela est inhabitable; il mange du pain et boit du vin à Paris, sans savoir comment croît l'un et l'autre. » Ces railleries n'étaient pas faites pour déconcerter l'imperturbable assurance des Parisiens, à qui les voyages n'auraient peut-être rien appris. « Malgré la facilité que procurent les chevaux de poste, écrivait Sébastien Mercier en 1782, tous ceux qui jouissent d'une certaine fortune voyagent peu : ils demeureront toujours, de préférence, au centre de la capitale, et la France leur sera presque inconnue. Ils se logeront à Paris, à Auteuil, ou le long des bords de la Seine et de la Marne. » Les Parisiens pouvaient ainsi circonscrire d'avance leurs voyages aux environs de Paris pendant la belle saison.

Quelques privilégiés cependant, ou quelques audacieux, se permettaient des excursions champêtres à des distances plus éloignées, et ces parties de campagne, qui duraient trois ou quatre jours et qui emportaient, à quinze ou vingt lieues de Paris, une joyeuse association d'amis ou de parents, faisaient époque dans la vie de ceux qui avaient payé les frais du voyage. On allait passer une ou deux journées de printemps, d'été ou d'automne, à Ermenonville, dont les merveilleux jardins égalaient, disait-on, les plus beaux parcs anglais; à Mortfontaine, où l'art avait multiplié les effets pittoresques du paysage; à Chantilly, où l'on visitait le château des princes de Condé et surtout leurs écuries, comparables aux plus magnifiques palais; à Fontainebleau, où l'on parcourait la forêt, après avoir admiré les splendeurs artistiques du château royal de François Ier et d'Henri II; à Montmorency, où l'on se donnait le luxe d'une promenade à âne au milieu des bois, et dans

Fig. 282. — Parc de Chantilly, appartenant aux princes de Condé.

les anciennes villes de l'Ile de France, où il y avait toujours à voir les curiosités locales, qui contrastaient et fournissaient un objet de comparaison avec tout ce qu'on avait vu depuis son enfance dans la capitale. Puis, au retour de ces excursions joyeuses, on en parlait longtemps dans les réunions de famille, et l'on se rappelait avec plaisir les épisodes amusants et souvent burlesques des seuls voyages qui devaient faire diversion dans toute une existence bourgeoise ou marchande.

Le peuple de Paris avait aussi ses petits voyages de plaisir, dans les beaux jours d'été et d'automne : il se rendait volontiers aux fêtes patronales des villages voisins, à Suresnes, à Pantin, à Gonesse, etc.; il allait aussi aux pèlerinages, à Sainte-Geneviève des Bois, à Larchant, à Argenteuil, etc., et tous les dimanches il se répandait, en habits de gala, dans les communes rurales, qui sont devenues des faubourgs de la capitale. Les artisans, après avoir achevé leur apprentissage, qui se prolongeait durant plusieurs années, ne manquaient pas de faire leur *tour de France* et de parcourir les provinces, en exerçant leur métier, jusqu'à ce qu'ils se fixassent dans une localité où ils devenaient *maîtres*, après avoir voyagé comme *compagnons*. Ces voyages se faisaient à pied, soit par groupes, soit isolément; et les jeunes ouvriers trouvaient à chaque étape, dans un centre de compagnonnage, l'accueil le plus fraternel. C'est ainsi que la plupart des membres de toutes les confréries et corporations d'arts et métiers avaient visité, dans leur jeunesse, une partie des provinces du royaume.

Les voyages du roi, assez rares en dehors des résidences royales ordinaires, comme Marly, Fontainebleau ou Compiègne, et motivés, tantôt par un départ pour l'armée, tantôt par la visite d'une province récemment conquise, étaient un grand événement pour les populations et donnaient lieu à des réjouissances de toutes sortes. Le voyage de Louis XV à Strasbourg est resté célèbre par la magnificence et la variété des fêtes dont il fut l'occasion, et dont le souvenir a été conservé par la gravure (voir pages 243, 455 et 461).

Quant à la noblesse, qui voyageait bien rarement hors de France, elle ne pouvait se dispenser de passer quelques mois dans ses terres, si elles n'étaient pas trop éloignées de Versailles, et si les intérêts d'une

Feu d'artifice sur l'Ill, à Strasbourg, en 1744.

position à garder à la cour ne lui défendaient pas de se faire oublier trop longtemps. Les nobles, d'ailleurs, possédant plusieurs châteaux et différents domaines, à de grandes distances les uns des autres, ne pouvaient les visiter que de loin en loin, et quelquefois n'avaient pas le temps d'y venir une seule fois en dix ou quinze ans. « Qu'une terre dans une province éloignée, dit l'auteur de *l'Ami des hommes*, tombe par héritage dans une grosse maison : toute une famille de gens de condition y vivait honnêtement, y élevait ses enfants et consommait ses revenus dans le pays. Au lieu de cela, à peine l'agent a-t-il de quoi s'entretenir, les chouettes s'emparent du donjon, les colimaçons, du jardin ; on coupe les bois, et le nouveau seigneur n'en est pas plus riche. » Le marquis de Mirabeau compare, à cette propriété abandonnée, celle que le seigneur avait prise en affection, et dans laquelle il fixait sa résidence annuelle à l'époque où les châteaux voisins étaient habités par leurs nobles possesseurs. Les terres « qui sont à portée ont l'honneur de voir le patron, » mais la présence du seigneur dans son domaine motivait des dépenses de luxe qui en absorbaient le revenu : le vieux château était restauré à la moderne ; on en changeait le mobilier ; on créait des potagers, des terrasses, des jardins, des serres, avec des plantes rares ; on creusait des pièces d'eau et des bassins à jets hydrauliques : les frais d'entretien absorbaient le produit des fermages, et les grandes chasses à courre, qui retenaient quelquefois jusqu'à l'hiver un grand propriétaire de terres et de bois, ne contribuaient pas moins à obérer sa fortune, de telle sorte qu'un voyage à sa maison des champs, comme il l'appelait par vanité, était dix fois plus coûteux que son séjour ordinaire dans son hôtel de Versailles ou de Paris. La magistrature mettait plus d'économie dans les voyages qu'elle faisait tous les ans pour passer sur ses terres le temps des vacances : les membres des parlements avaient aussi de vastes domaines héréditaires en province ; la grande affaire pour eux était de surveiller la culture des terres, de toucher les rentes des métairies, de se rendre compte de l'état des troupeaux, du résultat de la moisson, d'assister à la vendange, d'ordonner les coupes de bois dans les forêts, de présider enfin à tous les travaux de la campagne : là, pour toute distraction, quelques assemblées de voisins, quelques dîners d'apparat, des parties de pêche et de chasse, mais sans aucun étalage de livrées et de chiens. Les grands propriétaires prenaient la poste, pour aller dans leurs résidences des champs et pour en revenir, à la fin des vacances ; beaucoup d'autres, moins riches ou plus parcimonieux, se contentaient de la diligence, qu'on nommait le *carrosse*, et qui offrait, à moins de frais, une manière de voyager plus pénible, plus longue et plus périlleuse.

Les personnes riches qui ne voyageaient pas ou qui n'aimaient pas les voyages, avaient donc les meilleures raisons du monde pour éviter les inconvénients et les dangers d'une villégiature en province : elles ne couraient pas le risque de verser dans des fondrières, de rester embourbées dans des chemins affreux, de s'arrêter dans de détestables auberges ; elles n'avaient pas à craindre de rencontrer en route un mauvais souper, un mauvais gîte, une bande de voleurs. Elles préféraient se donner, autant que possible, le plaisir de la campagne, sans s'éloigner guère de Paris. « Le plus grand nombre des gens opulents, riches ou commodes, dit l'auteur anonyme des *Numéros* (1782), va dans les villages contigus ou voisins de Paris, comme Auteuil, Passy, Saint-Cloud, Sèvres, Nogent, Vincennes, Saint-Maur, Villejuif. Ceux qui ont de grands moyens occupent de magnifiques maisons isolées, dont l'extérieur est décoré de la plus belle architecture et l'intérieur meublé avec toute la richesse et le goût imaginables. Ces maisons sont entourées de parcs, de jardins bien peignés, bien léchés, bien symétriques, où il n'y a absolument rien d'agreste. Les gens dont les facultés sont plus resserrées ont des maisons dans les villages, avec de petits jardins ou plutôt des basse-cours arborisées, et ne voient pas plus les champs que s'ils étaient logés dans la rue Saint-Denis ou dans la rue Saint-Honoré... Les uns et les autres tiennent le même état, voient à peu près le même monde, mènent la même vie, que dans le sein de Paris... Ils veulent absolument trouver la campagne dans un circuit où l'art a chassé de partout la nature. » Cependant l'art de composer des jardins avait fait des progrès incontestables, et l'on pouvait, dans un espace de terrain peu étendu, appliquer l'ingénieuse théorie du marquis de

LE DÉJEUNER DE CHASSE;

D'APRÈS CARLE VANLOO (MUSÉE DU LOUVRE).

Ce tableau est de l'époque la plus caractéristique du règne de Louis XV, et donne de la société d'alors une représentation des plus attrayantes.

Tout y est jeune, galant, aimable. Les femmes y trônent, mais descendues des nuages de l'Olympe, sur lesquels il était de mode de les représenter dans la première partie du siècle. Ces amazones en panier déjeunent de viandes de haute boucherie, et l'on sable les vins de France que la mule bayonnaise a apportés. Le laquais, le nègre africain qui rehausse si fort la livrée, s'empressent. Il ne s'agit plus des chasses au faucon, à l'épervier, des *damoiselles* du moyen âge. Tout l'équipage est celui d'une chasse au cerf, le *laisser courre* ou la *chasse par force*. Voilà les piqueurs et les limiers qui entendent si bien leur langage. Voilà Miraut : *hau ribaut, hau l'ami, tau tau après, après, à route, à route, à route, à lui. Hourvari, mon valet. Hau l'ami, hau, lau, lau, lau.* — Enfin voilà le fusil; on peut rencontrer le sanglier.

Par Urrabieta.
Impr. lith. de Firmin-Didot frères, fils et Cie.

Girardin « sur la composition des paysages. » C'était surtout dans certaines propriétés voisines de Paris ou même enfermées dans ses murs, que la création des jardins anglais et pittoresques avait englouti des sommes énormes : ce qui fit donner le nom de *folies* à ces simulacres

Fig. 283. — Hallali de chasse; d'après Desportes.

de campagne, tels que la *folie-Beaujon*, appartenant au banquier Beaujon ; la *folie-d'Orléans*, qui n'était autre que le parc de Monceau ; et la *folie-Brunoy*, où le marquis de Brunoy, dix fois millionnaire, parvint à se ruiner entièrement. Joseph de la Borde, fermier général et banquier de la cour, avait fait plus : il voulut prouver qu'on pouvait avoir, à dix lieues de Paris, des rochers, des cascades et des forêts de sapins, ainsi que dans les Alpes : il dépensa plus de trente millions, en pleine Beauce, pour construire la *folie-Méréville*, et il disait à ses hôtes, qu'il y avait amenés dans des équipages attelés de six chevaux : « Messieurs, nous sommes en Suisse, et nous allons traverser le pont du Diable, jeté au-dessus d'un torrent et d'un précipice, pour arriver au temple de marbre que j'ai fait bâtir en l'honneur de l'Amitié. »

Les voyages en diligence, en chaise de poste, en voiture, en messagerie, n'étaient pas toujours favorisés par l'état des routes royales, qui devenaient plus impraticables à mesure qu'elles s'éloignaient de Paris. Ces routes avaient été faites ou réparées avec le concours des corvées, mais leur entretien laissait partout à désirer, malgré les travaux qu'on y exécutait, par ordre des intendants de provinces, en imposant aux populations certain nombre de journées d'hommes et de charrois. Ces travaux, exécutés à la hâte et presque sans contrôle, n'offraient pas les conditions nécessaires de solidité et de durée. On n'avait pas d'ailleurs changé de système dans la confection des routes, qui se composaient d'une grande voie, occupée au centre par une chaussée étroite en dos d'âne, et côtoyée par des plantations d'arbres de haute futaie, qui formaient à droite et à gauche une allée couverte. Mais, la chaussée n'ayant pas une largeur suffisante pour que deux voitures s'y rencontrassent à la fois, une des deux voitures qui se suivaient ou qui marchaient en sens contraire devait quitter le pavé, pour laisser le passage libre à l'autre. Il en résultait de continuels accidents : tantôt les deux voitures se heurtaient, en cherchant à s'éviter mutuellement ; tantôt l'une d'elles se trouvait emportée par son poids et culbutée, au moment où les roues s'enfonçaient dans le sable ou dans la boue, en descendant de la chaussée. Celle-ci était envahie ordinairement par de lourdes charrettes, traînées par un grand nombre de chevaux, que leurs conducteurs, armés de longs fouets, ne parvenaient pas à faire changer de direction. Ce n'est pas tout : les pluies d'orage creusaient des ravines au milieu des routes et y laissaient subsister des bourbiers profonds, où les voitures de voyage allaient se précipiter, en temps de brouillard ou pendant la nuit. Louis XVI, en supprimant les corvées (1776), avait décidé que la confection des grandes routes et leur entretien s'exécuteraient aux frais de l'État ; mais les propriétaires du sol que traversaient les routes réclamèrent au nom du droit féodal, et le système des corvées fut maintenu pour le service de la voirie, jusqu'à l'établissement de l'administration des ponts et chaussées. Quant aux voies secondaires, qu'on a nommées depuis *chemins vicinaux*, elles étaient, avant la Révolution, dans un tel délabrement, que la plupart semblaient absolument inaccessibles aux voitures.

Ce n'était pas encore là le principal obstacle des voyages à l'intérieur du royaume. On redoutait, avec raison, de passer la nuit dans les auberges, et l'on ne voyageait presque jamais la nuit, par crainte des accidents de voiture et des mauvaises rencontres. Rien n'était si fréquent que l'attaque d'une diligence ou d'une malle-poste par les voleurs. On citait même certaines routes où ces arrestations nocturnes avaient lieu plus ordinairement qu'ailleurs, par exemple à la montée de Juvisy, à celle de Tarare, etc. Les malfaiteurs choisissaient l'instant où la voiture gravissait lentement la côte et se trouvait livrée à leur merci, sans espoir d'échapper, grâce au courage et à l'adresse du postillon, qui ne pouvait faire prendre le galop à son attelage. Les auberges situées dans des endroits isolés étaient aussi redoutées que les attaques de vo-

Fig. 284. — Une Auberge.
(Tiré des *Routes de France*.)

leurs; ces auberges ne justifiaient pas toujours leur fâcheuse réputation, mais, en général, elles n'offraient aucune ressource aux voyageurs qui s'y arrêtaient par force majeure et qui n'y obtenaient pas même à souper. La plupart, mal closes, malpropres, inhabitables, ne présentaient que trois réduits infects : l'écurie, la cuisine et la chambrée. Cette chambrée était une sorte de dortoir, contenant un nombre de lits ou de grabats, où couchaient pêle-mêle l'aubergiste et ses valets, ainsi que les voyageurs que leur mauvaise étoile avait amenés dans ce coupe-gorge. De là les effrayantes histoires, accompagnement traditionnel de toute espèce de voyage pendant lequel il fallait coucher à l'auberge.

Les voyages par eau étaient moins dangereux, disait-on, car les voyageurs couchaient dans le coche, où ils avaient payé leur passage ; mais ces voyages n'étaient ni plus rapides, ni plus confortables. On ne trouvait, sur les coches d'eau qui descendaient les fleuves et qui les remontaient à l'aide de chevaux, aucune des commodités de la vie des citadins. Les voyageurs, à quelque condition qu'ils appartinssent, étaient entassés dans une cabine basse, obscure et puante, où chacun avait de la peine à se pourvoir d'un siége et à le garder durant la traversée. Il fallait donc renoncer à dormir couché, pendant deux ou trois nuits, et si l'on n'avait pas eu la précaution de prendre avec soi les aliments nécessaires, on risquait fort de jeûner, et dans tous les cas on était très-mal nourri. Le patron du bateau, ayant égard à la qualité de ses passagers ordinaires, n'avait songé qu'à les empêcher de se plaindre de la soif. Au reste, les coches d'eau n'étaient fréquentés que par les gens du peuple et de la campagne, par les ouvriers et les petits marchands. Leur départ avait lieu tous les trois jours, du quai des Célestins où était leur bureau, et ils desservaient toutes les villes situées sur les bords de la Seine jusqu'à Montargis, sur les bords de la Marne jusqu'à Châlons, et sur les bords de l'Yonne jusqu'à Auxerre. Ils partaient aussi tous les deux jours pour Rouen, où ils communiquaient avec les bateaux du Havre. Le poëte Bertin, dans son *Voyage de Bourgogne*, en prose et en vers, nous donnera un curieux tableau du coche où il s'était embarqué, au quai Saint-Paul, pour remonter la Seine jusqu'à Montereau (septembre 1774) : « L'entre-pont est occupé par des moines, des soldats, des nourrices et des paysans, et je crois être à bord de ces navires chargés d'animaux destinés à peupler quelques terres nouvellement découvertes, et de toute espèce. Celui qui, parmi nous, s'intitule le *patron*, a sa cabane près du gouvernail. L'antre de la vivandière n'est pas loin, et ce qui n'est point plaisant pour les malheureux qui n'ont point fait leur provision, c'est que la cuisine n'est séparée de ce qu'on nomme à bord les *bouteilles*, que par une cloison. Le tillac est embarrassé de cordages, et d'ailleurs le temps ne nous permet pas de nous y promener. On n'a pour ressource que six espèces de cahutes, enviées et sollicitées comme un gros bénéfice. » Bertin décrit ensuite avec beaucoup de couleur la manière de haler le coche pour remonter le courant : « A propos de coursiers, dit-il, j'ai oublié de te dire que nous en avions quatre assez vigoureux pour nous traîner. Ils tirent, le long du rivage, une corde attachée au grand mât, et ce sont là nos vents les plus favorables. La galiote prend ordinairement ses zéphirs dans le Limousin. Cette manœuvre grotesque m'offre de temps en temps un spectacle digne du pinceau de Vernet. Les

Fig. 285. — Le *Coche d'eau*, sur la Seine; d'après Perronet.

chevaux s'arrêtent quelquefois, la corde traîne et disparaît sous les flots : qu'un coup de fouet bien appliqué les remette alors au grand trot, la corde se relève et semble courir sur l'onde jaillissante, comme le feu sur une traînée de poudre, et vous la voyez se tendre en frémissant. » Cette lente et monotone traversée se termine par la peinture d'une nuit épouvantable, où l'on voit les hommes et les femmes étendus pêle-mêle sur des bancs dans l'entre-pont, les dragons jurant et buvant tour à tour, et Morphée ne répandant ses pavots que sur les ivrognes.

Une nuit passée en diligence n'était pas souvent plus réjouissante : un voyage de deux cents lieues ne s'effectuait jamais sans accidents, dont le moindre était de verser. Le *carrosse de voiture*, comme on l'appelait au dix-septième siècle, était une énorme voiture, en bois chevillé de fer, à quatre roues et à brancards, longue de sept pieds et large de cinq, pouvant contenir huit ou dix personnes assises au pourtour, sur les deux sièges du fond, ainsi que sur ceux placés contre les portières. Ces portières ne pouvaient s'ouvrir qu'autant que les siéges étaient relevés ; elles n'étaient pas garnies de glaces, comme les berlingots de ville, mais on se garantissait du vent, de la pluie et de la poussière, avec des rideaux de cuir. On surchargeait tellement de bagages, de malles et de porte-manteaux, le dessus de la voiture, qu'il ne fallait pas moins de huit chevaux pour la faire avancer dans les mauvais chemins. Plus tard, les voitures de voyage furent encore agrandies et alourdies ; on les nomma *gondoles*, et l'on y ménagea douze places, en divisant la voiture en deux compartiments, dont le second s'ouvrait par derrière. Les places étaient si pressées que, suivant l'expression de Mercier, « chacun redemande sa jambe ou son bras à son voisin, lorsqu'il s'agit de descendre. »

Quand il avait été question de confier à l'État l'entretien des routes, moyennant le paiement d'une redevance spéciale, le ministre Turgot, qui avait organisé le projet de réforme, fit concéder le privilége des messageries à une société de capitalistes qui payèrent au roi des droits considérables. Ce fut la ruine d'une foule d'entreprises de petits carrosses, qui desservaient toutes les routes et qui ne purent soutenir la concurrence des nouvelles diligences, qu'on appela *turgotines*, voitures monstrueuses, attelées de maigres chevaux qui paraissaient prêts à rendre leur dernier souffle sous le fouet du postillon.

Les grandes voitures de voyage, à quatre roues, dont se servaient les particuliers pour déplacer toute une famille avec des bagages devant et derrière, ressemblaient beaucoup aux coches publics, que les *turgotines* avaient remplacés. La caisse de ces voitures était aussi trèslourde, fort élevée au-dessus des brancards, toujours branlante, à cause de la grossière fabrication des ressorts, auxquels on ajoutait des courroies pour maintenir l'équilibre de cette caisse, éclairée par trois ou quatre petites fenêtres ou vasistas, ouverts dans le haut des panneaux du milieu ; on ne pénétrait pas sans peine, par une étroite portière, dans l'intérieur du coffre, en se hissant presque à la hauteur des roues, au moyen d'un marchepied en forme d'échelle. Il ne fallait pas moins de cinq ou six chevaux pour courir la poste avec ces voitures de famille qui faisaient deux lieues à l'heure, quand il n'y avait pas de temps d'arrêt.

Les voitures affectées au service des postes, sous l'administration des fermiers généraux, contrastaient singulièrement avec la richesse de cette administration. C'étaient de véritables charrettes, à deux roues, portant sur les brancards, et couvertes d'une toile goudronnée soutenue par des cerceaux. On y entassait des malles de bois ou de cuir contenant les lettres et les paquets, sous la surveillance du courrier qui distribuait ces malles sur son passage. Il n'y avait que vingt-sept courriers pour toute la France, lesquels devaient, chacun recevant mille livres par an, fournir les voitures, dites *malles-charrettes*, dont l'administration payait seulement les frais de poste. Les courriers pouvaient, comme compensation, avoir un voyageur avec eux et transporter quelques

Fig. 286. — Le *Panier*, coche de terre ; *fac-simile* d'après Rigaud.

petits colis à leur usage. Cet état de choses, tout à fait primitif et insuffisant, ne fut modifié qu'en 1790, lorsqu'on enleva l'administration des postes aux fermiers généraux. Au reste, le voyage par la malle, à cette époque, était plus sûr, moins coûteux et plus prompt que le voyage en chaise de poste. Le courrier avait pour son voyageur toute espèce de prévenances et de bons procédés. Il en était de même du voyage par le coche, avant l'établissement des grandes messageries. Le cocher ou le messager devenait naturellement le patron des personnes qu'il avait à conduire dans sa voiture : il les entourait de petits soins, et se préparait ainsi de bons pourboires.

On ne saurait se faire une idée du nombre de voitures de toute espèce, voitures publiques à prix fixé ou voitures de louage, qui desservaient les environs de Paris, pendant tout le dix-huitième siècle, lorsque la cour résidait à Versailles et que les innombrables châteaux, anciens et modernes, qui existaient alors dans un rayon de trente lieues autour de la capitale, étaient habités par la noblesse et la finance, surtout à l'époque des chasses. Cependant la route de Versailles était interdite aux charrettes, aux fourgons, aux cabriolets, et même aux fiacres vides. Outre cette multitude de véhicules plus ou moins barbares et incommodes, on faisait grand usage de la galiote ou du coche, pour aller à Saint-Cloud tous les jours, et à Fontainebleau quand la cour y était. On payait deux livres dix sols par personne dans le coche royal de Fontainebleau, et seulement cinq sols dans la galiote de Saint-Cloud. Il est impossible d'imaginer la quantité de personnes de toute espèce qui avaient besoin de se transporter chaque jour à Versailles, où la plupart des administrations publiques entretenaient des rapports journaliers avec les ministères et la maison du roi. « Versailles est le pays des chevaux, écrivait Mercier au milieu du règne de Louis XVI ; on en voit de toutes parts des troupeaux nombreux. Les écuries des princes rivalisent avec celles du monarque ; malgré les réformes, on y voit presque autant de chevaux que d'hommes. » Cependant les habitués de Versailles ne se souciaient pas de fatiguer leurs propres chevaux (car le luxe des beaux chevaux était général, à l'imitation des modes anglaises), pour faire le trajet de Versailles à Paris. On louait donc des rosses, maigres, efflanquées, qu'on nourrissait de foin exclusivement, et qui, en moins de trois heures, faisaient le voyage de Versailles, aller et retour, avec une heure d'arrêt pour donner au voyageur le temps de visiter les bureaux et de voir le ministre ou les commis. La location de deux de ces chevaux de fatigue, qu'on appelait des *enragés*, ne coûtait que vingt-quatre francs.

Mais les voitures les plus en usage sur la route de Versailles étaient le *carabas* et le *pot-de-chambre*, dont le nom caractéristique se changea en celui de *coucou*. Le carabas se composait d'une longue cage d'osier montée sur soupente, à quatre ou six roues, pouvant renfermer vingt à vingt-quatre personnes, et traînée majestueusement par six chevaux qui ne parvenaient pas sans peine à faire quatre lieues en six heures et demie. Le pot-de-chambre marchait plus vite, quoiqu'il fût fabriqué pour contenir cinq voyageurs et qu'il en admît quelquefois neuf ou dix entassés les uns sur les autres. Cette hideuse voiture était une caisse ouverte par devant, reposant sur deux grandes roues, et offrant deux banquettes mal rembourrées à six victimes, que l'impitoyable cocher y faisait entrer de vive force, sans se préoccuper de leur embonpoint plus ou moins formidable. C'étaient les premiers venus qu'on appelait les *singes;* ceux qui venaient ensuite devaient se contenter d'être assis, avec le cocher, sur la banquette de bois qu'on rabattait devant le tablier qui fermait la voiture : on les nommait *lapins;* et tous ces infortunés,

Fig. 287. — Le *Carabas* sur la route de Versailles ; *fac-simile* d'après Rigaud.

qui payaient douze sous par personne le supplice d'être cahotés pendant deux heures sur le pavé du roi, sortaient de là moulus, brisés, glacés ou tout en sueur, selon la saison, blancs de poussière ou couverts d'éclaboussures. Ces abominables voitures avaient pourtant le privilége de rouler sur la route de Versailles à toute heure, et de se croiser sans cesse avec les voitures de la cour. *Lapins* et *singes*, qui parfois se rendaient, en ce piètre équipage, à l'audience d'un ministre ou d'un premier commis, avaient à subir les railleries et les éclats de rire des laquais et des cochers poudrés, qui les toisaient du haut des carrosses dorés et armoriés. Heureux quand les voyageurs du pot-de-chambre avaient pu échapper à un de ces gros hommes qui prenaient à eux seuls la place de trois personnes ! On racontait qu'un *singe*, aussi malin que le comportait son surnom, avait mis en fuite un corpulent chanoine, en l'effrayant par des grimaces grotesques, et en disant tout haut qu'il n'était pas encore bien guéri, après avoir été mordu par un chien enragé. Ainsi le pot-de-chambre de Versailles ne le cédait pas en confortable à la carriole de Chantilly, dont le poète Jean-François Guichard faisait cette description prosaïque, en 1760 : « Une charrette surmontée de quelques faibles cerceaux pour soutenir un gros drap de toile jaune et une couverture de surcroît, huit tabourets de paille assez mal assurés, et une échelle pour y arriver. »

Fig. 288. — Le Char à bœufs.
(Tiré de *Mon Odyssée, ou Journal de mon retour de Saintonge*,
par Robbé de Beauveset, 1760 ; dessins de Desfriches,
gravés par C. Cochin.)

CHAPITRE DIX-NEUVIÈME

LE COSTUME ET LES MODES

Le costume à la fin du règne de Louis XIV. — La *fontange*, les *andriennes* et les *falbalas*. Les paniers. — Les mouches. — Costume des hommes. — Habits de cour. — Le costume bourgeois. — Le costume populaire. — Les cannes et les éventails. — La chaussure. — Barbiers et coiffeurs. — Variété et hauteur exagérée des coiffures sous Louis XVI. — Les modes anglaises à la veille de la révolution.

ANS la sixième édition des *Caractères* (1691), la Bruyère prononçait, en quelque sorte, l'oraison funèbre des modes du dix-septième siècle : « Une mode a à peine détruit une autre mode, qu'elle est abolie par une plus nouvelle, qui cède elle-même à celle qui la suit et qui ne sera pas la dernière ; telle est notre légèreté. Pendant ces révolutions, un siècle s'est écoulé, qui a mis toutes ces parures au rang des choses passées et qui ne sont plus. » La Bruyère aurait dû ajouter que la mode, comme le phénix, se transformait sans cesse dans un rajeunissement perpétuel. Il pouvait dire aussi que la mode avait établi son empire en France plus que partout ailleurs, et que cette reine toute-puissante tenait sous sa loi le monde entier. On s'en aperçut bien au dix-huitième siècle, qui fut véritablement le grand siècle de la mode française.

Les moralistes et les philosophes, qui prétendaient être les oracles de ce siècle-là, n'osèrent pas trop protester contre les exagérations et les folies de la mode, qu'ils regardaient comme un mal nécessaire, sinon inévitable. L'imitateur de la Bruyère, l'avocat Alleaume, disait dans la *Suite des Caractères* : « Les fols donnent cours aux modes; les sages n'affectent pas de s'en éloigner. Si ridicules que puissent être certaines modes, il est encore plus ridicule de s'en écarter. » Le grave Montesquieu, dans son *Esprit des lois*, tout en reconnaissant que « les modes tirent leur source de la vanité, » n'avait pas eu le courage de les blâmer, ni de vouloir les proscrire, d'autant plus qu'il les considérait comme utiles au commerce d'une nation. Plus tard, Jean-Jacques Rousseau ne fut pas aussi indulgent pour les modes et pour les femmes, qui en faisaient leur principale préoccupation : « L'abus de la toilette n'est pas ce qu'on pense, disait-il, pour se donner le plaisir de contredire Montesquieu : il vient bien plus de l'ennui que de la vanité. » Cependant il avait constaté que « les parures ruineuses sont la vanité du rang et non de la personne, puisqu'elles tiennent uniquement au préjugé. » Il avouait aussi que, parmi les femmes, « il y a des figures qui ont besoin de la parure; » mais il ajoutait d'un ton dogmatique : « Il n'y en a point qui exigent de riches atours. » Buffon, au contraire, prit ouvertement la

Fig. 289. — Costume; *fac-simile* d'après une eau-forte de Watteau.

défense de la mode, et n'hésita pas à déclarer que « l'habillement est une partie de nous-mêmes. » Voltaire ne se montra pas moins indulgent pour la mode; mais comme il la voyait, de sa nature, essentiellement changeante, il voulut nier qu'elle méritât de s'attribuer le privilége du goût : « Le goût, disait-il dans les *Questions sur l'Encyclopédie*, est arbitraire dans plusieurs choses, comme dans les étoffes, dans les parures, dans les équipages, dans ce qui n'est pas au rang des beaux-arts ; alors il mérite plutôt le nom de fantaisie. C'est la fantaisie plutôt que le goût qui produit tant de modes nouvelles. » Fantaisie ou goût, la France en eut presque le monopole, dans les

Fig. 290. — Costume; *fac-simile* d'après une eau-forte de Watteau.

choses de la mode, durant tout le dix-huitième siècle ; ce qui fut très-ingénieusement caractérisé par une fameuse caricature du temps de Louis XVI, dans laquelle tous les peuples de l'Europe avaient été représentés avec leurs costumes nationaux. Le Français seul était nu, tenant sous le bras un paquet ficelé qui portait cette inscription : « Comme celui-ci change de goût et de mode à chaque instant, nous lui avons donné son étoffe pour l'employer à sa guise et s'habiller comme il voudra. »

Cependant la mode avait été, pour ainsi dire, exilée de la cour, pendant les vingt dernières années du règne de Louis XIV ; elle s'était réfugiée, il est vrai, dans les classes financières et même dans la riche bourgeoisie, où les lois somptuaires ne lui faisaient plus la guerre. Ces lois somptuaires, souvent renouvelées et remises en vigueur depuis 1660 jusqu'en 1704, n'avaient été, dans la pensée de Colbert, qu'un moyen détourné de protéger la fabrication française contre la concurrence des fabriques étrangères, ces lois somptuaires interdisant surtout les étoffes et les objets de luxe, tels que les dentelles d'Angleterre et des Pays-Bas, que la contrebande se chargeait d'introduire dans le royaume. Au reste, quel que fût le but politique de ces lois somptuaires, elles n'étaient jamais observées, du moins rigoureusement, et elles tombaient bientôt en désuétude, si ce n'est quand l'interdiction portait sur les étoffes d'or et d'argent. L'ordonnance de 1704 fut donc la dernière qui ait essayé de réglementer la parure des femmes, et il faut ensuite sortir de France, pour retrouver des ordonnances contre le luxe de la toilette, ordonnances aussi peu exécutées à l'étranger qu'elles l'avaient été en France à des époques antérieures.

Le costume des hommes et des femmes, à la cour, avait subi des modifications successives et très-caractéristiques, depuis que la prédominence morale de Mme de Maintenon s'était fait sentir autour du roi. Le plus grand changement et le plus général consistait dans les nuances des vêtements, qui prenaient un aspect plus sévère et plus monotone : aux couleurs éclatantes et bariolées avaient succédé des couleurs sombres, brunes et uniformes. Mme de Maintenon semblait s'être vouée à porter un habit de pénitence, car elle s'entourait ordinairement la tête d'une ample coiffe noire ; mais, comme les habits de deuil étaient insupportables au roi, elle devait se borner à n'employer pour sa toilette que des étoffes unies, de teinte foncée, ce qui donnait à son habillement, toujours très-simple et très-modeste, un air monacal, auquel ne correspondaient que trop sa tenue, ses manières et sa physionomie. Toutes les dames de son âge se faisaient un devoir de l'imiter et de s'habiller comme elle ; mais les jeunes protestaient de leur mieux contre ces innovations austères, en maintenant les droits imprescriptibles de la mode. C'est ainsi qu'elles avaient conservé pour coiffure la fontange, inaugurée vers 1680, mais elles n'avaient pas cessé de la modifier et de la varier de mille manières. « Les fontanges, dit malignement Saint-Simon dans ses *Mémoires*, étaient un bâtiment de fil d'archal, de rubans, de cheveux et de toutes sortes d'affiquets, de deux pieds de haut, qui mettaient le visage des femmes au milieu du corps. Pour peu qu'elles remuassent, le bâtiment tremblait et mena-

Fig. 291. — Femme en costume du temps de Louis XIV, et coiffée de la *fontange*, montant en chaise à porteurs; *fac-simile* d'après une estampe du temps.

çait ruine. » C'est là, en effet, ce que la fontange était devenue, après avoir été un simple nœud de ruban, attaché sur le front pour soutenir les cheveux ramassés au sommet de la tête. La fontange perfectionnée se composait de morceaux de toile gommée, roulés en tuyaux d'orgue et destinés à soutenir tout ce qu'on voulait y ajouter de nœuds, de rubans, de plumes et de pierreries. Cet édifice de tête s'appelait *commode*, et les objets divers qu'on y accrochait avec des épingles pour former la fontange avaient les noms les plus bizarres : la *duchesse*, le *solitaire*, le *chou*, le *collet*, le *mousquetaire*, la *palissade*, la *souris*, etc. « La souris, dit un valet dans la comédie de Régnard intitulée : *Attendez-moi sous l'orme* (1694), est un petit nœud de nonpareille qui se place dans le *bois*. Notez qu'on appelle *petit bois* un paquet de cheveux hérissés qui garnissent le pied de la fontange bouclée. »

Cette mode des fontanges avait duré près de dix ans, tout un siècle pour une mode, lorsque Louis XIV, à qui ces grandes coiffures déplaisaient depuis longtemps, se prononça contre elles, le 23 septembre 1699, comme le marquis de Dangeau l'a consigné dans son Journal historique. Les princesses et les dames de l'entourage obéirent sur-le-champ au désir du roi; quelques-unes, les plus âgées surtout, résistèrent, mais l'exemple de la vieille reine d'Angleterre décida la chute des fontanges : « Les pyramides tombèrent avec une rapidité surprenante, dit Saint-Simon, et le même jour, de l'extrémité du haut, les femmes se jetèrent dans l'extrémité du bas. » On ne porta plus que des coiffures plates ou du moins peu élevées.

Mme de Maintenon avait été la première à employer les falbalas et même à en abuser; car ces bandes d'étoffe plissée, tailladée et bouillonnée, qui se promenaient sur toutes les parties de la jupe et des manches, donnaient au vêtement une ampleur et une indécision flottante, sous lesquelles les imperfections de la taille et de la démarche se dissimulaient aussi bien que les perfections de la beauté physique. L'impertinent valet de la comédie de Regnard, *Attendez-moi sous l'orme*, n'épargnait pas plus les falbalas que les fontanges : « Les femmes de Paris, disait-il, n'inventent point de modes qui ne servent à cacher quelque défaut. Falbala par haut pour celles qui n'ont point de hanches; celles qui en ont trop le portent plus bas. Le col long et la gorge creuse ont donné lieu à la *squinquerque* (cravate), et ainsi du reste. » Mais les falbalas tinrent bon plus longtemps que les fontanges, qui, abandonnées à Versailles en 1699, ne disparurent tout à fait à Paris qu'après la régence. Quant aux falbalas, ils ne furent jamais mis de côté, ni même dédaignés; ils reprenaient la vogue de moment à autre, avec une telle folie, qu'un caricaturiste de la régence imagina de représenter une femme enveloppée de falbalas, qui la faisaient ressembler à une dinde secouant ses plumes et dressant sa crête. On entendit alors répéter, dans les carrefours, une chanson populaire sur la *dinde aux falbalas*. Eh bien! malgré la chanson et la caricature, les falbalas restèrent à la mode et ne firent que se multiplier pour les garnitures de robes et de manteaux.

L'abandon presque immédiat d'une mode en faveur résultait quelquefois de la circonstance la plus insignifiante : tantôt c'était la cour qui faisait loi, tantôt c'était la ville. Ainsi les robes retroussées sur le devant avec des nœuds de rubans, comme les rideaux d'une fenêtre, de manière à mettre en évidence une riche jupe faite d'étoffe différente et ornée de bandes circulairement superposées, ne cessèrent pas d'être portées dans les costumes de cour, quoique les élégantes de Paris eussent changé la mode, en adoptant les *andriennes* à la place des

Fig. 292. — Femme en chaise roulante (règne de Louis XIV); *fac-simile* d'après Rigaud.

robes retroussées, depuis la représentation de la comédie de Baron, l'*Andrienne* (6 novembre 1703), où l'actrice en vogue, la demoiselle Marie Carton Dancourt, s'était montrée pour la première fois avec une robe ouverte, longue et volante. On comprend que ce genre de robe était un peu trop sans gêne pour la cour de Louis XIV et de Mme de Maintenon. D'ailleurs, les étoffes de brocard à fleurs et à grandes arabesques, qu'on employait exclusivement pour les costumes de cour, auraient eu trop de raideur et de pesanteur pour des *andriennes*, qui devaient être façonnées en taffetas ou en satin léger, que le moindre mouvement faisait onduler en plis gracieux. Sans doute, les jeunes princesses et les dames de leur âge, encouragées par l'exemple de la petite duchesse de Bourgogne, se révoltaient souvent contre les vieilles modes et ne se privaient pas tout à fait de suivre les nouvelles, qui venaient de Paris, mais ce n'était pas dans les circonstances d'apparat, où l'étiquette imposait aux plus rebelles son inflexible tyrannie.

Le roi lui-même, si absolu qu'il fût en toute chose, avait dû se soumettre, à certains égards, aux exigences de la mode. Il gardait ses énormes perruques, lorsque la dimension et la forme des perruques changeaient autour de lui. Ce changement presque général était le résultat de la poudre d'amidon odoriférante que les hommes avaient admise dans leurs cheveux postiches. Cette fois ce furent les vieux qui donnèrent la mode aux jeunes. On ne portait plus que des perruques poudrées, fussent-elles blondes ou noires. Louis XIV se prononça d'abord contre la poudre avec beaucoup de vivacité, mais on lui fit entendre que l'usage de la poudre avait pour résultat d'égaliser tous les âges et d'adoucir l'expression du visage, que la perruque noire rendait dure et sinistre. Louis XIV se laissa persuader, et finit par souffrir qu'on poudrât ses perruques. Il n'en changea pas la forme cependant, bien que les seigneurs de la cour eussent, à la faveur de la poudre, inauguré différentes espèces de perruques : la *cavalière*, pour la campagne ; la *financière*, pour la ville ; la *carrée*, l'*espagnole*, etc. On porta même des perruques de crin, dont la frisure pouvait braver les intempéries de l'air. Mais la poudre était l'attribut des petits maîtres, qui ne sortaient pas de chez eux sans faire poudrer même leur justaucorps. Il n'y avait plus que des têtes blanches, même parmi les blondins, et un courtisan osait dire à Louis XIV : « Tout le monde veut être vieux pour être sage. » La poudre favorisa la diminution des perruques, et l'on vit paraître les premières chevelures naturelles, poudrées et pommadées, qui se relevaient derrière le cou au moyen d'un ruban noir et se renfermaient dans des bourses en filet, garnies de crin, qu'on faisait retomber sur le collet de l'habit.

Les vertugadins du seizième siècle avaient reparu, d'abord à la cour, sous le nom de *paniers*, et ils semblaient très-favorables à l'extension des jupes et des robes, qui s'arrondissaient, en s'élargissant par le bas, sur cette espèce de moule composé de cercles ou de cerceaux en baleine, en jonc ou en bois léger. Les paniers, qui n'avaient encore rien d'exagéré, donnaient de la majesté à l'habit de cour et de la grâce aux queues traînantes des robes ; mais les femmes de la finance et de la bourgeoisie ne se furent pas plutôt emparées de la nouvelle mode qu'elles ne s'arrêtèrent plus dans l'excès. Les paniers prirent des proportions monstrueuses, qui, suivant l'expression d'un satirique, firent ressembler les petites femmes à des boules et les grandes à des cloches. Les cerceaux ou *criardes* n'étaient pas faits pour détrôner les falbalas et les volants ; on les multiplia, au contraire, et on en garnit robes, jupes et manteaux à profusion. La critique et la caricature se liguèrent en vain pour faire disparaître une mode qui ne laissait pas que d'être gênante dans les spectacles, dans les salons, dans les promenades et surtout dans les voitures. Mais les femmes ne cédèrent point à cette coalition, hostile aux paniers, qu'elles avaient généralement adoptés et qui devaient subsister, à travers des métamorphoses successives, jusqu'au règne de Louis XVI. Ces paniers, de toutes formes et de toutes grandeurs, devinrent inséparables de toutes les toilettes de ville, même quand une femme s'en tenait au négligé le plus simple, c'est-à-dire au *casaquin* ou *pet-en-l'air*, dont les basques retombaient sur le panier. Ces petits paniers du matin s'appelaient des *considérations*. Les dames imaginèrent de grossir le volume de leurs jupes, en y attachant des poches en crin nommées *poupottes*, dans lesquelles on engageait les extrémités de la robe, en la retroussant, car l'usage des paniers avait amené forcément celui des robes à queue, même pour les bourgeoises riches, et non sans scandale, les robes à queue ayant été jusqu'alors attribuées exclusivement aux dames de la cour et de la haute noblesse. Ce fut alors qu'un chevalier d'Henissart publia deux ou trois satires très-violentes contre les femmes bourgeoises qui se permettaient de pareils excès de toilette (1713). La comédie entreprit aussi une campagne contre la mode des paniers, sans plus de succès, et la pièce qui fut jouée, sous ce titre, à Chantilly, en présence du jeune roi Louis XV, le 5 novembre 1722, ne servit qu'à enraciner davantage, en quelque sorte, une mode qui avait pris naissance à la cour, mais qui s'était follement exagérée à la ville. Les paniers allaient toujours augmentant de volume, quoi qu'on fît pour les tourner en ridicule. Voici la définition qu'on en donnait dans le *Nouvelliste universel* du 21 août 1724 : « Ce sont des cloches de toile, soutenues par des cercles de baleine, que les femmes portent sous leurs jupes et dont leurs pieds semblent être les battants. » Le même ouvrage leur faisait la guerre, en énumérant toutes les incommodités de cet affublement, fabriqué, disait-il, sur le modèle des cages à poulets : « Ils sont incommodes en toutes manières : incommodes dans les rues pour les passants, par le grand terrain qu'ils occupent; incommodes dans les carrosses, puisque deux paniers remplissent un carrosse à deux fonds; incommodes pour les prédicateurs, dont ils diminuent l'auditoire par l'espace qu'ils prennent dans les églises; incommodes à table, où ils blessent les jambes des convives; incommodes même aux personnes qui les portent, puisqu'elles ne peuvent ni s'asseoir, ni monter, ni descendre, ni même marcher en compagnie, sans leur faire faire une grimace souvent indiscrète. »

Louis XIV ne régnait plus; les grandes coiffes noires de Mme de Maintenon ne jetaient plus leur ombre sur les modes de la cour; aussitôt après le deuil du feu roi, on avait vu reparaître, avec les modes nouvelles, des couleurs vives et gaies, des étoffes légères et brillantes, des garnitures abondantes et touffues, nommées *prétentailles*, des falbalas de toute espèce, des manches courtes et ouvertes accompagnées d'*engageantes* à triple rang de broderie, des dentelles et des guipures, des rubans et des nœuds de toute sorte. Les noms singuliers qu'on donnait alors à ces mille inventions de la mode sont en partie consignés dans une satire, en vers, *sur le luxe et la vanité des femmes, au sujet des modes, de leurs coiffures, guenpes* (sic), *fard, postiches, boute-en-train, jardinières, coiffures à la culbute; galante ou à la doguine, nonpareilles, abbatans, rayons, maris, colinettes, crémones, sourcils de hanneton, mousquetaires, souris, battans pouce, battans l'œil, assassins, suffoquans, favoris, bouquets, bagnolettes*, etc. (1724). Cette multitude de noms donnés à des ajustements de corps et de tête prouvent que la régence, en ouvrant la carrière à tous les plaisirs, à toutes les créa-

COSTUMES DE LA PREMIÈRE MOITIÉ DU SIÈCLE.

Suivre les figures sur la planche :

```
                    3
        4   11   10                8   5
            1        2    7   6  9
```

N° 1. — *Grande robe*, venue des tableaux de Watteau. — Cette toilette, avec l'énorme développement de la jupe, représente le *panier* dans son ampleur extrême. Il y avait déjà eu des paniers sous le nom de *criardes* et *cerceaux* dans les dernières années du règne de Louis XIV; mais ce n'est qu'en 1716 ou 1718, à la suite de l'apparition aux Tuileries de deux dames anglaises, qu'ils prirent d'aussi larges développements. Dans cet exemple, tiré d'un tableau de Parrocel, la grande robe partant des épaules, sans indication de la taille, enveloppe tout le corps; au corsage seulement elle laisse voir, en s'entr'ouvrant, les nœuds de rubans du corset disposés en *échelle*.

2. — Robe ajustée, avec jupe relevée sur un panier à *entonnoir* recouvert d'un jupon à *campagne d'argent;* souliers en maroquin noir; tiré du même tableau.

4. — Robe décolletée et busquée, plissée par derrière; d'après Bernard Picart.

5. — Robe volante et busquée, plissée par derrière; d'après Bernard Picart. — Jusqu'en 1750 environ, la coiffure des femmes fut basse; elle consiste généralement en un petit bonnet de dentelle, s'envolant de chaque côté et pointant sur le front, ou encore, comme au n° 2, dont les barbes sont retroussées dans la coiffe; au n° 3, remarquer le coqueluchon, dit alors *bagnolette*, qui sera plus tard *la thérèse;* les gants montent jusqu'au coude, retenus par la *fontange*, comme on peut le voir n° 1.

6. — Dame en robe d'hiver garnie de fourrure et en *falbala*, avec un manchon et une *mantille;* toilette tendant au *négligé apparent;* d'après Boucher.

7. 8. 9. — L'habillement des hommes subit peu de changements pendant cette première moitié du siècle; le n° 7 montre l'habit ou justaucorps, d'abord simple et flottant, et la cravate blanche, remplacés, à partir de 1725, par l'habit à *pans bouillonnés*, pour *leur faire faire le panier*, ce qu'on obtenait en pratiquant cinq ou six plis rembourrés de papier ou de crin, et par le ruban noir noué sous la gorge, ce qui fit naître le *jabot* tenant lieu des bouillons de l'ancienne cravate. La coiffure était surtout la perruque, car le chapeau se portait généralement sous le bras et servait au maintien. Le 1ᵉʳ exemple est d'après Bernard Picart, le 2ᵉ d'après Lancret.

10. — Colonel des gardes suisses; d'après Parrocel.

Par Buyalos.
Impr. lith. de Firmin-Didot frères, fils et Cie.

tions du luxe et de l'opulence, avait commencé le *règne des coquettes*. « Le mépris des femmes de bien pour les coquettes, avait dit Dufresny en 1703 (comme il pouvait le répéter avec plus de vérité encore après 1715), n'empêche pas qu'elles ne les imitent. N'apprennent-elles pas d'elles le bon air, le savoir-vivre, les manières galantes? Elles parlent, s'habillent et s'ajustent comme elles. Il faut bien suivre le torrent. Ce sont les coquettes qui inventent les modes et les mots nouveaux : tout se fait par elles et pour elles. » Il y avait eu progrès à cet égard ; en 1703, Dufresny comparait les femmes à « des oiseaux amusants qui changent de plumage deux ou trois fois par jour. » Après 1746, toute femme à la mode essayait tous les jours quatre ou cinq espèces de toilettes : toilette du matin ou négligé galant, toilette pour la promenade, toilette pour le spectacle, toilette pour le souper, toilette de nuit, et cette dernière toilette n'était pas la moins riche ni la moins compliquée. L'invention la plus étrange que la mode ait jamais imaginée, celle des *mouches*, fut remise en faveur avec une telle exagération que le visage des femmes, suivant l'expression d'un critique de mauvaise humeur, rassemblait tous les signes du zodiaque. Les mouches de taffetas noir gommé, en effet, étaient taillées en lune, en soleil, en croissant, en étoiles et en comètes. Elles avaient existé, à la cour de Louis XIV, pour faire ressortir la blancheur de la peau, mais on n'en faisait pas abus, et même les femmes brunes de teint se gardaient bien d'en mettre. On n'en portait presque plus quand la duchesse du Maine leur rendit la vogue ; ce fut alors, pour ainsi dire, le cachet d'une belle peau, et l'accessoire indispensable du jeu de la physionomie ; il ne faut donc pas s'étonner que la mode des mouches ait persisté jusqu'au milieu du règne de Louis XV. Il y avait un art particulier pour placer ces mouches aux endroits les plus favorables de la figure : sur les tempes, près des yeux, aux coins de la bouche, au front. Une femme du grand monde en avait toujours sept ou huit, et ne sortait jamais sans emporter sa boîte de mouches, pour remplacer celle qui viendrait à se détacher et pour en ajouter de nouvelles, selon la circonstance. Chacune de ces mouches avait un nom caractéristique : au coin de l'œil, la *passionnée;* au milieu de la joue, la *galante;* sur le nez, l'*effrontée;* près des lèvres, la *coquette;*

sur un bouton, la *receleuse,* etc. Les masques, que les dames du dix-septième siècle avaient employés moins pour se cacher le visage que pour le préserver du hâle et du vent, n'étaient plus en usage, excepté dans certaines occasions délicates, où une femme ne voulait pas être reconnue, soit en carrosse, soit à cheval ; mais on quittait toujours ce masque, avant d'entrer dans un lieu où se trouvaient des personnes honorables et d'un rang supérieur à celui de la femme masquée.

Fig. 293. — Costume d'homme ; *fac-simile* d'après une eau-forte de Watteau.

Le costume des hommes avait moins changé que celui des femmes, depuis Louis XIV, et pourtant il s'était dégagé de son apparence lourde et massive, de son affectation grave et sévère ; mais la mode reflétait toujours le caractère du temps. Le grand habit brodé d'or se portait encore, dans les cérémonies de cour, tantôt ouvert, tantôt boutonné, avec la ceinture en écharpe ou le ceinturon d'épée ; la grande perruque sans poudre couvrait encore le dos et les épaules. Dans la vie ordinaire, l'habit était plus léger, plus façonné à la mesure de la taille, moins long et moins ample, avec des manches moins larges et accompagnées de parements plus étroits ; il s'arrondissait, à l'aide de baleines, autour des reins, et il était garni d'une rangée de boutons de soie ou de métal qui variaient de forme et de grosseur, suivant le caprice du jour. En 1719, ces boutons étaient devenus si petits, que dans une comédie du Théâtre-Italien, intitulée *la Mode*, on annonçait un secret pour les rendre tellement imperceptibles, « qu'on ne peut se boutonner qu'avec un microscope. » La veste, entr'ouverte sur la poitrine, livrait passage au jabot de dentelle ou de mousseline brodée, sur lequel retombait la cravate de même tissu. Quant aux culottes, elles ne formaient plus, comme autrefois des *trousses* flottantes ou plissées, des *canons* ou des tuyaux énormes, qui se développaient au-dessus des bas de soie blancs ou de couleur. C'était une espèce de haut de chausses étroit et serré, qui fut l'origine de la culotte du dix-huitième siècle. Les souliers en cuir noir

Fig. 294. — Costume d'homme; *fac-simile* d'après une eau-forte de Watteau.

verni se haussaient sur des talons très-élevés et couvraient le cou de pied comme des demi-bottines. Ces talons devaient être rouges, pour distinguer les nobles, les gentilshommes et les gens de la cour.

Si la mode était moins changeante pour les habits d'hommes, elle n'exigeait pas moins des dépenses considérables, quand on voulait avoir un habillement de grand luxe. Le duc de Villeroy, en allant rendre visite au czar Pierre Ier, en qualité de gouverneur du jeune roi (1717), avait un habit brodé en or fin, figurant des rosaces et des enroulements de feuilles et de fruits, d'un merveilleux travail. Le marquis de Nesle, qui avait brigué l'honneur d'être envoyé au-devant du monarque moscovite pour l'accompagner dans son voyage de France, s'était préparé à sa mission de haute étiquette en commandant à son tailleur un si grand nombre d'habits, qu'il en changeait tous les jours. Le czar ne lui sut pas gré de cette recherche de toilette, car il dit malicieusement à un courtisan : « En vérité, je plains M. de Nesle d'avoir un si mauvais tailleur qu'il ne puisse trouver un habit fait à sa guise. » Vingt-sept ans plus tard, dans les fêtes de cour, on portait des habits aussi magnifiques et plus coûteux. A l'arrivée de l'infante d'Espagne Marie-Thérèse-Antoinette, qui venait épouser le dauphin (février 1745), les apprêts de toilette furent si coûteux qu'on eut l'idée de louer des habits, au lieu de les acheter. « Le marquis de Mirepoix, dit le Journal de Barbier, a loué trois habits six mille livres, qu'il rendra au tailleur et qu'il ne mettra qu'un jour. » Le marquis de Stainville, envoyé du grand-duc de Toscane, s'était fait faire, pour les fêtes de Versailles, un habit de drap d'argent brodé d'or, doublé de martre, et cette doublure seule coûtait vingt-cinq mille livres. Ces dépenses excessives étaient souvent encouragées, sinon ordonnées, par le roi lui-même. Nous lisons dans le Journal de Barbier, sous la date de décembre 1751, que les fêtes pour la naissance du duc de Bourgogne donnèrent lieu à de véritables folies de toilette, chez les gens de cour : « Le roi a fait entendre à tous les seigneurs et dames de la cour, qu'il fallait avoir des habits magnifiques, et qu'on ne paraîtrait point en habit de velours noir simplement. En conséquence, toute la cour fait une très-grande dépense. M. le duc de Chartres et M. le duc de Penthièvre ont les plus riches habits, dont les boutonnières sont brodées en diamants. Les autres sont en étoffes d'or, de grand prix, ou en velours de toute couleur, brodés d'or ou garnis de point d'Espagne. »

La magistrature et la bonne bourgeoisie avaient maintenu le plus longtemps possible la simplicité et la décence dans leur manière de se vêtir. Duclos écrivait, dans ses Mémoires, vers 1740 : « Il y a trente ans qu'on n'aurait pas vu à pied, dans les rues, un homme vêtu de velours, et M. de Caumartin, conseiller d'État, mort en 1720, a été le premier homme de robe qui en ait porté... Quand la plus haute magistrature était modeste, la finance n'aurait pas osé être insolente. Les financiers les plus riches jouissaient sourdement de leur opulence. J'en ai vu encore qui avaient un carrosse simple et doublé de drap brun ou olive, tel que Serrefort le recommande à Mme Patin dans la comédie du

Fig. 295. — Les Petits Parrains; d'après Moreau.

Chevalier à la mode (jouée en 1687).... Tous les genres de luxe ne dépendaient pas autrefois uniquement de l'opulence; il y en avait dont l'état des personnes décidait. » Les bourgeois s'habillaient donc bourgeoisement, en gros drap, ou en ratine, ou en bouracan, suivant la saison, mais presque toujours de couleur sombre et uniforme; ils avaient de petites perruques rondes ou carrées, sans frisure, avec un œil de poudre; ils étaient chaussés de gros souliers à semelles fortes;

ils portaient des bas de laine noirs, gris ou chinés, avec la jarretière nouée au-dessous du genou. Les bourgeoises, celles du moins qui conservaient la modestie de leur état, n'usaient que d'étoffes communes en laine ou en fil, et généralement d'une nuance peu voyante, grise ou brune, sans broderies, sans rubans, sans dentelles; elles ne tenaient au régime de la mode que par les paniers, que pas une femme n'eût osé s'interdire; mais déjà le costume n'était plus une marque distinctive de la naissance, du rang et de la profession : « Aujourd'hui, remarquait l'avocat Barbier en 1745, aujourd'hui que le luxe est considérable et que l'argent fait tout, tout est confondu à Paris; les artisans aisés et les marchands riches sont sortis de leur état, ils ne se comptent plus au rang du peuple. »

Le peuple, le petit peuple, celui des villes et des campagnes, en dépit des variations journalières de la mode qu'il voyait se dérouler sous ses yeux comme un spectacle toujours nouveau, n'avait, pour ainsi dire, pas changé de costume depuis un siècle ou deux. Il était mal vêtu et peu vêtu, hiver comme été, presque sans linge, souvent sans bas, mais toujours coiffé d'un chapeau ou d'un bonnet; il allait nu-pieds volontiers, mais jamais tête nue. Il portait de vieux vêtements en haillons et composés de pièces et de morceaux, de différentes couleurs, rattachés ensemble comme dans un habit d'arlequin, avec des braies ou culottes très-amples, qui retombaient au-dessous du genou, et qui descendaient quelquefois à mi-jambe. Cette pénurie, cette misère semblait indifférente à ceux qui l'éprouvaient : « Les souliers de gros cuir, écrivait le marquis de Paulmy dans son *Précis de la vie privée des François* (1779), sont même regardés comme un luxe par la partie misérable de la nation, qui se trouve heureuse lorsqu'elle peut en avoir dont les semelles sont fortes, épaisses et garnies de clous. Dans quelques provinces, les paysans ne sont chaussés que de sandales, galoches, ou souliers de cordes ou de courroies; dans d'autres, les hommes et les femmes portent des sabots. » On ne voyait pas, à Paris et dans les grandes villes, de pareils contrastes, des anomalies aussi frappantes entre le costume du peuple et celui de la bourgeoisie. La population pauvre avait, pour se vêtir, la défroque de la population riche. Il en résultait naturellement que toutes les classes sociales portaient tôt ou tard les mêmes habits, ou neufs ou vieux, dans tout l'éclat de la nouveauté ou dans un état plus ou moins avancé de détérioration et de décrépitude. C'était là une des plus cu-

Fig. 296. — Le Négligé du matin; d'après Chardin.

rieuses particularités de la vie des Parisiens : « Tout le monde y est bien vêtu, et chacun paraît avoir les moyens de changer de chemise et de toilette deux fois par jour. » La plupart des artisans, en effet, s'habillaient, suivant l'expression consacrée, *pour faire les messieurs*, lorsqu'ils ne travaillaient pas, et il ne fallait pas s'étonner de rencontrer, à chaque pas, dans les rues, des petits-maîtres bien vêtus, bien coiffés, bien chaussés, l'épée au côté, et qui n'étaient autres que des perruquiers, des imprimeurs, des tailleurs et des courtauds ou commis de boutique. Quant aux femmes et aux filles *du commun*, elles étaient toujours proprement mises, et souvent avec goût et recherche. La *grisette* de Paris avait, à cet égard, une réputation méritée qu'elle conservait encore à la fin du dix-huitième siècle. « Ce sont des ouvrières de tous les genres, trop gentilles pour vouloir être peuple, disait Gorgy dans son *Nouveau Voyage sentimental* (1785); leur *mise* est simple et jolie. C'est là qu'on peut voir cette espèce de coquetterie que Rousseau dit être naturelle aux femmes. Elle ne consiste pas dans la quantité des colifichets, qui n'annoncent que la richesse de celle qui les porte et l'adresse de celles qui les ont faits. On n'a là que de petites robes, un peu de gaze et quelque bout de ruban, mais on en tire le plus grand parti, et l'on produit beaucoup d'effet avec ce peu de moyen. La coiffure est infiniment simple, mais elle sied tant, qu'en la voyant on n'a pas l'idée d'une plus belle. » C'est là justement ce que J.-J. Rousseau avait si bien exprimé dans *Émile* : « Donnez à une jeune fille qui ait du goût et qui méprise la mode, des rubans, de la gaze, de la mousseline et des fleurs, sans diamants, sans pompons, sans dentelles : elle va se faire un ajustement qui la rendra cent fois plus charmante que n'eussent fait tous les brillants de la Duchapt. » Mais une jeune fille qui s'ajustait ainsi à l'air de sa figure n'avait garde de mépriser la mode.

« Être à Paris sans voir des modes, écrivait le marquis de Caraccioli dans son *Voyage de la Raison* (1762), c'est exactement se fermer les yeux. Les places, les rues, les boutiques, les équipages, les habillements, les personnes, tout ne présente que cela... Lorsqu'une mode commence à éclore, la capitale en raffole, et personne n'ose se montrer, s'il n'est décoré de la nouvelle parure. » Une des modes les plus en vogue sous le règne de Louis XV, ce fut la mode *à la grecque*, qui, en réalité, ne représentait qu'un nom unique donné aux choses le plus disparates. On avait eu d'abord la coiffure à la grecque, coiffure qui n'avait rien du costume grec ancien ou moderne, car les cheveux, crépés et relevés en toupet, étaient surmontés d'un bonnet de dentelles et hérissés de plumes et de fleurs.

De la coiffure, le nom passa (en 1764) à toutes les parties de l'habillement, comme à la chaussure, et successivement à tous les objets qui se rattachaient à la toilette. Il est probable que cette mode était

Fig. 297. — Jeune fille coiffée d'un chapeau de paille.
Fig. 298. — Jeune femme coiffée en *bandeau d'amour*.

venue du théâtre, où quelque comédienne en renom l'avait inaugurée. Les modes, avant d'être *à la grecque*, avaient été *à la Ramponeau*, à cause de la vogue prodigieuse que le cabaretier de ce nom donnait à sa guinguette de la Courtille, où les curieux se portaient en foule pour voir sa joyeuse face enluminée et pour entendre ses bons mots. La mode relevait les choses les plus basses, et l'origine d'un nom trivial ne s'accusait pas dans les toilettes qui réhabilitaient ce nom-là. En général, le nom n'avait aucun rapport avec la mode qu'il caractérisait. Voici, par exemple, quel était le costume à la Jeanne d'Arc, que les dames de la dauphine (Marie-Antoinette) ne réussirent pas à faire accepter, même à la cour : « Robe à l'austrasienne, espèce de polonaise très-ouverte par devant; par-dessus, veste à la péruvienne, surmontée d'un *contentement* pareil aux nœuds qui sont sur les *sabots*; garnitures autour du col en forme de demi-Médicis; moyen bonnet à la Crète, orné de fleurs. »

N'est-ce pas là une Jeanne d'Arc assez fantastique? Le costume à la Henri IV n'avait pas réussi beaucoup mieux pour les hommes, lorsque les jeunes seigneurs essayèrent de l'introduire, comme costume de cour, dans les bals et les réunions particulières qui avaient lieu dans l'intérieur des appartements des princes, sous l'inspiration de la dauphine

Fig. 299. — Costume à la Henri IV, adopté pour les bals de la cour et pour les fêtes que donnèrent leurs A. R. les princes, frères du roi, à l'archiduc d'Autriche.

et du comte d'Artois. « Ce costume convenait admirablement à la jeunesse, dit le comte de Ségur, qui figurait dans ces fêtes intimes, mais il allait fort mal aux hommes d'un âge mur et d'une taille courte et épaisse. Ces manteaux de soie, ces panaches, ces rubans et leurs vives couleurs rendaient ridicules tous ceux que la nature avait privés de grâces, et l'âge, de fraîcheur. »

Les deux sexes semblaient se faire concurrence dans l'empire de la mode, et, généralement, un nom donné à quelque partie de la toilette des dames revenait de droit à la toilette des hommes, sous une forme quelconque de la mode en faveur. Après le mariage de Louis XV avec Marie Leczinska, fille du roi de Pologne

(1725), toutes les modes furent polonaises : robes et coiffure à la polonaise, casaques et chapeaux à la polonaise avec brandebourgs. Les campagnes de Hongrie et d'Allemagne firent reparaître les *hongrelines*, qui avaient eu cours un siècle auparavant, et tout ce qui était à la mode devait être à la hongroise. Le mariage du dauphin avec une infante d'Espagne (1745) avait ramené les modes espagnoles, qui ne

Fig. 500. — Le Tailleur pour femmes ; d'après Watteau.

furent jamais entièrement oubliées à la cour de France, où elles s'étaient montrées tant de fois avec succès. Ainsi, en 1729, on avait vu revenir les mantilles, non plus en dentelles noires et blanches ou en autres légers tissus, mais en velours, en satin, et même en fourrure ; ces mantilles ne se portaient pas sur la tête, on en nouait sur la taille les deux pointes terminées par des glands de passementerie. La toilette des femmes qui suivaient la mode était accompagnée de différents objets accessoires, que la mode leur recommandait également, comme devant faire partie intégrante de la toilette d'une dame de condition ou du bon ton : non-seulement les breloques, les montres, les boîtes, mais aussi les éventails et les cannes. A toutes les époques, les hommes avaient eu des cannes pour leur usage, cannes très-hautes en jonc, en bambou, en ébène, avec bec à corbin ou pomme de métal ou autres matières.

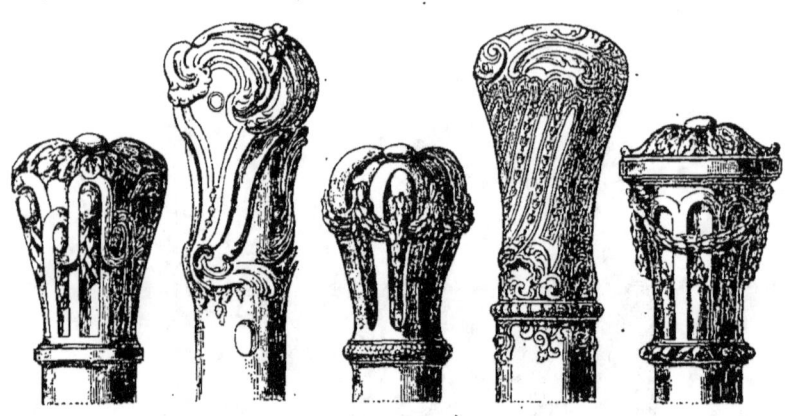

Fig. 301. — Pommes de cannes en orfévrerie.

La longue canne à pomme d'or, dite *à la Tronchin*, qu'on appela depuis canne *à la Voltaire*, était portée surtout par les vieillards, les magistrats, les personnages notables. La badine souple et pliante, de toutes longueurs, ne convenait qu'aux jeunes gens, qui couraient *en chenille*, c'est-à-dire en petit habit leste et pimpant, dans les rues, le matin. Les femmes, et les plus jeunes, s'approprièrent alors la longue canne à pomme d'or, qu'elles tenaient par le milieu, comme celle d'un suisse de grande maison. Il y eut, à cette occasion, un luxe extraordinaire de cannes en bois des îles, en écaille et en ivoire.

Les éventails, inventés pour rafraîchir l'air pendant l'été, devenaient indispensables en toutes saisons et servaient de contenance, les plus riches comme les plus simples, ceux-ci en bois parfumé, ceux-là en écaille ou en ivoire, incrustés d'or et de pierres précieuses, souvent peints par de bons maîtres, mais plus communément dans le goût chinois. Enfin les mouchoirs, de dimension très-exiguë, composés de dentelles du plus haut prix et richement brodés d'or ou de soie de couleurs, n'étaient qu'un objet de luxe et d'ostentation qu'on étalait avec complaisance, sans jamais l'appliquer à sa destination usuelle.

Le règne de Louis XV avait donné un merveilleux essor à deux industries de toilette, qui furent considérées comme des arts véritables :

Fig. 302. — Boucles de souliers.

la chaussure et la coiffure. Le cordonnier pour femmes était devenu presque un artiste, qui fabriquait des souliers si mignons et si souples, en cuir mordoré, en maroquin de couleurs tranchantes et surtout en étoffes d'or et d'argent, et toujours à talons pointus exhaussés de trois à quatre pouces, que la chaussure formait une des pièces les plus raffinées de l'habillement. Le prix de ces souliers de grand luxe, fermés par des boucles d'or ou d'acier à facettes, égalait celui des bijoux. Le roi des cordonniers était alors, grâce à la protection de la comtesse du Barry, un Allemand nommé Efftein, auquel succéda un Français nommé Bourbon. Les chaussures d'hommes participaient aussi à ce luxe par la richesse des boucles ciselées et ornées, alors en usage (fig. 302).

Les coiffures changeaient de mode plus souvent encore que les chaussures, et le nombre des coiffeurs de dames n'avait pas cessé de s'augmenter depuis la régence, tellement qu'on n'en comptait pas moins de douze cents à Paris, quand la communauté des perruquiers leur intenta un procès, en 1769, comme à des faux frères et à des concurrents déloyaux. L'avocat des coiffeurs publia un factum très-amusant, pour la défense de ses clients contre les maîtres barbiers-perruquiers : « L'art du coiffeur des dames, disait-il, est un art qui tient au génie, et par conséquent un art libéral et libre. L'arrangement des cheveux et des boucles ne remplit pas même tout notre objet. Nous avons sans cesse sous nos doigts les trésors de Golconde : c'est à nous qu'appartient la disposition des diamants, des croissants des sultanes, des aigrettes. » Au portrait trop flatté du coiffeur, le factum opposait le portrait caricaturé du perruquier : « Le perruquier travaille avec les cheveux, le coiffeur sur les cheveux. Le perruquier fait des ouvrages de cheveux, tels que des perruques, des boucles ; le coiffeur ne fait que maniérer les naturels, leur donner une modification élégante et agréable. Le perruquier est un marchand qui vend la matière et son ouvrage ; le coiffeur ne vend que ses services. » Les coiffeurs l'emportèrent, et les perruques perdirent leur procès. On vit alors le coiffeur Legros instituer une Académie de coiffure, et publier un gros livre à figures intitulé : *l'Art de la Coiffure des dames françaises*. Un autre coiffeur, Léonard, le rival de Legros, imagina de remplacer le bonnet qui couronnait la coiffure des dames, par des gazes et des chiffons artistement distribués dans les cheveux : il parvint à employer ainsi dans une seule coiffure quatorze aunes de gaze. Il était déjà le coiffeur à la mode, quand la jeune dauphine mit le sceau à la réputation de cet ingénieux artiste, si fécond en inventions nouvelles, en lui demandant des coiffures. Marie-Antoinette avait bien un coiffeur en titre nommé Larseneur, artiste sans idées, sans goût et sans adresse ; elle se faisait toujours coiffer par lui et ne le congédiait point, pour ne pas lui faire de peine ; mais, dès qu'il avait fini sa tâche et pris congé de la dauphine, celle-ci mêlait sa chevelure avec ses mains, et l'on faisait entrer secrè-

Fig. 303. — Boutique d'un Barbier-Perruquier; d'après Cochin.

tement Léonard, qui recommençait de fond en comble l'ouvrage de son collègue. Léonard se surpassait dans son travail, et la cour en rapportait tout le mérite au pauvre Larseneur, qui s'en glorifiait de la meilleure foi du monde.

Ce fut Léonard qui créa les coiffures extraordinaires et magnifiques que la mode imposa pendant plus de dix ans à toutes les têtes : la coiffure *à la dauphine*, dans laquelle les cheveux étaient relevés et roulés en boucles qui descendaient sur le cou; la coiffure *à la monte au ciel*, remarquable par son élévation pyramidale ; la coiffure *d'apparat*, dite *loge d'Opéra* (1772), qui donnait à la figure d'une femme soixante-douze pouces de hauteur depuis le bas du menton jusqu'au sommet de la figure, et qui divisait la chevelure en plusieurs zones, chacune ornée et agencée d'une manière différente, mais toujours avec un accompagnement de trois grandes plumes attachées au côté gauche de la tête dans un nœud de ruban rose chargé d'un gros rubis; la coiffure *à la quesaco* (1774), où les trois plumes de la coiffure *d'apparat* avaient passé derrière la tête; la coiffure *en pouf*, c'est-à-dire n'ayant pas d'autre ordre que la confusion d'objets divers, plumes, bijoux, rubans, épingles, qui entraient dans sa composition. On accumulait, dans cette incroyable coiffure, des papillons, des oiseaux, des amours de carton peint, des branches d'arbres, des fruits et même des légumes. Au mois d'avril, la duchesse de Chartres, fille du duc de Penthièvre, parut à l'Opéra, coiffée d'un *pouf à sentiment*, sur lequel on voyait le duc de Beaujolais, son fils aîné, dans les bras de sa nourrice, un perroquet becquetant une cerise, un petit nègre, et des dessins à chiffres en cheveux, composés avec les cheveux mêmes des ducs d'Orléans, de Chartres et de Penthièvre. Marie-Antoinette, disait-on, était la reine de la coiffure, avant d'être la reine de France. L'avénement de Louis XVI fut inauguré et fêté, en quelque sorte, par des coiffures et des modes nouvelles. Aussitôt parurent les coiffures *au temps présent*, bonnets enjolivés d'épis de blé et surmontés de deux cornes d'abondance; on inventa les couleurs *cheveux de la reine*, on imagina des chapeaux d'homme et de femme *aux délices du siècle d'Auguste*, et on essaya de faire reparaître le costume *à la Henri IV*, qui n'avait pu se maintenir dans les petits bals de la cour.

Dès que Louis XVI fut sur le trône, l'influence de Marie-Antoinette se fit sentir en toute chose et principalement dans les modes. « La reine, jusqu'à ce moment, dit Mme Campan dans ses *Mémoires*, n'avait développé qu'un goût fort simple pour la toilette : elle commença à en faire une occupation principale; elle fut naturellement imitée par toutes les femmes. On voulait à l'instant avoir la même parure que la reine, porter ces plumes, ces guirlandes auxquelles sa beauté, qui était alors dans tout son éclat, prêtait un charme infini. La dépense des jeunes femmes fut extrêmement augmentée; les mères et les maris en murmurèrent, et le bruit général fut que la reine ruinerait toutes les dames

Voitures de grandes attelées.

françaises. » Le roi désapprouvait ce débordement du luxe de la toilette, mais il ne faisait rien pour l'arrêter. On peut dire que les moindres événements de son règne furent comme des prétextes offerts à la création des modes que la reine mettait toujours en vogue, dès qu'elle les portait. Elle avait la passion des panaches, et la fureur des plumes fut poussée si loin que le prix en avait décuplé et qu'on les payait jusqu'à cinquante louis la pièce. « Quand la reine passait dans la galerie de Versailles, raconte Soulavie dans ses *Mémoires historiques sur le*

Fig. 304. — Chapeaux. — N° 1, à la Tarare. — N° 2, à l'Espagnole. — N° 3, Chapeau-Bonnette. — N° 4, à l'Anglomane.

règne de Louis XVI, on n'y voyait plus qu'une forêt de plumes, élevées d'un pied et demi et jouant librement au-dessus des têtes. Mesdames, tantes du roi, qui ne pouvaient se résoudre à prendre ces modes extravagantes ni à se modeler chaque jour sur la reine, appelaient ces plumes un *ornement de chevaux*. » L'élévation des coiffures allant ainsi toujours en augmentant, quels que fussent les changements que chaque jour y apportait sous des noms nouveaux, « les coiffures parvinrent à un tel degré de hauteur, dit Mme Campan, par l'échafaudage des gazes, des fleurs et des plumes, que les femmes ne trouvaient plus de voitures assez élevées pour s'y placer, et qu'on leur voyait souvent pencher la tête ou la mettre à la portière. D'autres prirent le parti de s'agenouiller, pour ménager d'une manière encore plus sûre le ridicule édifice dont elles étaient surchargées. » De toutes les coiffures, celle de la reine était la plus haute.

Aucune description ne saurait rendre l'aspect de ces monstrueux

Fig. 305. — Coiffures diverses; d'après les Journaux de modes du temps.

Fig. 306. — Coiffures diverses; d'après les Journaux de modes du temps.

échafaudages de cheveux crêpés, bouclés, tressés, hérissés, entremêlés et surchargés de plumes, de rubans, de gazes, de guirlandes, de fleurs, de perles et de diamants. Il y eut des coiffures qui représentaient des paysages, des jardins à l'anglaise, des montagnes et des forêts. Les noms de fantaisie qu'on leur attribuait n'avaient pas d'ailleurs la moindre

Fig. 307. — La Baronne du Bel-Air, revenant du Palais-Royal; *fac-simile* d'une caricature de l'époque.

analogie avec leur caractère et leurs dispositions. Voici seulement quelques-uns de ces noms, choisis parmi les plus bizarres : les *grecques à boucles badines*, l'*oiseau royal*, le *chien couchant*, le *hérisson*, les chapeaux *à l'énigme*, *à la mont-désir*, *à l'économie du siècle*, *au désir de plaire*, les *poufs à la Pierrot*, les *parterres galants*, les *calèches retroussées*, les *thérèses à la Vénus pèlerine*, les bonnets *au becquet*, *aux clochettes*, *à la physionomie*, les bonnets *anonymes*, les cornettes *à la laitière*, les baigneuses *à la frivolité*, les coiffures *à la candeur*, *au*

MODES DE FEMMES SOUS LOUIS XVI.

Suivre les figures sur la planche :

1 — 2 — 3 — 4 — 5 — 6 — 7

N°ˢ 1. — Jeune Dame vêtue d'une *polonaise*, garnitures de taffetas en *platitudes*, coiffure *à la marmotte* par-dessus un *hérisson*, ceint d'un ruban *en barrière*; d'après Leveillé.

2. — Jeune Dame vêtue d'une *circassienne* retroussée, avec des manches *à l'espagnole*, et coiffée d'un *turban d'amour*; d'après Watteau fils.

3. — Femme d'un certain ton, se promenant la canne à la main, vêtue d'un *caraco* de taffetas, garni en *pouf*; d'après Leclerq.

4. — La *Dissimulée* (d'après Schenau), vêtue de la *pelisse* et la coiffure couverte de la *calèche*.

5. — Une jeune Dame, coiffée *à la Suzanne*, avec un *juste à la Figaro*; d'après Watteau fils.

6. — Jeune Bourgeoise vêtue d'une *polonaise*, avec un tablier de mousseline des Indes brodée; elle est coiffée d'un bonnet demi-négligé dit le *lever de la reine*; d'après Desrais.

7. — Jeune Dame vêtue *à l'austrasienne*, manches en sabots dites *à l'Isabelle*, avec une veste *à la péruvienne* par-dessus laquelle passe une ceinture en bandoulière. — Ce costume a pris naissance en 1778; il fut appelé *ajustement à Jeanne d'Arc*; d'après Desrais.

Par Sabatier et Durin.
Impr. lith. de Firmin-Didot frères, fils et Cie.

MODES DE FEMMES

berceau d'amour, au mirliton, etc. Lorsque l'avocat Marchand, censeur royal, avait publié son *Encyclopédie perruquière, ouvrage curieux à l'usage de toutes sortes de têtes* (1757), et plus tard sa Comédie des *Panaches*, « représentée sur le grand théâtre du monde, et surtout

Fig. 308. — *Fac-simile* d'une caricature de l'époque.

Soutiens, Jasmin, je succombe,   Que si ma coiffure tombe,
Et prends bien garde, faquin,   Tu auras ton compte demain.

à Paris (1769), » les coiffures qu'il ridiculisait n'étaient portées que par des folles ou des coquettes de la finance; mais, sous le règne de Louis XVI, les femmes les plus honorables et les plus sensées se trouvaient entraînées par le torrent de la mode et s'excusaient à leurs propres yeux, en ne faisant qu'imiter la reine.

La satire, l'épigramme, la caricature (voir fig. 307 à 309), obéissant à des ordres indirects du roi, essayaient en vain de battre en brèche les grandes coiffures : une estampe représentait, par exemple, un architecte-coiffeur qui avait bâti un échafaudage pour parvenir à poser les dernières assises d'une coiffure; une autre estampe préconisait l'invention d'une nouvelle échelle portative, à l'aide de laquelle les artistes de la coiffure pourraient circuler à l'entour d'une tête de femme sans la défriser en la coiffant. Les caricaturistes en furent pour leurs frais de malice et de gaieté. La police aurait voulu intervenir dans la question,

Fig. 309. — Tentative de fraude à l'octroi de Paris; *fac-simile* d'une caricature de l'époque.

mais elle dut se borner à interdire, dans les théâtres, aux femmes coiffées avec trop d'ampleur ou d'élévation, les places où elles deviendraient gênantes pour leurs voisins. Mais il fallait bien, malgré tout, que les principaux faits de la politique et de la guerre fussent annoncés par des coiffures; ainsi les victoires maritimes de 1778 firent naître une vingtaine de coiffures nouvelles : *à l'insurgente*, *à la Boston*, *à la Philadelphie*, *à la grenade*, *au glorieux d'Estaing*, *à la Belle-Poule* (voir fig. 306). Cette dernière coiffure, inventée à l'occasion du combat naval où la frégate *la Belle-Poule* avait si glorieusement figuré (17 juin 1778), édifiait sur la tête des dames un simulacre de la frégate elle-même avec ses mâts, ses agrès et ses batteries. On s'explique sans peine comment un coiffeur, infatué des mérites et des avantages de

Fig. 310. — Les mystères de la Toilette; fragment d'un tableau de Pater (musée du Louvre).

sa profession, a pu dire dans un petit livre consacré à l'éloge de la coiffure : « L'art du Coiffeur est sans contredit le plus brillant des arts, puisqu'il met tous les jours l'artiste à portée d'approcher tout ce qu'il y a de plus grand, de plus beau et de plus précieux au monde. » Cet orgueilleux coiffeur laissait entendre par là qu'il était admis à la toilette des plus grandes et des plus belles dames.

La toilette d'une jolie femme était une espèce de réception intime, dans le sanctuaire où s'élaborait la coiffure : la déesse du lieu recevait son petit monde d'habitués, vêtue d'un simple peignoir de mousseline brodée et les cheveux épars, lorsqu'elle se mettait dans les mains du coiffeur, qui passait une heure et davantage à l'*accommoder*. Pendant ce temps, la conversation était générale et souvent très-animée ; on parlait de toutes choses, mais seulement de ce qui était nouveau. Sous Louis XVI, le bon ton exigeait que l'entretien fût à la fois littéraire, scientifique et philosophique. La table de toilette était couverte de brochures et de livres qui venaient de paraître : les plus sérieux et les plus ennuyeux avaient succédé aux plus frivoles. Monsieur faisait dire à Madame qu'elle était servie, et Madame répondait invariablement qu'il ne fallait pas l'attendre et qu'on pouvait se mettre à table sans elle. Si la toilette avait duré longtemps, dans la matinée et dans l'après-midi, la toilette de nuit était presque aussi longue que celle de jour, quoique personne n'y fût admis. C'est qu'il s'agissait de défaire tout l'attirail de la coiffure, de peigner et de dépoudrer les cheveux : il s'agissait aussi de tenir conseil avec la femme de chambre pour savoir comment on s'habillerait le lendemain. On examinait donc la nouvelle parure que la couturière avait apportée, et souvent on l'essayait provisoirement, afin de se faire une idée de l'effet qu'elle devait produire.

Il faut renoncer à énumérer les modes qui se succédèrent si rapidement depuis 1781 jusqu'en 1788, lors même que la reine, regrettant peut-être cette frénésie de toilette qu'elle avait provoquée et portée à l'excès, essaya d'y remédier en cessant d'en donner l'exemple et de l'encourager. Elle affecta inutilement de revenir à une simplicité élégante et gracieuse ; les femmes trouvèrent dans cette simple élégance le prétexte de nouvelles modes qui leur permettaient encore de renchérir sur le luxe des étoffes et des bijoux. La naissance du dauphin (22 octobre 1781) fut célébrée par la création des coiffures et des parures qui rappelaient cet heureux événement ; la couleur *caca-dauphin* eut aussitôt la vogue. La reine était parvenue alors à diminuer la hauteur des coiffures, en portant des bonnets *à la Henri IV, à la Gertrude, aux cerises, à la fanfan, aux sentiments repliés, à l'esclavage brisé, à Colin-Maillard*, etc. Toutes ces coiffures disparurent aussitôt pour faire place à la coiffure *au dauphin*, puis à la coiffure *aux relevailles de la reine*. Ce n'était déjà plus la reine qui dirigeait ces

MODES D'HOMMES, DE FEMMES ET D'ENFANTS, SOUS LOUIS XVI,

EXTRAITS DE LA GALERIE DES MODES ET COSTUMES FRANÇAIS.

Suivre les numéros sur la planche :

1 — 2 — 3 — 4 — 5 — 6 — 7 — 8
9 — 10 — 11

Nos 1. — Jeune Dame vêtue d'une robe dans le costume français et retroussée, coiffée d'un *tapé* à deux boucles détachées, surmonté d'un *pouf*, par-dessus une *thérèse* de gaze ; d'après Desrais.

2. — Jeune Dame en robe de taffetas de couleur à volonté garnie de gaze mouchetée, le *parlement* de taffetas blanc garni de blonde mouchetée, un bonnet *à l'anglaise*; d'après Desrais.

3. — Habit de petit deuil gris doublé de noir, bordé de gance noire, la veste blanche brodée de noir, manchettes *effilées*; d'après Leclerc.

4. — Petit-Maître en *chenille*, frac de couleur à la mode, veste de soie à bordure en broderie de soie de diverses couleurs, les boutons du frac d'argent à jour; il est coiffé d'un chapeau *à la Pensylvanie*; d'après Leclerc.

5. — Jeune Dame de Lyon, vêtue d'une robe de taffetas dite *costume à la piémontaise*. Coiffure *à l'assyrienne* dit *l'hérisson* orné d'un ruban en *bandeau d'amour* entrelacé de perles, surmontée d'une plume avec une agrafe de diamants faisant une espèce de diadème. — Cette mode a pris son origine au théâtre de Lyon, lors du séjour de Son Altesse royale, madame Clotilde de France, princesse du Piémont, en 1785.

6. — Redingote à trois collets et croisée par devant, dite *redingote en lévite*; d'après Leclerc.

7. — Manière de porter le petit deuil : veste de soie blanche brodée de noir, sous un habit noir de soie ou de drap, bas de soie blancs, linge effilé ; d'après Leclerc.

8. — Duc et pair, décoré des ordres du roi, occupant une des premières places à la cour : il est vêtu d'un habit d'été brodé; d'après Leclerc.

9. 10. 11. — La petite fille est vêtue d'un *fourreau* de toile peinte, garni de bandes et retroussé *à la polonaise*, dessous un jupon blanc garni d'un grand volant de mousseline; sa coiffure est un bandeau sur les cheveux en *hérisson*. — Le plus jeune des enfants est coiffé d'un *toquet à l'anglaise*. — Le petit garçon porte le chapeau de jonc, la veste et le gilet *à la marinière*.

Par Sabatier et Durin.
Impr. lith. de Firmin-Didot frères, fils et Cie.

MODES D'HOMMES.

brusques changements de la mode ; c'était le goût du jour, c'était la rivalité des marchandes de modes et des coiffeurs. Les étoffes se renouvelaient, se perfectionnaient sans cesse, mais moins souvent qu'elles ne changeaient de noms, et ces noms étaient inventés plutôt pour caractériser des couleurs et des nuances que pour attirer l'attention, comme ceux-ci : *dos de puce, ventre de puce, soupir étouffé, larmes indiscrètes, boue de Paris, entrailles de procureur, entrailles de petit-maître*, etc. Désormais, la reine porte les modes, mais autant que possible ce n'est plus elle qui les fait et qui les fixe ; ce sont les circonstances, ce sont les moindres faits du moment, les pièces de théâtre en vogue, les nouvelles du jour, la pluie et le beau temps. La chanson de Marlborough revient à la mode, parce que la reine l'a chantée (1782) : « Depuis la chanson, disent les auteurs des *Mémoires secrets* de Bachaumont, Marlborough est devenu le héros de toutes les modes ; tout se fait aujourd'hui *à la Marlborough*. Il y a des rubans, des coiffures, des gilets, mais surtout des chapeaux *à la Marlborough*, et l'on voit toutes les dames aller, dans les rues, aux promenades, aux spectacles, affublées de ce grotesque couvre-chef. » On invente les ballons (1783), et tout à coup les modes sont *au ballon, à la Montgolfier, au globe de Paphos, au globe de Robert*. Le succès du *Mariage de Figaro* fait éclore les modes *à la Chérubin, à la Suzanne, à la Basile*, etc. Les pièces de Beaumarchais, de Lemierre, de Mercier, de Monvel, témoignent de leur vogue par des modes *aux Amours de Bayard, à la Veuve du Malabar, à la Brouette du vinaigrier, à la Tarare*, etc. Les feuilles publiques donnent la description d'un animal fantastique, trouvé, disait-on, au Chili (1784), et toutes les modes sont éclipsées par la mode *à la harpie*.

Les hommes n'étaient pas restés en arrière de la mode ; ils avaient, à l'exemple des femmes, subi le despotisme des tailleurs et des coiffeurs. Ils portaient les cheveux bouclés ou tressés, mis en queue ou nattés *à la Panurge*, mais couverts de pommade et de poudre ; ils n'avaient pas renoncé sans peine au petit chapeau-claque, qu'ils ne posaient jamais sur la tête et qu'ils tenaient sous le bras ou à la main ; ils adoptèrent les chapeaux *à la hollandaise, à l'anglo-américaine, à la jockey,* à *l'anglomane*, à *l'indépendant*. La poudre semblait ne pas vouloir quitter son domaine : tout le monde était poudré, jusqu'aux cuisiniers et aux domestiques. « L'usage de la poudre dans la chevelure, écrivait

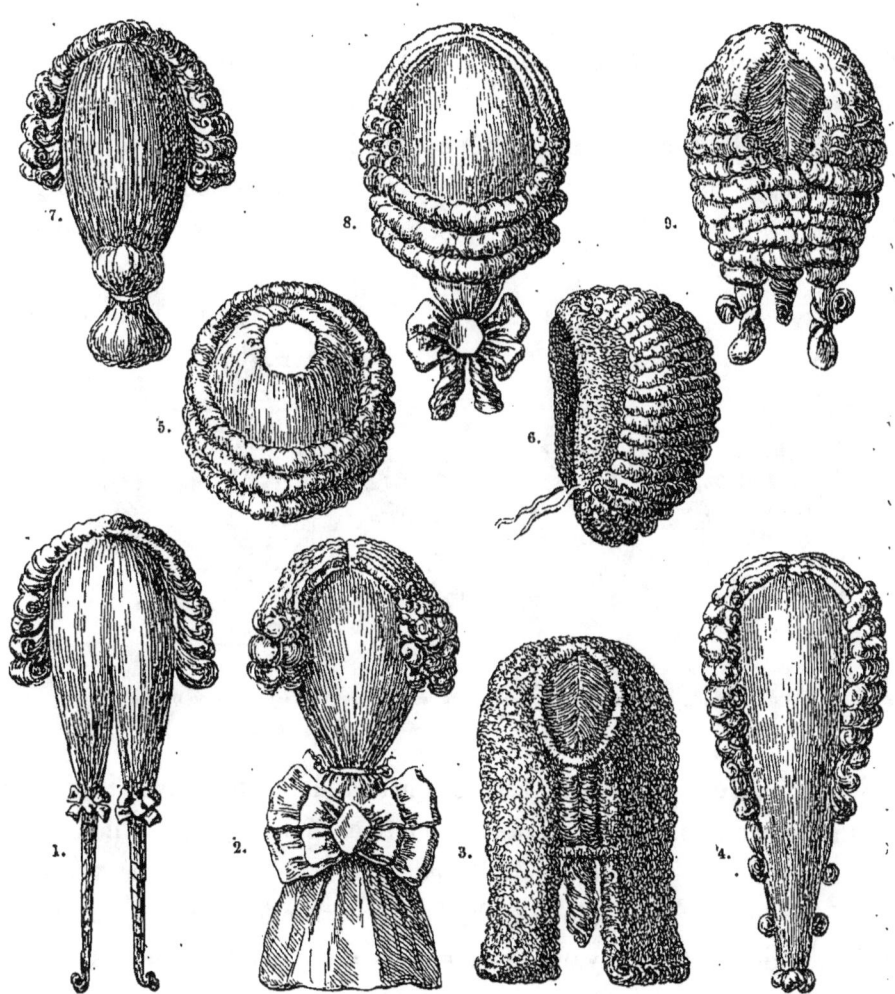

Fig. 311 à 319. — Perruques. — N° 1, à deux queues. — N° 2, en bourse. — N° 3, carrée. — N° 4, naissante. — N° 5, d'abbé. — N° 6, de femme. — N° 7, à catogan. — N° 8, à la brigadière. — N° 9, à nœuds.
(Tiré des planches de l'*Encyclopédie* de Diderot.)

le républicain Sobry dans son traité *du Mode français* (1786), tient à la bienséance autant qu'à la commodité, et il a été regardé comme de première nécessité chez tous les peuples civilisés. » Le costume des hommes était loin d'avoir la gravité qui convenait à une tête poudrée ; ils portaient l'habit à basques pointues, à collet droit ou à châle, et toujours d'étoffe de laine ou de soie en couleur tendre ou éclatante, ordinairement de deux couleurs rayées, rose et bleu, vert et blanc, avec doublure jaune ou grise. La culotte de peluche, ou de ratine, ou de droguet, le gilet chiné, les bas à côtes, complétaient l'habillement. Un petit-maître avait l'air d'un berger de trumeau. Le luxe des boîtes d'or, des montres, des chaînes, des bagues, des boutons était aussi effréné chez les hommes que chez les femmes. Les boutons surtout de l'habit et du gilet avaient inspiré les plus bizarres inventions : tantôt ils étaient d'or ou d'argent avec des

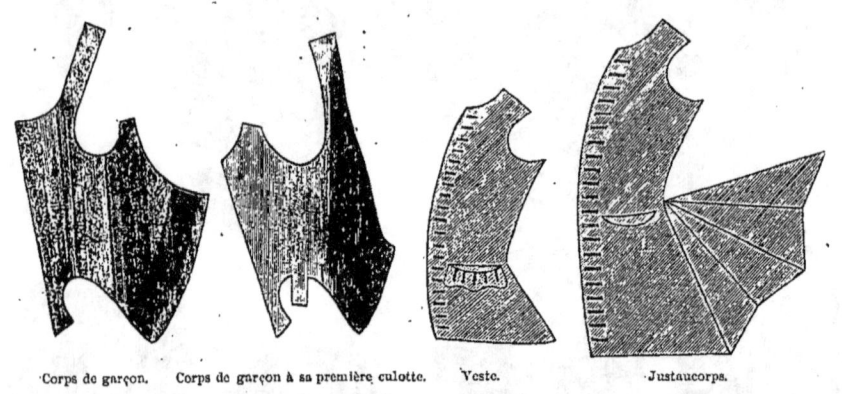

Corps de garçon.   Corps de garçon à sa première culotte.   Veste.   Justaucorps.

Fig. 320. — *Coupes de vêtements d'hommes.* (Tiré des planches de l'*Encyclopédie* de Diderot.)

ornements ciselés, tantôt en nacre et en bois de senteur avec incrustation de pierreries, tantôt offrant des lettres pour former le nom de l'individu qui les portait, tantôt décorés de peintures sous verre, d'insectes, de minéraux, d'objets d'histoire naturelle, etc. On cite des garnitures de boutons, ayant deux pouces de diamètre, sur lesquels l'artiste avait peint des rébus comiques, les portraits des douze Césars ou des derniers rois de France, les métamorphoses d'Ovide, etc. Ces étranges boutons accompagnaient des gilets non moins étranges, que la broderie en soie de couleur couvrait de sujets pittoresques : chasses, pastorales, scènes militaires, caricatures, etc. Les petits-maîtres semblaient faire parade de mauvais goût, à mesure que les femmes s'en corrigeaient, sous l'influence de la reine, qui ne voulait plus que des modes simples et modestes. « Rien de plus léger, de plus élégant, de plus jeune que la parure actuelle des femmes, » écrivait Mercier en 1786. Il n'aurait pu en dire autant de la toilette des hommes. Louis XVI, en affectant la plus grande simplicité et même une complète négligence dans son habillement, ne trouvait pas d'imitateurs, même dans la bourgeoisie. Lorsqu'il alla visiter l'hôtel-Dieu, le 27 février 1786, on fut étonné et même attristé de sa tenue fort peu royale : « Ce *gros homme*, comme on l'appela, raconte Restif de la Bretonne dans le *Monument du costume*, était coiffé en perruque ronde, très-mal peigné, en méchante redingote. »

La réforme des modes, sinon de tout le luxe somptuaire, avait commencé à la cour et à la ville dès 1783. L'auteur du *Petit tableau de Paris* écrivait alors (peut-être en se faisant illusion sur les progrès de cette réforme, qui eut bien de la peine à se décider): « Le luxe n'est plus que dans les bâtiments et dans les décorations extérieures. Les voitures sont simples [on sait, au contraire, jusqu'à quel point avait été porté jusque-là le luxe des équipages (voir fig. 321-322)]; mais les domestiques, moins nombreux ; les beaux habits, de mauvais goût; les chevaux de prix, supprimés ; les diamants, tombés; les bijoux, ridicules. » Le moment était venu où la reine, dégoûtée de la politique, s'éloignait de la cour, et cherchait des plaisirs champêtres dans sa retraite du Petit Trianon, où elle avait pris le costume de la bergère des Alpes : elle ne se montrait, dans ce costume, qu'aux dames de son entourage et à la famille royale, mais les marchandes de modes trahirent le secret de l'auguste bergère. « Jamais les femmes ne se sont mises avec autant de simplicité, disait Mme de Sartory, l'auteur anonyme du *Petit tableau de Paris*. Plus de robes riches, plus de garnitures sur les robes, plus de manchettes à trois rangs. Un chapeau de paille avec un ruban, un mouchoir uni sur le cou, un tablier dans la maison, plus de boucles, de hérisson, de ces folles coiffures; plus de pointes, plus de falbalas. Les hommes, plus simplement encore, n'ont ni habits brodés, ni vestes de drap, ni écharpes, ni épaulettes. »

Les modes d'étiquette, avec le grand habit, les paniers, les barbes pendantes et les coiffures montées, se maintenaient à la cour, mais le

Voitures légères.

costume avait entièrement changé à la ville, où tout devenait anglais et américain. On ne voyait que des chapeaux de paille ornés de rubans, des robes courtes en étoffes légères, de grands tabliers, des fichus énormes,

Fig. 321. — Diable (carrosse coupé); d'après Lucotte.
Fig. 322. — Calèche en gondole; d'après Lucotte.

des souliers plats. Beaucoup de femmes de la riche bourgeoisie et quelques-unes de la haute société se piquaient d'être sérieuses ou de le paraître, en prenant des airs et des habits empruntés à l'autre sexe. « Les femmes, écrivait Mercier en 1788, portent actuellement des habits d'homme : une redingote à trois collets, des cheveux liés en catogan, une badine à la main, des souliers à talons plats, deux montres et un gilet coupé. » Les hommes, comme pour renchérir sur ces modes sévères et discordantes, avaient endossé le frac noir, supprimé la poudre et pris le claque. C'était à qui copierait le mieux les Anglais et les Américains : chapeaux *à l'Anglaise* et *à la Jockey*, pour les femmes, robes à l'Anglaise en popeline, en moire, en tulle, en linon d'Angleterre. L'acier et les verroteries avaient remplacé les diamants. La mode française, si riche et si magnifique, si capricieuse et si variée, si élégante et si gracieuse, avait presque disparu aux approches de la Révolution. C'était déjà une royauté déchue et abandonnée par ses sujets.

Fig. 323. — Garçon de restaurant
(d'après une estampe satirique).

TABLE DES ILLUSTRATIONS

CONTENUES DANS LE VOLUME.

(*N. B.* — Les chromolithographies et les gravures hors texte sont placées en regard des pages indiquées à la table.)

CHROMOLITHOGRAPHIES.

	Pages.
— Hôtel de Villars. (Frontispice.)	III
2. — Les Grands Dignitaires du Sacre	26
3. — Une Mascarade; d'après Cochin	32
4. — Le Jeu du Roi; d'après Cochin	42
5. — Intérieur sous Louis XVI	72
6. — Costumes de l'armée française	114
7. — Le Pavillon royal	126
8. — Chambre à coucher	212
9. — La Galerie de Bois; d'après Debucourt	244
10. — Jardin du Palais-Royal; d'après Debucourt	358
11. — Scène de théâtre	406
12. — Le Thé à l'anglaise; d'après Olivier	446
13. — Le Déjeuner de chasse; d'après Vanloo	462
14. — Modes de femmes	502
15. — Modes d'hommes, de femmes et d'enfants	506

Camaïeux et Teintes.

16. — Le Cabaret de Ramponeau	90
17. — Une Ferme; d'après Janinet	98
18. — Paris; 1730 (fragment du plan de Turgot)	326
19. — Chars d'apparat	378
20. — Le Repas du Sacre	392
21. — Costumes (1720-1740)	482

GRAVURES HORS TEXTE.

France, XVIIIe Siècle. (Cartouche-Frontispice, d'après Meissonnier.)	
Le Grand Trianon; d'après Rigaud	2
Réception d'un ambassadeur à Versailles; d'après Parrocel	6
Représentation de la Princesse de Navarre à Versailles; d'après Cochin	30
Marie-Antoinette et ses enfants; d'après Mme Vigée-Lebrun	34
Hôtel de Rohan-Soubise; d'après Rigaud	46
Ouverture des États Généraux, en 1789	58
Le Bal paré; d'après Aug. de Saint-Aubin	64
Le Marché de la place Maubert; d'après Jeaurat	88
Marche d'Infanterie; d'après Watteau	108
Halte de Cavalerie; d'après Parrocel	130
Pompe funèbre à Notre-Dame; d'après Cochin	146
Serment de Louis XVI à son sacre; d'après Moreau	160
Lit de Justice, tenu à Versailles; d'après Girardet	190
La Rue Quincampoix, en 1718	196
Port de Rochefort; d'après J. Vernet	228
Distribution de vivres au peuple, à Strasbourg	278
Le Déménagement du Peintre; d'après Jeaurat	334
Le Marché des Innocents; d'après Jeaurat	362
Les Portraits à la mode; d'après Aug. de Saint-Aubin	364
La Promenade aux remparts; d'après Aug. de Saint-Aubin	370
La Foire Saint-Ovide. (Communiqué par M. Bonnardot.)	372
Les Grands Carrosses de la Cour, en 1782; d'après Moreau	374
La Revue des Gardes suisses et françaises; d'après Moreau	376
eu d'artifice sur le Pont-Neuf, à Paris	380
estin à l'ambassade d'Espagne; d'après Scotin	384
Les Variétés amusantes, en 1789 (auj. Th.-Français)	430
Salon Louis XVI; d'après Lawrence	448
Entrée de Louis XV à Strasbourg, en 1744	454
eu d'artifice sur l'Ill, à Strasbourg, en 1744	460
Voitures de grandes attelées	498
Voitures légères	510

GRAVURES DANS LE TEXTE.

CHAPITRE I. — Fig. 1. — Promenade royale dans le parc de Versailles; *fac-simile*, d'après Rigaud . . 4
Fig. 2. — Chaises à porteurs pour le parc; *fac-simile*, d'après Rigaud 5
Fig. 3. — La Remueuse du duc d'Anjou (depuis, Louis XV) 9
Fig. 4. — Louis XV enfant, promené dans le jardin des Tuileries. (Communiqué par M. Bonnardot.) 13
Fig. 5. — Grand-Pannetier (duc de Cossé-Brissac; 1782). *Armoiries* 16
Fig. 6. — Grand-Bouteiller Échanson (André de Gironde; 1731). *Id.* . . . . *ib.*
Fig. 7. — Le duc de Gesvres, premier gentilhomme de la chambre; d'après Vanloo fils (1735) . . . 17
Fig. 8. — Grand-Chambellan (prince de Turenne; 1747). *Armoiries* 18
Fig. 9. — Capitaine de la porte (vicomte de Vergennes; 1783). *Id.* . . . . *ib.*
Fig. 10. — Grand-Fauconnier (comte de Vaudreuil; 1780). *Id.* 19
Fig. 11. — Grand-Maréchal des Logis (Chamillart, marquis de la Suze; 1774). *Id.* 21
Fig. 12. — Grand-Veneur (duc de Penthièvre; 1737). *Id.* 22
Fig. 13. — Grand-Louvetier (comte d'Haussonville; 1780). *Id.* . . . . *ib.*
Fig. 14. — Grand-Maître de France (prince de Condé; 1740). *Id.* 23
Fig. 15. — Menuet dansé au bal paré donné par le roi, le 24 février 1745, dans le manége couvert de la Grande-Écurie, à Versailles; d'après Cochin . 25
Fig. 16. — Louis XV jeune; d'après Vanloo . . . 27
Fig. 17. — Marie Leczinska, reine de France; d'après Nattier 29
Fig. 18. — Billet d'invitation pour le bal de la cour; d'après Cochin 30
Fig. 19. — Louis XVI, Marie-Antoinette et le dauphin; d'après Saint-Aubin 33
Fig. 20. — La Dame du palais de la reine; d'après Moreau le jeune 37
Fig. 21. — Jeton de jeu de Marie-Antoinette 38

CHAPITRE II. — Fig. 22. — D'Hozier (Charles-René), généalogiste de la maison du roi; d'après Hyacinthe Rigaud 41
Fig. 23. — Carrosses avec coureurs; *fac-simile*, d'après Rigaud 44
Fig. 24. — La Leçon d'équitation; d'après Parrocel. (Communiqué par M. Bonnardot.) 49
Fig. 25. — Parade de prime sur un coup de seconde. (Tiré d'un traité d'escrime, publié par Angelo en 1760.) 50
Fig. 26. — Désarmement sur le coup de tierce ou quarte sur les armes; *id.* . . . . *ib.*
Fig. 27. — Position après avoir désarmé sur le coup de tierce; *id.* 51
Fig. 28. — Position après avoir désarmé sur le coup de tierce ou de seconde paré de prime; *id.* . . *ib.*

Fig. 29. — Collier de l'ordre du Saint-Esprit, fondé par Henri III 52
Fig. 30. — Collier de l'ordre du Saint-Esprit d'au delà des monts . . . . *ib.*
Fig. 31 et 32. — Grand'croix et Collier de l'ordre royal et militaire de Saint-Lazare de Jérusalem et hospitalier de Notre-Dame du Mont-Carmel . . 53
Fig. 33. — Ordre de la Sainte-Ampoule . . . . . . *ib.*
Fig. 34. — Ordre des comtes de Lyon, institué par Louis XV, en 1745 . . . . *ib.*
Fig. 35 et 36. — Grand'croix et Collier de l'ordre des Chevaliers de Saint-Jean de Jérusalem, dit *de Malte* 55
Fig. 37. — Grand-Écuyer (prince de Lorraine, 1718). *Armoiries* 57
Fig. 38. — Carrosse du roi; *fac-simile*, d'après Rigaud . . . . *ib.*
Fig. 39. — Une Dame de qualité; *fac-simile*, d'après Rigaud 60

CHAPITRE III. — Fig. 40. — Le Bourgeois, la Bourgeoise, leur Enfant; d'après les *Costumes français* de Dupin 63
Fig. 41. — Le Jeu; tiré des *Occupations des Dames*, par Chodowieski. (Communiqué par M. Eug. Sauzay.) 65
Fig. 42. — Les Mariés selon la coutume; d'après Schénau 67
Fig. 43. — Ordre de Saint-Michel 69
Fig. 44. — La Mère laborieuse; d'après Chardin (musée du Louvre) 71
Fig. 45. — La petite Toilette; d'après Moreau . . . 73
Fig. 46. — Le Jeu de Trictrac; d'après Eisen . . . 75
Fig. 47. — La Servante; d'après Chardin 77
Fig. 48. — Petite Croix mobile en diamants taillés à facettes, à porter au cou 80

CHAPITRE IV. — Fig. 49. — Le Père Tranquille, besacier; d'après Boucher 85
Fig. 50. — Bagarre dans la rue; d'après L. Binet . 87
Fig. 51. — Un Déjeuner au cabaret 90
Fig. 52. — La Toilette du Clerc de Procureur; d'après Carlo Vernet 92
Fig. 53. — Le Charlatan allemand; d'après Duplessis-Bertaux 94
Fig. 54. — Le Charlatan français sur la place du Louvre; d'après Duplessis-Bertaux 95
Fig. 55. — Une Bergerade; d'après Boucher 97
Fig. 56. — Un vrai Berger; *fac-simile*, d'après une estampe du temps 98
Fig. 57. — Le Père de famille, ou la Lecture de la Bible; d'après Greuze 100
Fig. 58. — Les Récits de la Veillée (scène de la vie rustique; d'après Moreau 101
Fig. 59. — L'Assemblée d'hiver (scène de la vie rustique); d'après Gravelot 102
Fig. 60. — La Tireuse de cartes (scène de la vie rustique); d'après Frendeberg 103

CONTENUES DANS LE VOLUME.   515

Fig. 61. — Le Marchand de Soufflets; d'après Boucher 104

CHAPITRE V. — Fig. 62. — Types de Soldats; d'après Watteau 106
Fig. 63. — Types de Soldats; d'après Watteau ... 107
Fig. 64. — Colonel général des Gardes françaises (duc du Châtelet; 1788). *Armoiries.* 110
Fig. 65. — Colonel général des Suisses et Grisons (comte d'Artois; 1771). *Id.* .... *ib.*
Fig. 66. — Colonel général des Dragons (duc de Luynes; 1783). *Id.* 111
Fig. 67. — Maréchal de France (duc de Gontaut-Biron; 1757). *Id.* 112
Fig. 68. — Grand-Prévôt (du Bouschet, marquis de Sourches; 1746). *Id.* .... *ib.*
Fig. 69. — Tableau extrait de l'*Art de la Guerre*, par le maréchal de Puységur; 1748. 113
Fig. 70. — Un Racoleur; d'après un Recueil de costumes, à la Bibliothèque de l'Arsenal 117
Fig. 71. — Croix de l'ordre de Saint-Louis, fondé par Louis XIV, en 1693 119
Fig. 72. — Grand'croix de l'ordre de Saint-Louis. . *ib.*
Fig. 73. — Ordre du Mérite militaire, fondé par Louis XV, en 1759, en faveur des officiers nés en pays où la religion protestante est établie. .... *ib.*
Fig. 74. — Casque de Capitaine de Dragons. 120
Fig. 75. — Bonnet de Sapeur des Gardes suisses; d'après Wille .... *ib.*
Fig. 76 et 77. — Officiers armés de l'esponton. ... 121
Fig. 78. — 1, 4, 10, Sabres. — 2, Hallebarde. — 3, Pertuisane. — 5, 7, 8, 9, Épées. — 6, Esponton. *ib.*
Fig. 79. — Batterie du fusil de munition à pierre. . 122
Fig. 80. — 1, Pertuisane du chevalier Folard. — 2, Pique à feu de M. de Maizeroy. — 3, 5, 7, Fusils de munition de divers modèles. — 4, Esponton du maréchal de Saxe. — 6, Fusil-pique, de neuf pieds de long 123
Fig. 81. — Canon au chiffre de Louis XV 124
Fig. 82. — Grand-Maître de l'Artillerie (comte d'Eu; 1710). *Armoiries.* .... *ib.*
Fig. 83. — Trophée militaire; d'après Ozenne ... 125
Fig. 84. — Le Salut du Drapeau; d'après Gravelot. 126
Fig. 85. — Drapeau blanc (pavillon royal de la marine) 127
Fig. 86. — Drapeau rouge des galères. .... *ib.*
Fig. 87. — Amiral de France (duc de Penthièvre; 1737). *Armoiries.* 128
Fig. 88. — L'*Hercule*, frégate de 58 canons, en ordre de bataille; d'après un dessin original d'Ozenne 129
Fig. 89. — Cavaliers en vedette; d'après Parrocel . 131
Fig. 90. — Le Soldat; d'après Leclercq 133
Fig. 91. — Le Major; d'après Leclercq .... *ib.*
Fig. 92. — Port du fusil de l'Officier (ordonnance de 1766); d'après Gravelot 135
Fig. 93. — Position du fusil de l'Officier pour le salut (ordonnance de 1766); d'après Gravelot ..... *ib.*
Fig. 94. — Exercices d'infanterie (ordonnance de 1766); d'après Gravelot 136
Fig. 95. — La Charge du fusil (ordonnance de 1766); d'après Gravelot 137

Fig. 96. — Le Cavalier, suivant l'ordonnance de 1766 138
Fig. 97. — Poupe de l'*Invincible.* 139
Fig. 98. — Soldat mort pour le roi; composition emblématique; d'après Marillier 140

CHAPITRE VI. — Fig. 99. — Évêque-Prince. *Armoiries.* 143
Fig. 100. — Costumes de ville d'Abbé et d'Abbesse; d'après les *Costumes français* de Dupin 145
Fig. 101. — Grand-Aumônier de France (Louis de Montmorency-Laval, évêque de Metz; 1786). *Armoiries.* 149
Fig. 102. — Miracle du Diacre Pâris; *fac-simile*, d'après l'ouvrage intitulé : *La Vérité des Miracles opérés à l'intercession de M. Pâris et autres appellans, démontrée contre M*^{gr} *l'Archevêque de Sens* (Languet), par Carré de Mongeron; 1737, 3 vol. in-4°. 152
Fig. 103. — Miracle du Diacre Pâris; *idem*. 153
Fig. 104. — La Confession; d'après les *Cérémonies et Coutumes religieuses de tous les peuples du monde*, par Bernard Picart 157
Fig. 105. — Inhumation dans une église; *idem*. .. 159
Fig. 106. — Portrait de Massillon; d'après un tableau du musée de Versailles. 163
Fig. 107. — Le Frère de Saint-Crépin (membre de la communauté des Frères chrétiens Cordonniers). 165
Fig. 108. — Belzunce, évêque de Marseille, pendant la peste de 1720; *fac-simile*, d'après Rigaud. ... 167
Fig. 109. — Saint Ciboire en orfévrerie; d'après Germain. 168

CHAPITRE VII. — Fig. 110. — Duc et Pair (duc d'Uzès, Ier pair héréditaire de France). *Armoiries.* 171
Fig. 111. — Évêque Duc et Pair (duc de Sabran, évêque de Laon; 1778). *Id.* .... *ib.*
Fig. 112. — L'Innocence reconnue; d'après Binet . 173
Fig. 113. — Le Juge dans sa famille et ses Solliciteurs; d'après une estampe du temps 177
Fig. 114. — Le Chancelier d'Aguesseau; d'après Vivien 179
Fig. 115. — Louis XV tenant le Sceau en personne pour la première fois, le 4 mars 1757 184
Fig. 116. — Chancelier de France (René-Nicolas-Charles-Augustin de Maupeou; 1768). *Armoiries.* 189
Fig. 117. — Plan d'un Lit de justice dans la grande salle des gardes au palais de Versailles 190
Fig. 118. — Premier Président du Parlement de Paris (Louis Lefèvre d'Ormesson; 1788). *Armoiries.* . 192

CHAPITRE VIII. — Fig. 119. — Portrait de Samuel Bernard; gravé par Drevet, d'après Hyacinthe Rigaud. 199
Fig. 120. — Le Traitant; d'après une peinture satirique de Dumesnil jeune 201
Fig. 121. — Bombario, dont la bosse servait de pupitre aux agioteurs. (Tiré d'un recueil satirique publié en Hollande en 1720.) 203
Fig. 122. — Caricature extraite de l'*Arc mémorial dressé au lieu de l'enterrement des actionistes consumés*. 205
Fig. 123. — Billet de la Banque royale de Law (1719). 207

516 TABLE DES ILLUSTRATIONS

Pages.

Fig. 124. — L'Agioteur élevé par la Fortune; fragment d'une estampe satirique du temps. 209
Fig. 125. — Monnaies d'or et d'argent à l'effigie de Louis XV 215
Fig. 126. — Portrait de Turgot; d'après Michel Vanloo. 217
Fig. 127. — Girandole en pierreries de J. B. F.; 1723. 218
CHAPITRE IX. — Fig. 128. — Ancien pavillon marchand de la marine française. (D'après *Les Pavillons ou Bannières que la plupart des nations arborent en mer*; chez David Mortier, à Amsterdam; 1718). 223
Fig. 129. — Traite des Nègres (vente d'une esclave); d'après Eisen. 225
Fig. 130. — Traite des Nègres (la contrainte des noirs au travail); d'après Eisen. 227
Fig. 131. — Adresse illustrée d'un marchand de bimbeloterie. (Communiqué par M. Bonnardot.). . . 232
Fig. 132. — Boutique de Marchande de poterie d'étain; d'après Christoph Kilian. 233
Fig. 133. — Adresse illustrée d'un Marchand d'éventails. 235
Fig. 134. — Boutique d'une Marchande de modes. (Communiqué par M. Bonnardot.) 236
Fig. 135. — Boutique d'un Fourreur. (Tiré de l'Encyclopédie.). 237
Fig. 136. — Adresse illustrée d'un Ingénieur, fabricant d'instruments; d'après Eisen. 238
Fig. 137. — Nouveau pavillon fleurdelisé des vaisseaux marchands français 241
Fig. 138. — Jeux, danses et exercices avec épées, exécutés par les Boulangers dans le défilé des Corporations de Strasbourg, devant le roi Louis XV, le 9 octobre 1744 243
Fig. 139. — Les Galeries du Palais, à Paris; d'après Gravelot. 245
Fig. 140. — Adresse illustrée de Chirurgien-Dentiste; d'après Marillier. (Communiqué par M. Bonnardot.). 246
CHAPITRE X. — Fig. 141. — Portrait de Rollin; d'après Baléchou 249
Fig. 142. — Un Maître d'école; d'après une eau-forte de Boissieu. 251
Fig. 143. — Sortie du Collége; d'après Saint-Aubin. (Tiré de la suite des *Petits Polissons de Paris*.). . 257
Fig. 144. — La Gouvernante; d'après Chardin. . . 261
Fig. 145. — Les Précepteurs revenant des Tuileries; d'après Cochin. 263
Fig. 146. — L'Arrêt avec la bride seule. (Figure tirée du *Manége moderne dans sa perfection*, par le baron d'Eisenberg, gravé par Bernard Picart; 1727.) 264
Fig. 147. — Une Salle d'armes (Adresse illustrée). Communiqué par M. Bonnardot. 265
Fig. 148. — La Leçon de danse; d'après Chardin . 268
Fig. 149. — La bonne Éducation; d'après Chardin. 269
Fig. 150. — Les Délices de la Maternité; d'après Moreau. 270
Fig. 151. — La Visite de la Nourrice; d'après Eisen. 271
Fig. 152. — La Leçon de chant; d'après Chodowieski. (Communiqué par M. Eug. Sauzay.) . . 274

Pages

CHAPITRE XI. — Fig. 153. — La Dame de charité; d'après Eisen 281
Fig. 154. — Le Médecin à la mode (Tronchin) écrasant ses rivaux; composition allégorique. (Communiqué par M. Bonnardot.). 285
Fig. 155. — Fondation pour marier dix filles pauvres; d'après Gravelot. 287
Fig. 156. — La bienfaisance de Marie-Antoinette; d'après Moreau. 289
Fig. 157. — La Statue de la Bienfaisance, érigée dans un hôpital. (Composition allégorique; d'après Marillier.). 292
CHAPITRE XII. — Fig. 158. — Prévôt de la ville, prévôté et vicomté de Paris (Marquis de Boulainvilliers; 1766). *Armoiries*. 297
Fig. 159. — Gabriel de Sartine, lieutenant de police (1759-1774); d'après Vigée. 299
Fig. 160. — Gruet à la Tournelle, avec la chaîne des forçats; *fac-simile*, d'après une estampe populaire du temps. 303
Fig. 161. — L'empoisonneur Desrues à la question (torture des brodequins); *fac-simile*, d'après une grossière estampe populaire du temps 304
Fig. 162. — Gruet au pilori des Halles; *fac-simile*, d'après une estampe populaire du temps. . . . 305
Fig. 163. — Justice militaire. — Tiré du *Jeu de la guerre*, sorte de Jeu d'oie. 307
Fig. 164. — Amende honorable de Desrues à Notre-Dame; *fac-simile*, d'après une suite d'estampes grossières du temps. 308
Fig. 165. — Desrues conduit au supplice (même source). . . . . ib.
Fig. 166. — Supplice de Desrues, roué en place de Grève (même source). 309
Fig. 167. — La veuve de Desrues; *fac-simile*, d'après une estampe grossière du temps 310
Fig. 168. — Cartouche à l'Hôtel-de-Ville avant son supplice; d'après Bonnart. 311
Fig. 169. — Lenoir, lieutenant de police (1776-1785); d'après Bligny. 315
Fig. 170. — Le Commissaire et le Sergent du Guet; d'après Jeaurat. 320
CHAPITRE XIII. — Fig. 171. — Types parisiens: le Commissionnaire; d'après Saint-Aubin. . . . 323
Fig. 172. — Types parisiens: le Boulanger; d'après Bouchardon (*Cris de Paris*). 325
Fig. 173. — Le Passage du ruisseau un jour d'orage; d'après Garnier. 329
Fig. 174. — La Statue d'Henri IV sur le Pont-Neuf. 330
Fig. 175. — Le Terre-plein du Pont-Neuf; *fac-simile*, d'après Rigaud. 331
Fig. 176. — Types parisiens: Michel Le Clerc, musicien ambulant; d'après Ingouf. 332
Fig. 177. — Types parisiens: Charles Minart, musicien ambulant; d'après Ingouf. 333

CRIS DE PARIS; D'APRÈS BOUCHARDON.

Fig. 178. — *Carpe vive!*. 336
Fig. 179. — *La lanterne!* (en hiver). *L'eau!* (en été) . . . . ib.

CONTENUES DANS LE VOLUME.

		Pages.
Fig. 180.	— *Café! café!*.	336
Fig. 181.	— Scieur de bois.	ib.
Fig. 182.	— Porteur d'eau.	337
Fig. 183.	— Marchande de pommes.	ib.
Fig. 184.	— Revendeuse.	ib.
Fig. 185.	— Chaudronnier auvergnat.	ib.
Fig. 186.	— *A raccommoder les vieux seaux! les vieux soufflets!*	338
Fig. 187.	— *Petits pâtés tout chauds!*.	ib.
Fig. 188.	— *La vie! la vie!*.	ib.
Fig. 189.	— *Huîtres à l'écaille!*	ib.
Fig. 190.	— *De la belle faïence!*	339
Fig. 191.	— Savetier.	ib.
Fig. 192.	— Le Provençal.	ib.
Fig. 193.	— *Marchand d'images!*	ib.
Fig. 194.	— *Balais! balais!*	340
Fig. 195.	— *Mon bel œillet!*	ib.
Fig. 196.	— *Pommes cuites au four!*.	ib.
Fig. 197.	— *Achetez mes lardoires! mes cuillers à pot!*	ib.
Fig. 198.	— *Ma belle salade!*.	341
Fig. 199.	— *La liste des gagnants à la loterie!*	ib.
Fig. 200.	— Tonnelier.	ib.
Fig. 201.	— *La mort aux rats!*	ib.
Fig. 202.	— Cureur de puits.	342
Fig. 203.	— Afficheur.	ib.
Fig. 204.	— *Cottrets!*.	ib.
Fig. 205.	— *L'Orgue de Barbarie ou plutôt d'Allemagne (sic)*.	ib.
Fig. 206.	— Balayeuse.	343
Fig. 207.	— *Marchand de lanternes!*.	ib.
Fig. 208.	— *Ramonez la cheminée du haut en bas!*.	ib.
Fig. 209.	— *Lanterne magique!*	ib.
Fig. 210.	— *Cerneaux! les gros cerneaux!*.	344
Fig. 211.	— Gagne-petit auvergnat.	ib.
Fig. 212.	— *Peaux de lapins!*	ib.
Fig. 213.	— Crieuse de vieux chapeaux.	ib.
Fig. 214.	— *Achetez des moulins!*	345
Fig. 215.	— *Des ciseaux, des couteaux, des peignes!*.	ib.
Fig. 216.	— Vinaigrier ambulant.	ib.
Fig. 217.	— Aveugle des Quinze-vingts.	ib.
Fig. 218.	— Jeune Laitière	346
Fig. 219.	— Vielleux.	ib.
Fig. 220.	— *Mes beaux lacets!*.	347
Fig. 221.	— *La bonne encre!*	ib.
Fig. 222.	— Le Pont Saint-Michel; d'après Martinet.	349
Fig. 223.	— Le Crocheteur; d'après Bouchardon.	350
Fig. 224.	— Lanterne d'hôtel en fer forgé et ouvragé.	351
Fig. 225.	— Types parisiens : le Chanteur de cantiques; d'après Cochin.	353
Fig. 226.	— Types parisiens : l'Écrivain public; d'après Boissieu.	355
Fig. 227.	— Le petit Décrotteur; d'après Bouchardon.	356

CHAPITRE XIV. — Fig. 228. — Le Marchand de tisane (le coco); d'après Poisson. 361
Fig. 229. — Le Cabaret de Ramponeau, à la Courtille, vu de l'extérieur; *fac-simile*, d'après une estampe populaire. 363
Fig. 230. — La Place Louis XV (1763); d'après Moreau. 367

Fig. 231. — Plan du parc de Monceau, exécuté en 1778, sur les dessins de Carmontelle, pour le duc d'Orléans. 369
Fig. 232. — Parade de la Foire; *fac-simile*, d'après Gillot. 371
Fig. 233 à 236. — Exercices d'Acrobates. 372
Fig. 237. — L'Ingénieur Charles, professeur de physique; d'après une estampe populaire (pièce rare). 378
Fig. 238. — Ascension d'une Montgolfière; d'après une gravure du temps. 379
Fig. 239. — Pièce principale du feu d'artifice donné à Monseigneur le Dauphin, à Meudon, le 3 septembre 1735. 382

CHAPITRE XV. — Fig. 240. — Grande fontaine de salle à manger, en plomb doré. (Collection de M. L. Double.). 387
Fig. 241. — Un Souper; d'après Masquelier. (Extrait du Recueil des chansons de Laborde; 4 vol. in-8°.) 391
Fig. 242 et 243. — Pièces d'un service de table en orfévrerie, de P. Germain 394
Fig. 244 à 250. — Pièces du même service, de P. Germain. 395
Fig. 251. — Pièce du même service en orfévrerie, de P. Germain 397
Fig. 252. — Surtout de table; d'après Meissonnier. 399
Fig. 253. — Souper dit *des funérailles*, donné par Grimod de la Reynière fils, dans son hôtel des Champs-Élysées, à Paris, le 1er février 1783. . . 403
Fig. 254. — Cul-de-lampe 404

CHAPITRE XVI. — Fig. 255. — Coupe sur toute la hauteur et largeur du théâtre de l'Opéra construit au Palais-Royal, par Moreau, d'après les dessins de Radel, machiniste de l'Opéra de Paris. 409
Fig. 256. — Le Théâtre-Italien; d'après Lancret. . 411
Fig. 257. — Jardinier. — Capitan. — Chasseur. — Costumes tirés des *Nouveaux dessins d'habillements à l'usage des ballets, opéras et comédies*, par Gillot. 412
Fig. 258. — Dumirail en habit de paysan; d'après Watteau. 413
Fig. 259. — Poisson en habit de paysan; d'après Watteau. . . . . ib.
Fig. 260. — Mlle Clairon, célèbre tragédienne; d'après Schénau (1766) 415
Fig. 261. — Le *Glorieux*, comédie de Destouches; d'après Lancret. 417
Fig. 262. — Portrait de Lekain, dans *Mérope*; d'après Huguier. 419
Fig. 263. — Costume d'Idamé, dans l'*Orphelin de la Chine*, de Voltaire, donné par Sarrazin, costumier ordinaire des princes, et dessiné par Leclerc. 420
Fig. 264. — Mme Vestris, dans le rôle d'Irène. Costume dessiné au Théâtre-Français et communiqué à Moreau pour son dessin du couronnement du buste de Voltaire (30 janvier 1778). 421
Fig. 265. — Monvel, dans le rôle de Memnon, de la tragédie d'*Irène* (même source que celle de la figure 264) 422

TABLE DES ILLUSTRATIONS.

Fig. 266. — La Sortie de l'Opéra; d'après Moreau. 423
Fig. 267. — Costumes de Junon, de Roi, et d'Heure de la nuit. (Tiré des *Dessins d'habillements à l'usage des ballets, opéras et comédies*, par Gillot). . . . 424
Fig. 268. — Mlle Sallé, célèbre danseuse; d'après Lancret. 425
Fig. 269. — Pas de deux par M. Dauberval et Mlle Allard dans l'opéra de *Sylvie*, 1766; d'après Carmontelle 426
Fig. 270. — Costume de Neptune; d'après Martin. 427
Fig. 271. — Costume d'Africain dans *Aline, reine de Golconde*; d'après Martin. . . . . ib.
Fig. 272. — Costume de ballet (un Zéphyr); d'après Martin. 428
Fig. 273. — Costume de ballet (un Démon); d'après Martin. 429
Fig. 274. — Théâtre de la Foire (Représentation aux écriteaux d'*Arlequin, roi de Sérendib*, donnée à la foire Saint-Germain (1713); d'après Bonnart. 430
Fig. 275. — Volange dans le rôle de Jeannot, des *Battus payent l'amende*; d'après Wille fils. . . . 431
Fig. 276. — Cul-de-lampe 432

CHAPITRE XVII. — Fig. 277. — La Lecture; d'après Chodowieski. (Communiqué par M. Eug. Sauzay.) 437
Fig. 278. — La Comète (jeu de salon); d'après Eisen. 439
Fig. 279. — *Le Jour*; d'après Eisen. 443
Fig. 280. — L'Hiver; d'après Lancret. 445
Fig. 281. — La Danse; d'après Chodowieski. (Communiqué par M. Eug. Sauzay.) 452

CHAPITRE XVIII. — Fig. 282. — Parc de Chantilly, appartenant aux princes de Condé. 459
Fig. 283. — Hallali de chasse; d'après Desportes. . 463
Fig. 284. — Une Auberge. (Tiré des *Routes de France*.). 465
Fig. 285. — Le Coche d'eau sur la Seine; d'après Perronet. 467
Fig. 286. — Le Panier, coche de terre; *fac-simile*, d'après Rigaud. 469
Fig. 287. — Le Carabas sur la route de Versailles; *fac-simile*, d'après Rigaud 471
Fig. 288. — Le Char à bœufs. Tiré de *Mon Odyssée, ou Journal de mon retour de Saintonge*, par Robbé de Beauveset, 1760; dessins de Desfriches, gravés par C. Cochin. 472

CHAPITRE XIX. — Fig. 289. — Costume; *fac-simile*, d'après une eau-forte de Watteau 474
Fig. 290. — Costume; *fac-simile*, d'après une eau-forte de Watteau. 475
Fig. 291. — Femme en costume du temps de Louis XIV, et coiffée de la *fontange*, montant en chaise à porteurs; *fac-simile*, d'après une estampe du temps. 477
Fig. 292. — Femme en chaise roulante (règne de Louis XIV); *fac-simile*, d'après Rigaud. 479
Fig. 293. — Costume d'homme; *fac-simile*, d'après une eau-forte de Watteau. 484
Fig. 294. — Costume d'homme; *fac-simile*, d'après une eau-forte de Watteau. 485
Fig. 295. — Les Petits Parrains; d'après Moreau. 487
Fig. 296. — Le Négligé du matin; d'après Chardin. 489
Fig. 297. — Jeune fille coiffée d'un chapeau de paille. 491
Fig. 298. — Jeune femme coiffée en *bandeau d'amour*. ib.
Fig. 299. — Costume à la Henri IV. 492
Fig. 300. — Le Tailleur pour femmes; d'après Watteau. 493
Fig. 301. — Pommes de cannes en orfèvrerie . . . 494
Fig. 302. — Boucles de souliers 495
Fig. 303. — Boutique d'un Barbier-Perruquier; d'après Cochin. 497
Fig. 304. — Chapeaux. — N° 1, à la Tarare. — N° 2, à l'Espagnole. — N° 3, Chapeau-Bonnette. — N° 4, à l'Anglomane. 499
Fig. 305. — Coiffures diverses; d'après les Journaux de modes du temps. 500
Fig. 306. — Coiffures diverses; d'après les Journaux de modes du temps 501
Fig. 307. — La Baronne du Bel-Air revenant du Palais-Royal; *fac-simile* d'une caricature de l'époque 502
Fig. 308. — *Fac-simile* d'une caricature de l'époque. 503
Fig. 309. — Tentative de fraude à l'octroi de Paris; *fac-simile* d'une caricature de l'époque. 504
Fig. 310. — Les Mystères de la Toilette; fragment d'un tableau de Pater (musée du Louvre). . . . 505
Fig. 311 à 319. — Perruques. — N° 1, à deux queues. — N° 2, en bourse. — N° 3, carrée. — N° 4, naissante. — N° 5, d'abbé. — N° 6, de femme. — N° 7, à catogan. — N° 8, à la brigadière. — N° 9, à nœuds. (Tiré des planches de l'*Encyclopédie* de Diderot.). 508
Fig. 320. — Coupes de vêtements d'hommes. (Tiré des planches de l'*Encyclopédie* de Diderot.). . . . 509
Fig. 321. — Diable (carrosse coupé); d'après Lucotte. 511
Fig. 322. — Calèche en gondole; d'après Lucotte. . ib.
Fig. 323. — Garçon de restaurant (d'après une estampe satirique) 512

RÉSUMÉ DES GRAVURES :

Hors texte. 32
Dans le texte. 323

Total. 355

FIN DE LA TABLE DES ILLUSTRATIONS.

TABLE DES MATIÈRES.

	Pages.
Préface des éditeurs.............	VII

Chapitre premier. — LE ROI ET LA COUR.

Introduction historique. — Fin du règne de Louis XIV. — La régence. — Louis XV. — Louis XVI et Marie-Antoinette. — La cour et les charges de cour......... 1

Chapitre II. — LA NOBLESSE.

La noblesse. — Les généalogistes. — La noblesse de cour et la noblesse de province. — Les Ordres du roi. — Fondation de l'École Militaire pour les nobles. — Les états généraux et l'abolition des titres de noblesse................... 39

Chapitre III. — LA BOURGEOISIE.

Rôle de la bourgeoisie. — Affaiblissement de ses caractères primitifs. — La grande, la moyenne, la petite bourgeoisie. — Mœurs bourgeoises. — Les bourgeois de province. — La bourgeoisie à la veille de la révolution. — Le tiers état........... 61

Chapitre IV. — LE PEUPLE.

Condition du peuple. — Les artisans, les domestiques et les cultivateurs. — Le peuple de Paris. — Mœurs populaires. — Le peuple des campagnes. — Mœurs patriarcales. — Le peuple à la veille de la révolution. 81

Chapitre V. — L'ARMÉE ET LA MARINE.

L'Armée à la fin du règne de Louis XIV. — Tentatives de réformes par le régent. — Composition de l'armée. — La maison du roi; l'infanterie; la cavalerie; les milices. — La manœuvre, l'armement et l'uniforme. — Le racolage. — L'artillerie. — La marine. — Revers maritimes. — Réformes du duc de Choiseul. — Louis XVI et les ministres réformateurs : du Muy, de Saint-Germain, de Ségur. — Renaissance de la marine. — Nouveaux revers. — L'armée en 1789 105

Chapitre VI. — LE CLERGÉ.

Constitution du clergé en France. — Ses richesses et son influence. — Querelles religieuses. — Le Jansénisme. — Bulle *Unigenitus*. — Expulsion des jésuites. — Le haut et le bas clergé. — L'assemblée des notables et le clergé à la veille de la révolution. 141

Chapitre VII. — LES PARLEMENTS.

Le parlement de Paris. — Les parlements des provinces. — Mœurs de la magistrature parlementaire. — Démêlés du parlement avec l'autorité royale. — Résistance aux édits financiers. — Affaires religieuses. — Lits de justice et exils. — Le chancelier Maupeou et la réforme de 1771. — Retour du parlement, sous Louis XVI. — Nouveaux conflits à la veille de la révolution..................... 169

Chapitre VIII. — LA FINANCE.

Les finances à la fin du règne de Louis XIV. — Embarras financiers. — Les traitants. — Samuel Bernard. — Law et sa banque. — Les agioteurs dans la rue Quincampoix. — Chute et fuite de Law. — Les frères Pâris. — Les fermiers généraux. — Les contrôleurs généraux : Machault, Silhouette, Terray, Turgot. — Necker et le *compte rendu*. — Calonne et le *déficit*... 193

Chapitre IX. — LE COMMERCE.

Le commerce. — Préjugés contre cette profession. — Le commerce d'exportation et la marine marchande. — Le conseil du commerce. — Les compagnies commerciales; la compagnie des Indes; les grands commerçants. — Les marchands de Paris. — Les théories sur le commerce; les économistes et les utopistes. — Souffrance du haut commerce sous Louis XVI. — Développement des industries de luxe. — Symptômes de révolution 219

Chapitre X. — L'ÉDUCATION.

L'éducation publique. — L'Université. — L'école et le collège. — Le collège Louis le Grand. — L'Ecole de Droit et les étudiants. — L'éducation privée. — L'éducation des filles. — L'éducation de l'enfant. — Réformes et utopies 247

Chapitre XI. — LA BIENFAISANCE.

La charité et la bienfaisance. — Les hôpitaux. — L'Hôtel-Dieu. — Réformes dues à Piarron de Chamousset. — La Peyronie, Godinot, Tronchin. — Les mariages de bienfaisance. — Charité de Louis XVI, de Marie-Antoinette et de leurs enfants. — Les philanthropes 275

Chapitre XII. — LA JUSTICE ET LA POLICE.

La justice. — Le droit de grâce. — Organisation des diverses juridictions. — Vénalité des offices de judicature. — Justice criminelle. — La torture et les exécutions. — La police. — Les lieutenants de police. — La police édilitaire 293

Chapitre XIII. — ASPECT DE PARIS.

La population de Paris. — Les usages parisiens. — Les embarras de Paris. — Les badauds. — Les vagabonds et les mendiants. — Les cris de Paris. — Les accidents. — Les embellissements de Paris avant la révolution 321

Chapitre XIV. — FÊTES ET PLAISIRS DE PARIS.

Les plaisirs de Paris. — Jours fériés et fêtes régulières. — Guinguettes, cabarets et cafés. — Promenades de la banlieue. — Promenades de Paris : les Champs-Élysées, les Tuileries, le Palais-Royal, les boulevards. — Les foires Saint-Germain, Saint-Laurent et Saint-Ovide. — Les bateleurs, les spectacles forains. — Les bals ; le Wauxhall et le Colisée. — Les courses de chevaux et les revues. — Les ballons. — Les feux d'artifices et les illuminations. . 357

Chapitre XV. — LA CUISINE ET LA TABLE.

Anciennes habitudes françaises. — Le déjeûner, le dîner et le souper. — Les repas de cour, sous Louis XIV. — Progrès de l'art culinaire sous Louis XV. — Le prince de Soubise et son cuisinier Marin. — Gourmets célèbres. — Luxe du service de table. — Repas du roi en public. — Les soupers. — Un excentrique : Grimod de la Reynière. 383

Chapitre XVI. — LES THÉÂTRES.

Le théâtre à la fin du règne de Louis XIV. — Mme de Maintenon et les demoiselles de Saint-Cyr. — Recrudescence du goût pour le théâtre, sous la régence. — L'Opéra ; la Comédie-Française ; le Théâtre-Italien ; l'Opéra-Comique. — Les comédiens et leurs rapports avec le public. — Le parterre. — Les costumes et les décors. — Les théâtres de la foire. — Les théâtres de société 405

Chapitre XVII. — LES SALONS.

Les salons à la fin du règne de Louis XIV. — L'hôtel de Sully. — La duchesse du Maine à Sceaux. — Le prince de Conti au Temple. — La marquise de Lambert. — Mme d'Houdetot. — Mme de Tencin. — Mme Geoffrin. — Mme du Deffand. — La tapisserie, le parfilage et les pantins. — Mme Doublet de Persan. — Les salons politiques. — Les derniers salons 433

Chapitre XVIII. — LES VOYAGES.

Goût des voyages. — Voyages à pied. — Impressions de voyage. — Excursions autour de Paris. — Voyages du roi. — La noblesse et la magistrature dans ses terres. — La vie de château. — Voyages des particuliers : la diligence, le coche d'eau, le coche de terre. — Les auberges. — La route de Versailles ; le *carabas* et le *coucou*. . . 453

Chapitre XIX. — LE COSTUME ET LES MODES.

Le costume à la fin du règne de Louis XIV. — La *fontange*, les *andriennes* et les *falbalas*. — Les paniers. — Les mouches. — Costume des hommes. — Habits de cour. — Le costume bourgeois. — Le costume populaire. — Les cannes et les éventails. — La chaussure. — Barbiers et coiffeurs. — Variété et hauteur exagérée des coiffures sous Louis XVI. — Les modes anglaises à la veille de la révolution 473

Table des Illustrations contenues dans le volume 513

FIN DE LA TABLE DES MATIÈRES.

www.ingramcontent.com/pod-product-compliance
Lightning Source LLC
Chambersburg PA
CBHW060309230426
43663CB00009B/1641